ALBERT FUCHS

GEISTIGE STRÖMUNGEN IN ÖSTERREICH

1867–1918

ALBERT FUCHS

GEISTIGE STRÖMUNGEN IN ÖSTERREICH
1867–1918

Nachdruck der Ausgabe 1949
Mit einer Einführung von Georg Knepler

LÖCKER VERLAG
WIEN

Gedruckt mit der Unterstützung des
Bundesministeriums für Wissenschaft und Forschung, Wien

Umschlaggestaltung: Dorothea Löcker

ISBN 3-85409-000-5
Printed in Austria
Für diese Ausgabe Copyright 1978 by
Löcker Verlag, Kleinenzersdorf — Wien
Alle Rechte bei Globus Verlag Wien
Druck: Novographic, Wien — Mauer

ZUR EINFÜHRUNG IN DAS WERK

Dieses Buch erschien erstmals 1949. Entstanden ist es während der Schlußphase des Zweiten Weltkrieges, zu einer Zeit, da sein Autor im Exil in England lebte. Er ist nicht mehr dazu gekommen, sein Werk abzuschliessen — ein zweiter Band war vorgesehen —, auch die Vorbereitungen für die Drucklegung erlebte er nicht mehr. *Albert Fuchs* starb kurz nach seiner Rückkehr nach Österreich.[1]

Angesichts dieser Entstehungsgeschichte scheint es wünschenswert und notwendig, der Neuausgabe seines Buches einige einleitende Seiten vorauszuschicken, um Absichten und Methode herauszuarbeiten, die *Albert Fuchs* bei seiner Arbeit geleitet hatten. Der Verfasser fühlt sich zu dieser Einführung insofern berechtigt, als er im englischen Exil ungezählte Stunden mit *Albert Fuchs* über die Konzeption seines Buches, über Geschichte, Kultur, Kunst und über ihren Zusammenhang mit Politik — im vollen Bewußtsein der Möglichkeiten eines Neuanfangs in Österreich nach der Niederschlagung des Faschismus — gesprochen hat. Auch soll in dieser Einführung der Versuch gemacht werden — im Abstand von mehr als drei Jahrzehnten, die inzwischen vergangen sind —, die Stellung zu umreißen, die das Buch beanspruchen kann. Dabei wird es notwendig sein, etwas weiter auszuholen. Die Neuausgabe einer historischen Schrift fordert Überlegungen geradezu heraus, was von ihr, was von Geschichtsschreibung überhaupt zu erwarten ist. Sie erfordert gleichfalls, sich klarzumachen, was noch nicht geleistet wurde, nicht einmal von der Flut historischer Werke, die inzwischen über uns hereingebrochen ist.

Jede Leistung eines Historikers muß im Grunde genommen an einer universalhistorischen Konzeption gemessen werden. Denn so spezialisiert und weitab vom Hauptstrom der Geschichte das jeweilige Interessengebiet eines Historikers und das seiner Leser oder Hörer auch sein oder scheinen mag,

---

1 Über sein Leben gibt das einleitende Kapitel des vorliegenden Buches Auskunft.

so hängt es doch mit dem Hauptstrom der Geschichte zusammen. Die Menschheit hat nur eine Geschichte. Wenn nun alle Geschichtsschreibung eine universalhistorische Konzeption zur Voraussetzung hat, und diese wiederum Verständnis für alle Entwicklungstendenzen, wäre Historiographie unmöglich, gäbe es nicht die Möglichkeit der Kooperation von Wissenschaftlern, Philosophen und Historikern aller Richtungen. (Eine andere Frage ist, inwieweit Umstände und Fähigkeiten gestatten, dieser Tendenz zu folgen.) Zwar hat jedes Gebiet – wie etwa die Geschichte der Ökonomie oder der Technik oder der Politik, die der Wissenschaften, die der Künste – seine eigenen Gesetze und seine, „relativ autonome" Entwicklung, die nur der Fachmann annähernd durchschauen kann. Aber das Prinzip, daß das Besondere ohne das Allgemeine nicht zu verstehen ist (und umgekehrt), gilt auch hier. Der spezialisierte Historiker mag sich noch so sehr in seinem Spezialgebiet verschanzen, er mag darauf bestehen, ihn habe nicht das Ganze zu interessieren, sondern bloß ein Teil wie die Geschichte der Kuriositätensammlungen oder die der Theaterdekorationen oder die des Angelsports. Dennoch hat er nur die Wahl zwischen zwei Möglichkeiten. Entweder versteht er all das als (mehr oder minder periphere) Ereignisse der Universalgeschichte und kann dadurch die ihn beschäftigenden Erscheinungen in der Komplexität und Tiefe verstehen, die jeder menschlichen Tätigkeit nun einmal zukommen, oder aber er bleibt an der Oberfläche, eine Möglichkeit von der freilich im allgemeinen reichlich Gebrauch gemacht wird.

Die Forderung an Geschichtsinteressierte, ihr jeweiliges Gebiet als Teilgebiet der Universalgeschichte zu verstehen, ist ebenso unabweisbar, wie sie schwierig zu erfüllen ist. Daß diese Schwierigkeiten noch lange nicht als bewältigt gelten können, ist angesichts der Tatsache verständlich, daß erst vor etwa drei Jahrhunderten Menschen begonnen haben, Universalgeschichte als Aufgabe zu sehen, und es erst seit etwa zwei Jahrhunderten ernsthafte Lösungsversuche gibt. Und das ist kein Zufall. Solange sich Geschichte ganz oder weitgehend als Geschichte voneinander isoliert lebender Menschengruppen abspielte, kann im Grunde von „Menschheitsgeschichte" nicht die Rede sein. Aber dieser Zustand änderte sich spätestens mit der fortschreitenden Industrialisierung seit Ende des 18. Jahrhunderts. Die Weltbevölkerung ist einem Prozeß der wechselseitigen Durchdringung ihrer verschiedenen materiellen und ideellen Interessen unterzogen worden. Mit nur geringer Übertreibung ließe sich sagen, daß sich seit diesem Zeitpunkt mit bislang unbekannter Schnelligkeit für den Historiker eine Situation herausbildete, in der man nichts mehr verstehen kann, wenn man nicht alles versteht. – Aber wer versteht schon alles?

Solcher Fragen und der Schwierigkeiten ihrer Beantwortung – in Theorie und Praxis – war sich *Albert Fuchs* durchaus bewußt. Das zeigt auch die hier vorliegende Arbeit. Für sie hatte er einen Abschnitt der österreichischen Geschichte gewählt, den er mit den Jahren 1867 und 1918 begrenzte. Schon diese Grenzmarken haben ihre Problematik. Der Zusammenbruch der österreichisch-ungarischen Monarchie im Jahre 1918 bildet einen Einschnitt, den ein Historiker wohl kaum übergehen wird. *Fuchs* läßt damit den ersten Band seiner Darstellung enden; der zweite hätte dort eingesetzt. Die Wahl des Jahres 1867 als Darstellungsbeginn setzt hingegen eine Entscheidung voraus, deren Gründe weniger offenkundig sind. Gewiß sind es solide Gründe: Die Niederlage Österreichs von 1866 im Krieg gegen Preußen hatte das Regime geschwächt. Die etwas liberalere Verfassung von 1867, die ihm abgerungen wurde, begünstigte die nationale Entwicklung der unterdrückten Provinzen und verschaffte der Arbeiterbewegung etwas mehr Spielraum. Das und einige andere Ereignisse rechtfertigen die Zäsursetzung. Aber offensichtlich waren hier aus der wahrhaft unüberschaubaren Fülle von Ereignissen und Prozessen einige auszuwählen, die wesentlicher erschienen als andere: eben eine Zäsur darstellten. Andere Historiker sahen gerade diesen Einschnitt entweder gar nicht oder anders. Die Probleme, die hier am Beispiel dieser Periodisierungsmarken angedeutet wurden, gelten allgemein, sogar für das Jahr 1918. Denn wenn man auch erkannt hat, daß ein bestimmter Zeitpunkt eine historische Epoche oder Phase im wesentlichen einleitet oder beschließt, gilt dieser Zeitpunkt dann für alle Ereignisse der Zeit, und wenn ja, für alle in gleicher Weise? Welche Zusammenhänge sind zwischen den gewählten Periodisierungskriterien – im Fall des vorliegenden Buches sind sie vorwiegend politischen Charakters – und anderen Phänomenen zu sehen? „Geistige Strömungen" heißt unser Buch. Walten Gesetzmäßigkeiten, die die „geistigen" und die „politischen" Strömungen miteinander verbinden und wie sind sie beschaffen? Konzentriert erscheint diese Problematik in der Frage nach der inneren Einheit geschichtlicher Epochen.

Natürlich kannte *Fuchs* die bedeutenden Leistungen der Geschichtstheorie und der Geschichtsschreibung der Vergangenheit und seiner Gegenwart. Es dürfte das Verständnis für *Fuchs'* eigene Leistung fördern, an dieser Stelle einen kurzen Überblick über Entwicklung und Stand universalhistorischer Konzeptionen zu geben (ohne dabei auf individuelle Leistungen der Geschichtsschreibung selbst einzugehen).

So mutig und weitsichtig auch immer französische Aufklärer am Ende des 17. Jahrhunderts moderne Geschichtsschreibung im Geiste einer Universalgeschichte ins Leben gerufen hatten, mit den damals zur Verfügung stehenden Kenntnissen und Methoden war sie nicht zu leisten. Aber die Aufgabe war gestellt. Im Laufe des 18. Jahrhunderts in der Auseinandersetzung konservativer und umstürzend neuer Konzeptionen zeigte sich, wie groß und schwierig diese Aufgabe war. Ein wenig bekanntes (hier unwesentlich gekürztes) Zitat aus den Vorlesungen, die *Hegel* in den Jahren 1823 bis 1828 zur Einleitung in die Geschichte der Philosophie hielt, möge dies belegen. Es ging ihm dabei um das Verhältnis der Philosophie zu anderen Erscheinungen der jeweiligen Epoche: „Das Erste, was wir hier zu bemerken haben, ist dies, daß wir die Geschichte der Philosophie als im Zusammenhange mit anderen Geschichten ansehen. Wir wissen, die Geschichte der Philosophie ist nicht für sich, sondern sie hat einen Zusammenhang mit der Geschichte überhaupt, mit der äußeren Geschichte sowohl als der der Religion usf.; und es ist natürlich, daß wir an die Hauptmomente der politischen Geschichte erinnern, an den Charakter der Zeit und den ganzen Zustand des Volks, worin die Philosophie entstanden. Außerdem ist dieser Zusammenhang aber ein innerer, ein wesentlicher, notwendiger, nicht bloß ein äußerlicher, auch nicht bloße Gleichzeitigkeit (Gleichzeitigkeit ist gar kein Verhältnis) ... Was das geschichtliche Verhältnis der Philosophie betrifft, so ist das Erste, was man bemerken muß, das allgemeine Verhältnis der Philosophie einer Zeit zu den übrigen Gestaltungen derselben. Man sagt gewöhnlich, daß die politischen Verhältnisse, die Religion, Mythologie usf. in der Geschichte der Philosophie zu berücksichtigen seien, weil sie auf die Philosophie der Zeit und diese wieder auf die Geschichte und übrigen Gestalten der Zeit einen großen Einfluß gehabt. Wenn man sich aber mit Kategorien wie ‚großer Einfluß‘, ‚Wirkungen aufeinander‘ oder dgl. begnügt, so brauchte man nur den äußerlichen Zusammenhang nachzuweisen, d. h. man ginge von dem Gesichtspunkte aus, daß beide für sich, selbständig gegeneinander sind. Hier aber müssen wir dieses Verhältnis von einer ganz anderen Seite betrachten; die wesentliche Kategorie ist die Einheit, der innere Zusammenhang aller dieser verschiedenen Gestaltungen. Festhalten muß man hier, daß es nur ein Geist, ein Prinzip ist, welches sich im politischen Zustande ebenso ausprägt, wie es sich in Religion, Kunst, Sitt-lichkeit, Geselligkeit, Handel und Industrie manifestiert, so daß also diese verschiedenen Formen nur Zweige eines Hauptstammes sind. Dies ist der Hauptgesichtspunkt . . . Alle diese Momente haben einen Charakter, der das Zugrundeliegende und alle Seiten Durchdringende ist. So mannigfal-tig diese verschiedenen Seiten sind, so ist doch nichts Widersprechendes darin. Keine der Seiten enthält etwas der Grundlage Heterogenes, so sehr sie sich auch zu widersprechen scheinen. Sie sind nur Abzweigungen von einer Wurzel; und dazu gehört die Philosophie. Es wird hier vorausge-setzt, daß dies alles in einem notwendigen Zusammenhang stehe, so daß nur diese Philosophie, diese Religion gerade bei dieser Staatsverfassung, bei diesem Stand der Wissenschaften hat stattfinden können. Es ist nur ein Geist, die Entwicklung des Geistes ist ein Fortgang, — ein Prinzip, eine Idee, ein Charakter, der sich in den verschiedensten Gestaltungen aus-spricht. Es ist das, was wir den Geist einer Zeit nennen. Dieser ist also nichts Oberflächliches, nichts äußerlich Bestimmtes, er muß nicht aus den kleinen Äußerlichkeiten, sondern den großen Gestaltungen erkannt wer-den. Die Philosphie ist eine derselben, sie ist also gleichzeitig mit einer be-stimmten Religion, Staatsverfassung, Kunst, Sittlichkeit, Wissenschaft usf."[2]

Ernsthafter und nachdrücklicher als *Hegel* kann man die Einheit einer historischen Epoche kaum herausarbeiten. Die Historiker der Gegenwart sollten seinen Ansatz ernstnehmen und dabei nicht übersehen, daß *Hegel* nicht nur Philosophie, Kunst und Wissenschaft, sondern auch Handel, Industrie und Politik unter dieser Einheit zu fassen suchte.

Freilich, *Hegel* sieht die Einheit einer Epoche (deutlicher noch in ande-ren Abschnitten seines philosophischen Systems) in der Bewegung des Weltgeistes. Gerade hier haben, rund zwei Jahrzehnte später, *Karl Marx* und *Friedrich Engels* angesetzt. Sie zeigten, daß die Einheit einer histori-schen Epoche, daß die Bewegungsgesetze der Geschichte überhaupt, nicht aus dem Geist — weder aus dem der Menschen noch aus dem „der Welt" — abgeleitet werden können, sondern aus den gesellschaftlichen Verhältnis-sen, die die Menschen, und sei es auch ohne ihr Wissen und Wollen, selbst

---

2 *G. W. F. Hegel*, Einleitung in die Geschichte der Philosophie, hrsg. v. *J. Hoff-meister*. Akademie-Verlag Berlin (DDR) 1966, S. 147—49. Die Hervorhebungen ent-stammen dem Original.

geschaffen haben. In der Darlegung seiner Konzeption führte *Marx* eine Reihe seither unentbehrlicher Begriffe ein oder präzisierte schon vorhandene. Unter „Produktivkräften" verstand er die Gesamtheit der den Menschen jeweils zu Gebote stehenden Naturschätze; der Instrumente, Geräte, Maschinen, die sie erzeugen und verwenden können; ihre eigene Arbeitskraft; ihre geistigen Fähigkeiten, Arbeitskraft und Instrumente anzuwenden, um sich Naturschätze anzueignen. Unter „Produktionsverhältnissen" einer bestimmten Gesellschaft, einem Begriff, den er synonym mit „Eigentumsverhältnissen" mit „ökonomischer Struktur" und mit „realer Basis" oder einfach „Basis" verwendete, verstand er die Gesamtheit jener materiellen Beziehungen, die die Menschen bei der Beschaffung der für das Leben notwendigen Dinge einzugehen gezwungen sind, ohne sich in der Regel darüber Rechenschaft abzulegen. „Soziale Klassen" (oder einfach „Klassen") entstanden ansatzweise bereits in der Urgesellschaft, voll ausgebildet waren sie in einer Gesellschaftsform, die *Marx* die „asiatische" nannte, ohne daß die analytischen Fähigkeiten der Menschen — damals und selbst heute — notwendigerweise so weit ausgebildet wären, sie klar zu erkennen. Und das, obwohl sich soziale Klassen augenfällig unterscheiden; durch ihre Stellung zu den Produktionsmitteln — die Angehörigen der einen Klasse besitzen Produktionsmittel, die der anderen besitzen keine —, durch ihre Stellung im Produktionsprozeß und in dessen Organisation — die einen arbeiten, die anderen leiten —, und, nicht zuletzt, durch ihren — entweder sehr großen oder aber sehr geringen — Anteil am erzeugten Reichtum. Die Menschen werden jeweils in bestimmte Produktionsverhältnisse hineingeboren, übernehmen sie, als wären sie eine Naturgegebenheit, und wenn sie nicht ihre analytischen Geisteskräfte mobilisieren, können sie sehr wohl der Meinung sein und bleiben, die Eigentumsverhältnisse, unter denen sie nun einmal leben, seien in der Tat von Natur oder auch von Gott gegeben.

Über der jeweiligen Basis erhebt sich ein „juristischer und politischer Überbau", unter dem *Marx* auch die Einrichtungen verstand, die Basis und Überbau zu erhalten suchen. Innerhalb jeder konkreten Gesellschaftsformation erfüllen „reale Basis" und „politischer und juristischer Überbau" ihre Funktion. Sie entsprechen dem Stand der Produktivkräfte und bilden den geeigneten Rahmen, in dem diese sich entwickeln können. Dieses Verhältnis ist also die Voraussetzung der Einheit einer Epoche, der Rahmen, innerhalb dessen sie sich ereignet. Aber diese Einheit ist, wie schon *Hegel* wußte, widersprüchlich.

Zur Einführung in das Werk

Einer der permanent wirkenden Hauptwidersprüche ist der zwischen den Interessen der verschiedenen Klassen. Weitere Interessengegensätze kommen periodisch hinzu. Regelmäßig tritt in der Geschichte eine Phase ein, in der die Verhältnisse, die zunächst geeignete und unentbehrliche „Entwicklungsformen" für die Produktivkräfte abgegeben hatten, zu deren Fesseln werden. Materielle Produktivkräfte und Eigentumsverhältnisse geraten in Widerspruch zueinander. Eine neue Klasse (eine sich neu bildende Guppe innerhalb der alten herrschenden Klasse) macht die Entwicklung neuer Produktivkräfte und damit den Kampf gegen die alten Eigentumsverhältnisse zu ihrer Sache. Es kommt zu einer Epoche sozialer Revolutionen. Damit ist auch der entscheidende Gesichtspunkt für die Periodisierung historischer Hauptepochen gegeben.

Das Heranreifen neuer Produktivkräfte und das „Zur-Fessel-Werden" der alten Produktionsverhältnisse sind natürlich keine unvorbereitet eintretenden Ereignisse. Im Schoße der alten Gesellschaft entstehen nicht bloß neue Produktivkräfte; auch innerhalb der alten Produktionsverhältnisse, der alten „Basis", sind Elemente zukünftiger Ordnungen enthalten, beispielsweise Organisationsformen innerhalb der mittelalterlichen Städte, die Aspekte der industriellen Produktion vorwegnehmen, oder innerhalb kapitalistischer Großbetriebe solche, die Aspekte sozialistischer Produktion enthalten. Immer wieder im Verlauf der Klassenkämpfe regen zukunftsträchtige Elemente die Phantasie der Menschen an. In ihren künstlerischen Äußerungen nehmen derartige Phantasien, sicher schon sehr früh in unserer Geschichte, Gestalt an. Bildwerke haben sich erhalten, und seit Menschen schreiben können, auch Gedichte, religiöse Schriften, politische Abhandlungen, Musikstücke, an denen, oft in ergreifender und naiver Form, als vage formulierte Ahnung oder Hoffnung abzulesen ist, was dann Jahrtausende oder selbst bloß Jahrhunderte oder Jahrzehnte später Realität werden sollte. Was in Zeiten noch wenig entwickelter menschlicher Produktivkräfte nur Intuition, Utopie, Ahnung, Illusion oder Prophezeiung sein konnte: mit der Entwicklung der Natur- und Gesellschaftswissenschaften innerhalb der bürgerlichen Gesellschaft wurde es zur wissenschaftlichen Analyse, auf der dann — zwar nüchternere, aber darum umso wirksamere — Vorhersagen kommender notwendiger gesellschaftlicher Veränderungen gemacht werden können. Freilich sind dabei viele Faktoren zu berücksichtigen. Geht es um die Lösung des Konfliktes zwischen Produktivkräften und Produktionsverhältnissen durch eine Revolution, schreibt *Marx*, oder, fü-

gen wir hinzu: geht es heute gar um die Lösung eines weltweiten Konfliktes solcher Art durch eine ganze Serie von Revolutionen, so muß man unterscheiden „zwischen der materiellen, naturwissenschaftlich treu zu konstatierenden Umwälzung in den ökonomischen Produktionsbedingungen
und den juristischen, politischen, religiösen, künstlerischen und philosophischen, kurz, ideologischen Formen, worin sich die Menschen dieses
Konflikts bewußt werden und ihn ausfechten".[3] Und diese Bewußtseinsformen sind noch weit komplizierter als die Entwicklung der Produktivkräfte und die Umwälzung der Basis. – Heute setzt sich allmählich die Erkenntnis durch, daß ein Historiker beides verstehen, beachten und darstellen muß: die „naturwissenschaftlich treu zu konstatierenden" Veränderungen von Produktivkräften und Eigentumsverhältnissen und die Bewußtseinsformen der Menschen. Vernachlässigte er, was Menschen denken und
fühlen, müßte er sie als Rädchen in einem Getriebe auffassen, und dies er-
gäbe keine Geschichte der Menschen; oder aber, vernachlässigte er die gesetzmäßigen Verläufe an der Basis, hätte er die Möglichkeit verspielt, die
oft verschlungenen Wege der Geschichte zu verstehen. Freilich sind Analyse und Darstellung der Querverbindungen und Wechselwirkungen, des dialektischen Zusammenspiels von ökonomischer Struktur, Produktivkräften
und Bewußtseinsformen schwierige Aufgaben. Was bei nüchterner Analyse
der objektiven materiellen Gegebenheiten gar nicht so kompliziert erscheint, ist alles andere als einfach, sobald man einbezieht, wie Menschen

---

[3] Die hier wiedergegebenen Gedanken sind in konzentrierter Form in der Schrift
„Zur Kritik der Politischen Ökonomie", 1859 und zwar im Vorwort (MEW, 13, 7ff)
enthalten. Ihm entstammt auch das obige Zitat. Doch muß man, will man die Gedanken von *Marx* und *Engels* zu diesen komplizierten Fragen kennenlernen, eine ganze
Reihe anderer Schriften heranziehen, insbesonders „Ökonomisch-philosophische Ma-
nuskripte", 1844 (MEW, Erg.-Band, Teil 1); „Die deutsche Ideologie", 1845/46
(MEW 3); „Das Manifest der Kommunistischen Partei", 1848 (MEW 4); „Theorien
über den Mehrwert", 1862/63 (MEW 26.1 und 26.2); „Das Kapital", 1. Band 1867
(MEW 23); „Grundrisse der Kritik der politischen Ökonomie", 1876/78. Die wichtig-
sten unsere Problematik betreffenden Passagen findet man zusammengestellt in:
Marx, Engels, Lenin „Über Kultur, Ästhetik, Literatur", Universal-Bibliothek 30,
Reclam, Leipzig 1969. Für den Historiker und Geschichtstheoretiker sei auch auf das
Marx-Engels-Wörterbuch verwiesen, das, in der Akademie der Wissenschaften der
DDR aufbewahrt, *Marx'* und *Engels'* Vokabular, verzettelt, in annähernd 400.000
Belegen festhält (MEW = *Karl Marx / Friedrich Engels*, Werke, Berlin, DDR, 1957–
1971)

sie subjektiv erleben. Denn es sind — außer in revolutionären Zeiten — meist nur wenige, die in ihrer eigenen Zeitgeschichte zukunftsträchtige Elemente und Möglichkeiten zu entdecken und ihre Handlungen danach zu richten wissen. Die Menschen werden auch durch Traditionen, Illusionen und Irrtümer, individuell bedingte Zielsetzungen und Verzerrungen der Realität bestimmt — wobei Emotionen eine große Rolle spielen. Die herrschenden Klassen haben ein Heer von Ideologen und ein Arsenal von Mitteln zur Verfügung — man denke bloß an die „Massenmedien" —, um für die ideologische Absicherung ihrer Macht zu mobilisieren, was immer sich dazu zu eignen scheint. So erweist sich also die Einheit einer historischen Epoche als anscheinend unentwirrbares Knäuel von entgegenlaufenden Prozessen und Tendenzen, Interessen, Meinungen, Handlungen. Sie bloß als „widerspruchsvoll" zu bezeichnen, wäre eine Untertreibung.

Aber das Material des Historikers ist nicht nur komplex, sondern auch brisant. Wenn sich aus dem Geschichtsverlauf Gesetzmäßigkeiten über das Absterben und die Neuformierung ökonomischer, sozialer, politischer und ideologischer Strukturen ableiten lassen, dann gelten diese Gesetzmäßigkeiten notwendigerweise auch für die jeweils bestehenden. Die herrschenden Klassen wollen das — ebenso wie viele Historiker — aus verständlichen Gründen nicht wahrhaben. Dieser Umstand ist zweifellos entscheidend dafür, daß — entgegen den universalhistorischen Konzeptionen der Aufklärung — im Laufe des 19. Jahrhunderts und besonders, nachdem die Revolutionen von 1848/49 bloß die Festigung bürgerlich-kapitalistischer Verhältnisse in West- und Zentraleuropa bewirkt hatten, Rückschläge und Horizontverengungen in der Entwicklung der Geschichtsschreibung einsetzten. Nicht *Hegels* (oder anderer großer Historiker, etwa *Herders*) Erkenntnisse von der widerspruchsvollen Einheit historischer Verläufe, sondern *Hegels* idealistische Grundkonzeption, und selbstverständlich nicht die marxistische Konzeption wurde zur herrschenden Auffassung in den kapitalistischen Ländern. Die künstliche Loslösung der Geistesgeschichte von ihrer materiellen Basis, Lehren von der Undurchschaubarkeit der Geschichte, von der Unmöglichkeit, historische Gesetzmäßigkeiten aufzufinden, setzten sich durch. Sie sind auch heute noch in mancherlei Formen üblich. Dem entgegen hat die marxistische Geschichtsschreibung zwar bereits viele imposante Einzelleistungen aufzuweisen, aber insgesamt gesehen, steht sie erst in den Anfängen universalhistorischer Konzeptionen.

In diesem Zusammenhang muß die historiographische Leistung von

Albert Fuchs gesehen werden. Dem Brauch – dem man schon zur Zeit, da
er schrieb, häufig huldigte –, die Einheit einer Epoche durch Verwendung
eines bzw. einiger weniger falsch oder oberflächlich abstrahierter Oberbegriffe herzustellen, ist er natürlich nicht gefolgt. (Um durch ein Beispiel
deutlicher zu machen, was gemeint ist: kürzlich hat ein Historiker aus den
Vereinigten Staaten die Kulturgeschichte Österreichs, auch des von *Fuchs*
behandelten Zeitraums, unter Ausschluß ökonomischer, sozialer und politischer Aspekte mit Hilfe von beschränkt zweifellos brauchbaren, als Epo-
chenbezeichnungen jedoch hoffnungslos inadäquaten Begriffen wie Ästhe-
tizismus, Positivismus, Impressionismus, Expressionismus, Todestrieb zu
fassen gesucht[4]. So aber können die Wesenszüge einer Zeit, und damit
auch ihre Kultur, was immer man darunter versteht, nicht freigelegt werden.) Dagegen hat *Fuchs*, den Grundgedanken von *Marx* verpflichtet, in
den realen Bedingungen, unter denen die Menschen des von ihm behandelten Zeitraums lebten, in den sich daraus ergebenden Klassenkonflikten und ·
-zielen die wesentlichen Oberbegriffe erkannt. Diese Begriffe setzte er in
Beziehung zu dem allgemeinsten Prinzip, unter dem sich Menschheitsgeschichte überhaupt verstehen läßt: daß es nämlich gesellschaftlichen Fortschritt zur Befreiung aller Menschen von Not und Unwissenheit, von Krieg
und von den ihre Entwicklung aufhaltenden Schranken gibt. So ist ein
Maßstab gewonnen, an dem man Menschen, Leistungen, Strömungen, die
materielle und die geistige Produktion überhaupt, in ihrem Sinn und Wert
messen kann. Von solcher Grundlage ausgehend untersucht *Fuchs* verschiedene geistige Strömungen – auch auf verschiedenen Ebenen liegende, etwa
Liberalismus und Psychoanalyse. Durch seine juristische Ausbildung dazu
besonders befähigt, zitiert er die verschiedenen „Parteien" vor den Richter-
stuhl des Historikers, übernimmt, oft in faszinierend schnellem Wechsel,
die Rollen des Zeugen, des Richters, des Anklägers, des verständnisvollen
Anwalts. Wer einwendet, ein solches nach den Gesetzen des Fortschritts
urteilendes Verfahren sei befangen, möge bedenken, daß es keine objekti-
vere Verfahrensweise gibt. Das Gesetz des Fortschritts der Menschen zu
immer größerer Unabhängigkeit von Ausbeutung, Unwissenheit und Unsicherheit ist dem Geschichtsverlauf selbst abgewonnen. Wer – auch im guten Glauben – vorgibt, Geschichtsschreibung ohne Standpunkt zu betrei-

---

[4] *Johnston, W. M.*, Österreichische Kultur- und Geistesgeschichte. Gesellschaft und
Ideen im Donauraum 1848–1938. Wien, Böhlau, 1974.

ben, unterliegt einer Selbsttäuschung. Auswahl, Gewichtung, Beurteilung bei der Darstellung von Ereignissen, Menschen, Verläufen muß jeder vornehmen, und diese Prozeduren sind umso mehr den Anschauungen der jeweils herrschenden Klassen untergeordnet, je weniger sich der Historiker darüber Rechenschaft ablegt. Mag sein, daß *Fuchs* in mancher Einschätzung ein eher zu einfühlsamer Richter war; er schrieb in einer Situation, da die politische Zusammenarbeit aller auch nur ansatzweise progressiv denkenden Menschen und Gruppen Österreichs möglich schien. Mag auch sein, daß das eine oder andere seiner Urteile durch inzwischen weiter fortgeschrittene Untersuchungen zu modifizieren wäre. Insgesamt ist die Leistung von *Albert Fuchs'* „Geistigen Strömungen" heute so wichtig und beispielgebend, wie sie es war, da seine Arbeit zum ersten Mal erschien.

Georg Knepler

ALBERT FUCHS

25. Oktober 1905 — 29. November 1946

Der Autor dieses Buches starb, bevor er sich einen berühmten Namen erwerben konnte. So mag es am Platze sein, dem Leser, dem dieses Buch einen Teil des Lebenswerkes Fuchs' vermittelt, auch ein Bild seiner Persönlichkeit zu geben, ein Bild, das aus seinen Schriften und aus seinem Wirken, hätte er länger gelebt, von selbst entstanden wäre. Glücklicherweise kann das in der denkbar besten Form geschehen: in seiner Selbstbiographie ,,Ein Sohn aus gutem Haus" schildert Albert Fuchs in sehr persönlicher Weise sein Leben und die inneren und äußeren Umstände, die es gestalteten. Das Büchlein ist in London erschienen und heute längst vergriffen.

Einige markante Stellen aus Fuchs' Selbstbiographie werden den Leser nicht nur mit der Person und der Entwicklung des außerordentlichen Mannes vertraut machen; aus ihnen entsteht auch ein anschauliches Bild von der Atmosphäre des bürgerlichen Wien vor dem ersten Weltkrieg. Fuchs zeigt hier an einem Ausschnitt aus der lebendigen Wirklichkeit, wie sich die ,,geistigen Strömungen" auswirkten, die er in seinem Buch wissenschaftlich untersucht.

Wiener Bürgerhaus 1910

Das Haus stand im Mittelpunkt der Welt. Darin wohnte ein kleiner Junge, Mittelpunkt des Mittelpunkts. Die Welt rauschte vor den Fenstern, trug ihre Schätze heran und legte sie dem kleinen Jungen in die aufgebreiteten Hände. Unabsehbar weit, war sie zugleich unbeirrbar wohlgesinnt. Das Haus, und die darin lebten, war immer gewesen und würde immer sein. Es befand sich außerhalb der Begriffe Zeit und Veränderung. Zeit maß man in Stunden, höchstens Tagen, die übrigen Maße fehlten, so wie in einem kleinen Kaufladen die großen Gewichte fehlen. Änderung — der Junge hätte denken müssen, um ihre Möglichkeit zu entdecken, und dazu hatte er keine Lust. Tat er es einmal, schlief er sogleich ein und erwachte mit gänzlich anderen Gedanken.

Er war fünf Jahre alt. Seine Meinungen waren nicht immer ganz zutreffend. Aber er hatte Augen, um zu sehen — und was er sah, mag heute noch, gerade heute, der Wiedergabe wert sein.

In Wahrheit stand jenes Haus natürlich in keinerlei Mittelpunkt. Es war Glied einer ansehnlichen, gut gebauten Verkehrsstraße, der Garnisongasse. Umständliche ältere Leute definierten seine Lage mit den Worten: ,,Schief vis-à-vis von der alten Gewehrfabrik'', doch bin ich zu jung, als daß ich die alte Gewehrfabrik noch gekannt hätte. Die Garnisongasse läuft unmittelbar hinter der Votivkirche vorbei, eine halbe Gehstunde vom Stephansplatz entfernt.

Es war ein fünfstöckiges Bürgerhaus, in den achtziger Jahren errichtet, mit einem stillen Flur, einer breiten, hellen Treppe und hohen, hellen Räumen. Insgesamt beherbergte es sechs oder sieben Parteien. Wir bewohnten einen ganzen Stock, der als ,,zweiter'' bezeichnet wurde, obgleich er eigentlich der dritte war — nach Wiener Art ließ man das ,,Mezzanin'' bei der Zählung fort. Die Zählung unserer Zimmer variierte ein klein wenig nach der Stimmung der Eltern. In selbstbewußten Momenten waren es sieben Zimmer, in bescheideneren bloß ,,sechs Zimmer, ein Kabinett''. Die Wohnung kostete 4800 Kronen jährlich, was die Eltern für angemessen hielten, denn es war gerade ein Zehntel ihres Einkommens, und das galt als die richtige Proportion.

Die Einrichtung unserer Räume hatte seinerzeit, als die Eltern heirateten, viel Geld verschlungen. Sie war solide, entsprach aber gar zu sehr dem Durchschnittsgeschmack der Zeit; das heißt sie ließ an Geschmack zu wünschen übrig. Die diversen Kolosse und Ornamente, die der Brauch forderte, waren vollzählig vorhanden. Im Speisezimmer stand ein Ungetüm von Schrank, genannt ,,Kredenz''. Von den Plafonds hingen schwere ,,Luster'', vielfältig verziert. Die Auswahl der Gemälde an den Wänden verriet wenig Sorgfalt. Neben leidlichen Kopien fanden sich miserable Originale. Manche waren von Patienten des Vaters eigenhändig gemalt und als Zeichen dauernder Dankbarkeit zu Weihnachten übersandt worden. Der Vater verstand sich in gewissem Sinn auf Literatur, die Mutter auf Musik. Bildende Kunst war beiden fremd.

Unter den Zimmern war eines, das sich durch Abwesenheit aller Pracht auszeichnete: das ,,Kinderzimmer''. Einfach, glatt, mit weißem Anstrich, wurde es beinahe modernen Anschauungen gerecht. Die Fenster gingen auf einen ausgedehnten, durch etliche Bäume gezierten Hof. Jenseits, in geringer Distanz, erhob sich die

Votivkirche. Man hörte jede Viertelstunde ihre Uhr schlagen, ein paarmal am Tag ihre Glocken läuten. Der Raum war zum Kinderzimmer bestimmt worden, weil er Morgensonne hatte. Er ist mir als ungemein licht in Erinnerung geblieben. Jene Stillosigkeit, die heute bekämpft wird, drückte sich aufs deutlichste im Speisezimmer aus. Da war ungefähr alles beisammen, was verpönt ist: Mahagoni, grüner Plüsch, geblümtes Sofa, gestickte Pölster, goldfarbene Reliefs, Schaukelstuhl. Dessen ungeachtet war es ein sehr angenehmer Aufenthaltsort. Die häßlichen Details verschwanden völlig in der Atmosphäre des Altmodisch-Wohnlichen, die alles überdeckte. Es war ein Raum, vortrefflich geeignet zu lebhaften Gesprächen, zur Lektüre, zum Stillsitzen und Nachdenken. Ich wollte, ich könnte noch einmal im Speisezimmer den Vater hören, wie er den Lauf der Welt und die Mehlspeise des Tages kommentiert.

Den Rekord des Altmodischen hielt jedenfalls sein Arbeitsraum. Er stellte eine Kombination aus Ordinationszimmer und „Herrenzimmer" dar. Ein riesiger Schreibtisch. Ein mächtiger Bücherkasten. Ein gewaltiges, von den Großeltern ererbtes Sofa. Der Überwurf war vorzeiten bunt gewesen, aber seit langem verblaßt. Vergilbt waren auch die Photographien, die über dem Sofa hingen — Vaters Lehrer: Billroth, Nothnagel, Krafft-Ebing. Hundert andere Photographien, holzgerahmt, ledergerahmt, zeigten Verwandte, Freunde, aristokratische Gönner. Der Herrenzimmer-Charakter kam in zahllosen Rauchtischen, Rauchrequisiten, Aschenbechern zum Vorschein. Stets lag ein leiser Zigarrenduft in der Luft. Das Zimmer atmete Ruhe, Sachlichkeit, freundliches Interesse — die Dinge, in denen der Vater groß war. Hier sprach er seinen Patienten zu, las er seinen Shakespeare, grübelte er über die Mysterien der Rangklassen. Jeder, der eintrat, fühlte, welch gleichmäßige, wohlfundierte Existenz hier ihr Zentrum hatte. Und war gefangen von der altväterischen Behaglichkeit, die sich mit solcher Existenz verband.

Wer sich das Wiener Bürgerdasein von 1910 richtig vorstellen will, muß sich klarmachen, wieviel Stetigkeit, Sicherheit, Friedlichkeit darin enthalten waren. Nicht ohne Grund nannten die Eltern bis an ihren Tod die Jahre vor dem Krieg „die Friedenszeit" schlechthin. Sie sahen nachher nie wieder Zeiten, die sie mit jenen leichten, fließenden hätten gleichsetzen mögen. Fragen, die sie Anno 1910 beschäftigten, waren etwa: ob der Vater heuer oder erst nächstes

Jahr ein Primariat erhalten würde; ob Wagners „Tristan" dem „Ring der Nibelungen" vorzuziehen sei; ob man im kommenden Sommer nach der Schweiz oder an die Ostsee fahren sollte. (Man sagte sogar: „gehen" sollte. So nah schien die weite Welt.) Nach herrschender, obgleich unausgesprochener Ansicht war die Weltgeschichte mit der Schlacht von Königgrätz, anderthalb Menschenalter früher, zu Ende gegangen. Größere Veränderungen waren nun nicht mehr zu erwarten. Kriege und Revolutionen konnten sich zwar noch ereignen, aber nur in irgendeinem fernen Winkel der Erde. In Europa würde alles bleiben, wie es war, auch in Österreich, trotz einer gewissen Wackligkeit. Unter diesen Umständen hielten es die Wiener Bürger für ihre natürliche Bestimmung, sich im Bestehenden, Überlieferten gut einzurichten. Die Aufgabe war nach ihrem Herzen, und sie lösten sie mit Geschick. Über die Tatsache, daß sie innerhalb der Millionenbevölkerung der Monarchie eine winzige, begünstigte Minorität darstellten, sahen sie hinweg. Im übrigen wußten sie die Verhältnisse zu nützen, den Tag zu pflücken, wie der alte Dichter sagt. Unter den mancherlei Künsten, die in Österreich blühten, war Lebenskunst nicht die geringste. Die Lebensform von damals hatte hohe Vorzüge: Arbeit und Entspannung waren in kluge Proportion gesetzt; Freude an geistigen Dingen wurde angeregt und ermutigt; ethische Verfeinerung zumindest nicht ausgeschlossen. Man tut den Bürgern unrecht, wenn man denkt, sie hätten ein rein phäakisches Dasein geführt. Fleiß und beruflicher Ernst waren wohlbekannte Tugenden. Allerdings aber war es ein Dasein von ungewöhnlicher Milde, aus dem langen Frieden erwachsen, in Frieden eingesponnen. Es konnte ihn nicht überdauern und ging in Stücke, als er in Stücke ging.

„Beruf" — das war eine der drei Abteilungen im Leben des Vaters. Der Ausdruck Abteilungen mag etwas pedantisch klingen, paßt aber gut zu seinem äußerst ordentlichen Wesen. Die beiden anderen Sektionen hießen „Familie" und „Literatur". „Beruf" war bei weitem die größte und wichtigste Sektion.

Er liebte seinen Beruf, weil er durch ihn etwas Nützliches leisten konnte. Er liebte ihn mehr noch, weil er in ihm seine Persönlichkeit entfalten konnte, aber am meisten deshalb, weil der Beruf ihm Gelegenheit zur Befriedigung seines brennenden Ehrgeizes bot. Ziel dieses Ehrgeizes war Gelehrtenruhm und ein Stückchen Macht, ein winziger Bruchteil der riesenhaften Macht, die sich in der Staatsmaschinerie konzentrierte. Ehrgeiz, auf solche oder ähnliche Dinge gerichtet, galt dem Vater als treffliche Eigenschaft. Er erzog uns Kinder systematisch zu Ehrgeiz, wir wurden gelobt, wenn'man merkte, daß dieser Trieb, aus dem soviel Ruhelosigkeit entspringt, in uns zu arbeiten begann. Während bei uns das Aussprechen vieler natürlicher Dinge aufs strengste verpönt war, gebrauchte man mit größter Ungeniertheit das Wort „Karriere". Hundertmal wurde gesagt, daß dies oder jenes dem Vater in der Karriere schaden könnte, daß auch wir einst Karriere machen müßten, usw. Der Vater gab sich allerdings viel Mühe, den legitimen Ehrgeiz von seiner illegitimen Schwester, der Streberei, abzugrenzen. Der Unterschied war nebelhaft, aber er glaubte ihn klar zu sehen. Bemühungen um einen wirklichen Rang wurden stets als Ehrgeiz anerkannt. Ging es um einen bloßen Titel, so lag das ungefähr in der Mitte. Hingegen war es eindeutig Streberei, wenn jemand trachtete, ein Adelsprädikat oder einen Orden zu bekommen. Um sein vierzigstes Jahr war der Vater bei einem Rang angelangt, dessen genauer Name „Privatdozent mit dem Titel und Charakter eines außerordentlichen Professors" lautete. Die nächste Stufe hieß „wirklicher außerordentlicher Professor" (oder „wirklicher Extraordinarius"). Da der Vater damals im Spitalsdienst gute Erfolge aufzuweisen hatte, wurde er von seinem Chef, Hofrat Wagner-Jauregg, gefragt, ob er wünsche, für den Franz-Josef-Orden „eingegeben" zu werden. Er lehnte entschieden ab, bat aber um Beförderung zum wirklichen Extraordinarius, die bald danach erfolgte. Diese Geschichte erzählte er uns später wiederholt, um uns einzuprägen, wie sich der ehrgeizige Mann gegenüber den Lockungen der Streberei zu verhalten hat. Die Stellung als wirklicher Extraordinarius bereitete ihm bis an sein Ende große Genugtuung. Wenige Tage vor seinem Tode — er starb nach langer, überaus qualvoller Krankheit — gestand er mir, daß, was ihn in seinen Leiden ein wenig tröstete, das Bewußtsein sei, eine schöne Karriere gemacht zu haben. „All diese alten Leute (nun folgten die Namen einiger um zwei oder drei Jahre älterer Kollegen) sind viel später wirkliche Extraordinarii geworden als ich." Ich kann nicht umhin zu denken, daß, wenn die Rangordnung der k. u. k. Bürokratie einmal die Funktion gehabt hat, einen Sterbenden zu trösten, sie doch zu irgend etwas gut gewesen ist.

In die Innere Stadt kam ich meist als Begleiter der Mutter. Sie begab sich an drei, vier Vormittagen der Woche dorthin, um Besorgungen zu machen oder, wie sie sagte, „Kommissionen". Als ich noch nicht zur Schule ging, geschah es oft, daß sie mich mit-

nahm. Ich war darüber nicht besonders glücklich, lange nicht so
sehr, wie wenn ich den Vater begleiten konnte. Die Mutter war
sparsam. Sie mietete nie einen Wagen, wir fuhren im Omnibus,
im sogenannten Stellwagen. Darin sah ich kein Vergnügen. Das
Vergnügen begann erst beim Einspänner.

Der Stellwagen war ein mittelalterliches Vehikel, eng, holprig,
zwei Schindmähren schleppten ihn. Von der Ecke Garnisongasse-
Alserstraße, wo wir einstiegen, bis zum Stephansplatz brauchte er
über zwanzig Minuten. Das heißt, er war ungefähr so schnell wie ein
rüstiger Fußgänger. Abgesehen davon, daß er sich im Schnecken-
tempo bewegte, konnte man ihn auf Schritt und Tritt zum Stehen
bringen, wenn man ein- oder aussteigen wollte. Auf der erwähnten
Strecke gab es immer acht bis zehn solche Aufenthalte. Der, meiner
Ansicht nach, einzig interessante Moment kam, wenn wir an den
Punkt gelangten, wo die Straße ein klein wenig bergauf geht („Heidenschuß"). Dort war ein Mann mit einem Extra-Pferd postiert, dessen
Aufgabe es war, dem Omnibus über die Steigung hinwegzuhelfen.
Unter Hüh und Hott wurde dieses Pferd eingeschirrt, das Drei-
gespann bewältigte den Berg, dann wurde es wieder auf zwei redu-
ziert. Der Extra-Gaul erregte mein Mitleid, weil er immer nur den
„Heidenschuß" hinauf- und hinuntergehen durfte. Die Mutter
sagte mir zur Beruhigung, daß er an anderen Tagen dem normalen
Omnibusdienst zugeteilt sei, während der Hilfsdienst einem Omnibus-
pferd oblag.

Die Einkäufe dauerten ein oder zwei Stunden. Gegen Ende
hatten wir bereits unzählige Päckchen zu tragen. Sofern es sich
um größere Gegenstände handelte, erbat die Mutter Lieferung ins
Haus. Ich merkte sehr wohl, wie angenehm es ihr war, dem Verkäufer den Titel des Vaters zu nennen. Wenn vor dem Mittagessen
noch Zeit übrigblieb, statteten wir den Konditoreien Demel oder
Sluka einen Besuch ab. Obgleich ich nur ein kleines Gebäck essen
durfte — im Hinblick auf die bevorstehende Hauptmahlzeit —,
trösteten mich diese Abstecher über die Langeweile der „Kommissionen".

An den Nachmittagen befand ich mich in der Obhut des Fräuleins.
Sie ging mit mir, wenn das Wetter es irgend erlaubte, in den Rathauspark. Die Kinderfrau und Georg kamen ebenfalls mit. Als
Georg das schulpflichtige Alter erreichte, wurde das Amt der Kinderfrau abgeschafft, und wir wurden dann beide vom Fräulein beaufsichtigt. Im Park wichen wir dem Kinderspielplatz im Bogen aus
— dort waren zu viele Kinder, wir hätten Keuchhusten kriegen

können. Das Fräulein ließ sich in der Nähe des Springbrunnens auf einer Bank nieder. Meist warteten schon ein paar Kolleginnen. Uns war leidliche Freiheit gewährt, doch gab es eine Einschränkung: wir sollten nur mit feinen Kindern spielen, nicht mit Gassenbuben. Die Gartenordnung untersagte eigentlich Spiele ganz allgemein, außer auf jenem Platz, den wir vermieden. Infolgedessen gerieten wir manchmal in Konflikt mit der Behörde. Wir rannten über eine Wiese, krochen durch Gebüsch und hatten Pech: die Behörde näherte sich in Gestalt des Invaliden aus dem achtundsiebziger oder sechsundsechziger Jahr, der zum Gartenwächter bestellt war. Er schalt uns in militärischem Ton und drohte, uns „aufzuschreiben", was als ziemlich harte Maßregel galt. Nahm er wirklich das Notizbuch heraus, so rückte freilich die Entsatzarmee heran. Das Fräulein, das den Vorgang aus der Entfernung beobachtet hatte, kam herbeigelaufen, sprach eine Beschwichtigungsformel, lautend: „Das sind die Kinder vom Professor Fuchs", und entzog uns dem Zugriff des Staates, indem sie uns an der Hand packte und fortführte.

Bedeutend ärgere Feinde als die Aufseher waren die Gassenbuben, das heißt die Proletarierkinder, mit denen wir keinen Umgang haben sollten. Da die anderen Bürgerkinder demselben Gesetz unterlagen, existierte im Park eine genaue Klassenscheidung. Die Klassenkämpfe, die resultierten, nahmen für die Bürgerlichen einen ungünstigen Verlauf. Zwar, jene zahlenmäßige Überlegenheit, die sonst den Unterschichten zustatten kommt, fehlte; im Rathausviertel standen nur Herrschaftshäuser, und die proletarische Jugend rekrutierte sich ausschließlich aus den Söhnen der Hausbesorger. Aber diese Burschen waren ungleich stärker und angriffslustiger als die „feinen" Kinder. Deren Situation wurde noch dadurch erschwert, daß die Fräuleins, gemäß elterlicher Weisung, größere Gefechte nach Tunlichkeit verhinderten. Das wirkte lähmend auf die Moral. Kein Wunder, daß die Hausmeisterbuben die Oberhand behielten.

Trotz den Gefahren, die er in sich barg, war uns der Park der liebste Ort in der Stadt. Wir kannten jede Bank, jeden Strauch und Baum. Stunden verflogen wie Minuten. Auf dem Weg nach Hause besprachen wir schon, was wir tun würden, wenn wir morgen oder übermorgen wiederkämen.

Sonntags gingen wir nicht in den Rathauspark. Die Eltern unternahmen mit uns eine Fahrt über die Ringstraße, nach Schönbrunn oder in den Prater.

In der Stadt herumzukutschieren war ein gebräuchliches Vergnügen der wohlhabenden Wiener.

Ein Mann wie der Vater hätte von Rechts wegen eine eigene Equipage und Pferde besitzen müssen. Er zog es vor, seine Ersparnisse anders anzulegen. Aber es fiel ihm nicht ein, der Sitte, die auf elegantes Fahren Gewicht legte, entgegenzuhandeln. Wann immer sich ein Anlaß bot, nahm er einen Wagen, der sich sehen lassen konnte. Einspänner kamen nicht in Betracht, außer es war völlig unmöglich, einen Fiaker aufzutreiben. Unter den Fiakern wurde einer ausgewählt, dessen Karosserie von Lack, dessen Pferde vom Striegel glänzten. „Gummiradler" hatten den Vorzug.

In einem Punkt entfernte sich der Vater vom Brauch. Die Mode des Schnellfahrens widerstrebte seinem gelassenen Wesen. Er schärfte jedem Kutscher ein, „langsam und vorsichtig" zu fahren. Selbst Einspännerkutschern, wenn er mit ihnen zu tun hatte, gab er diesen Auftrag — obwohl sie gar nicht anders konnten als ihn ausführen.

Keines der Fahrtziele hielt den Vergleich mit dem Prater aus. Der war damals alles eher als die Ödnis, zu der er sich nach dem ersten Weltkrieg entwickelte. Er wimmelte von Menschen. Ein großer Teil der Wiener verbrachte dort einen Großteil der Freizeit. Die Gartenrestaurants (Erstes, Zweites, Drittes Kaffeehaus, Konstantinhügel, Krieau) waren während der warmen Jahreszeit ständig überfüllt. Zumindest äußerlich ergab sich der Eindruck der Buntheit und Unbeschwertheit. Die Hauptallee sah prächtig aus. Auf den Fußwegen zu beiden Seiten, unter den Kastanienbäumen, drängten sich die Menschen im „Korso". Die Reitwege wurden nicht wenig benützt, und auf der Fahrbahn riß die Reihe der Fiaker nie ab. In ihrer Glätte und Schnurgradheit war diese Bahn eine große Versuchung zu raschem Tempo. Fiakerpferde fielen, sowie sie unter dem Viadukt durch waren, von selbst in scharfen Trab und hielten erst beim Lusthaus an. Wollte der Vater seinen Wunsch nach ruhiger Gangart durchsetzen, so hatte er es auf dieser Strecke nicht leicht.

Mit den sonntäglichen Ausfahrten wechselten „Ausflüge" ab — Fußwanderungen. Zwischen Wien und Klosterneuburg, Wien und Baden dürfte kaum ein Spaziergang denkbar sein, den wir nicht absolviert hätten. Könnte man nachträglich feststellen, wie oft wir im Helenental waren, auf dem Eisernen Tor, dem Anninger oder gar erst auf dem Kahlenberg, Hermannskogel, der Sophienalpe, man würde zu erstaunlichen Ziffern gelangen. Ich glaube, daß mir der Reiz der sanften Hügel, in die die Stadt eingebettet liegt, nur teilweise zu Bewußtsein kam. Was mir an den Spaziergängen gefiel, waren in erster Linie Luft, Bewegung und das Gabelfrühstück, das am Ziel die mäßige Anstrengung belohnte. Mein Verdacht, daß die Eltern ähnlich empfanden, mag unbegründet sein, aber er besteht. Weit stärkeren Eindruck als vom Wienerwald empfing ich von den etwas schwerer erreichbaren Gegenden, die an Doppelfeiertagen (Ostern, Pfingsten, Peter- und Paulstag) aufgesucht wurden: Reichenauer Gebiet, Semmering-Gebiet. In den letzten Jahren habe ich manchmal an mir ein Experiment gemacht: Ich versuchte herauszufinden, welche Gefühle und Vorstellungen sich mir mit dem Wort „Heimat" verknüpfen. Es ist bestimmt kein Zufall, daß die Assoziation, die sofort und regelmäßig auftaucht, die des Reichenauer Tales ist. Ich sehe dieses Tal vor mir, wie es bei Payerbach, nach der Ebene, in ansehnlicher Weite beginnt, langsam sich verengend über Edlach ansteigt, nach der Großau und der Kleinau sich verzweigt und an der Preiner Wand in dichtem Nadelwald endet. Ich spüre den Übergang aus der milden Luft von Reichenau in die rauhe, harzige, die von der Rax herunterstreicht. Ich höre das Flüßchen rauschen — Schwarza heißt es —, das, je länger man seinem Lauf entgegenwandert, um so schmäler wird und um so eifriger rauscht. All das tritt mit einer Frische in mein Gedächtnis, als hätte ich es gestern erlebt, und hat zugleich das unverwechselbare Aroma, das nur ältesten Erlebnissen anhaftet. Mir scheint, daß solcherart sich die Gefühlsbeziehung beglaubigt, die gemeint oder mitgemeint ist, wenn man einen Ort Heimat nennt.

Die Reisen, die der Vater mit uns unternahm, führten uns nach Gossensaß, Toblach, auf die Mendel, ebenso nach Arendsee, Binz, Saßnitz auf Rügen. Gewöhnlich blieben wir nur acht oder vierzehn Tage an einem Ort. Dann bekamen die Eltern Lust auf Abwechslung. Die Wochen, die wir in Deutschland verbrachten, erweiterten meinen Horizont um eine ethnographisch-politische Erkenntnis. Ich erfuhr, daß zwischen Deutschen und Österreichern Unterschiede bestanden. Der Vater war in seiner ganzen Art durch und durch österreichisch. Solange wir daheim waren, betonte er das nicht sehr, machte er davon sozusagen keinen Gebrauch. Anders wurde die Sache, sowie wir die Grenze überschritten. Wir reisten an die Ostsee, weil dort sandiger Strand war und frischere Luft als etwa in Abbazia. Diese Vorzüge der Ostseebäder konnten den Vater jedoch über die Unzulänglichkeiten des Deutschen Reichs, oder was er für solche hielt, nicht hinwegtäuschen. Fortwährend fand er Grund zum Tadel deutscher und zum Lob der entsprechenden österreichischen Einrichtungen. Den Kaffee, der ihm in deutschen Restaurants vorgesetzt wurde, belächelte er als Blümchenkaffee, dessen Inferiorität gegenüber der Wiener „Melange" offenkundig sei. Vergleiche zwischen den Mehlspeisen der beiden befreundeten Monarchien verliefen naturnotwendig ebenfalls zum Vorteil des sonst schwächeren Bündnispartners. Der Umgang mit Hotelportiers, Kellnern, Schaffnern lieferte mannigfache Gelegenheit zur Entfaltung von „Energie" im Kampf gegen „preußische Arroganz". Ein fast dramatischer Vorfall trug sich in Binz zu. Der Vater wollte vom Binzer Postamt irgendein gleichgültiges Telegramm nach Trautenau absenden. Er vergaß, auf dem Formular anzuführen, daß dieses Städtchen in Böhmen liegt. Der Schalterbeamte erklärte, einen Ort Trautenau nicht zu kennen, und wies das Telegramm zur Ergänzung zurück. Mehr war nicht nötig, um den Vater in Rage zu bringen. Er glaubte, ein Musterbeispiel preußischer Frechheit vor sich zu haben, und rief: „1866 hat man in Preußen sehr genau gewußt, wo Trautenau ist." Das war eine Anspielung auf das einzige Gefecht, das 1866 mit einem Erfolg der österreichischen gegen die preußischen Waffen geendet hatte. Der Beamte kann wohl nicht verstanden haben, was gemeint war, seine historische Bildung müßte denn weit gründlicher gewesen sein als seine geographische. Aber er vermutete mit Recht, daß eine Herabsetzung seines Vaterlandes beabsichtigt war, und drohte, die Polizei zu holen. Der Vater kam gerade knapp an behördlicher Intervention vorbei — an „Scherereien", wie sein Ausdruck lautete.

Obwohl die Eltern den Begriff Sommer ausdehnend interpretierten — einmal ging der Sommer doch zu Ende. Mitte September wurde es auf dem Land kühl und neblig, ob wir nun in Baden waren oder in der Prein. Wir kehrten nach Wien zurück. Der Abschied vom Land fiel mir immer schwer. Anderseits war die Heimkehr alle Jahre ein schönes, einprägsames Erlebnis.

Der Vater, der schon seit Wochen in Wien weilte, holte uns von der Bahn ab. Ein Wagen, meist ein viersitziger „Landauer", brachte uns in die Garnisongasse. Kisten und große Koffer fuhren auf einem Streifwagen hinter uns drein. Der Straßenlärm klang uns fremdartig in die Ohren, so sehr hatten wir uns in den Sommermonaten der Stadtgeräusche entwöhnt. Vor dem Haustor warteten die Dienstmädchen, riefen „Küß die Hand", nahmen Taschen und Schachteln aus dem Wagen und trugen sie die Treppe hinauf. Die Wohnung war für den Empfang mit Sorgfalt hergerichtet. Die Vorhänge an den Fenstern waren frisch gewaschen, die weißen

Möbel im Kinderzimmer frisch lackiert. Neue Glühbirnen strahlten aus allen Lampen. Alle Vasen enthielten Blumen. Im Speisezimmer fanden wir auf einem Tischchen Geschenke, mit Seidenpapier umwickelt: Erfüllung absichtslos geäußerter, kleiner großer Wünsche. Auf dem Speisetisch stand eine Riesentorte, wie sonst nur an Geburtstagen, und eine Schüssel voll Obst — die ersten Nüsse und Weintrauben des Jahres. Die Eltern tranken Wein, die Kinder bekamen je nach Alter ein viertel bis halbes Glas. Es war eine Festlichkeit, dem Beginn eines Lebensabschnittes gewidmet. Nach dem Essen küßte uns der Vater der Reihe nach, fragte: „Gefällt's euch wieder zu Hause?", wir sagten „Ja" und gingen, müde wie die Taglöhner, zu Bett.

Der Zeitabschnitt, der mit September anhebt, ist für Menschen, deren Stimmung vom Wetter beeinflußt wird, kein besonders glücklicher. Seit ich erwachsen bin, fühle ich das genau, immer wieder. Als Kind fühlte ich es nicht. Spätherbst, Wintersbeginn hatten ihre besonderen Vergnügungen, so wie andere Jahreszeiten. Verhinderte das Wetter Ausflüge, traten Kinobesuche an ihre Stelle (Kino war eine neue, vielbestaunte Erfindung), Theaterbesuche (mehrere Wiener Theater spielten Sonntag nachmittags für Kinder), endlich Besuche im Kaiserpanorama. Alles zusammen war vollwertiger Ersatz für die Zerstreuungen, die fortfallen mußten.

Was war das Kaiserpanorama?, höre ich etliche Leser fragen. Nun, nichts Aufregendes. Die meisten Wiener Schulkinder kannten es, der Eintritt war billig. Es befand sich auf dem Stubenring, gegenüber dem Stadtpark. In einem verdunkelten Raum bekam man durch ein Stereoskop farbige Landschaftsbilder zu sehen, Spanien, Italien und ganz besonders Bosnien-Herzegowina. Das Institut war schon 1910 veraltet, es paßte in die Epoche des Kinos ungefähr so wie der Einspänner in die Epoche des Automobils. Das beste am Kaiserpanorama schien mir das Foyer, wo man den Anfang der Vorführung abwartete. Zwar, das flinke blonde Mädchen, das als Kassierin fungierte, war mir gleichgültig. Aber über ihr saß auf hoher Stange ein giftgrüner Papagei, ein besonders häßliches Exemplar seiner Gattung, und plapperte, zeterte, schrie. Ihn sah und hörte ich gern. Er interessierte mich mehr als Bosnien.

Etwa zwanzig Jahre später, 1930 oder 32, ging ich über den Stubenring und entdeckte mit Staunen, daß das Kaiserpanorama noch bestand*). Einspänner, Stellwagen und vieles andere war

---

*) Es besteht auch heute noch.

verschwunden, das Kaiserpanorama dauerte fort. Da auch der Kaiser verschwunden war, hatte es sich auf Weltpanorama umgetauft. Großen Zulauf hatte es offensichtlich nicht. Ich warf einen Blick ins Foyer und fand es verödet, verstaubt, doch im übrigen wenig verändert. Dieselben Plüschmöbel, dieselbe blonde Kassierin, derselbe grüne Papagei. Wahrscheinlich zeigte man immer noch Bosnien-Herzegowina. Der Vogel kreischte aus Leibeskräften wie eh und je. An ihm waren die zwanzig Jahre völlig spurlos vorübergegangen. Nicht so an der Kassierin. Aber das liegt in der Natur der Sache.

Wandlungen

Was im Winter 1918/19 in Wien geschah, drang nur als sehr allgemeines Geräusch zu mir. Nicht einmal als sehr lautes Geräusch. Ich war Mittelschüler in der dritten Klasse, mit lateinischen und griechischen Übersetzungen beschäftigt. Der „Umsturz" kam mir hauptsächlich dadurch zu Bewußtsein, daß er Hoffnungen auf außertourliche Schulferien weckte und sie dann nicht erfüllte.

Im Dasein der Familie Fuchs trat kein Umsturz ein. Der Vater verdiente etwas weniger Geld, aber das wirkte sich noch nicht auf unsere Lebenshaltung aus. Wir bewohnten weiter die 7-Zimmer-Wohnung, beschäftigten viele Dienstleute.

Einige minder wichtige Gewohnheiten aus der Vorkriegszeit mußten modifiziert oder aufgegeben werden. Wir fuhren nur mehr selten auf den Semmering, da die Züge unregelmäßig verkehrten. Wir fuhren gar nicht mehr in den Prater, da die Fiakerpferde geschlachtet worden waren.

Die Schule, in die die Eltern mich gesteckt hatten, war das Schottengymnasium.

Die Lehrer am Schottengymnasium waren Benediktinermönche: gebildete, fleißige Leute, zum Teil geschickte Pädagogen. Sie hielten es für richtig, die Schüler nicht zu überanstrengen. Gute Manieren wurden fast so hoch bewertet wie gute Kenntnisse.

Politisch waren die Mönche natürlich eindeutig festgelegt. Sie betrachteten die Republik als Mißgeburt und erhofften die baldige Rückkehr der Habsburger.

Besonders ungeniert, was antirepublikanische Agitation anbetraf, benahm sich der Mathematiker, Pater Vinzenz Blaha. Am ersten Jahrestag der Republik-Gründung, am 12. November 1919, hielt er an die versammelten Schüler eine Ansprache, die besser zu Kaisers Geburtstag gepaßt hätte. Die Republik war zu indifferent, um ihn zur Verantwortung zu ziehen.

Der kluge, starrköpfige, übrigens prächtig aussehende Mann wurde nachmals Direktor des Gymnasiums und bekleidete diese Stellung noch 1938, als die Deutschen in Österreich einmarschierten. Zu seiner Ehre muß gesagt werden, daß er sich den „Braunen" gegenüber ebenso unabhängig zeigte wie ehemals den „Roten" gegenüber. Nun freilich sollte es ihm übel bekommen. Wieder war eine Rede zu halten, diesmal zur Feier des „Umbruchs". Überflüssig zu sagen, daß sie mit „Heil Hitler" enden mußte. Als Blaha ans Ende gelangte, simulierte er Vergeßlichkeit: „Und so schließe ich denn mit den Worten: Heil..... wie heißt der Mann? Ach ja, richtig, Hitler. Also Heil Hitler." Der Vorfall wurde den Nazibehörden angezeigt, Blaha wurde verhaftet, ins Konzentrationslager gebracht, und ist dort gestorben.

Nach der vierten Klasse überredete ich die Eltern, mich von den Schotten in die Wasagasse übersiedeln zu lassen. Es kostete nicht wenig Mühe, sie zu dieser Entscheidung zu bewegen. Mein Wunsch entsprang hauptsächlich dem Umstand, daß mein „bester Freund" die minder feine Schule besuchte.

Das Wasagymnasium unterschied sich vom Schottengymnasium sehr wesentlich. Hier gab es im Lehrkörper eine sozialdemokratische Majorität. Das Niveau des Unterrichts war noch besser als an der geistlichen Anstalt. Valentin Pollak, der Direktor, war als Historiker, Nathansky als Germanist, Lackenbacher als klassischer Philologe vortrefflich. Die Lehrer blickten mit Stolz auf Adolf Kappelmacher, der, aus ihrer Mitte hervorgegangen, es zum Ordinarius des Lateinischen an der Universität gebracht hatte. Die Frage der Manieren wurde in der Wasagasse als minder wichtig eingeschätzt. Es war sogar erlaubt, die Professoren mit einfachem „Sie" anzureden; bei den Schotten war es ein Verbrechen, anders zu sagen als „Herr Professor wollen", „Herr Professor haben".

Jener „beste Freund" hieß Fritz Blumenfeld und war Freidenker, Ethiker, Sozialist. Er versuchte seine Anschauungen auf mich zu übertragen, erzielte aber keinen Erfolg.

Wenn Fritz mich für Atheismus und Sozialismus nicht zu begeistern vermochte, so deshalb, weil ich für eine andere Sache begeistert war: für Literaturgeschichte. Ich konnte die dickleibigen Bücher von Eduard Engel fast auswendig. Von diesem soliden, mittelmäßigen Gelehrten angeleitet, vertiefte ich mich in die deutsche

Literatur, besonders des 19. Jahrhunderts. Weltanschauliche Dinge waren mir gleichgültig.

Sie begannen mich in dem Augenblick zu beschäftigen, als ich Karl Kraus kennenlernte, den großen Wiener Satiriker, Lyriker, Prosaisten. Dies Ereignis war, von mir aus gesehen, bei weitem das wichtigste, das in meine Gymnasialjahre fiel. Wer war Karl Kraus? Und wie war die Weltanschauung beschaffen, die er vertrat? Ich glaube, ich muß das etwas ausführlicher darlegen, wenn meine eigene Entwicklung verständlich werden soll. Kraus ist für die neue Generation nur mehr ein Name. Und sogar früher, als er noch lebte, war die Zahl derer, die eine genaue Vorstellung von ihm hatten, begrenzt.

Er zählte zu den glänzenden Einzelgängern, wie sie die liberale Gesellschaft zuweilen erzeugt. Obgleich ein vielgelesener, vieldiskutierter Schriftsteller, hielt er sich in weiter Ferne vom normalen Literaturbetrieb. Jeder Wiener Literat jagte nach ,,Verbindungen". Kraus hatte keine und suchte keine — außer der Verbindung von ,,Wort und Wesen", die ihm als Essenz der Wortkunst galt. Einzelgänger auch im buchstäblichen Sinn, spazierte er allein durch die Straßen: ein kleiner, schmächtiger Mann, glattrasiert, kurzsichtig, mit edlen scharfen Zügen. Wurde er von einem Unbekannten gegrüßt, schritt er grußlos weiter. Den Wienern solche Vertraulichkeiten abzugewöhnen, war ein Teil seiner Mission.

In jungen Jahren, lange vor der Zeit, von der ich spreche, hatte er die kleine Revue ,,Fackel" begründet, die eine Wiener Institution wurde, ähnlich dem Riesenrad, der Sezession oder der ,,Neuen Freien Presse". Ziel der ,,Fackel" war es, eben die ,,Neue Freie Presse" und die übrigen großen Zeitungen aufs äußerste zu diskreditieren, wenn möglich, zu vernichten. Witz und ehrliche Gesinnung sollten die Waffen in diesem Kampf sein. Nach und nach ging die Pressekritik in allgemeine Kulturkritik über. Die Tageszeitungen bestanden freilich weiter, erfreuten sich sogar hoher Auflagen. Anfangs hatte Kraus eine Reihe ausgezeichneter Mitarbeiter. Ab 1910 oder 12 schrieb er die Revue von A bis Z selber. Vorwiegend war er Satiriker, doch veröffentlichte er in der ,,Fackel" auch Verse, die einen wesentlichen Teil seiner Produktion bildeten, ästhetische Studien und anderes. Etliche Dramen, darunter ,,Die letzten Tage der Menschheit", gab er in Buchform heraus.

Eine seiner Eigenheiten war es, daß er seine unbestreitbare Outsider-Stellung noch ein wenig überbetonte. In Wirklichkeit war er nie völlig einsam, auch nicht in den Jahren, da die ,,Fackel" nur seine eigenen Arbeiten brachte. Es existierte ein enger Kontakt zu hervorragenden, selbst irgendwie outsiderischen Schriftstellern (Frank Wedekind, Peter Altenberg, Theodor Haecker), zu Musikern und bildenden Künstlern, die man ungefähr mit denselben Worten charakterisieren könnte (Arnold Schönberg, Adolf Loos, Oskar Kokoschka). Wer Kraus las, wurde unfehlbar auch auf diese Männer aufmerksam, befaßte sich mit ihren Schöpfungen, drang in ihre Ideenwelt ein. Das bedeutete Horizont-Erweiterung, wenngleich es sich öfters um Ideen handelte, die mit Vorsicht aufzunehmen waren.

Kraus' Glanz auf literarischem Gebiet wurde vielleicht noch übertroffen durch seine Schauspielergabe. Er war ein Vortragskünstler allerersten Ranges. Jährlich hielt er zwanzig oder mehr Vorlesungen, teils aus seinen Werken, teils aus Shakespeare, Goethe, Nestroy, Offenbach. Ohne irgendwelche äußere Hilfsmittel, nur mit den Mitteln des Geistes, mit Wort und Geste zauberte er dem Hörer eine ganze Tragödie, eine Posse, eine Operette vor. Sooft er wollte, hatte er einen vollen Saal, ein enthusiastisches Auditorium. Selbst erbitterte Gegner gaben zu, daß er als Menschengestalter auf dem Podium Großes leistete.

Im Grund schrieb Karl Kraus weit lieber über Literatur und Theater als über Politik. Trotzdem wandte er viel Zeit und Temperament an die Erörterung politischer Dinge. Im Laufe der Jahre wechselte er unzähligemal seinen Standpunkt. Zuerst war er Liberaler, später, noch vor dem Krieg, extremer Konservativer, während des Kriegs Pazifist, dann stand er den Sozialdemokraten nahe, vorübergehend sympathisierte er mit den Kommunisten, am Ende seines Lebens wurde er gar Anhänger von Dollfuß und Starhemberg. Niemand kann sagen, wohin ihn sein Weg noch geführt hätte, wäre er etwas älter geworden. Leider starb er, kaum daß er die Sechzig erreicht hatte.

Wenn er einen jungen Menschen, wie mich, überzeugte, war das Wichtige nicht, daß er ihn für seine augenblickliche politische Meinung, sondern daß er ihn für seine Weltanschauung gewann. Diese Weltanschauung blieb sich durch drei Dezennien, etwa von 1905 an, im Kern gleich, trotz aller Wechsel, die sonst eintraten. Es war eine mystisch-idealistische Philosophie von höchst individueller Färbung.

Es handelte sich, bei aller Eigenart im einzelnen, um nichts anderes als um die Weltanschauung, die seit 1900 von einer ansehnlichen Zahl „jungkonservativer" oder „neuromantischer" Autoren propagiert wurde. Aber Kraus trug seine Mystizismen nicht isoliert vor, sondern in engster Verbindung mit einer Menge anderer Ideen — ungemein kluger, durchaus zutreffender Ideen. Sein Kampf gegen den imperialistischen Krieg, gegen die Korruption der Presse, gegen die Heuchelei auf sexuellem Gebiet, gegen die moderne Sprachverlotterung, gegen literarischen Dilettantismus; für die Vergeistigung des gesellschaftlichen Lebens, für eminente Künstler aus unserer und vergangener Zeit, für unschuldige Opfer der Justizmaschine — all das waren prachtvolle Leistungen eines unabhängigen Denkers. Und er schrieb wie kein zweiter in Wien, ja kaum ein zweiter im deutschen Sprachbereich. Jeder Satz von ihm war heiß und echt, seine Verse berückten durch Klarheit und Tiefe, seine Glossen funkelten von Witz. Was er tat, tat er ganz. Eine neue Polemik nahm er mit einem Elan auf, als ob es die erste und letzte wäre. In den Vorlesungen gab sein Temperament dem Hörer das Gefühl, von einem Wirbelsturm gepackt zu sein. Alles in allem: Es ist nicht gar so erstaunlich, daß er mich behexte.

Und es wird noch weniger erstaunlich, bedenkt man, daß seine Wirkung außer auf den angeführten auch noch auf ganz anderen Faktoren beruhte. Die Suggestivkraft seiner Philosophie hatte eine soziale Basis. Diese Philosophie übte in meinem Dasein eine bestimmte soziale Funktion aus. Sie erlaubte mir, die bürgerliche Existenz zu führen, die meine Eltern für mich vorgesehen hatten, und doch vor mir selbst zu bestehen.

Mein Vater war in vieler Hinsicht ein guter Mann, aber daß er auch nur ein Atom Unbürgerlichkeit in sich gehabt hätte, kann ich ihm nicht nachrühmen. Bei all seinem Konservativismus war er viel zu sehr Demokrat, als daß er versucht hätte, mir (oder der übrigen Familie) seine Gesinnung aufzudrängen. Das wäre auch gar nicht möglich gewesen. Ich besaß mit fünfzehn oder sechzehn Jahren genügend Selbständigkeit, um jeden Gesinnungszwang abzuweisen. Etwas anderes war es, wenn er versuchte, mich auf friedlichem Weg für seinen Standpunkt zu gewinnen. Da hatte er von Haus aus gute Chancen. Meine Zuneigung zu ihm, die seiner Zuneigung zu mir entsprach; das Ansehen, das er weithin genoß und das mich stolz machte (mehr als ihn selbst), gaben ihm eine vortreffliche Ausgangsposition.

Unter den gegebenen Umständen konnte meine Entscheidung nicht zweifelhaft sein. Ich hielt mich der Arbeiterbewegung fern. Damit stellte ich den Vater im Hauptpunkt zufrieden. Die Krausssche Lehre war nicht verletzt. Ich versenkte mich in reine Dichtung, suchte Gott in meinem Herzen. Damit gehorchte ich der Krausschen Lehre. Der Vater brauchte hievon gar nichts zu erfahren. Auf Grund meiner geistigen Haltung war ich in den Augen der Krausschen Philosophie unbürgerlich, was ich gern sein wollte. Der Vater fand mich mit Vergnügen, und mit weit mehr Recht, bürgerlich. Kraus lieferte mir eine Ideologie, die mir erlaubte, das zu tun, was das leichteste war: in Einklang mit dem Vater zu leben.

Im Herbst 1924, wenige Monate nach der „Matura", begann ich in einem kleinen Bankinstitut als Buchhalter zu arbeiten. Gleichzeitig inskribierte ich an der juristischen Fakultät. Der Vater meinte, ich solle auf jeden Fall das Doktorat erwerben. Es mochte mir doch irgendwann nützlich sein.

Die kleine Bank ging bald in Konkurs, und ich mußte mir einen anderen Posten suchen. Das Versprechen, Geld zu verdienen, konnte ich nur in sehr beschränktem Maß einlösen. Erstens war ich ein mittelmäßiger Angestellter — nicht schlechter als mittelmäßig, aber auch nicht besser, wie sich bei meiner heterogenen Interessenrichtung denken läßt. Zweitens herrschte im Bankfach Krise, Deflationskrise. Die Firmen zahlten den Angestellten um so weniger, je länger sie sie hielten. Endlich sperrten sie zu. Selbst bei viel größerer Tüchtigkeit hätte ich keine Reichtümer erworben.

Aus diesen Gründen konzentrierte ich mich mehr und mehr auf das Studium. Der Vater war nicht begeistert, aber gegen die Umstände ließ sich nichts tun. Übrigens war er damals schon todkrank und mehr mit seinem Körper als mit irgend etwas anderem beschäftigt. Nach seinem Tod (1927) ging ich ganz zur Juristerei über. Ich absolvierte die Schlußprüfungen, wickelte die Gerichtspraxis, die Advokaturpraxis ab. 1933 etablierte ich mich als Verteidiger in Strafsachen.

Ich glaube sagen zu dürfen, daß ich zum Juristen bedeutend bessere Qualifikation mitbrachte als zum Angestellten. Logisch-systematisches Denken war schon immer in meiner Linie gelegen. Die Systemisierung der Krausschen Ideen, die ich als Gymnasiast vollzog, war ein Ausdruck hievon. Ein gutes Gedächtnis, unerschöpfliche Lerngeduld kamen mir beim Studium zustatten. Wie jeder, der ein fleißiger Student war, denke ich an die Prüfungen mit Vergnügen zurück. Das gilt besonders für die wichtigste, die „judizielle Staatsprüfung". In einem Fach, Handelsrecht, war ich eindeutig besser bewandert als der freundliche Hofrat, der mich examinierte.

Die juristische Fakultät war in den zwanziger Jahren nicht reich an hervorragenden Lehrern. Die judiziellen Fächer waren durchwegs mit mittleren Größen besetzt. Die stärkste Persönlichkeit der Fakultät war der Professor des Staatsrechts, Hans Kelsen. Er war der einzige Jurist, der eine wissenschaftliche Schule heranbildete. Ich wurde nach Erreichung des Doktorats — in sein Privatseminar aufgenommen und verfaßte unter seiner Aufsicht einige Abhandlungen.

Der bürgerliche Demokrat Hans Kelsen stand in dauernder, nach akademischen Begriffen heftiger Diskussion mit zwei anderen Professoren, dem Sozialisten Max Adler und dem Faschisten Othmar Spann. Diese Diskussion ließ mich kalt, denn sie war ziemlich unverhüllt politisch, ich hingegen war ,,unpolitisch". Was mich zu Kelsen führte, war seine rechtsphilosophische Doktrin. Die ,,Reine Rechtslehre" schien mir ungleich klarer und konsequenter als die Gegenmeinungen, die er etwas geringschätzig als ,,traditionelle Theorie" zusammenzufassen pflegte. In dem Büchlein ,,Die Rechtsgeltung", dessen Publikation das Seminar mir ermöglichte, versuchte ich die Kritik traditioneller juristischer Vorstellungen noch über Kelsens Position hinauszutreiben. Ich geriet in eine Art juristischen Nihilismus hinein, den ich, seltsam genug, mit Redewendungen aus der Philosophie von Husserl drapierte. Was ich in der ,,Rechtsgeltung" behauptete, war, fürchte ich, großenteils Unsinn. Doch habe ich vielleicht ein paar methodische Gedanken entwickelt, die fruchtbar gemacht werden könnten.

Zur Zeit meiner juristischen Tätigkeit war ich immer noch Leser der ,,Fackel". Es wäre falsch, zu glauben, Studium und Beruf hätten meine geistige Beziehung zu Kraus gelockert. Nicht im mindesten.

Meine Mutter folgte 1929 dem Vater im Tode nach. Das einzige Erbe, das zurückblieb, war die Einrichtung der 7-Zimmer-Wohnung. Wir, Georg, Felix und ich, waren so pietätlos, die Sachen sofort zu verkaufen. Infolgedessen besaß ich um diese Zeit etwas, was ich weder vorher noch nachher besessen habe: ein paar tausend Schilling. Das Geld in meiner Tasche machte mich unternehmungslustig. Ein Berufskollege und Freund, Lothar Metzl, schrieb ausgezeichnete Theaterszenen und Verse, die nicht an die Öffentlichkeit gelangten. Kaffeehausgespräche über die Langeweile der Advokaturspraxis brachten uns auf den Gedanken, ob es nicht mit Hilfe seiner Schriften und meines ,,Vermögens" möglich wäre, ein ,,literarisches Kabarett" zu schaffen. Wir kamen bis an einen Punkt, wo die Premiere in greifbarer Nähe schien. Dann flog das Ganze auf. Ich gestehe, daß ich daran die Hauptschuld hatte. Einige Texte sagten mir nicht zu, und ich erklärte, die Aufführung sprachlich minderwertiger Szenen und Songs nicht unterstützen zu können. Damit war das Unternehmen gescheitert.

Erfreulicherweise scheiterte es nicht für immer. Dieselbe Gruppe junger Leute eröffnete ein Jahr später in demselben Lokal die „Literatur am Naschmarkt", die berechtigten Ruf erwarb. Ich war nicht beteiligt und kam mit dem Kleinkunst-Theater erst in der Emigration wieder in Kontakt.

Ich tat viele Dinge in den Republikjahren — meinen Zwanzigerjahren —, ich war Rechtsanwalts-Anwärter, Kelsen-Schüler, Kraus-Verehrer, Theatergründer. Dennoch scheint mir, daß ich in Wahrheit Zeit vertrödelte. Es fehlte meinen diversen Tätigkeiten die beherrschende, koordinierende Kraft, der Sinn, wie man ruhig sagen kann. Sinn kam in mein Leben erst, als die Arbeiterbewegung es umgestaltete — was sie gründlicher besorgte, als selbst die Kraussche Philosophie einst vermocht hatte.

Ist es nicht merkwürdig, daß die Arbeiterbewegung, die seit je in meinem Blickfeld lag, an der ich seit je vorbeisah, mich nun doch einbezog? Es mag merkwürdig scheinen, aber es ist völlig erklärbar. Ich will versuchen, die Ursachen zu zeigen.

Eine der Ursachen war ganz allgemeiner Natur.

1931/32 standen riesenhafte politische Umwälzungen bevor: totaler Sieg des Faschismus, oder totaler Sieg der demokratischen Massen. Jeder, der nicht mit Blindheit geschlagen war, sah die Entscheidung herankommen. Mir war zwar durch Karl Kraus ein bestimmter Grad von Blindheit vorgeschrieben, aber die Dimension der heraufziehenden Ereignisse tendierte dazu, die Lebensregeln des Dichters außer Kraft zu setzen. Kraus konnte hundertmal proklamieren, er bleibe

„im Erdensturz dem Umbruch einer Zeile
noch zugewandt"

— in mir rührte sich das Verlangen, meinen Blick dem Erdensturz zuzuwenden.

Welche der kämpfenden Mächte Recht und Humanität auf ihrer Seite hatte, darüber war für mich von Anfang an kein Zweifel.

Andere Ursachen lagen in meiner näheren Umgebung.

Von dem Wohlstand, den ich als Kind genossen hatte, der großbürgerlichen Sorglosigkeit, in der ich herangewachsen war, fand sich 1930 nichts mehr vor. Die Eltern waren gestorben, ohne nennens-

werte Besitztümer zu hinterlassen. Mein Posten als Advokatursgehilfe
trug 300 Schilling monatlich. Irgendwelche Chancen, daß mein
Einkommen sich sprunghaft steigern könnte, sah ich nicht. Wirtschaftliche Gedankengänge der Sozialisten, die mich vordem lang-
weilten, riefen jetzt mein Interesse wach.

Der Vater, der einst zwischen mir und der Arbeiterbewegung
gestanden war, lebte nicht mehr. Damit verlor auch Karl Kraus
ein wenig von dem Einfluß, der gerade aus der Vereinbarkeit seiner
Ansichten mit den Wünschen des Vaters hervorgegangen war.

Noch weit stärker als all das wirkte die geistige Krise, die mich
gegen Ende der Zwanzig ergriff. Zumindest meiner subjektiven
Erinnerung nach war sie der stärkste Faktor. Objektiv mag es
anders gewesen sein.

Die Krise resultierte aus der allmählich ansteigenden Empfindung,
daß mein Leben bisher — und ich hatte die Jugend durchmessen —
armselig und schal gewesen sei. Nicht erst jetzt finde ich, daß ich
Zeit vertrödelte. Ich entdeckte es schon damals, eben damals. Stets
hatte ich geglaubt, daß ich verpflichtet sei, das Beste aus mir herauszuholen, mit meinem Pfund zu wuchern. Das war nicht geschehen.
Ich übte einen Beruf aus, der beinahe jedem zum Handwerk ent-
artete. Ich grübelte über Probleme — rechtsphilosophische und
sprachphilosophische —, die, wenn sie nicht heute gelöst wurden,
gradeso morgen gelöst werden konnten. Restlos fehlten die Spannung,
der Enthusiasmus, die mein Leben durchdringen mußten, sollte es
irgendwie dem Bild ähneln, das mir als Knaben vorschwebte. Ich
war genau das, was ich nicht hatte sein wollen: bürgerlich.

Inmitten der Millionenstadt Wien fühlte ich mich einsam. Nicht,
als ob es mir an Gesellschaft gemangelt hätte. Ich war mit einem
klugen Mädchen befreundet; ich traf öfters Kollegen, um zu plaudern,
und so fort. Aber es gab keine Brücke von mir zu den Ereignissen,
in denen die Kräfte der Zeit sich darstellten. Es gab keine Brücke
zu den Menschenmassen, die aufbrachen, ihr Schicksal zu suchen.
Um mich war geistige Einsamkeit, die schlimmste Sorte, die sich
denken läßt.

Die Philosophie, die Karl Kraus mich gelehrt hatte, lief auf
Untätigkeit hinaus. Sie forderte, daß ich anständiges Deutsch
redete; sonst forderte sie nichts. Das hatte längst aufgehört, mir
Erleichterung zu sein, hatte sich in eine Last verwandelt. Ich fühlte
Kräfte in mir, die ungenützt blieben. Ich war nicht feig und nicht
auf Bequemlichkeit versessen, und ich war nicht der Dümmste.
Andere taten etwas, vielleicht Falsches, Unzulängliches, aber sie

schonten sich nicht, sie „stellten sich hin", wie ich es nannte. Ich tat nichts. Das konnte nicht das Richtige sein. Eine Weltanschauung, die mir jedes Opfer abnahm, während andere Opfer brachten, konnte nicht die Wahrheit enthalten. Es war höchste Zeit, daß ich meine Anschauungen revidierte, meine praktische Haltung revidierte. Ich war nicht mehr weit von Dreißig, und das Leben dauert nicht ewig...

Von Zeit zu Zeit besuchten mich Burschen oder Mädchen, um mir sozialistische Literatur zu verkaufen oder mir Geld für eine Sammlung abzunehmen. Bei jedem zweiten oder dritten Besuch fragten sie, ob ich nicht mitarbeiten möchte. Einmal sagte ich nicht: „Ich bin kein Organisator" oder „Ich habe keine Zeit", sondern ich sagte: „Ja."

Das war im März 1933.

Wirklichkeit

Ich blieb noch Monate hindurch am Rande der Bewegung stehen.

Im Sommer 33 beteiligte ich mich am Aufbau einer Hilfsstelle für deutsche Emigranten, die in großer Zahl nach Österreich strömten. Die Stelle sollte, so gut es ging, die „Rote Hilfe" ersetzen, die eben verboten worden war.

Im September reiste ich auf mehrere Monate nach Paris. Der Zweck war: ich wollte eine wissenschaftliche Arbeit beenden, die ich in Wien begonnen hatte; ich wollte „in Ruhe" marxistische Theorie studieren; ich wollte mit einem Freund beisammen sein, der am Institut Pasteur beschäftigt war. Sicher drückte sich in der Reise die Tatsache aus, daß meine Zugehörigkeit zur Bewegung, obwohl sie auf einem klaren Entschluß beruhte, noch recht lockeren Charakter hatte.

Eigentlich wollte ich bis Ende Februar bleiben. Aber als die Nachrichten über die Wiener Februarkämpfe eintrafen, packte mich — endlich — Ungeduld. Jetzt oder nie war der Moment, wo sie in Wien Leute brauchten. Ich setzte mich auf die Bahn und fuhr nach Hause.

Zu der Zeit, da ich die Grenze überschritt, war die Regierung bereits „Herrin der Lage". Zwischen Buchs und Innsbruck las ich in der Zeitung, daß — nach Weissel und Münichreither — nun auch Koloman Wallisch hingerichtet worden sei.

In Wien waren noch Reste von Stacheldrahtverhauen zu sehen. In den Straßen patrouillierten Hahnenschwänzler. Von einigen Dächern wehten grün-weiße Fahnen.

Ich dachte, daß es schwierig sein werde, die Verbindung mit
der Organisation wiederherzustellen. Es erwies sich als ganz leicht.
Die Genossin, die mir stets die Aufträge der Roten Hilfe überbracht
hatte, Dr. M. F. („Mizzi"), lebte in ihrer Wohnung und widmete
sich ihren Patienten. Die Polizei kümmerte sich überhaupt nicht
um sie, obgleich ihr Name zweifellos in mehreren Kartotheken figu-
rierte. Dergleichen kam manchmal vor.

Mizzi empfing mich nicht gar zu freundlich. Der mühsam ge-
worbene Intellektuelle, der nach kurzer Aktivität auf Monate ins
Ausland verschwunden war, stand nicht in höchstem Ansehen.
Ich bat sie, mir neue Arbeitsaufträge zu verschaffen. Gleichzeitig
meldete ich meinen Eintritt in die Kommunistische Partei an. Daraufhin wurde ihre Miene heller, und sie versprach rasche Erledigung.

Ich brauchte nicht lang zu warten. Mizzi ließ mich wieder in
ihre Wohnung kommen und eröffnete mir, daß ich in die Partei
aufgenommen sei. Meine Tätigkeit sollte sofort beginnen. „Näheres
erfährst du von Karl, Adresse soundso."

Von da an begab ich mich zwei Jahre hindurch täglich nach
Favoriten — in einen jener Bezirke, wohin mich das Kinderfräulein
nie geführt hatte.

Ein weiter Marktplatz. Gedränge, Geschrei, die Straßenbahn
fährt klappernd vorüber. In der Nähe des Marktes „bessere" Ge-
schäfte mit vollgestopften Auslagen; „bessere" Wirtshäuser mit
Schanigärten; Kinos mit grellen Plakaten. In der weiteren Umgebung
proletarische Wohnstraßen, grade, langgezogen, rauchgeschwärzt.
Zwischendurch Fabrikgebäude, das riesige Amalienbad, zwei oder
drei Kirchen. Da und dort aufleuchtend mächtige, helle Blocks:
Gemeindehäuser. Da und dort Parks der Art, die man in Wien
Beserlpark nennt, da ihren Bäumen die Üppigkeit aufgepflanzter
Besen eigen ist. Das ungefähr ist das Bild von Favoriten, das ich
im Gedächtnis habe. Aus jedem Fenster, hinter jeder Straßenecke
lugte Armut hervor. Ich weiß nicht, wie viele von den 150000 Einwohnern des Bezirks arbeitslos waren. Aber es muß ein hoher
Prozentsatz gewesen sein. Zahlreiche Fabriken standen still, andere
liefen mit verringerter Belegschaft. Die ärmste Gegend war die
sogenannte „Kreta", die sich gegen Simmering hin erstreckt, genauer, die „hintere Kreta". Dort waren die Arbeitslosen noch die
Aristokraten. Die Masse der Bewohner rekrutierte sich aus „Aus-
gesteuerten", das heißt aus Leuten, die infolge überlanger Arbeitslosigkeit keine Unterstützung mehr erhielten.

Zu den Eigentümlichkeiten Favoritens gehörte die starke tsche-

chische Minorität. Die Tschechen wohnten teils bei den Ziegel-
werken am Wienerberg, teils im Zentrum des Bezirks, in der Nähe
der Komensky-Schule, die sie mit Hilfe der Prager Regierung geschaffen
hatten. Aus ihrer Mitte stammten viele unserer fähigsten und ver-
läßlichsten Genossen.

Ich läutete an der Tür jenes Karl, den Mizzi mir genannt hatte.
Die Wohnung befand sich in einem Gemeindehaus. Karl öffnete
mir: ein großer, breitschulteriger, sonnverbrannter Mann. „Die
Mizzi schickt mich", sagte ich. Karl wußte, um was es sich handelte —
zu meinem Staunen. Ich war anfangs immer erstaunt, wenn eine
illegale Einrichtung funktionierte. Allmählich gewöhnte ich mich
daran. Karl war, wie ich erfuhr, Mitglied der Bezirksleitung. Er
hatte sich schon darüber Gedanken gemacht, wozu er mich verwenden könnte.

„Die Zelle 3 braucht einen Agitprop-Mann. Ich glaube, das ist
etwas für dich. Bist du einverstanden?"

Ich wußte nur sehr ungefähr, was das Wort Agitprop bedeutet,
aber ich nickte.

„Dann komm mit mir. Ich bring dich zur Anna. Die ist die
Zellenleiterin."

Wir hatten nicht weit zu gehen. Die Leiterin der Zelle 3 wohnte
auf derselben Stiege, zwei Stockwerke über Karl. Es war eine junge
blonde Frau, recht kränklich aussehend. Wir nahmen in der Küche
Platz. Während des Gesprächs kamen zwei kleine Kinder aus dem
Nebenzimmer und zerrten an ihrem Rock. Sie wies sie ungeduldig
fort.

„Das ist der Hoffmann", stellte Karl mich vor. „Der neue Genosse, den man uns versprochen hat. Ich schlage vor, daß er euer
Agitprop wird."

Anna schien erfreut.

„Ich kann ihn gut brauchen. Er soll gleich die Zellenzeitung
machen. Ich hab die Schreibmaschine hier", setzte sie etwas irritiert hinzu.

Karl war unangenehm überrascht.

„Wieso hier? Das ist unvorsichtig. Wieso ist die Maschine
nicht beim Mitterer?"

„Ich hab sie vom Mitterer wegnehmen müssen. Er glaubt, daß
sie ihn heute oder morgen holen."

Es gab immer noch Verhaftungen in Zusammenhang mit den
Februar-Ereignissen. Der Mitterer war zwar kein Februar-Kämpfer,
aber er war mit Schutzbündlern befreundet, und einige waren gestern

„hochgegangen". So erwartete er stündlich seinen eigenen „Hochflug". Er blieb in seiner Wohnung, gemäß den Richtlinien der Partei für solche Fälle. Man würde ihm nichts nachweisen können und ihn wieder freilassen müssen.

All das hörte ich von Anna, nachdem Karl gegangen war. Während sie meine Fragen beantwortete, legte sie mir auf einem Tisch im Zimmer verschiedene Papiere zurecht. Die Schreibmaschine war auch da sowie ein paar Matrizen.

„Du stellst eine vierseitige Zellenzeitung zusammen", sagte sie. „Material ist genug da. Ich geh auf zwei Stunden weg, ich hab mit einem Genossen zu sprechen. Die Kinder nehm ich mit, sie würden dich sonst stören. Wenn ich wiederkomme, sehen wir durch, was du geschrieben hast, dann schreiben wir die Matrizen. Glaubst du, daß du in zwei Stunden so weit sein kannst?"

Ich versprach, daß ich es versuchen würde.

„Hast du noch nie eine Zeitung gemacht?"

„Nein."

„Das schadet nichts. Du wirst es schon treffen. Du bist ja ein Intellektueller."

Damit ging sie.

Ich setzte mich an die Arbeit und fand, daß sie eher leichter war, als ich mir vorgestellt hatte. Unter Annas Papieren gab es eine frühere Nummer der Zellenzeitung „Rote Lichter". Die konnte ich als Vorbild benützen. Ich verfaßte also für Seite 1 einen kurzen Artikel. Auf die Seiten 2, 3, 4 wollte ich die interessantesten von den Nachrichten stellen, die Anna aus Tagesblättern herausgeschnitten hatte. Die Auswahl machte mir Kopfzerbrechen, und ich war knapp fertig, als sie zurückkehrte.

Sie las meinen Artikel und war zufrieden.

„ ‚An unsere sozialdemokratischen Freunde‘ — das ist ein gutes Thema. Jetzt enorm wichtig. Auch was du sagst, ist gut."

Der Nachrichtenteil hingegen gefiel ihr nicht. Ich hatte übersehen, daß in der Musternummer nur ein Teil der Nachrichten allgemeiner Natur war; der Rest bezog sich auf Favoriten oder sogar auf das spezielle Gebiet, wo die Zelle ihren Sitz hatte, das Gebiet „Waldmüllerpark". „Das muß wieder so sein", sagte Anna. „Dafür ist die Zellenzeitung da. Sonst können die Leute gleich die ‚Rote Fahne‘ lesen."

Gemeinsam änderten wir den Nachrichtenteil entsprechend dieser Idee. Annas „Material" umfaßte eine Reihe handgeschriebener Zettel, die ich früher beiseite ließ, auf denen aber gerade das stand, was in die Zeitung hinein sollte. In ungeschickten Worten schilderte ein Genosse Brutalitäten des Polizei-Inspektors Walter Habichl; ein anderer berichtete über einen einstündigen Streik, den die Arbeiter von Wagner & Sollmann — leider keine große Fabrik, nur eine kleine „Quetsche" — durchgeführt hatten, und so weiter. Ich konnte mich nicht enthalten, da und dort stilistische Änderungen anzubringen. Anna hielt sie sichtbar für überflüssig, aber sie ließ mir meinen Willen. Dann zeigte sie mir, wie man Matrizen einspannt. Sie setzte sich neben mich, diktierte mir, und ich tippte den Text herunter.

Indes war es Abend geworden. Annas Mann kam nach Hause — ein ziemlich grober Bursche. Er schenkte mir keine Beachtung, zog sich die Jacke aus und begann am Radio zu basteln.

„Kümmer dich nicht um ihn", sagte Anna leise zu mir. „Er ist nicht in der Partei, aber er weiß, was ich tu. Er mischt sich nicht hinein."

Wir beendeten die Arbeit. Anna nahm die Maschine und das Material und trug beides aus der Wohnung fort. Sie verwahrte es im Haus „an einem guten Ort", wie sie erklärte. Für den folgenden Tag, zwei Uhr mittag, bestellte sie mich in eine andere Wohnung. „Dort werden wir die Zeitung abziehen. Nachher gehen wir zur Zellensitzung. Heute ist es fein gegangen. Auf Wiederschaun. Komm gut nach Hause." Sie drückte mir sehr herzlich die Hand.

So verlief mein erster Tag in der Partei.

Ich war nun in eine Sphäre eingetreten, hatte eine Aktivität aufgenommen, die von allem bisher Gekannten durch Welten getrennt waren. Die neue Daseinsform befreite mich binnen weniger Monate von einem psychischen Druck, der jahrelang auf mir gelastet hatte. Anderseits konfrontierte sie mich mit einer Menge neuer Fragestellungen und Schwierigkeiten. Aber es waren sozusagen natürliche Schwierigkeiten, solche, die mit mehr oder weniger Anstrengung überwunden werden konnten und zum Teil sogar automatisch verschwanden. Im ganzen hatte ich bis zur Emigration das Gefühl, in der Bewegung zu schwimmen wie der Fisch im Wasser.

Selbstverständlich war mir am Anfang das proletarische Milieu sehr fremd. So scheußliche Häuser, wie ich sie nun fortwährend aufsuchte — Zinskasernen mit „Bassena" und Klosett auf dem Gang —, hatte ich vordem nur vom Hörensagen gekannt. Nie war ich mit Menschen an einem Tisch gesessen, die aus dem „Reindl" aßen und das Messer in den Mund steckten. Manche Genossen waren in ihrer Ausdrucksweise von einer Derbheit, die mich überraschte. Es dauerte einige Zeit, bis ich mich an all das gewöhnte.

Bedeutend schneller gewöhnten sich die Arbeiter an mich. Mein bürgerlich-intellektuelles Wesen hinderte, so weit es auf sie ankam, den Kontakt überhaupt nicht. Ich wurde überall mit größter Freundlichkeit aufgenommen. Vielleicht kam mir in Favoriten der Umstand zu Hilfe, daß ich als Intellektueller Seltenheitswert hatte. Ich war der einzige unter vielen hundert proletarischen Genossen. Möglich auch, daß mir eine Eigenschaft, die mir sonst oft und gründlich schadete, meine Schüchternheit, von Nutzen war.

Eine ernste Schwierigkeit des Anfangs bestand darin, daß man eine Qualifikation bei mir voraussetzte, die ich nicht besaß. Niemand zweifelte, daß ich die marxistische Theorie gründlich kannte. Die Zelle 3 verlangte, sowie ich ihr vorgestellt wurde, daß ich einen Schulungskurs abhalte. Mein Einwand: „Ich weiß nicht genug", fand kein Gehör. „Du bist ein Intellektueller", hieß es, „du mußt das können." Nun hatte ich zwar in Paris das „Kapital" studiert und war glücklich bis zur Hälfte des 2. Bandes vorgedrungen. Aber damit war gar nichts anzufangen. Was die Genossen wollten, war ein Kurs über praktische Dinge, „Strategie und Taktik des Klassenkampfes" oder dergleichen. Davon hatte ich keine Ahnung. Ratlos, hilflos ging ich zu Mizzi in die Ordination und fragte, was zu tun sei. Sie fand einen Ausweg. Sie machte mich mit einem Mann bekannt, der abends gewöhnlich im selben Kaffeehaus saß wie ich und in dem ich seit langem einen gut geschulten Genossen vermutete. Er war bereit, „Überstunden zu arbeiten", wie er lächelnd sagte, und mir ab und zu eine kleine Vorlesung zu halten. Freilich konnte ich nicht mit jeder Frage, die auftauchte, zu ihm laufen. Ich war gezwungen, mir viele Probleme selbst zurechtzulegen, wobei ich sicher manchmal ganz Verkehrtes behauptete.

Allmählich wurde die Sache besser. Die Schulungsabteilung der Parteizentrale begann zu funktionieren. Kursleiter eines oder mehrerer Bezirke wurden selbst zu Schulungskursen zusammengefaßt. Schriftliches Material wurde ausgegeben und so fort. Auch stellten sich Resultate der Lektüre ein, die ich so systematisch als nur möglich betrieb.

Die Bibliothek der Arbeiterkammer in der Ebendorferstraße bot wunderbare Gelegenheit zu politischer Lektüre. Es war eine der größten sozialwissenschaftlichen Bibliotheken des Kontinents. Man erhielt dort noch lange nach dem Februarumsturz ohne weiteres die marxistische Literatur, die im Buchhandel verboten war.

In den ersten Monaten der Arbeit war ich durch die Illegalität, in der wir uns bewegten, einigermaßen irritiert. Sie war bei weitem nicht so schwer wie die, welche unsere Genossen in Deutschland oder auf dem Balkan zu bestehen hatten. Immerhin war es ernste Illegalität. Es gab eine nie endende Serie von Verhaftungen. Mißhandlung politischer Gefangener gehörte nicht zu den Seltenheiten. Ich war auf diese Dinge vorbereitet, als ich von Paris wegfuhr. Trotzdem ging ich zu den ersten „Treffs" mit Herzklopfen. Während der kleinen Demonstrationen, die wir im Frühling und Sommer 1934 auf den Straßen organisierten, hatte ich Angst — wenn ich sie auch gut verbarg. In dem Maß, in dem ich tiefer in die Arbeit hineinkam, schwand meine Unruhe. Nach einem halben Jahr bewegte ich mich in Favoriten, als hätte ich mich zu den legitimsten Zwecken dort eingefunden. Diese Entwicklung wurde sehr gefördert durch die Kaltblütigkeit der proletarischen Genossen. Gegenüber dem Gedanken längeren Freiheitsverlustes, der öfters auch Existenzverlust einschloß, zeigten sie eine unglaubliche Gelassenheit. In kritischen Situationen ruhig zu bleiben war ihnen Ehrensache. Eine kleine Geschichte fällt mir ein. Ich ging mit einem Genossen über die Laxenburgerstraße, als wir uns mit einemmal verfolgt glaubten. Es stellte sich später heraus, daß bloß durch Zufall ein harmloser Mann eine Zeitlang hinter uns hergegangen war, aber das konnten wir nicht wissen. Wir bogen um eine Straßenecke, und um noch eine. Der „Verfolger" wich nicht von unseren Fersen. Ich überlegte hastig, was ich mit dem illegalen Material tun könnte, das ich in der Tasche trug — es war zufällig nicht wenig. Mein Begleiter sagte im breitesten Favoritnerisch: „Wenn si der net bald schleicht, drah i mi um und frag eam, ob er pervers is."

Daß man in der Partei die Sanktionen gegen unsere Tätigkeit so wenig fürchtete, hatte auch negative Folgen. Wir waren nicht immer so vorsichtig, wie wir hätten sein sollen. Manche Erfolge der Polizei wurden durch Leichtsinn von unserer Seite ermöglicht. Wenn die Partei, dieser Dinge ungeachtet, arbeitsfähig blieb, ist das daraus zu erklären, daß sie im Proletariat sehr fest verwurzelt war, sich von dorther zu ergänzen vermochte.

Ebenso, wie ich mich schrittweise den äußeren Bedingungen anpaßte, unter denen die Parteiarbeit sich abspielte, wandelte sich auch schrittweise die Philosophie, die ich seit den Gymnasialjahren mit mir herumschleppte, zu der Weltanschauung, von der die Arbeiterbewegung durchdrungen ist.

Keineswegs war es so, daß ich von einem Tag auf den andern meine mystischen Grundüberzeugungen durch die materialistischen ersetzte. Die Revision meiner Weltanschauung, die ich zur Zeit der faschistischen Umwälzung in Deutschland als unumgänglich erkannt hatte, war ein Jahr später noch nicht beendet. Ich war schon ein paar Monate mit konkreten Kleinaufgaben in Favoriten beschäftigt, als ich noch versuchte, zwischen Marx und Karl Kraus ein Kompromiß herzustellen.

Tatsächlich vermochte ich die Weltanschauung Karl Kraus' zu überwinden — dank dem Ineinander von praktischer Arbeit und theoretischen Studien, das mir zwischen 1934 und 36 vergönnt war. Favoriten, die Fabriken, die Proleten, die Polizisten waren zu sichtbar, zu real, als daß meine mystischen Vorstellungen die alte Stärke hätten bewahren können. Diese Ideen begannen in meinem Bewußtsein zu verblassen, sowie sie nicht mehr mit abweichenden Ideen, sondern mit einem Stück Leben zusammentrafen. Die scharfe Kampfstellung der Kameraden gegen alles Unreale trug ebenfalls dazu bei, mich der Mystik zu entfremden. Ich war durchaus nicht selbstsicher genug, vorauszusetzen, daß bei einer Meinungsverschiedenheit zwischen mir und so vielen anderen, mir in vieler Hinsicht überlegenen Menschen just ich der sein müßte, der recht hatte. Schließlich führte mich die Lektüre der marxistischen Literatur nach Bewältigung methodischer und terminologischer Hindernisse doch zu wesentlich besserem Verständnis der materialistischen Philosophie. Es war eine Begebenheit mit emotionaler Färbung, als ich eines Tages die Marxsche Vision der Weltgeschichte in ihrer Weite und Fülle vor mir aufsteigen sah. Nicht, als ob ich den historischen Materialismus vor 1934 gar nicht gekannt hätte. Ich war ja stets „gebildet" und kannte ihn im Umriß schon seit langen Jahren. Aber er hatte mir nichts gesagt, nichts gegeben. Historie war mir unnahbar und infolgedessen geradezu uninteressant erschienen. Nie hatte ich den Wunsch gehabt, mein geschichtliches Wissen über das in der Schule erworbene Maß hinaus zu steigern. Nun dämmerte mir dank Karl Marx, welch schwächliches Gebilde meine frühere Weltanschauung schon darum gewesen war, weil sie unhistorisch war. Die Probleme, die diese Anschauung angeblich löste, waren Gegenwartsprobleme — trotz der absoluten Fassung, die ich ihnen verlieh. Unmöglich konnte der eine vernünftige Stellung zur Gegenwart gewinnen, der nicht imstande war, sie als Etappe des historischen Prozesses zu begreifen. Ich war aus ethischen Erwägungen zur Arbeiterschaft gekommen, ich war gekommen, weil ich in ihr die wichtigste Kraft sah, die sich dem Faschismus entgegenstellte, und weil ich selbst „etwas tun wollte". Nun machte Marx mir lebendig, was ich hundertmal gehört, aber als leeren Schall empfunden hatte: daß alle Kämpfe der Arbeiterschaft, ehemals wie heute, die Linie fortsetzen, auf der die europäische Zivilisation vorwärtsschritt. Eine sinnvolle ökonomische Ordnung, Freiheit, Bildung waren eben doch nicht primitive, provisorische Werte, für die man heute eintreten mußte, weil der Faschismus sie negierte, sondern es waren echte, dauernde Werte, auf die die Menschheit durch die Zeitalter hindurch zustrebte und die sie einst trotz Schwankungen und Irrungen erreichen würde. Dafür bürgte das Wort der edelsten Denker ebenso wie die Opfertat der mutigsten Aufrührer. Die Menschheit zog ihre Bahn nach ihrem eigenen Gesetz, ohne fremde Hilfe und Führung. Kein Gott, der ihr die Richtung wies. Die Widerstände, die sie zu meistern hatte, waren hauptsächlich äußerer, materieller Art. Wenn es gelang, die äußere Welt grundstürzend zu verändern, mußte von selbst jene Epoche der Vergeistigung anbrechen, von der die Mystiker schwärmten, die Epoche tiefer Gedanken und hoher Schöpfungen, die auch die Materialisten ersehnten. Dies und nichts anderes war Marx im Sinn gelegen, als er den mächtigen Satz hinschrieb, daß mit der Beseitigung der Klassengesellschaft die Vorgeschichte der Menschheit zu Ende sein wird.

Kaum nötig zu sagen, daß diese Ideen, sobald ich sie mir zu eigen gemacht hatte, alles, was um mich geschah und was ich selber tat, mit ihrem Licht durchdrangen. Unsere Partei war damals die treibende Kraft im Kampf gegen eine Regierung, die Österreich für die Nazi sturmreif machte. Es war der eigentliche Sinn unserer Arbeit, die Heimat, ihre Menschen, ihre Gesittung vor Hitler zu retten. An sich kein geringes Ziel, das sich überdies als bloßes Zwischenziel im Rahmen eines noch weit umfassenderen Konzepts erkennen ließ. Unter diesen Umständen berührte es mich nicht sonderlich, daß ich für die Partei längere Zeit nur Kleinarbeit zu tun hatte. Ich tat sie, so gut ich konnte, im Bewußtsein, nach meinem Maß der größten Sache zu dienen. Genau so hielten es tausend und tausend andere. Unbekannte Soldaten der proletarischen Armee, wollten wir ihrer so würdig sein, wie wir stolz darauf waren, daß sie uns unter die Ihren aufgenommen hatte.

Die tapferste und herzlichste Menschengemeinschaft der Zeit nahm mich auf und machte einen anderen Menschen aus mir, oder vielleicht überhaupt erst einen Menschen. Der Arbeiterbewegung verdanke ich, was ich bin, so wenig es ist, an Knabenträumen gemessen. Ich verdanke ihr einen Lebensabschnitt, in dem ich manches entbehren mußte, das ich in der Jugend besaß, aber Unschätzbares besaß, das ich früher entbehrte. Der Arbeiterbewegung gehören die Jahre, die vor mir liegen. Ich möchte nicht sterben, ehe ich ihr in Wort und Tat und nach besten Kräften zurückerstattet habe, was ich ihr schulde.

*

Im Frühjahr 1936 wurde Albert Fuchs verhaftet und bis zum Herbst festgehalten. Im Sommer 1937 folgte eine neuerliche Verhaftung. Diesmal blieb er bis zum Ende des Jahres im Gefängnis der Schuschnigg-Regierung. Die Katastrophe vom 11. März 1938 machte sein Bleiben in Österreich unmöglich, ja eine Zeitlang sah es so aus, als hätte er wenig Hoffnung auf Entkommen. Er war zu vielen Polizisten, Detektiven und Nazi persönlich bekannt. Mitte April fand sich jedoch eine Möglichkeit, über die Grenze in die Tschechoslowakei zu fliehen. Von dort ging er ein Jahr später, als Hitler auch die Tschechoslowakei überfiel, nach London.

Als der Krieg vorbei war und mit ihm die Emigration, kehrte Fuchs nach Wien zurück. Das war im August 1946. Drei Monate später machte eine tückische Krankheit seinem Leben innerhalb weniger Tage ein plötzliches Ende. Er starb, 41jährig, am 29. November 1946.

In London, während der Jahre der Emigration, entstand zuerst die Selbstbiographie „Ein Sohn aus gutem Haus", dann eine Reihe von Monographien zur österreichischen Literaturgeschichte, von denen bisher ein kleines Bändchen*) — das übrigens eine wichtige Ergänzung der „Geistigen Strömungen" bildet — erschienen ist. Und schließlich das vorliegende Werk.

Im Plan des Autors lag es, diesem Band einen zweiten folgen zu lassen, der die geistigen Strömungen in Österreich bis in unsere Tage hinein verfolgt hätte. Die Dekadenz des bürgerlichen Denkens und das Hereinbrechen der „künstlichen Finsternis" — wie Fuchs die Verbreitung irrationaler, mystischer Begriffe gerne nannte; die Entstehung der faschistischen Ideologie; den Durchbruch rein bürgerlicher Vorstellungen bei den führenden Schichten der sozialdemokratischen Arbeiterbewegung; andererseits die Durchdringung des linken Flügels der Arbeiterbewegung mit der marxistischen Weltanschauung und die wachsende Rolle der Kommunistischen Partei; schließlich den Reflex dieser widerspruchsvollen Vorgänge in der literarischen und künstlerischen Produktion Österreichs —

---

*) Albert Fuchs, „Moderne österreichische Dichter", Essays, Tagblatt-Bibliothek, Wien 1946.

das hätte Fuchs in einem zweiten Band dargestellt, wäre er nicht so früh gestorben.

Der Wert des vorliegenden Buches liegt nicht nur in seiner wohldokumentierten Darstellung der geistigen Strömungen Österreichs während eines entscheidenden halben Jahrhunderts seiner Geschichte; noch auch bloß in seinen sorgfältig erwogenen und mit höchster Verantwortung formulierten Werturteilen; er liegt vor allem in der Methode der Darstellung: sorgfältige Unterscheidung zwischen Positivem und Negativem, liebevollstes Verständnis, gepaart mit schonungsloser Kritik auch dort, wo Menschen, Bücher, Richtungen ihm nahestanden — das ist die Methode des Kulturkritikers Albert Fuchs.

Seine Kenntnis der Literatur war umfassend, sein Gedächtnis untrüglich. Seine Liebe für das Werk Karl Kraus' hatte ihm Sinn für das leiseste Aroma sprachlicher Feinheiten gegeben. Er war gewohnt, mit juristisch geschultem Verstand der geistigen Herkunft eines Gedankens nachzugehen. Durch langes Studium, scharfes Denken, harte Zweifel hatte er sich zum Marxismus durchgerungen. Und er besaß die Kraft, sein Leben radikal umzugestalten, es ganz der Arbeiterbewegung zu widmen, sobald er erkannt hatte, daß das der richtige Weg war.

Alles das hat die Methode Albert Fuchs' geformt und seiner Arbeit Richtung gegeben: die kritische Erforschung der österreichischen Vergangenheit soll der Gegenwart helfen, die Zukunft zu gestalten.

GEISTIGE STRÖMUNGEN IN ÖSTERREICH
1867 — 1918

LIBERALISMUS

Der Liberalismus hat in Österreich eine lange Geschichte, die etliche ruhmreiche und manche unerfreuliche Kapitel umfaßt. Sie reicht bis in die Anfänge des neunzehnten Jahrhunderts zurück, ja eigentlich sogar bis in die zweite Hälfte des achtzehnten, d. h. bis in eine Zeit, da das Wort „Liberalismus" noch nicht geprägt war. Die Jahre 1867 bis 1918 pflegt man als das liberale Zeitalter schlechthin zu bezeichnen. Die ganze Periode, mit der wir uns hier zunächst zu beschäftigen haben, fällt also in dieses Zeitalter. Daraus geht schon hervor, welche außerordentliche Wichtigkeit der Liberalismus für unser Land besitzt. Er hat die geistige und soziale Struktur des modernen Österreich stärker beeinflußt als irgendeine der übrigen Richtungen. Einen Sonderfall haben wir hier freilich nicht vor uns. In den meisten anderen Ländern Europas liegen die Dinge ähnlich.

Wer einen Überblick über die Geschichte des Liberalismus gewinnen will, tut gut daran, sie sich gewissermaßen horizontal in zwei Teile zerlegt zu denken: die Geschichte einer politischen Gruppe und die einer Ideologie, welche, vom Politischen herkommend, alle Zweige der Kunst und Wissenschaft durchdrang. Die Entwicklung da und dort verlief natürlich über weite Strecken parallel. Anderseits sind doch zahlreiche und sehr erhebliche Abweichungen nicht zu verkennen.

Die politische Bewegung sah ihre besten Tage um die Mitte des vorigen Jahrhunderts. Im Vormärz, in der Revolution von 1848, in der Reaktionsperiode, die auf 1848 folgte, zeigte der Liberalismus vielfach fortschrittliche Tendenzen. Man darf nicht übersehen, daß er auch damals belastet war durch seine Verständnislosigkeit gegenüber den nationalen Wünschen der Slawen und gegenüber den sozialen und wirtschaftlichen Wün-

schen der unteren Klassen. Gar zu sichtbar vertrat er die
Interessen einer kleinen Minderheit: der deutschösterreichischen
Bourgeoisie. Die Umstände brachten es jedoch mit sich, daß
diese Interessen sich weitgehend mit denen breiterer Schichten
deckten. Das Hauptinteresse an der Beseitigung des Absolutismus war fast allen österreichischen Untertanen gemeinsam.
Sofern die liberalen Führer auf dieses Ziel hinarbeiteten, waren
sie Mandatare des ganzen Volkes. Einige der Führer — wie
Fischhof, Berger, Kudlich — erwiesen sich in ihren Reden und
Handlungen als Politiker von Format. Ihr Kampf gegen Metter-
nich und Bach, für Freiheit und Gerechtigkeit, war würdig der
bürgerlich-revolutionären Überlieferung, wie sie in Westeuropa
entstanden ist. Österreich aus dem verlängerten Mittelalter
herauszuholen, es auf die breite Fahrbahn des Konstitutionalismus zu bringen, dazu haben die Liberalen viel beigetragen.
Auch nach 1867 leisteten sie tüchtige Arbeit. Sie etablierten
eine zeitgemäße Verwaltung und Justiz, ein gutes Unterrichtswesen. Der kulturelle Hochstand, der um 1900 verzeichnet
werden konnte, war zum Teil auf ihr Wirken zurückzuführen.

Trotzdem bedeuteten die Sechzigerjahre eine Wende in der
Geschichte des Liberalismus. Von der Schaffung der Konstitution
an war die Klasse, die er repräsentierte, eine der herrschenden
Klassen in Österreich. Diese Tatsache mußte seine Haltung zu
fundamentalen Problemen in zunehmendem Maße verändern.
Seine fortschrittlichen Bestrebungen waren schon vorher nicht
von übermäßiger Kühnheit. Nun wurde er mehr und mehr zu
einer konservativen Gruppe, d. h. zu einer Gruppe, der es als
Ziel vorschwebte, die bestehenden Verhältnisse, welche ihr
günstig waren, gegen empfindlichere Eingriffe zu sichern. In
kulturpolitischen Fragen, dann in der Judenfrage, die von den
Achtzigerjahren an in den Vordergrund rückte, blieb der Liberalismus demokratischen Auffassungen treu. In beinahe allen
anderen Dingen stellte er während der letzten monarchischen
Jahrzehnte eine reaktionäre Kraft dar. Vom Aufkommen des
Monopolkapitals angefangen, war er einer der Träger des österreichischen Imperialismus, der sich dem stärkeren deutschen
Imperialismus unterordnete.

Bei Betrachtung der liberalen Bewegung ist wieder zwischen der politischen Partei einerseits und dem Liberalismus als einem Machtfaktor anderseits zu unterscheiden. Die Geschichte der liberalen Partei ist infolge der unablässigen Spaltungen, neuen Zusammenschlüsse, neuen Spaltungen nicht leicht zu überblicken. Die parteimäßigen oder parteiähnlichen Bildungen des Jahres 1848 wurden von der wiederkehrenden Reaktion beseitigt. Als man in den Sechzigerjahren an den Umbau der Monarchie ging, traten die Liberalen unter dem Namen ,,Verfassungspartei" in Erscheinung. 1867 fiel die Verfassungspartei in eine Reihe von Fraktionen auseinander. 1884 kam ein größerer Verband zustande, die ,,Vereinigte Linke". Sie wurde 1888 in die ,,Vereinigte Deutsche Linke" überführt. Die Verfassung von 1867 räumte der deutschösterreichischen Oberschicht und damit dem Liberalismus eine enorme Position ein. Der Sinn der Verfassung war, daß in der österreichischen Reichshälfte hinfort die Macht zwischen dem Kaiser — der ,,Krone", wie man sagte — und der deutschösterreichischen Bourgeoisie geteilt sein sollte. Die Stellung der Krone wurde juristisch durch ihren Einfluß auf die Zusammensetzung des Kabinetts fundiert, durch das Zweikammersystem und durch das Sanktionsrecht gegenüber Gesetzesbeschlüssen. Die Stellung der deutschösterreichischen Bourgeoisie suchte man durch ein Kurien-Wahlsystem zu garantieren, das eine ansehnliche Zahl von Sitzen im Abgeordnetenhaus den wohlhabenden Industriellen und Kaufleuten — und wohlhabend waren vor allem die deutschösterreichischen — zuschanzte. Natürlich begann in der konstitutionellen Ära alsbald ein Kampf der von der Verfassung benachteiligten Bevölkerungsschichten um eine Änderung des Wahlrechts. Der Kampf wurde zuerst hauptsächlich durch die Parteien der ,,Nationalitäten" geführt, dann traten die Deutschnationalen und Christlichsozialen auf den Plan, die für das deutschösterreichische Kleinbürgertum, und die Sozialdemokraten, die für die Arbeiterschaft stritten. Aus den verschiedensten innen- und außenpolitischen Gründen verringerte sich um 1870 das Interesse der Krone an der Aufrechterhaltung der parlamentarischen Vormacht der deutsch-

österreichischen Bourgeoisie. Diese Umstände, im Verein mit
einem oft gerügten Mangel der Liberalen an praktischem Sinn
und Weitblick[1], bewirkten, daß die liberale Partei im Abgeordnetenhaus Schritt für Schritt zurückgedrängt wurde. In den
Neunzigerjahren war der Niedergang schon offenkundig. Die
Partei hatte seit Schaffung der Konstitution zweimal stabile
Regierungen gebildet. Während des Regimes Taaffe war sie
in Opposition gestanden. 1893 besaß sie noch Kraft genug,
Taaffes Demission zu beschleunigen. An der Regierung Windischgrätz, die die Geschäfte übernahm, war sie durch Ernst von
Plener und den Grafen Wurmbrand beteiligt. Aber daß sie
um einer untergeordneten Frage, der Schulfrage von Cilli wegen,
den Sturz Windischgrätz' herbeiführte, sollte ihr übel bekommen.
Bei den Wahlen von 1897 erlitt sie eine schwere Niederlage.
Auch trat abermals eine Spaltung der Partei in mehrere Gruppen
ein, die sich untereinander befehdeten. Von da an, und gar nach
Einführung des allgemeinen Wahlrechts, war der Liberalismus
im Abgeordnetenhaus nicht mehr einer der entscheidenden
Faktoren. Daß der Kaiser öfters hervorragende Liberale ins
Herrenhaus ernannte, glich den Verlust nicht aus.

Die Geschichte der parlamentarischen Fraktion spiegelt
aber die Geschichte des Liberalismus als einer politischen Macht
nur ungenau wider. Während die Fraktion zusammenschmolz,
konnte das liberale Bürgertum seine reale Macht noch lange
beinahe ungeschmälert erhalten. Es hatte von den Neunzigerjahren an weniger Vertreter im Reichsrat sitzen, aber immer
noch eine Menge Vertreter in den Direktionen der großen Bank-
und Industriegesellschaften. Gleichgesinnte Fachleute wirkten
in den wichtigsten staatlichen Ämtern, dozierten an den Universitäten. Die liberalen Blätter, voran die ,,Neue Freie Presse''
und das ,,Neue Wiener Tagblatt'', beherrschten die öffentliche
Meinung. Die Krone trug diesen Tatsachen bei der Regierungs-
bildung in hohem Maße Rechnung. Ernest v. Koerber, Ministerpräsident 1900—04, war der Gesinnung nach liberal, obgleich kein Parteimann.[2] Graf Stürgkh, Ministerpräsident
1911—16, und Graf Czernin, Außenminister 1916—18,
hatten ihre Karriere sogar als Parteimänner begonnen. Die

Leitung der Fachministerien wurde häufig liberalen Bürokraten oder Professoren anvertraut. So erhielt Böhm-Bawerk das Finanzportefeuille unter Kielmannsegg, Gautsch und Koerber, Franz Klein das Justizportefeuille unter Gautsch und Beck, Wieser das Handelsportefeuille unter Seidler. Rudolf Sieghart, der „junge Mann", den Koerber entdeckte, kam zwar nie ins Kabinett, doch räumte man ihm eine Stellung ein, welche die manches Kabinettsmitgliedes überragte.[3] Wenn wichtige Entscheidungen getroffen werden sollten, war es üblich, daß die Krone oder die Regierung prominente Liberale um Rat fragte. Besonders Chlumecky wurde immer wieder herangezogen.[*] Aber auch Ernst v. Plener wurde, als 1908 die Vorbereitungen zur Annexion Bosniens in Gang waren, zum Außenminister Baron Aehrenthal gebeten und um Stellungnahme ersucht.[**] Und so fort. Die Liste der Schlüsselpositionen, die die Liberalen behaupteten, als ihre Wählermassen schon nicht mehr sehr ins Gewicht fielen, ließe sich noch beträchtlich verlängern.

Wie ist — in großen Zügen — die Entwicklung der liberalen Ideologie verlaufen? „Die Gedanken sind frei." Als Weltanschauung genommen, hatte es der Liberalismus ungleich leichter, die Köpfe zu erobern, als es die politische Bewegung hatte, den Staat zu erobern. Als Weltanschauung konnte er im Vormärz nicht wirksam unterdrückt werden, wurde er im Herbst 1848 nicht geschlagen, brauchte er nicht auf Solferino zu warten, um Auferstehung zu feiern. Schon seit dem Ende des 18. Jahrhunderts finden sich in der Literatur und Wissenschaft unseres Landes auf Schritt und Tritt Formulierungen, die den Einfluß der französischen und englischen bürgerlichen Philosophie erkennen lassen. Jeder bedeutende Österreicher stand unter diesem Einfluß — waren doch Grundelemente auch des „Josefinismus", dem manche zuneigten, von dort bezogen. Natürlich brachte der Übergang zum konstitutionellen Regime in Österreich eine weitere Ausbreitung der in Westeuropa herrschenden Doktrin. Der Abstieg der liberalen Partei um 1890 tat der

---

* R. Sieghart, „Die letzten Jahrzehnte etc.", S. 92.
** E. v. Plener, „Erinnerungen", 1911—21, 3. Bd., S. 387.

liberalen Ideologie zunächst wenig Eintrag. Auch der umge-
kehrte Kausalzusammenhang kann nicht ohne weiteres behauptet
werden. Der liberale Einfluß im Parlament schrumpfte nicht
nur deshalb, weil andere Anschauungen ins Volk drangen,
sondern großenteils deshalb, weil dank der Erweiterung des
Wahlrechts im Reichsrat die Gesinnung solcher Volksschichten
zum Ausdruck kam, die vorher zu parlamentarischer Stummheit
verurteilt waren, aber nie liberal gedacht hatten. Daß die anderen
Anschauungen, vor allem die christlich-konservative, die deutschnationale, die sozialistische an Boden gewannen, ist nicht zu
bestreiten.[4] Trotzdem bestand die liberale Ideologie fort, trotzdem behielt sie eine außerordentliche Bedeutung im österreichischen Geistesleben. Sie lieferte Meinungen, die von manchen Kreisen, besonders den gebildeten, nicht als Meinungen,
sondern als Selbstverständlichkeiten angesehen wurden: ein
klares Zeugnis für die Kraft einer Ideologie. Sie trat in den
verschiedensten öffentlichen Institutionen hervor. Sie wurde
an den Universitäten gelehrt, an allen Fakultäten, zuweilen
selbst an der theologischen. Sie wurde in Zeitungen und politischen Schriften propagiert, oft auch in sozialdemokratischen.
Sie erwies Fruchtbarkeit und Originalität noch in einer Phase,
da der politische Liberalismus längst ins Sterile und Reaktionäre
entartet war. Beispielsweise ist ihre Wirkung auf das Gedankensystem Sigmund Freuds, auf die Dichtung Schnitzlers oder
Zweigs nicht zu übersehen. Sie regierte in der Republikzeit
in vielen klugen Köpfen, während der politische Liberalismus
nur mehr wenige und mittelmäßige beherrschte. Auch heute
ist sie keineswegs tot.

Es liegt in der Natur der Sache, daß die Liberalen eine
Reihe von Grundfragen durchaus in derselben Art beantworten
wie ihre Kollegen in anderen Ländern: wir würden sie ja sonst
wahrscheinlich nicht Liberale nennen. Als Erben der Aufklärung
sind sie in ihrer Mehrheit Rationalisten, d. h. sie glauben, daß
Erkenntnisprobleme, die überhaupt lösbar sind, mit wissenschaftlichen Methoden — und nicht etwa durch Intuition —
gelöst werden können. Als Erben der klassischen Nationalökonomie erklären sie, daß materieller Reichtum ein Gut,

Armut ein Übel ist. Privateigentum an den Produktionsmitteln scheint ihnen die einzig mögliche Basis der zivilisierten Gesellschaft. Sie nehmen in ihrer Mehrheit an, daß der Gang der Weltgeschichte dem Menschengeschlecht bisher Fortschritte gebracht hat und das noch weiter tun wird. Sie bejahen im Prinzip den Gedanken der Humanität, den Gedanken der Freiheit. Gesetzgebung durch eine gewählte Volksvertretung gilt ihnen als treffliche Einrichtung. Und so fort. Soweit die österreichischen Denker bloß der allgemeinen Linie liberalen Denkens folgen, sollen ihre Ansichten hier nicht eingehend behandelt werden. Die Schilderung gesamteuropäischer Strömungen würde ein Buch mit ganz anderer Anlage erfordern. Vielmehr muß die Aufgabe wohl vornehmlich darin bestehen, jene Sonderformen der liberalen Doktrin darzustellen, die gerade aus den österreichischen Bedingungen erwachsen sind. Für das vorliegende Kapitel ergibt sich noch eine Beschränkung insofern, als Strömungen, die mit dem Liberalismus zusammenhängen, aber eine gewisse Selbständigkeit aufweisen, wie die Psychoanalyse und der Pazifismus, an späterer Stelle gesondert zur Sprache kommen.

An dem österreichischen Liberalismus unserer Periode ist von besonderem Interesse seine eigenartige Haltung zu nationalen Problemen und zu internationalen Fragen: die Kombination des „Patriotismus", des „guten Österreichertums", mit dem „bewußten Deutschtum". Ferner sind die Gedankengänge interessant, die der Liberalismus auf nationalökonomischem Gebiet entwickelte: die der Grenznutzenlehre.

„Patriotismus" und „bewußtes Deutschtum" scheinen einfache Begriffe, verlangen aber doch nähere Erläuterung.

Wer von den damaligen österreichischen Verhältnissen nichts wüßte, könnte vielleicht glauben, daß mit dem „Patriotismus" der Liberalen ein spezifisch österreichisches Nationalbewußtsein gemeint sei. Davon ist aber keine Rede. Der Gedanke, daß es eine besondere österreichische Nation mit deutscher Sprache gibt, wurde zwar damals schon von einzelnen Schriftstellern mit klaren, von anderen mit weniger klaren Worten formuliert, vermochte sich aber keine der politischen Parteien

zu erobern. Für die Liberalen wie für die anderen Parteien
waren die deutschsprechenden Österreicher auf Grund ihrer
Sprache Deutsche. Was die Liberalen meinten, wenn sie sich
gute Österreicher nannten, war, daß sie die Erhaltung und
Festigung der Habsburgermonarchie wünschten (hiedurch unterschieden sie sich von den „Alldeutschen", die auf die Zerschlagung der Monarchie hinarbeiteten) und daß sie bereit waren,
um des Zusammenlebens mit den übrigen Nationen willen
nationale Toleranz zu üben, das heißt — nach ihrer Auffassung —
weitgehend a-national zu denken.[5] Nun darf man freilich das
gute Österreichertum nicht wörtlich nehmen. Es wurde sehr
wesentlich eingeschränkt, ja sogar großenteils aufgehoben
durch das bewußte Deutschtum der Liberalen. Dem bewußten
Deutschtum entsprang die Konsequenz, daß die Übermacht der
Deutschösterreicher im Rahmen der Monarchie fortdauern solle.
Als die Liberalen 1893 mit den Polen und den Konservativen
die Koalition bildeten, die das Ministerium Windischgrätz
ins Amt brachte, war die Voraussetzung die, daß aller „nationale
Besitzstand" unangetastet blieb. Deshalb gerieten sie in die
größte Erregung, als innerhalb der Koalition die *Schulaffäre
von Cilli* aufgerollt wurde.

Diese Affäre wirft ein Licht auf die Gesinnung der Liberalen. Sie verlief
folgendermaßen:
Cilli war ein national umstrittener Ort im slowenischen Teil der damaligen
Südsteiermark. Nach der Volkszählung von 1890 waren 4452 Deutschösterreicher und 1577 Slowenen in der Stadt, dagegen zählte der Gerichtsbezirk
Cilli 36.299 Slowenen und 965 Deutschösterreicher, die Bezirkshauptmann-
schaft Cilli, d. h. das weitere umliegende Land, sogar 124.891 Slowenen und
nur 3991 Deutschösterreicher. Die Slowenen hatten nun schon unter Taaffe
die Einrichtung slowenischer Parallelklassen am Untergymnasium in Cilli
oder die Schaffung eines selbständigen Untergymnasiums mit slowenischer
Unterrichtssprache gefordert. Taaffe hatte eine entsprechende Zusage gemacht.
Die Regierung Windischgrätz sah sich neuerlich derselben Forderung gegenüber. Der slowenische Standpunkt fand innerhalb der Koalition Unterstützung, die deutschösterreichischen Liberalen setzten sich zur Wehr. Es
wurden unendliche Verhandlungen über die Sache geführt. Man suchte für
die Deutschösterreicher Gegenzugeständnisse zu finden, über die aber allgemeine
Einigung nicht erzielt werden konnte. Die ganze Öffentlichkeit beschäftigte
sich mit Cilli. In ihrem Osterartikel von 1895 sagte die „Neue Freie Presse",

Cilli sei eine Kraftprobe zwischen einer kleinen slowenischen Gruppe und der „Deutschen Linken", nur die äußerste Energie könne die Partei noch vor ihrem Niedergang retten. Weitere Brandartikel folgten. Als dann im Budgetausschuß die Post für das slowenische Gymnasium angenommen wurde, erklärte die „Linke" ihren Austritt aus der Koalition, die liberalen Minister demissionierten und zwangen Windischgrätz gleichfalls zur Demission. Hier trat keine Toleranz in Erscheinung. Im Gegenteil: die Intoleranz war so stark, daß sie jede Erwägung politischer Klugheit ausschaltete.

Die zwei nationalen Prinzipien des Liberalismus waren maßgebend wie für die Innen-, so auch für die Außenpolitik. Auf diesem Gebiet hatte der „Patriotismus" keinerlei friedfertige Bedeutung. Als Patrioten betrieben die Liberalen die imperialistische Politik der Monarchie, arbeiteten sie darauf hin, die internationale Stellung der Monarchie zu verstärken, sei es durch territoriale Erwerbungen, sei es durch Erwerb neuer Einflußsphären. Als das natürliche Feld für die österreichische Expansion sahen sie Osteuropa an. In ihrer Eigenschaft als „Deutschösterreicher" meinten sie, daß die Expansion sich unter Rückendeckung durch das Deutsche Reich vollziehen sollte. Die Grundlage der gesamten österreichischen Außenpolitik sollte das Bündnis sein, das 1879 geschlossen wurde. So kam die Mächtegruppierung der Vorkriegsjahre zustande, und dann die Gruppierung der Jahre 1914—18.

Der Krieg entzündete sich an einem österreichischen Abenteuer, dem Ultimatum an Serbien. Als er ausgebrochen war, intensivierten die Liberalen den deutschen Kurs. Die Ausschaltung des Parlaments durch Stürgkh, die verschärfte Unterdrückung der Slawen und Romanen in Österreich fanden ihre Billigung. Graf Ottokar Czernin, der 1916—18 Österreich regierte, genoß ihr volles Vertrauen. Czernin gestaltete das Bündnis mit Deutschland enger und enger. Mehr und mehr wurde die Monarchie zum Vasallen des Bündnispartners. Czernin wollte mit deutscher Hilfe auf Kosten Osteuropas Vorteile für die Monarchie gewinnen (Friede mit Rumänien, Friede von Brest-Litowsk). Den Gedanken eines Separatfriedens zwischen Österreich und der Entente bekämpfte er mit allen Mitteln.[6]

*

Oft kann durch abstrakte Darlegung nur ein teilweises
Verständnis einer geistigen Strömung erzielt werden. Der
Leser erhält eine weit bessere Vorstellung, wenn ihm das Bild
von Persönlichkeiten, die diese Strömungen vertreten, zugänglich gemacht wird. Deshalb sollen hier Bemerkungen über
einige Repräsentanten der herrschenden liberalen Doktrin
folgen. Wir wählen mit Absicht Männer, die untereinander nach
Herkunft und Wirksamkeit sehr verschieden sind.

Ernst v. Plener (1841—1923) war eine der hervorragendsten parlamentarischen Figuren der Liberalen. Er hatte schon
beim Eintritt ins politische Leben einen bekannten Namen:
sein Vater, Ignaz v. Plener, zählte zu den Häuptern der voran-
gegangenen liberalen Generation und bekleidete unter Schmerling und unter Adolf Auersperg den Posten des Finanzministers.
Ernst v. Plener, ursprünglich im diplomatischen Dienst, wurde
1873 von der Handelskammer Eger in den Reichsrat gewählt.
Er blieb dort mehr als zwanzig Jahre und arbeitete sich bis zum
Parteivorsitzenden hinauf. Nach einer kurzen Amtsperiode als
Finanzminister (1893—95) schied er aus dem Abgeordnetenhaus
aus. Er übernahm nun das Präsidium des gemeinsamen Obersten
Rechnungshofes. 1900 wurde er zum Mitglied des Herrenhauses
ernannt.

Seine umfangreichen „Erinnerungen" (drei starke Bände
in Großformat, 1911—21) sind eine der besten Quellen für die
Kenntnis der Parlamentsgeschichte seiner Epoche und zugleich
die beste Quelle für die Kenntnis seines Wesens. Er zeigt sich
hier, ebenso wie in der von seinen Freunden herausgegebenen
Sammlung seiner Reden (1911) und in Schriften aus früherer
Zeit (einem Buch über „Die englische Fabriksgesetzgebung",
1871, sowie einer Biographie Lassalles, mit dem er persönlich
zusammengetroffen war), als ein Mann von hohem geistigem
Niveau. Zwar war nichts Glänzendes an ihm, er hatte wenig
Schwung, gar keinen Humor. Zu dem, was man einen „Volks-
mann" nennt, taugte er nicht, wollte er nicht taugen, da er als
der echte Liberale alten Schlages die Masse geringschätzte.
„Meine Fähigkeiten waren wesentlich für die parlamentarische
Tätigkeit eingestellt", sagte er, „ein populärer Parteiführer,

der in Volks- und Vereinsversammlungen das große Wort führt,
war ich nicht."* Manchem fiel im Umgang mit ihm seine Rauheit
auf, die auch ihm selbst nicht entging.** Aber seine minder
ansprechenden Züge wurden durch eine Reihe trefflicher Qualitäten wettgemacht. Was Fleiß, Sachlichkeit, Gründlichkeit
betraf, überragte er weit den Durchschnitt der Abgeordneten.
Von Haus aus war er nationalökonomisch gut geschult. Während
seiner langen Tätigkeit im Reichsrat erwarb er ein geradezu
enzyklopädisches Wissen um alle Zweige des politischen Betrie-
bes. Zur Lösung von Verwaltungsfragen, besonders finanz-
technischer Natur, trug er Wertvolles bei. In nationalen Dingen
war er keineswegs einer der Starrsinnigsten. Die bornierte Taktik
der Partei in der Cilli-Angelegenheit machte er nur widerwillig
mit und zog sich ihretwegen aus dem Abgeordnetenhaus zurück.[7]
    Nun ist es betrüblich, aus den ,,Erinnerungen" zu sehen,
wie fremd dieser Mann, der einige der besten altösterreichischen
Traditionen in sich verkörperte, den grundlegenden politischen
Tatsachen seiner Zeit gegenüberstand. Er vermochte sich ihnen
mit seiner Betrachtungsart nicht zu nähern. Die eruptive Gewalt,
die im imperialistischen Zeitalter den Klassengegensätzen und
den nationalen Gegensätzen eignet, kam ihm nicht zu Bewußtsein. Er meinte, daß das Parlament — das arme, so oft gedemü-
tigte, schon von der Verfassung so stiefmütterlich bedachte
österreichische Parlament — das geeignete Instrument sei,
die privilegierte Stellung der deutschösterreichischen Bourgeoisie zu sichern. Ein wenig Geduld und Klugheit war alles,
was ihm dazu nötig erschien. Die wichtigste Etappe seiner
langen Laufbahn war sein Kampf gegen T a a f f e , in dem er
schließlich Sieger blieb. Er konnte Taaffe als Charakter nicht
leiden. Wirklich war der gewandte, etwas leichtfertige Aristo-
krat ungefähr der Antipode des bis zur Pedanterie korrekten
Liberalen. Doch das persönliche Moment war nebensächlich.
Die Liberalen haßten Taaffe, weil sein System des ,,Fort-
wurstelns" sie von der Regierung fernhielt — vierzehn Jahre

---

* ,,Erinnerungen", 2. Bd., S. 372.
** ,,Erinnerungen", 3. Bd., S. 283.

hindurch. Endlich begab er sich auf gefährliches Terrain
Halb dem Massendruck folgend, halb von einer bestimmten,
in konservativen Kreisen häufigen taktischen Spekulation
geleitet, schlug er eine Erweiterung des Wahlrechts vor. Die
Liberalen sahen ihren Augenblick gekommen, führten eine
Verständigung mit den zwei anderen größten Parteien, den
Polen und dem Hohenwart-Club, herbei und drängten Taaffe
aus dem Amt (1893). Damals organisierten sie eine energische
Kampagne gegen die Wahlreform. Zehn, zwölf Jahre danach
war die Reform nicht mehr aufzuhalten, so fügten sie sich in
die Umstände und befürworteten ebenso wie die übrigen Parteien
in ihrer Mehrheit das allgemeine Wahlrecht. Nicht so Plener.
Er hatte in den Neunzigerjahren den Kampf für das Privilegien-
system geführt, er hielt 1905 eine Herrenhausrede in ähnlichem
Sinn und betrachtete noch 1921, als er den dritten Band seiner
Memoiren veröffentlichte, seinen alten Standpunkt als den
richtigen. Wir lesen dort:

„Die einmütige Erhebung der drei großen Parteien gegen das allgemeine
Stimmrecht war ein beachtenswertes Zeichen des wenigstens damals bestehenden Mutes und einer sonst nicht gewöhnlichen Widerstandskraft der besitzenden Klassen, die sich durch drohende Kundgebungen der zahlreichen Arbeiterversammlungen nicht einschüchtern ließen... Für eine liberale Partei war
es nicht leicht, ihre gesunde politische Einsicht der blendenden Rhetorik
demokratischer Schlagworte entgegenzustellen, die nun einmal seit den Tagen
des Naturrechts und der Französischen Revolution auf viele Intellektuelle
eine große Anziehungskraft ausübten. Die Erkenntnis von der praktischen
Wirksamkeit der Demokratie und des allgemeinen Stimmrechts war bei ihren
theoretischen Anhängern wenig verbreitet, sie kamen über den Grundsatz
der Gleichberechtigung aller Staatsbürger, den sie wie ein Dogma der Aufklärung und Freiheitsliebe ansahen, nicht heraus... Daß sich aber im gegebenen
Fall die Linke, welche die obere Schicht des Mittelstandes und der Bauernschaft umfaßte, über die hergebrachten radikalen Theorien hinwegsetzen
konnte, lag in der nationalen Erwägung, die die Gefahren des allgemeinen
Stimmrechts für das Deutschtum allen ihren Abgeordneten ins Bewußtsein
brachte. In Böhmen und noch mehr in Mähren sowie in der südlichen Steier-
mark war die obere Schichte der bodenständigen städtischen Bevölkerung
deutsch und die aus der Umgebung zugewanderten kleinen Leute und die
Arbeiter waren slawisch, das allgemeine Stimmrecht mußte nun unweigerlich der großen Zahl ihre Geltung verschaffen und die alten führenden Kräfte
verdrängen... Diejenigen also, welche den Deutschen in Österreich eine

einflußreiche Stellung bewahren wollten, mußten für die Erhaltung der alten Wahlordnung eintreten. Die Interessenvertretung der Februar-Verfassung war sicher vielen Einwendungen ausgesetzt..., aber ihr politischer Grundgedanke war, wenn man aufrichtig spricht, das Bestreben, die historische und politische Stellung des deutschen Stammes, der bekanntlich in Österreich nicht die Mehrheit der Bevölkerung bildete, aber durch geschichtliche Arbeit, Bildung, Wohlstand und Steuerleistung über alle anderen hervorragte, zu sichern, und deshalb war es töricht von radikaler, deutschnationaler Seite, die Grundlagen dieser Wahlordnung fortwährend zu bekritteln, und umgekehrt ebenso klug für jene, denen es um die führende Stellung der Deutschen im Staate wirklich zu tun war, dieses Wahlsystem möglichst zu erhalten."*

1921, als Plener diese Sätze schrieb, klangen sie wie eine Stimme aus dem Grab. Doch wäre es ungerecht, ihren Inhalt nur gerade ihm zur Last zu legen. Er hielt bloß mit der Hartnäckigkeit des Alters an dem fest, was in seiner Jugend die allgemeine Auffassung der Liberalen gewesen war.

Heinrich Friedjung (1851—1920) war von mährischer Herkunft und wurde in Wien im Schottengymnasium erzogen, wo er dieselbe Klasse besuchte wie Friedrich Wieser, der spätere „Grenznutzen"-Lehrer. Seine berufliche Laufbahn war merkwürdig. Er studierte Geschichte in Wien, Prag und Berlin, hatte aber nur vorübergehend einen Posten als Historiker, und zwar einen untergeordneten: er unterrichtete 1873—79 an der Wiener Handelsakademie. Hingegen erwarb er in nicht mehr jungen Jahren durch ein paar großangelegte Bücher, vor allem durch „Der Kampf um die Vorherrschaft in Deutschland 1859—1866" (2 Bde., 1897—98), dann durch „Der Krimkrieg und die österreichische Politik" (1907) und „Österreich von 1848—1860" (2 Bde., 1908—12), einen wissenschaftlichen Ruf, der weit über die Landesgrenzen hinausreichte. Die Prager Universität bot ihm einen Lehrstuhl an, er wurde in die Akademie der Wissenschaften aufgenommen usf. Auch sein Schicksal als Politiker war ungewöhnlich. In der Jugend verkehrte er freundschaftlich mit dem Vorläufer Hitlers, Georg Schönerer. Zusammen mit ihm (und mit Viktor Adler) verfaßte er das sogenannte Linzer Programm von 1882, von dem noch weiter unten die

---

* „Erinnerungen", 3. Bd., S. 90 ff.

Rede sein wird. Eine deutschnational angehauchte Gruppe, die allerdings noch nicht den Arierparagraphen hatte, berief ihn 1886 zur Leitung ihres Blattes, der „Deutschen Zeitung". Später wandelte er sich zum Liberalen, blieb aber ein extremer Deutschtümler. Seine Abneigung gegen die slawischen Völker sollte ihm zum Verhängnis werden. Sie verwickelte ihn 1909 in einen Sensationsprozeß, der unter seinem Namen in die Geschichte einging und ihn einen guten Teil seiner Reputation kostete. Die politischen Schriften seiner letzten Jahre gehen von denselben Voraussetzungen aus wie die älteren.

Seine Stellung zur Innen- und Außenpolitik der Monarchie wird besonders klar durch ein paar Sätze, in denen er 1911 die von seinem Freund Plener um 1890 geleistete Arbeit kennzeichnete:

„Heute, nach Ablauf zweier Jahrzehnte, ist es möglich, die historische und politische Bedeutung jener Kämpfe zu überblicken. Das Lebenswerk der Generation von Deutschösterreichern, die sich zuerst um Herbst, später um Plener scharten, bestand darin, daß sie die Aufrichtung eines tschechoslawischen Staates inmitten Europas verhinderten. Durch Jahrzehnte drohte die Gefahr, daß sich wie Ungarn die Lande der böhmischen Krone vom einheitlichen Staate loslösen und zu einem gesonderten Gemeinwesen absondern würden, ein Gemeinwesen, das notwendig die deutsche Minorität bedrückt, sich gleichzeitig in Gegensatz zu dem neugegründeten Deutschen Reich gesetzt und den Anschluß der Monarchie an Rußland und Frankreich betrieben hätte. Ohne die Wirksamkeit anderer politischer Faktoren zu unterschätzen, muß gesagt werden, daß es in erster Linie der mannhafte Widerstand des deutschböhmischen Volkes war, das diese Änderung der Karte Mitteleuropas verhinderte. Dadurch leistete es der ganzen deutschen Nation einen Dienst, es verhinderte aber auch die Zerlegung Österreichs in eine Reihe von Mittel- und Kleinstaaten. Diese Gefahren aber bestimmten Plener und seine Freunde zum stärksten Widerstand, da sie als österreichische Patrioten davon das Schlimmste für ihr Vaterland besorgten."*

Mit dem früher erwähnten *Prozeß* Friedjung hatte es folgende Bewandtnis:**

---

* Einleitung zu der Sammlung der Reden E. v. Pleners, 1911, S. X.
** Der Prozeß Friedjung ist in der Literatur oft behandelt worden, da er für die Balkanpolitik von großer Tragweite war. Die ausführlichste Darstellung findet sich bei R. W. Seton-Watson, „The Southern Slav Question and the Habsburg Monarchy", 1911, S. 209—287.

Nach der Annexion Bosniens bestand zwischen Österreich und Serbien eine starke Spannung, die leicht zum Krieg führen konnte. Aehrenthal wollte die Öffentlichkeit, die österreichische wie die ausländische, auf den Krieg einstellen. Deshalb gab das Außenministerium an Friedjung Informationen, die sich angeblich auf Dokumente stützten und besagten, daß die serbische Dynastie und Regierung sich in Zusammenarbeit mit serbischen und kroatischen Abgeordneten des Reichsrates verschiedener ,,Umtriebe" gegen Österreichs Sicherheit schuldig gemacht habe. Bestechung von Abgeordneten u. dgl. wurde behauptet.

Friedjung publizierte diese Informationen in einem von scharfen Worten überquellenden Artikel, der im März 1909 in der ,,Neuen Freien Presse" erschien. Wenn Österreich, hieß es da, mit der Waffe in der Hand Ordnung nach Belgrad brächte, so wäre es eine Kulturtat von hohem Wert. Die angegriffenen Abgeordneten protestierten gegen die Beschuldigungen, und da Friedjung erklärte, nichts zurückzunehmen, vielmehr alles beweisen zu können, brachten sie — 52 an der Zahl — die Ehrenbeleidigungsklage gegen ihn ein. Die Verhandlung fand erst im Dezember 1909 statt, in einem Zeitpunkt, wo die Mächte die Annexion Bosniens schon anerkannt hatten, die Kriegsgefahr vorerst beseitigt war und das Außenministerium es aus guten Gründen lieber gesehen hätte, wenn die Sache im Sand verlaufen wäre. Aber sie war nun nicht mehr aufzuhalten. Der Prozeß nahm für Friedjung einen schlimmen Verlauf. Die Anklage wurde von Dr. Harpner vertreten, der nachmals Friedrich Adler vor dem Ausnahmegericht verteidigte; Friedjung hatte Dr. Edmund Benedikt an seiner Seite. Am ersten Tag hielt er eine dreistündige Rede, die auf eine Anklage gegen die Serben und Kroaten hinauslief und den Eindruck der Großsprecherei machte.* Dann wurden die ,,Dokumente" vorgelegt, die meisten bloß in Abschrift, einige in Photokopien, keines im Original. Den Anklägern fiel es nicht schwer, durch Zeugen — unter denen Professor Masaryk hervorragte — und durch Sachverständige nachzuweisen, daß es sich um die plumpsten Fälschungen handelte. Die österreichische Gesandtschaft in Belgrad hatte die Papiere von einem verdächtigen Subjekt erworben, zum Teil waren sie sogar in ihren Räumen hergestellt worden.** Friedjung hätte nun ohne weiteres sagen können, daß er im Hinblick auf die Stelle, die ihn zur Abfassung seines Artikels anregte, an die Möglichkeit einer Fälschung gar nicht gedacht habe. Doch beharrte er aus rätselhaften Gründen auf der These, er habe die Urkunden genau untersucht und die strengsten Methoden der historischen Wissenschaft angewendet. Das war um so widersinniger, als er der serbischen Sprache nicht mächtig war, ja nicht einmal das serbische Alphabet lesen konnte.*** Nach längerer Verhandlungsdauer, als er sich in eine heillose Situation hineingeredet hatte, brachten zwei Abgeordnete, Masaryk und Baernreither, einen Ausgleich zustande. Friedjung gab zu Protokoll, daß

---

* R. W. Seton-Watson, a. a. O., S. 211.
** R. W. Seton-Watson, ,,Masaryk in England", 1943, S. 17.
*** R. W. Seton-Watson, ,,The Southern Slav Question etc.", S. 287.

2*

er sich von der Unrichtigkeit seiner Behauptungen überzeugt habe, die Serben und Kroaten billigten ihm Gutgläubigkeit zu und zogen die Anklage zurück.

Friedjung macht es uns Heutigen schwer, ihm gerecht zu werden. Politisch spielte er eine ganz elende Rolle. Und doch besaß er außerordentliche Gaben. Das Lob, das seinen Büchern in aller Welt gespendet wird, ist, wenigstens was den ,,Kampf um die Vorherrschaft" betrifft, fundiert. Hier stoßen wir nicht nur auf Gelehrsamkeit, sondern auch auf nüchternes Urteil, ungewöhnliche Kraft in der Wiedererweckung des Vergangenen, eine klare, bildhafte Sprache. Wohl schlägt manchmal die Deutschtümelei durch, aber das ist doch nur an einigen Stellen der Fall. Dem *Historiker* Friedjung soll der Respekt nicht vorenthalten werden. Vor Mißverständnissen werden wir freilich nur sicher sein, wenn wir hinzufügen, daß der *Politiker* keine Nachsicht verdient.

Der Soziologe, der ermitteln wollte, wer in den letzten Jahrzehnten ihres Bestandes die Monarchie wirklich regiert hat, könnte ruhig über manche Parteiführer hinwegsehen, und auch über etliche Ministerpräsidenten. Moritz Benedikt (1849 bis 1920) könnte er nicht ignorieren. Benedikt war ein Menschenalter lang einer der zehn oder zwölf mächtigsten Männer in Österreich. Für den Einfluß, den Zeitungsleute in der modernen Gesellschaft erlangen können, ist er ein mindestens so gutes Beispiel wie Northcliffe oder Hearst.[*]

Seit 1864 bestand in Wien die ,,Neue Freie Presse", eine Gründung Max Friedländers und Michael Etiennes, zweier Journalisten, die an der alten ,,Presse" gearbeitet und sich aus Abneigung gegen August Zang selbständig gemacht hatten. Von Etienne ,,entdeckt", wurde Benedikt 1872 in die Redaktion des noch relativ jungen Blattes aufgenommen. 1881 war er schon Chefredakteur. Durch eine Reihe von Jahren besorgte er die politische Leitung des Blattes gemeinsam mit Eduard Bacher. Schließlich (1908) wurde er Alleinherrscher des Unternehmens,

---

[*] Vgl. über Benedikt: Nagl-Zeidler-Castle, ,,Deutsch-österreichische Literaturgeschichte", 3. Bd., 1930, S. 878, sowie zahlreiche Artikel in der Jubiläumsnummer der ,,N. Fr. Pr." vom 30. August 1914.

das seinerseits weite Bezirke des öffentlichen Lebens beherrschte. Die „Neue Freie Presse" dankte ihre besondere Stellung dem Zusammenwirken verschiedener Umstände. Wichtig war ihre enge Verbindung mit dem Finanzkapital, vor allem mit dem Hause Rothschild und der Österreichischen Creditanstalt. Die finanzielle Misere, an der andere Zeitungen litten, blieb ihr erspart. Sie konnte sich eine raffinierte technische Apparatur einrichten, die schon auf der Weltausstellung von 1873 Staunen erregte. Sie organisierte einen nach den Begriffen der Zeit unerhört kostspieligen und unerhört vollkommenen Nachrichtendienst. In ihrem politischen Teil vertrat sie energisch die Interessen der Schichten, aus denen sich ihre Abonnenten rekrutierten: der Finanz, Industrie, Kaufmannschaft und der gutsituierten Intelligenz. In ihren Fachrubriken, besonders in der Wirtschaftsrubrik, dem „Economist", ergriffen die ersten Autoritäten das Wort. Sie schuf sich ein vorzügliches Feuilleton und eine literarische Beilage, die auf ebenso hoher Stufe stand.[8] Objektiv gesehen, war sie nicht nur die bestredigierte Zeitung in Österreich, sondern eine der besten Europas.[9] Ihre Freunde zollten ihr sogar noch etwas mehr Verehrung, als ihr zukam. Eduard Herbst sagte zu Plener, in einem Feuilleton der „Presse" sei oft mehr Wissen und Geist enthalten als in einem dicken Buch.*

Stefan Zweig schrieb noch 1941:

„In Wien gab es eigentlich (um die Jahrhundertwende) nur ein einziges publizistisches Organ hohen Ranges, die ‚Neue Freie Presse', die durch ihre vornehme Haltung, ihre kulturelle Bemühtheit und ihr politisches Prestige für die ganze österreichisch-ungarische Monarchie etwa das gleiche bedeutete wie die ‚Times' für die englische Welt und der ‚Temps' für die französische ... Selbstverständlich ‚fortschrittlich' und liberal in seiner Weltanschauung, solid und vorsichtig in seiner Haltung, repräsentierte dieses Blatt in vorbildlicher Art den hohen kulturellen Standard des alten Österreich."**

Benedikt besaß sicherlich einige der Qualitäten, die den großen Journalisten ausmachen. Daß sein Fleiß, sein Wissen,

---

* E. v. Plener, „Erinnerungen", 2. Bd., S. 7.
** St. Zweig, „Die Welt von gestern", Bermann-Fischer, Wien, 1948, S. 143 f., 1. Ausgabe (engl.), London, 1944.

seine Geschicklichkeit etwas Außerordentliches waren, wurde
auch von seinen Gegnern zugegeben. Jahrzehnte hindurch
leistete er nicht nur die eigentliche Arbeit des Redakteurs,
sondern schrieb Tag für Tag einen längeren politischen Artikel.
Daneben blieb ihm noch Zeit, sich um den „Economist" zu
bekümmern. Er war ein gründlich gebildeter Volkswirt; bei
mehreren Gelegenheiten (Valuta-Enquete 1892, Enquete über
das Aktienwesen 1907) befragte ihn die Regierung um seinen
Rat und akzeptierte seine Vorschläge. Wiederholt gelang es
ihm, die „Presse" zur Trägerin großer Sensationen zu machen.
Eine Weltsensation war das Interview, das Bismarck ihm 1892
gewährte. Der verbitterte Ex-Kanzler des Deutschen Reichs
bediente sich der „Presse", um eine scharfe Kritik an der
Regierung Wilhelms II. laut werden zu lassen — desselben
Wilhelm, dem die „Presse" später jeden nur möglichen Propa-
gandadienst erwies. Bismarck fand Gefallen an dem Mann, der
ihn interviewte, was er durch den Scherz ausdrückte: „Bene-
dictus bene dixit."

Und doch war Benedikt kein Journalist hohen Ranges.
Es fehlten ihm dazu die Charaktereigenschaften. Seine Tätigkeit
ließ keinen ethischen Impuls spüren. Seine Härte, Herrschsucht,
Habsucht waren in Wien sprichwörtlich. Den Angestellten
der „Presse" gegenüber war er der ärgste Tyrann. Von seinen
nächsten Mitarbeitern wurde er gehaßt und gefürchtet.

Weiters wies seine journalistische Begabung einen sehr
sichtbaren Mangel auf: sein Leitartikelstil verschmolz das
Pathos des Liberalismus und das Pathos des Oberrabbiners
zu einer grotesken Einheit. Als Karl Kraus es sich in der „Fackel"
(ab 1899) zur Aufgabe machte, Benedikts Schreibweise zu ver-
höhnen und zu diskreditieren, fand er in der jüngeren Intelligenz
jubelnden Beifall.

Die Polemik, die von vielen Seiten, insbesondere auch von
katholischer und sozialistischer Seite, gegen die „Presse"
gerichtet wurde, vermochte nicht zu hindern, daß sie eine der
wichtigsten politischen Instanzen des Landes blieb. Das war
für das österreichische Volk ein Unglück. Von seltenen Aus-
nahmsfällen abgesehen, nahm die „Presse" zu den politischen

Fragen die „rechteste" und also schlechteste Stellung ein, die innerhalb des Liberalismus gerade noch möglich war. Wir haben erzählt, wie sie die lächerliche Schulfrage von Cilli in eine Lebensfrage des Deutschtums verwandelte; wie sie durch Publikation des Friedjung-Artikels die Balkankrise von 1909 verschärfte. Die ganze provokative Unverfrorenheit, welche der österreichische Imperialismus an sich hatte, ist in den Benediktschen Artikeln, welche um 1900 erschienen, verewigt. Die schlimmsten Exzesse kamen aber erst, als der Krieg ausgebrochen war. Die Bourgeoisie des Deutschen Reichs stand nun im Kampf um die Weltherrschaft. Das war, nach Benedikts Meinung, der Moment, wo die österreichische ihr bedingungslos folgen mußte, um an den Früchten des Sieges teilzuhaben. Dieser Gedanke drängte vier Jahre lang in der „Presse" jede andere Erwägung in den Hintergrund. Sie war nun kaum mehr von einem alldeutschen Blatt zu unterscheiden. Nicht nur wurde der Bundesgenosse mit Lob überschüttet; beging er ein Spezialverbrechen, war noch ein Speziallob bereit. Deutschland überfiel das kleine neutrale Belgien, Lüttich wurde erobert. Benedikt schrieb:

„... Wie sich heute ganz Wien freute, als diese Nachricht kam, ist kaum zu sagen; einer berichtete es dem anderen und alle hatten das Gefühl, das deutsche Volk ist noch dasselbe, das einst nach Frankreich zog, um sich das Recht auf Einigung mit dem Schwerte zu erkämpfen. Die lange Friedenszeit, der wachsende Reichtum und die Richtung zum Handel und Verkehr hat die Willensfähigkeit nicht geschwächt und die Muskeln und die Nerven nicht verweichlicht. Ein Gefühl der Jugend strömt durch die Älteren, die sich noch an die glorreichen Augusttage vor mehr als vierzig Jahren erinnern und jetzt spüren, daß die Sprungfedern der deutschen Armee nicht minder kräftig sind als damals und daß die friedlichste aller Nationen, wenn sie durch den Neid und die Bosheit der Feinde bis zum hellen Zorn aufgepeitscht wird, sich wie eine Naturkraft vorwärtsbewegt und immer vorwärts, bis der Sieg errungen ist... Diese glorreiche Tat sagt uns etwas, das wie eine Verheißung auf uns wirkt... Das hätte der alte Moltke nicht besser aussinnen können ..."*

In dieser Art ging es vier Jahre lang: als Zeppeline London bombardierten, als die „Lusitania" versenkt wurde, als der

---

* „N. Fr. Pr." vom 8. August 1914.

Friede von Brest-Litowsk diktiert wurde. Im März 1918 war
es klar genug, daß die Niederlage der Mittelmächte bevorstand.
Die Deutschen glaubten, sie dadurch abwehren zu können,
daß sie mit einer neu konstruierten Riesenkanone aus einer
Entfernung von 120 km die Zivilbevölkerung von Paris be-
schossen. Die ,,Presse" kommentierte:

> ,,Die Wirkung der großen Kanone wird in Paris geheimgehalten. Wir
> können nur aus einzelnen Mitteilungen schließen, daß sie einen sehr starken
> Rückschlag auf die Stimmung hatte. Die Bewohner von Paris sind am ersten
> Tage der Beschießung in die Keller geflüchtet. Eine Schule wird im Keller
> abgehalten... Auch der Geldmarkt wurde in den Keller verlegt... Als die
> Bewohner von Paris sich überzeugt hatten, daß die Bomben nicht von Fliegern,
> sondern von einer fernen Kanone herrühren, war es natürlich, daß sich Furcht
> in der Stadt ausbreitete... Aber diese Kanone hat noch etwas Besonderes.
> Der Gegner, der immer als Barbar geschildert wird, zeigt plötzlich ein tech-
> nisches Leistungsvermögen, das alle bisherigen Vorstellungen von der Macht
> des Menschen über die Natur ändert und beinahe umwirft. Die deutsche
> Wissenschaft und die deutsche Industrie haben sich bei dieser Überraschung
> der Feinde zu gemeinsamer Leistung vereinigt. Diese Kräfte müssen auf die
> Meinung, welche die Franzosen von ihren Gegnern haben, zurückwirken.
> Die Kanone ist vielleicht psychologisch im jetzigen Feldzug wichtiger als
> militärisch. In künftigen Zeiten kann ihr noch höhere Bedeutung vorbehalten
> bleiben*."

Man möchte es nicht für möglich halten: Benedikt glaubte,
die Riesenkanone — der Vorläufer von V_1 und V_2! — werde den
Deutschen helfen, den Ruf des Barbarentums loszuwerden. Es
fehlte nicht viel, und er hätte durch seine Hemmungslosigkeit
den Österreichern denselben Ruf verschafft. Was in den literarischen und wissenschaftlichen Spalten der ,,Neuen Freien
Presse" zu lesen war, kann das, was in den politischen Spalten
stand, nicht vergessen machen. Im Gegenteil ist festzustellen,
daß hier Kunst und Wissenschaft als Aushängeschild für tief
antikulturelle Bestrebungen mißbraucht wurden.[10]

Wie aus allem Gesagten erhellt, sind die Gedankengänge
der liberalen Schriftsteller, welche die nationale Frage behandeln,
von einfacher Art. Aus der Annahme der Höherwertigkeit der

---

* ,,N. Fr. Pr." vom 26. März 1918.

Deutschösterreicher gegenüber den Slawen usw. werden praktische Konsequenzen abgeleitet. Das ist alles. Hingegen zeigt sich bei den Autoren, deren Aufmerksamkeit auf wirtschaftliche Probleme gerichtet ist, eine starke Neigung zu abstrakter Reflexion. In der ,,Grenznutzenlehre'' haben sie eine der schwierigsten Doktrinen der modernen Literatur, und nicht nur der nationalökonomischen, geschaffen.

Die *Grenznutzenlehre* wurde in Österreich von Carl Menger (1840—1921) begründet. Er entwickelte sie zuerst in seinen ,,Grundsätzen der Volkswirtschaftslehre'', die 1871 erschienen. Ungefähr gleichzeitig mit ihm, und unabhängig von ihm, legte ein französischer Nationalökonom, Léon Walras, und ein englischer, W. St. Jevons, ganz ähnliche Anschauungen dar. Die neue Doktrin wurde vor allem in unserem Land mit Energie weitergebildet. Deshalb ist sie gemeinhin als Doktrin der ,,Österreichischen Schule'' bekannt. Die hervorragendsten unter Mengers unmittelbaren Nachfolgern waren Friedrich v. Wieser (1851—1926) und Eugen v. Böhm-Bawerk (1851—1914). Ein guter Systematiker erwuchs der Richtung in Eugen v. Philippovich (1858—1917). Alle drei Forscher wirkten, gleich Menger, als Professoren an der Wiener Universität. Von den Achtzigerjahren an fand die Grenznutzenlehre wachsende internationale Beachtung. Sie wurde zum größeren oder geringeren Teil in Italien von M. Pantaleoni, L. Cossa, G. Mazzola übernommen, in Holland von N. G. Pierson, in Frankreich von Ch. Gide, M. Block, in Amerika von S. N. Patten, J. B. Clark. Auch heute hat sie Vertreter in den meisten Ländern. Die Literatur, die sich mit ihr befaßt, zum Teil allerdings eine polemische Literatur, ist zu gewaltigem Umfang angeschwollen.

Die Entstehung der österreichischen Doktrin hängt eng mit der eigenartigen Situation zusammen, in die die Nationalökonomie gegen Ende des vorigen Jahrhunderts dank dem Auftreten von Marx geraten war. Man kann die Doktrin nur begreifen und würdigen, wenn man von dieser wissenschaftsgeschichtlichen Situation eine Vorstellung hat.

Die besten unter den Schriftstellern, die sich vom Ausgang des 17. bis zum Beginn des 19. Jahrhunderts mit wirtschaft-

lichen Dingen beschäftigten, werden als die „Klassiker" der
Nationalökonomie bezeichnet. Was diese Autoren geben, ist
eine Analyse des Systems, das sich vor ihren Augen entfaltete,
des Kapitalismus. Für sie alle ist der Begriff des Tauschwertes
der Güter, des Wertes, den die Ware im wirtschaftlichen Verkehr hat, von grundlegender Bedeutung. Mit steigender Klarheit
behaupten sie, daß der Wert bestimmt ist durch die Menge
menschlicher Arbeit, die in der betreffenden Ware steckt.*

So sagt Adam Smith:

> „Der wahre Wert oder Realpreis eines Dinges, dasjenige nämlich, was
> ein Ding den, der es sich verschaffen will, wirklich kostet, ist die zu seiner
> Beschaffung erforderliche Mühe und Beschwerde. Was ein Ding demjenigen,
> der es sich verschafft hat und darüber verfügen oder es gegen etwas anderes
> vertauschen will, wirklich wert ist, das ist die Mühe und Beschwerde, welche
> er sich dadurch ersparen und dafür anderen Leuten aufhalsen kann."**

Ricardo führt diese Sätze in seinem Hauptwerk im Wortlaut
an, um sie als integrierenden Bestandteil in seine Lehre zu
übernehmen.*** Die beiden Denker ziehen aus ihren theoretischen
Einsichten den Schluß, daß dem Kapitalismus jede nur mögliche
Freiheit der Entwicklung gestattet werden soll, d. h. sie formulieren das Programm des wirtschaftlichen Liberalismus.
Nun sind aber auch Smith und Ricardo trotz dem Tiefblick,
der sie auszeichnet, in einem Punkt nicht völlig konsequent.
Die Lehre von der wertbildenden Funktion der Arbeit wird
von ihnen nicht bis zu Ende durchgedacht. Ricardo geht in
dieser Richtung wesentlich weiter als Smith, macht aber doch
ein paar Schritte vor dem Ziel halt. Wo die Klassiker aufhörten,
dort setzten um die Mitte des 19. Jahrhunderts die Sozialisten
fort. So wie sie die politischen Ideen des Liberalismus, die
Freiheits-, die Gleichheitsidee bis zu Folgesätzen weiterführten,

---

* K. Marx, „Zur Kritik der politischen Ökonomie", 1859, 2. Neuausgabe
von K. Kautsky, 1907.
** A. Smith, „Inquiry into the Nature and the Causes of the Wealth
of Nations", 1776, 1. Bd., 1. Buch, 5. Kap.
*** D. Ricardo, „Principles of Political Economy and Taxation", 1817,
Kap. 1, Abschn. 1, Paragr. 6.

die den Interessen der unteren Volksschichten entsprachen,
so taten sie es auch mit der ökonomischen Doktrin des Liberalismus. Karl Marx zeigte gerade von der Arbeitswertlehre her die
innere Struktur des Kapitalismus:

> Der Arbeiter, der selbst keine Produktionsmittel (Rohstoffe, Maschinen etc.)
> besitzt, verkauft dem Unternehmer seine Arbeitskraft. Indem er für den Unter-
> nehmer arbeitet, setzt er dessen Rohstoffen ein bestimmtes Quantum an
> Wert zu. Der Lohn, den er für seine Arbeit bekommt, ermöglicht ihm die
> Erhaltung, Erneuerung, die tägliche „Reproduktion" seiner Arbeitskraft.
> Aber er ist geringer als der Wert, den die Arbeitskraft in ihrer Betätigung am
> Rohmaterial des Unternehmers hervorbringt. Die Differenz — der „Mehr-
> wert" — fließt dem Unternehmer zu, bildet seinen Gewinn.

Durch diesen Gedankengang enthüllte Marx den ausbeute-
rischen Charakter der kapitalistischen Ordnung, die es dem
Kapitalisten erlaubt, sich durch Beschäftigung von Lohnarbei-
tern zu bereichern. Die nationalökonomische Theorie, vormals
eine der wichtigsten Waffen der Bourgeoisie im Kampf gegen
den Feudalismus, verwandelte sich in den Händen des sozialistischen Philosophen in eine ideologische Waffe *gegen* die
Bourgeoisie.

Wäre die Entwicklung der Wissenschaften nur vom menschlichen Wissenstrieb bestimmt, so hätten nach dem Erscheinen
des Marxschen „Kapital", nach 1867, alle Nationalökonomen
Sozialisten werden müssen. Die klassische Wertlehre vorausgesetzt, war Marx nicht zu widerlegen, und die Voraussetzung
war auch nicht zu widerlegen. Doch verdanken wir dem Verfasser des „Kapital" auch Belehrung darüber, daß das wissenschaftliche Denken sehr wesentlich durch nichtrationale Faktoren beeinflußt wird. Es folgt willig den Wünschen und Befürch-
tungen, die in dem einzelnen Forscher kraft seiner sozialen
Herkunft und Lage lebendig sind. So vermied die Nationalökonomie den Übergang auf eine Position, die von den meisten
ihrer Repräsentanten politisch abgelehnt wurde. Sie suchte
nach neuen Wegen, die auf die eine oder andere Art am Sozialismus vorbeiführten, und sie fand solche Wege. Zum Beispiel erklärte eine starke Gruppe deutscher Professoren, die „Historische
Schule", daß alle Theorie prinzipiell sinnlos und daß nur die

Untersuchung konkreter wirtschaftlicher Einrichtungen zu
bestimmter Zeit, an bestimmtem Ort von Nutzen sei; das
gesammelte Tatsachenmaterial könne dann die Grundlage für
vorsichtige Reformen abgeben. Hiedurch wurde der Feind
nicht geschlagen, aber erfolgreich umgangen.

Anders verlief der Weg, den die österreichischen Professoren
beschritten. Sie akzeptierten das deduktive Verfahren der
Klassiker und der Sozialisten, aber sie zerstörten deren Wert-
theorie, so gut sie es vermochten, und ersetzten sie durch eine
Auffassung, aus der sich das diametrale Gegenteil deduzieren
ließ. Gegen die Historiker erhoben die Grenznutzenlehrer den
Vorwurf methodischer Verwirrung.

Was ist der *Grenznutzen*? Das in wenigen Worten zu sagen, ist nicht leicht,
aber wir wollen es versuchen. Die Arbeitswertlehre ist eine „objektive" Lehre:
sie führt den Waren-Wert auf eine objektiv feststellbare, meßbare Größe
zurück, eben auf das Quantum Arbeit, das in der Ware drin steckt. Dem-
gegenüber betont die „Österreichische Schule" den subjektiven, psychologischen Charakter des wirtschaftlichen Wertes. Der Wert ist „ein Urteil,
welches die wirtschaftenden Menschen über die Bedeutung der in ihrer Verfügung befindlichen Güter für die Aufrechterhaltung ihres Lebens und ihrer
Wohlfahrt fällen, und demnach außerhalb des Bewußtseins derselben nicht
vorhanden."[*] „Wirtschaftlicher Wert ist ... die Bedeutung, die wir den
Gütern (im weitesten Sinn) beilegen mit Rücksicht darauf, daß wir eine Wohl-
fahrtsförderung von ihnen abhängig wissen."[**] Wohl ist es richtig, daß die
wirtschaftlichen Güter einen objektiven Tauschwert, nämlich die Fähigkeit
haben, sich im Verkehr gegen eine bestimmte Menge anderer Güter, insbesondere gegen eine Menge Geldes, auszutauschen. Aber die Grundlage auch
des Tauschwertes ist die subjektive Wertschätzung, welche die Wirtschaftenden
dem Gut gegenüber vollziehen. Wonach richten wir uns nun bei der Bewertung
der Güter, wovon hängt es ab, ob wir einem Gut höheren oder geringeren Wert
zuschreiben? Die Menger-Schule antwortet: das hängt von der Nützlichkeit
des Gutes ab. Entscheidend ist nicht die Nützlichkeit, die das Gut „als solches"
haben mag, sondern die einer bestimmten Quantität des Gutes, die unter der
Voraussetzung eines bestimmten Bedürfnisstandes geprüft werden soll. Zum
Beispiel sind Nahrungsmittel „als solche" sehr nützlich. Hat aber ein Wirtschaftender eine große Menge von Nahrungsmitteln in seinem Besitz, so
nimmt der Nutzen ab.

---

[*] C. Menger, „Grundsätze der Volkswirtschaftslehre", 1871, S. 86.
[**] E. v. Philippovich, „Grundriß der politischen Ökonomie", 1. Bd.:
„Allgemeine Volkswirtschaftslehre", 14. Aufl., 1919, S. 242.

„Der Zuwachs an Wohlbehagen, der mit der Verfügung über weitere
Quantitäten ... der Nahrungsmittel verbunden ist, wird mit jeder neu hinzu-
tretenden Menge geringer. Das bedeutet aber nichts anderes, als daß auch
der Nutzen der einzelnen Teilmengen für uns geringer wird. Wenn unser
Bedarf an Lebensmitteln, an Kleidung usw. bis zu einem bestimmten Grad
gesättigt ist, sind die Bedürfnisregungen, welche unsere Nachfrage auf diese
Güter gelenkt haben, nicht mehr so stark wie die anderen Bedürfnisse, die
auf andere, der Gattung nach minder wichtige Dinge gerichtet sind. Die
konkrete Nützlichkeit dieser Dinge, z. B. Tabak, Alkohol, Vergnügungen, ist
jetzt größer als die Nützlichkeit weiterer Teilmengen der oben genannten
Güter."* Von hier führt schon ein kleiner Schritt zum Verständnis dessen,
was mit Grenznutzen gemeint ist.

Durch den geschilderten Sachverhalt wird nämlich, so hören wir, unser
Werturteil über die Güter bestimmt. Für den Wert, den wir einer bestimmten
Teilquantität eines Gütervorrats beimessen, ist der Nutzen entscheidend,
der von ihr abhängt. Der Landwirt, der Weizenvorräte angesammelt hat,
mit denen er bis zur nächsten Ernte auskommen muß, wird, da sein Bedarf
für Ernährung, für Viehfutter, für Saatgut usw. von der Menge verfügbaren
Weizens abhängt, von der *gesamten Menge* die Befriedigung *aller* jener Bedürfnisse abhängig finden. Ihr Gesamtnutzen wird gleich sein der Summierung
des Nutzens aller Teilquantitäten, die für Ernährung, Viehfutter, Saatgut usw.
benötigt werden. Anders, wenn man die Teilmengen betrachtet. Jeder vernünftige Mensch stellt aus einem Gütervorrat zuerst die wichtigsten Bedürfnisse sicher, dann immer weniger wichtige Bedürfnisse. Denken wir uns den
Vorrat an Weizen um eine Teilquantität vermehrt, so würde mittels dieser
neu hinzukommenden Teilquantität schon ein weniger wichtiges Bedürfnis
gesichert werden als die früher aufgezählten, d. h. daß der Nutzen neu hinzu-
kommender Teilquantitäten immer mehr sinkt, während der des ganzen
Vorrates einen, allerdings abnehmenden, Zuwachs aufweist.

Fragen wir nun, wie hoch jener Landwirt eine Teilquantität, z. B. 100 Kilo
Weizen, werten wird, so wird dies von der Zahl und Größe der Bedürfnisse
und der Menge des Weizens abhängen. Bewerten wir das stärkste Bedürfnis
beispielsweise mit 10 und nehmen wir an, daß das schwächste Bedürfnis
den zehnten Teil so stark, also mit 1 zu bewerten ist. Sind 10 Teilquantitäten
des zur Befriedigung nötigen Ausmaßes vorhanden, so wird von der Verfügung
über eine Teilquantität nur die Befriedigung des geringsten, an der Grenze
der Bedürfnisskala stehenden Bedürfnisses abhängen. Der Nutzen, den diese
Teilquantität gewährt, ist der „Grenznutzen". Dieser wird für die Bewertung
der Teilmenge des Gütervorrates maßgebend sein. Da die Teilmengen untereinander an Art und Größe gleich sind, wird, wenn eine Einheit verwendet
werden soll, nicht auf die Befriedigung der wichtigeren Bedürfnisse verzichtet
werden, sondern jenes bleibt unbefriedigt, das unter allen durch den Vorrat
gedeckten den geringsten Nutzen hatte. Daraus folgt die Regel, daß bei gege-

---

* E. v. Philippovich, a. a. O., S. 248.

benem Gütervorrat und gegebenen Bedürfnissen das Maß des Wertes der Gutseinheit bestimmt wird durch den Nutzen, den die letzte verfügbare Teilquantität der Güter gewährt. Da dieser Nutzen der Grenznutzen genannt wurde, ergibt sich die Formulierung, daß sich der Wert des Gütervorrates nach dem Grenznutzen richtet.*

Hiedurch ist freilich vorerst nur der subjektive Wert erklärt, nicht der objektive Tauschwert. Aber die ,,Österreichische Schule" sieht, wie schon erwähnt, in jenem den Ursprung auch dieses. Verschiedene Wirtschaftende werden ein und dasselbe Gut subjektiv verschieden einschätzen. Auf dem Markt treffen alle, die an diesem Gut — sei es als Verkäufer oder als Käufer — interessiert sind, zusammen. Aus den diversen subjektiven Bewertungen bildet sich auf dem Markt nach einem Kalkül, den Menger genau angibt, eine Art Durchschnitt: eben der objektive Wert.**

Jedem, der sich die Idee des Grenznutzens anzueignen versucht, wird sich eine Reihe von Fragen aufdrängen. Zum Beispiel: Besteht ein prinzipieller Unterschied zwischen der Bewertung von Konsummitteln (,,Gütern niederer Ordnung", wie Menger sie nennt) und von Produktionsmitteln (,,Gütern höherer Ordnung")? Die Wiener Schule sagt: Nein. Es besteht kein Unterschied. Eine Produktivmittelgruppe, aus der das Konsumgut A erzeugt werden kann, ist so viel wert, wie der Grenznutzen von A beträgt. Die zur Produktion nötige Arbeit ist auch als eines der Produktivmittel zu betrachten. Beispiel: Wenn ein Quantum Mehl, ein Quantum Heizmittel und ein Quantum Arbeit hinreichen, um 10 Laib Brot zu backen, dann haben Mehl, Heizmittel und Arbeit zusammen einen Wert, der dem Grenznutzen der 10 Laib Brot gleich ist.***

Weitere sich aufdrängende Fragen wollen wir nicht nennen, da wir, was Mengers Anhänger dazu zu sagen haben, hier nicht rekapitulieren können. Wir müßten sonst Druckbogen um Druckbogen füllen. Es ist für uns auch nicht sehr wichtig zu wissen, wie die Schule ihren Grundbegriff erläutert, wie sie Schwierigkeiten, die aus ihm erfließen, überwindet. Von viel größerem Interesse ist es, zu sehen, welcher Gebrauch von dem Begriff des Grenznutzens dort gemacht wird, wo es gilt, die Kardinalfragen der Nationalökonomie zu lösen. Ein Beispiel bietet Böhm-Bawerks *Lehre vom Unternehmergewinn.* Diese Lehre wollen wir im Umriß behandeln.

Böhm-Bawerk gibt im ersten Band seines großangelegten Wer-

---

　* E. v. Philippovich, a. a. O., S. 248; vgl. C. Menger, a. a. O., S. 98 ff.
　** C. Menger, a. a. O., S. 172 ff.
　*** C. Menger, a. a. O., S. 123 ff.

kes ,,Kapital und Kapitalzins"* eine Geschichte der Doktrinen, die sich mit dem Unternehmergewinn beschäftigt haben (1. Bd. ,,Geschichte und Kritik der Kapitalzinstheorien"). Er findet sie samt und sonders unbefriedigend. Der zweite Band des Werkes heißt ,,Positive Theorie des Kapitals". In der ,,Positiven Theorie" wird zunächst die Mengersche Wertlehre nochmals mit viel Sorgfalt entwickelt. Hierauf wendet sich Böhm-Bawerk dem eigentlichen Problem zu: Woher kommt der Unternehmergewinn? Die Auskunft, die er uns erteilt, ist kurz und simpel:

Nach einem allgemeinen wirtschaftlichen Gesetz haben gegenwärtige Güter einen höheren Grenznutzen und daher Wert als künftige. Das Geschäft des Unternehmers ist es, gegenwärtige Güter für zukünftige hinzugeben, folglich ist eine Differenz da, die in seine Tasche geht.

Natürlich muß Böhm-Bawerk, um diese Ansicht zu erhärten, die Wertdifferenz der gegenwärtigen und der zukünftigen Güter begründen. Er nennt mehrere Gründe, unter denen der ausschlaggebende der ist:

Wer ein Gegenwartsgut besitzt, kann einen längeren ,,Produktionsumweg" einschlagen und sich so für die Zukunft größeren Besitz sichern. Die technische Erfahrung lehrt, daß, wer auf rasche Umwandlung eines Produktivgutes in ein Konsumgut verzichtet und eine langwierige Produktionsmethode wählt, durch reichen Ertrag belohnt wird. ,,Produktionsumwege sind ergiebig**." Offenbar kann ich mit einem zukünftigen Gut, mit einem, das mir erst in einem Jahr zur Verfügung stehen wird, nicht heute schon einen Produktionsumweg beginnen. Darum schätzt man ganz allgemein zukünftige Güter weniger hoch als gegenwärtige der gleichen Art und Zahl.***

Ferner muß Böhm-Bawerk zeigen, daß wirklich das Wesen kapitalistischen Unternehmertums in dem Tausch von gegenwärtigen für künftige Güter gelegen ist. Ist auch das bewiesen, so ergibt sich das weitere rein deduktiv.

---

* Das Werk erschien zuerst 1884—88. Die dritte, wesentlich erweiterte Auflage, nach der hier zitiert ist, wurde 1909—14 publiziert. Über Böhm-Bawerk und seine Auschauungen vgl. St. Grabski: ,,Böhm-Bawerk als Kritiker Karl Marxens" in ,,Deutsche Worte", XV. Jahrgang, 1895, S. 149 ff.; R. Hilferding: ,,Böhm-Bawerks Marx-Kritik" in ,,Marx-Studien", 1. Bd., 1904, S. 1—61.
** E. v. Böhm-Bawerk, ,,Positive Theorie etc.", S. 15 ff.
*** Ebenda, S. 453 ff., 521 ff.

Lassen wir den Autor selbst sprechen. Die Tätigkeit der Unternehmer sieht folgendermaßen aus:

„Sie kaufen Güter entfernterer Ordnung, Produktionsmittel wie Rohstoffe, Werkzeuge, Maschinen, Bodennutzungen und hauptsächlich *Arbeitsleistungen* ein und setzen sie durch den Produktionsprozeß in Güter erster Ordnung, in genußreife Produkte um. Dabei fällt für sie... ein... Wertgewinn ab, der ‚ursprüngliche Kapitalzins‘ oder ‚*profit*‘, wie ihn die einen, der ‚Mehrwert‘, wie ihn die anderen nennen.

Wie ist dieser Gewinn zu erklären?

Ich muß die Erklärung mit der Feststellung einer wichtigen Tatsache einleiten. Die Güter entfernterer Ordnung sind nämlich, obschon sie körperlich gegenwärtig sind, ihrer wirtschaftlichen Natur nach *Zukunftsware*. Sie sind in ihrem gegenwärtigen Zustand zur Bedürfnisbefriedigung untauglich... Wir schätzen, wie wir wissen, Güter entfernterer Ordnung überhaupt nach dem Grenznutzen und Wert ihres genußreifen Schlußprodukts: Die Produktivmittelgruppe, aus der wir 100 Zentner Getreide erlangen, hat für unsere Bedürfnisbefriedigung genau dieselbe Bedeutung wie die 100 Zentner Getreide, in die sie sich verwandelt. Aber diese 100 Zentner... sind einstweilen noch *künftige* 100 Zentner, und künftige Güter sind... weniger wert als gegenwärtige: 100 künftige Zentner sind also z. B. nur so viel wert als 95 gegenwärtige. *Daraus folgt, daß auch die Produktivmittel, wenn man sie gegen gegenwärtige Güter abschätzt, einer geringeren als derjenigen Stückzahl genußreifer Schlußprodukte gleichwertig befunden werden, welche man aus ihnen erzeugen kann.* Unsere Produktivmittelgruppe, die in einem Jahr 100 Zentner Getreide ergibt, ist in ihrem Wert gleich 100 Zentner *nächstjährigen*, aber ebenso wie diese selbst nur gleich 95 Zentner *gegenwärtigen* Getreides... Dies und nichts anderes ist der Grund des ‚billigen‘ Einkaufes von Produktivmitteln und insbesondere von *Arbeit*, den die Sozialisten mit Recht für die Quelle des Kapitalgewinnes, aber mit Unrecht rundweg für die Frucht einer Ausbeutung der Arbeiter durch die Besitzenden erklären. Der Einkauf ist nicht so billig, als er scheint. Der Anschein der Billigkeit kommt zumeist daher, daß man den Preis an einem anderen Maßstab mißt als die Ware... Die Produktivmittel, bzw. ihr Erträgnis, auf das man es ja bei ihrem Kauf abgesehen hat, sind Zukunftsware; und den Preis bemißt und bezahlt man in wertvolleren, gegenwärtigen Gütern.[11] Daß man nun hier die größere Zahl minderwertiger Zukunftsgüter schon durch die kleinere Zahl wertvollerer Gegenwartsgüter erkauft, heißt so wenig ‚billig‘ einkaufen, als es ‚billig‘ ist, wenn man 100 Gulden des 50-Gulden-Fußes schon für 90 Stück des 45-Gulden-Fußes erwirbt. Daran aber, daß die Zukunftsware, die die Arbeiter zu verkaufen haben, weniger wertvoll ist als die Gegenwartsware, die die Kapitalisten anzubieten haben, tragen nur zum geringeren Teil die Besitzverhältnisse, zum weitaus größeren Teil elementare Tatsachen der menschlichen Natur und der Produktionstechnik die Schuld."*

---

* Ebenda, S. 502 ff.

Damit wollen wir die Betrachtung der Grenznutzenlehre abschließen. Ihre Inkonsequenzen, Undeutlichkeiten, Widersprüche können hier nicht erörtert werden. Dazu wäre eine Detailuntersuchung notwendig. Aber für ein paar allgemeine Anmerkungen ist die Grundlage vorhanden.

1. Die Lehre ist nicht, wie ihre Anhänger gern sagen, unpolitisch, sondern hat ein politisch eindeutiges Vorzeichen. Sie versucht eine Rechtfertigung der kapitalistischen Ordnung.

2. Dieser Versuch wird mittels des Begriffes „Grenznutzen" unternommen, der der ganzen Anschauung nicht nur den Namen gibt, sondern im logischen Sinn ihr Hauptbegriff ist.

3. Im Konzept des Grenznutzens liegt auch die große Schwäche der Lehre. Die Wiener Professoren sehen im Grenznutzen eine Art Zaubermittel zur Neugestaltung der Nationalökonomie. Aber es ist eine seltsame Wissenschaft, die auf diese Weise entsteht. Die Klassiker und die Marxisten untersuchen objektive Verhältnisse. Sie untersuchen die Beziehung zwischen der unanzweifelbaren Quelle alles gesellschaftlichen Reichtums: der Arbeit und den diversen wirtschaftlichen Phänomenen, insbesondere auch der Einkommensverteilung. Die „Österreichische Schule" hingegen studiert seelische Haltungen. Deduktionen aus psychologischen Sätzen sind notwendig wieder psychologische Sätze. So läuft Böhm-Bawerks Erklärung des Kapitalzinses nicht etwa zufällig, sondern notwendig auf eine psychologische Behauptung hinaus: auf die Behauptung, daß die meisten Menschen glauben, die existierende Einkommensdiskrepanz zwischen Kapitalisten und Arbeitern sei in den Leistungen der beiden Teile begründet. Stünde die „elementare Tatsache der menschlichen Natur", die sich in solchem Werturteil ausdrückt, so fest, wie sie zweifelhaft ist, was würde durch sie bewiesen? Gewiß nichts, was mit Nationalökonomie zu tun hat. Für Seelenforscher mag es eine interessante Konstatierung sein. Den Nationalökonomen interessiert der wirkliche Beitrag des Kapitalisten und des Arbeiters zum gesellschaftlichen Wohlstand, nicht der vermeintliche. Kurz: die Wendung ins Subjektive, die Menger vollzog, hat die Wissenschaft in eine ganz falsche Richtung gedrängt, auf einen Weg, der nirgendwohin

führt. Im Grunde war es eine Wendung in die idealistische
Metaphysik. Sie hat sich in der Ökonomie so verhängnisvoll
erwiesen wie in anderen Disziplinen.

Mengers These, daß der Wert „ein Urteil wirtschaftender
Menschen" und „außerhalb des Bewußtseins derselben nicht
vorhanden" sei, erinnert lebhaft an die andere These, daß der
Baum vor meinem Fenster und meine Wahrnehmung des Baumes
identisch sei (sodaß der Baum außerhalb meines Bewußtseins
nicht vorhanden wäre). Natürlich hat Menger damit recht, daß
an keiner Ware der Wert mittels chemischer Untersuchung als
physisch existent erwiesen werden kann. Aber daß 2 Stück der
Ware A so viel Wert besitzen wie 4 Stück der Ware B, bedeutet
nichts anderes, als daß in 2 A so viel menschliche Arbeit steckt
wie in 4 B. Und das ist eine objektive Tatsache, vom menschlichen Bewußtsein so unabhängig wie der Baum vor meinem
Haus. Mengers Formulierungen lassen keinen Zweifel, daß er
von der „positivistischen" Version der idealistischen Erkenntnis-
lehre beeinflußt war — wie fast die ganze intellektuelle Generation, der er entstammte. Es wäre der Mühe wert, zu untersuchen, ob es sich um den Einfluß Ernst Machs handelt oder
ob Menger aus älteren Schriftstellern, unter denen vor allem
Comte in Betracht käme, geschöpft hat.

Die grundlegenden Bücher der „Österreichischen Schule"
gehen von der kapitalistischen Ordnung aus, wie sie sich in der
vorimperialistischen Epoche darstellte. Begreiflich, denn sie
wurden an der Schwelle des imperialistischen Zeitalters oder
sogar noch etwas früher geschrieben. Doch konnte es nicht
ausbleiben, daß die Schule zu den Problemen des 20. Jahrhunderts, besonders zu den durch die Monopole geschaffenen
Problemen, ebenfalls Stellung nahm. Sie zeigte gegenüber den
mancherlei Vorschlägen, die Macht der Monopole zu beschränken,
keine prinzipiell ablehnende Haltung. Erst die zweite Generation
der Grenznutzenlehre, die heute lebende, tendiert dazu, den
Liberalismus bis zum Extrem der absoluten Reformfeindlich-
keit weiterzutreiben.

Auch eine entschiedene Ablehnung der „Österreichischen
Schule" vom politischen und vom erkenntnistheoretischen

Standpunkt läßt Raum für ein Zugeständnis: ihre besten Vertreter, vor allem die drei Erzväter Menger, Wieser, Böhm-Bawerk, waren in ihrer Art originelle und fruchtbare Denker. Über den Durchschnitt des Universitätsbetriebes ragten sie unübersehbar hervor. Sie besaßen umfassende Kenntnisse, hohen formalen Scharfsinn, außergewöhnliches Geschick in der Anordnung von Fakten, im Vortrag von Raisonnements. Sie waren nicht nur klare Schriftsteller, sondern auch klare, fesselnde Sprecher, vortreffliche Lehrer. So konnten sie eine zahlreiche Schule heranziehen, so gaben sie vielen Studenten, die sich nachmals ganz anderen Anschauungen zuwandten, die erste Anregung zu nationalökonomischem Denken.[12]

Schon mehrmals in unserer Darstellung, und soeben erst wieder, sind wir auf die Tatsache gestoßen, daß Liberale, deren Tätigkeit nichts Fortschrittliches an sich hatte, persönlich ein sehr beachtliches Niveau hielten. Doch hatte das liberale Bürgertum in den letzten Jahrzehnten der Monarchie sogar noch bessere Männer. Wir haben bisher nur von der Richtung gesprochen, die innerhalb dieser Schicht die herrschende war. Es bestand aber auch eine Opposition. Sie war sich ihres Charakters als Opposition nicht immer bewußt, war völlig unorganisiert, die Grenzen zwischen ihr und der herrschenden Gruppe verwischten sich unaufhörlich. Und doch ist sicher, daß sie existierte. Wir denken nicht so sehr an die Leute, die den vom Liberalismus auf sozialem Gebiet eingehaltenen Kurs mißbilligten. Diese entwickelten die „radikale"[13] Doktrin, eine Anschauung, die einige Selbständigkeit und Geschlossenheit besitzt, wenn sich auch im einzelnen Fall nicht immer leicht entscheiden läßt, ob einer radikal oder liberal gesinnt ist. (Ein Beispiel, wie schwer die Entscheidung sein kann, bietet Philippovich. Ihm lagen soziale Reformen am Herzen und er gründete, um sie durchzusetzen, die „Sozialpolitische Partei", die 1896 bei den Landtagswahlen eine gewisse Stimmenzahl erreichte. Er war aber nicht nur Reformer, sondern bekannte sich, wie wir wissen, zugleich zu dem nationalökonomischen Kredo der Menger-Schule, die, durchaus der herrschenden

liberalen Richtung verbunden, Reformen nur eben tolerierte.)
Wir denken an eine andere Art von Unzufriedenen, die seltener,
aber doch nicht zu übersehen war: solche, die dem offiziellen
Kurs in der nationalen Frage entgegenarbeiteten. Seit es eine
liberale Bewegung gab, gab es in ihrem Rahmen eine Richtung,
die diese Frage im Geist der Toleranz zu lösen wünschte. Merkbar
trat der Toleranzgedanke um 1870 in Erscheinung, als A d o l f
F i s c h h o f und J o h a n n N e p o m u k B e r g e r die Umgestaltung
der Monarchie in eine Föderation verlangten. Der tapfere Arzt
und der tapfere Advokat — die gescheitesten Politiker, die der
Liberalismus je besaß — blieben isoliert; sie starben unbedankt
und unbelohnt, Berger in verhältnismäßig jungen Jahren,
Fischhof hochbetagt.[14] Aber ihre Ideen lebten in Jüngeren
fort, lebten in ihnen wieder auf. Auch um und nach 1900 waren
im liberalen Bürgertum Männer zu finden, die sich vom Typus
Friedjung oder gar Benedikt unterschieden. Ihre Stärke war,
daß sie das Slawentum respektierten; das schärfte ihren Blick
für die Hauptfrage der Monarchie. Wirklichen Einfluß auf die
Öffentlichkeit gewannen sie nicht, aber es wurde ihnen doch eine
gewisse Beachtung zuteil. Eine Darstellung des Liberalismus,
die nicht auch einiger aus ihrer Reihe gedächte, wäre dem Vorwurf der Einseitigkeit ausgesetzt.

Eine kurze Charakteristik Professor J o s e f R e d l i c h s kann
nicht besser erfolgen als durch Wiedergabe des Artikels, den die
„Encyclopaedia Britannica" ihm widmet:

„Josef Redlich (1869—1936), österreichischer Historiker und Politiker,
geboren in Göding, Mähren ... Er studierte die Rechte und Geschichte in Wien,
unternahm längere Reisen, vor allem nach England, und veröffentlichte 1901
sein erstes Werk, ‚Die englische Lokalverwaltung' (englische Ausgabe 1903).
Er wurde dann Professor an der Wiener Universität und vertrat bis 1911 seinen
Heimatort als Abgeordneter im Parlament. Sowohl im Parlament in Wien
wie im mährischen Landtag tat er viel, um den Gedanken einer Verständigung
zwischen Tschechen und Deutschösterreichern zu fördern. 1905 veröffentlichte
er ein zweites Buch über englische politische Verhältnisse: ‚Recht und Technik
des englischen Parlamentarismus' (englische Ausgabe unter dem Titel ‚The
procedure of the House of Commons', 3 Bde., 1908), ein Standardwerk über
diesen Gegenstand und für den Forscher unentbehrlich. Während des Weltkriegs war er politisch tätig. 1918 wurde er zum Finanzminister im Kabinett
Lammasch ernannt. Dann zog er sich von der aktiven Politik zurück und

schrieb ‚Das österreichische Staats- und Reichsproblem' (1. Bd. 1920, 2. Bd. 1926), eine Geschichte der österreichischen Innenpolitik von 1848 an. Weitere Werke: ‚Das Wesen der österreichischen Communalverfassung' (1910); ‚The Common Law and the Case method in American University Law Schools' (1914); ‚Österreichische Regierung und Verwaltung im Weltkrieg' (englisch und deutsch, 1925); eine Biographie ‚Franz Josef von Österreich' (1928). Redlichs Haltung war gewöhnlich eher die eines Forschers auf dem Gebiet der politischen Theorie und Praxis als die eines reinen Historikers, und seine Werke tendierten dazu, einen größeren Umfang anzunehmen, als vom Standpunkt ihrer Lesbarkeit gut war; aber sie waren auf enzyklopädisches Wissen gegründet, das in der sorgfältigsten Form dargeboten wurde, und waren erschöpfend."*

Dazu zwei ergänzende Bemerkungen. Erstens: Redlich war in der Republik abermals Finanzminister, 1931, unter Buresch. Zweitens: die Feststellung der „Encyclopaedia Britannica", das Werk eines nichtenglischen Gelehrten über englische Angelegenheiten sei „für den Forscher unentbehrlich", ist eine Anerkennung ungewöhnlicher Art.

Die „Encyclopaedia" läßt eine dankenswerte Arbeit Redlichs unerwähnt: er hat die politischen Tagebücher seines Freundes J o s e f M a r i a B a e r n r e i t h e r herausgegeben und mit einer biographischen Einleitung versehen.** Baernreither (1845 bis 1925) stammte aus einer begüterten böhmischen Familie. Zuerst schlug er die juristische Laufbahn ein und arbeitete als Richter und Verwaltungsbeamter im Justizdienst. 1883 wurde er von der Kurie der Großgrundbesitzer in den böhmischen Landtag gewählt, bald danach kam er ins Abgeordnetenhaus, 1907 wurde er ins Herrenhaus berufen. Zweimal hatte er Regierungsressorts inne: er war unter Thun Handelsminister, sodann während des Weltkrieges Minister für soziale Verwaltung. Seine Lebensleistung erstreckt sich auf drei verschiedene Gebiete. Während seiner richterlichen Tätigkeit in den Siebzigerjahren lernte er das österreichische Zivilverfahren mit seinen vielerlei Mängeln kennen. Er erweiterte seine Sachkenntnis durch Studien im Ausland. In einer Artikelserie, veröffentlicht in der „Allgemeinen Österreichischen Gerichtszeitung", stellte er die Prozeßprobleme

---

* „Encyclopaedia Britannica", 14. Ausg., 19. Bd., S. 24.
** J. M. Baernreither, „Fragmente eines politischen Tagebuchs". Herausgegeben und eingeleitet von Professor Josef Redlich, 1928.

dar. Nachmals hatte er als Abgeordneter Gelegenheit, zur
Reform des Zivilprozesses einen praktischen Beitrag zu geben.
Daß die Reformentwürfe Franz Kleins, dank denen Österreich
auf diesem Feld eines der modernsten Länder wurde, durch alle
parlamentarischen Ausschüsse und Lesungen wohlbehalten und
verhältnismäßig schnell durchgingen, war zu einem großen Teil
sein Verdienst. Baernreither war ferner ein hervorragender
Sozialpolitiker. Schon seine Schrift über deutsche Agrarfragen
(1882) fand Beifall. Nach längeren Forschungen an Ort und
Stelle ließ er 1886 ein Werk folgen, das „Die englischen Arbeiterverbände und ihr Recht" behandelte und auch in englischer
Übersetzung erschien. Als er um 1900 den parlamentarischen
Betrieb immer trostloser versumpfen sah, intensivierte er seine
sozialpolitischen Studien. Eine Reise nach den Vereinigten
Staaten lieferte ihm das Material für das Buch „Jugendfürsorge
und Strafrecht in Amerika" (1905). Es war ein schönes und
gründliches Buch und hatte bahnbrechende Bedeutung. Baernreither war auch die Seele des Kinderschutzkongresses, der 1907
in Salzburg tagte. Mit der Leitung des Sozialministeriums betraut,
schuf er 1916/17 einige der Grundlagen, auf denen nach dem
Umsturz Hanusch weiterbaute. Schließlich wurde Baernreither
während der Jahrzehnte seiner öffentlichen Wirksamkeit nicht
müde, die Annäherung zwischen den Deutschösterreichern und
den Slawen zu betreiben. Die Geschicklichkeit und Takt-
sicherheit, die er an den Tag legte, verschaffte ihm einen nicht
geringen Kredit auf slawischer Seite; so wurde z. B. sein ver-
mittelndes Eingreifen im Friedjung-Prozeß möglich. Daß er
kein Linksextremist war, geht schon daraus hervor, daß er mit
den gemäßigten Deutschnationalen zusammenarbeitete, oder
daraus, daß er gegen die Demokratisierung des Wahlrechtes
polemisierte, die 1907 ins Leben trat. Doch verurteilte er das
absolute Regime Stürgkhs, verurteilte insbesondere die Maßnahmen gegen die tschechischen Führer. Sein Gesamtbild ist
das eines Mannes, der trotz unverkennbaren Klassenbindungen
vor dem geschichtlichen Urteil bestehen kann.

    Wer den Liberalismus von der sympathischesten Seite
kennen lernen will, sollte nicht verfehlen, die leichteren Schriften

Alfred Bergers zu lesen. Von seinem Vater Johann Nepomuk her hatte Berger (1853—1912) verschiedene glänzende Gaben geerbt. Er verfaßte mit zwanzig Jahren ein kleines Drama, das am Burgtheater aufgeführt wurde, erwarb das Doktorat der Rechte und der Philosophie, später eine Professur an der philosophischen Fakultät, versuchte sich als Lyriker und Novellist, gab gemeinsam mit Carl Glossy die ,,Österreichische Rundschau" heraus und veröffentlichte daselbst und in anderen Blättern eine stattliche Zahl feiner Rezensionen und Plaudereien. In den Achtzigerjahren war er ,,artistischer Sekretär" des Burgtheaters, 1899 ging er als Leiter des Deutschen Schauspielhauses nach Hamburg, 1910 wurde er als Burgtheaterdirektor nach Wien geholt — auf den Posten, den er lang und sehnlich gewünscht hatte. Der Tod verhinderte, daß er ihn lange bekleidete. Wahrscheinlich hat Berger auf keinem der vielen Gebiete, um die er sich mühte, Erstrangiges geschaffen. Doch war er eine geistige Individualität von seltenem, dabei sehr österreichischem Reiz. Die sprichwörtliche Wiener Liebenswürdigkeit vereinte er nicht nur mit Witz und Bildung, sondern auch mit einem klaren Verstand und einem hohen Gerechtigkeitssinn. Sein Liberalismus war, gleich dem seines Vaters, wirklich liberal, er trug nicht das Brett des nationalen Dünkels vor der Stirn. Berger war froh darüber, daß in seinen Adern außer deutschem auch slawisches und ein wenig magyarisches und jüdisches Blut floß. Er sah in dieser Mischung eine Bürgschaft dafür, daß er ,,so recht der Race nach Österreicher" sei.* Die Revue, an deren Redaktion er beteiligt war, hatte eine vernünftige Einstellung zu den Nationalitäten, führte deren literarische Leistungen den Lesern vor Augen usf.

Wir können an Berger lernen, wieviel Talent, wieviel Kultur immer noch im liberalen österreichischen Bürgertum steckte. Literatur und Kunst profitierten reichlich von diesen Besitztümern. Dem politischen Leben floß nur wenig davon zu — sehr zum Nachteil unseres Vaterlandes.

---

* ,,Im Vaterhaus", Reminiszenzen von Alfred Berger und seinem Bruder Wilhelm Berger, 1901, S. 5.

KATHOLIZISMUS

Die Schwierigkeit, eine Darstellung des Katholizismus in Österreich historisch zu begrenzen, wird nur noch übertroffen von der Schwierigkeit, sie sachlich zu begrenzen. Die katholische Bewegung ist in unserem Land immer dagewesen, und sie wird ihrem Namen insofern gerecht, als sie gewissermaßen „überall" anzutreffen ist. Im folgenden sind ein paar Aspekte aus der Geschichte des Katholizismus herausgegriffen — wie ich hoffe, in nicht gar zu willkürlicher Weise. Es wird behandelt: Das Verhältnis von Kirche und Staat, die politische Partei Hohenwarts, die Christlichsoziale Partei, die Kulturlehre Kraliks, der Modernismus-Streit, endlich auch — in ein paar Worten — der „Brenner"-Kreis.

Seit eh und je arbeiteten die Habsburger daran, die Kirche unter ihre Kontrolle zu bringen. Diese Tendenz entsprang nicht irgendwelcher Einstellung gegen den römischen Glauben, sie war im Gegenteil eher das Korrelat zu der streng katholischen Gesinnung der Dynastie. Österreich sollte katholisch bleiben und von den Habsburgern regiert werden. Folglich war es nötig, die Kirche zu kontrollieren. Wie die Habsburger jahrhundertelang mit dem Adel rangen, um ihn schließlich auf eine inferiore Position herabzudrücken, so rangen sie mit Bischöfen und Prälaten. Der Kampf erreichte besondere Schärfe unter Maria Theresia, und noch größere Schärfe unter ihrem Sohn. Der „febronianische" Sektor der Geistlichkeit — d. h. die Geistlichen, die die Lehre des Bischofs Febronius (Nikolaus v. Hontheim) akzeptierten, wonach das Schwergewicht der kirchlichen Organisation nicht beim Papst, sondern bei den Bischöfen lag — unterstützte die kaiserlichen Reformen. Beim Tode Maria Theresias war der Jesuitenorden verboten, waren die Kirchengüter der Besteuerung unterworfen, war die Schule unter staatliche Aufsicht gestellt — unerhörte Neuerungen, wenn man den Maßstab der Zeit anlegt. Josef II. plante eine noch gründlichere Neugestaltung der Verhältnisse in Österreich. Er wollte einige Ideen der Aufklärung verwirklichen, in einigen Punkten das Land den fortgeschrittenen Ländern des Westens angleichen. In ein solches Konzept paßte die Kirche als Staat im Staat überhaupt nicht. Josef griff in das ureigenste Gebiet des Klerus ein und regelte durch „Gottesdienstverordnungen" das Zeremonienwesen und die Liturgie. Noch wichtiger war, daß er die rein kontemplativen Klöster auflöste und ihre Vermögen beschlagnahmte. Auch seine Akte, obgleich sie von der katholischen Welt als hart empfunden wurden, waren nicht religionsfeindlicher Natur. Die Kirche sollte nicht abgewürgt, sondern dem absoluten Staat unterstellt werden. Das säkularisierte Kirchenvermögen kam bloß unter staatliche Verwaltung, wurde aber weiter für Kirchenzwecke verwendet.

Die von Josef geschaffenen Zustände dauerten im wesentlichen bis zu den Ereignissen von 1848/49 fort. Manche Kleriker schickten sich in das System der Staatskirchenhoheit. So war der josefinisch gesinnte Erzbischof Milde eine hervorragende politische Figur des Vormärz. Der überwiegende Teil des Klerus hielt freilich an der Hoffnung fest, die Kirche noch einmal auf jene Höhe zurückgeführt zu sehen, auf der sie zur Zeit der Gegenreformation gestanden war. Nach Ausbruch der Revolution meldete die Kirche zunächst Ansprüche an, die ihr auf Grund der Unterdrückung durch den Absolutismus zukommen sollten. Doch war die revolutionäre Rolle nur eine provisorische. Der Klerus erfaßte sehr schnell die wirkliche Chance, die ihm das Sturmjahr bot, und fand sich bereit, die Erfüllung seiner Wünsche aus den Händen der siegreichen Reaktion zu empfangen. Umgekehrt waren Schwarzenberg und Bach zu manchem Zugeständnis bereit, wenn sie die Unterstützung des Katholizismus für ihr Regime erlangen konnten. 1849 begannen Verhandlungen zwischen der Regierung und den Bischöfen, deren Wortführer Rauscher war, damals Fürstbischof von Seckau, früher Lehrer Franz Josefs, später Kardinal von Wien. Die Frucht der

langwierigen Verhandlungen war das Konkordat von 1855, wohl
der für die Kirche günstigste Vertrag, den ein großer Staat im
letzten Jahrhundert geschlossen hat. Das Verhältnis Kirche —
Staat wurde auf eine neue oder, wie man auch sagen könnte,
auf eine sehr alte Basis gestellt. Ehegesetzgebung und Ehe-
gerichtsbarkeit wurden der Kirche zugewiesen. Die Lehrer an
den für Katholiken bestimmten Schulen kamen unter kirchliche
Aufsicht. Der Staat hatte die Kirche nach Maßgabe seiner Mittel
finanziell zu unterstützen. Die Bestimmungen über konfessio-
nelle und interkonfessionelle Angelegenheiten sollten hinfort
nicht durch Staatsakt allein, sondern nur im Einvernehmen mit
der Kirche geändert werden können.

Das Konkordat entsprach, schon als es geschlossen wurde,
nicht den Zeitverhältnissen. Das ganze Bachsche Regime war
ein Anachronismus. Das Konkordat war darin der am stärksten
anachronistische Teil. Es blieb nur etwa ein Dezennium in Kraft.
In den Sechzigerjahren wurde es sehr unpopulär. Von allen Seiten
drang der Liberalismus ins Land. Weite Kreise glaubten
unter liberalem Einfluß, daß der Pakt mit der Kirche an den
Niederlagen von Solferino und Königgrätz schuld trug — was
eine Übertreibung war, aber ein Körnchen Wahrheit mit einschloß. Der Kaiser kam der Volksstimmung entgegen. Er
sah hier eine Gelegenheit, Sympathien für die Krone zu gewinnen. Zunächst wurden in die Verfassung von 1867 einige
Grundsätze aufgenommen, die dem Geist des Paktes von 1855
zuwiderliefen. Dann suchte man auf diplomatischem Weg den
Papst zum Verzicht auf das Konkordat zu bewegen — vergebens.
Darauf beschloß der Reichsrat, das Konkordat offen verletzend,
ein Gesetz über die interkonfessionellen Verhältnisse (1868). Der
Kaiser gab dem Herrenhaus einen Wink, das Gesetz zu akzeptieren, und wurde durch eine stürmische Ovation belohnt. Es war,
wie ein Biograph bemerkt, die einzige Ovation, die ihm je als
einem Antikatholiken zuteil wurde.* 1870 nahm Österreich das
Vatikanische Konzil, das den Papst, sofern er ex cathedra spricht,
für unfehlbar erklärte, zum Anlaß, das Konkordat formell

---

* K. Tschuppik, „Franz Josef I.", 1928, S. 248.

aufzuheben. Wenig später erging eine Serie von Gesetzen, die das Staatskirchenrecht den sozialen Bedingungen in der konstitutionellen Monarchie anpaßte. Der Widerstand, den der Klerus gegen diese Normen organisierte, war beträchtlich. Er rief zeitweise in der nichtklerikalen Bevölkerung eine heftige Erregung hervor — man fühlt sie nachzittern, wenn man die Stücke liest, mit denen Anzengruber zuerst auf dem Theater erschien.

Der Sieg des Liberalismus in Österreich reduzierte den Einfluß der Kirche, aber es kann keine Rede davon sein, daß er ihn beseitigt hätte. Die Kirche war schon allein durch ihren Grundbesitz eine wirtschaftliche Macht von Rang. Millionen Gläubige waren ihr in unbegrenztem Vertrauen ergeben. Sie war weit älter als der habsburgische Absolutismus und durchaus qualifiziert, ihn zu überleben. Die Verfassung und die schon erwähnten Gesetze enthielten die juristische Formulierung dieses Sachverhalts. Die Kirche verlor einen Teil ihrer obrigkeitlichen Funktionen, ohne daß eine Trennung zwischen ihr und dem Staat zustandekam.

Die Bischöfe hatten im Herrenhaus viele Sitze inne. Im Abgeordnetenhaus sicherte das Kuriensystem bis 1907 ähnlich wie den Liberalen so auch den Klerikalen eine zahlreiche Vertretung. Das Unterrichtswesen war nun wieder Staatsangelegenheit. Ehegesetzgebung und -justiz fielen gleichfalls in die Kompetenz des Staates, der aber, ohne dazu formal verpflichtet zu sein, mehrere Prinzipien des kanonischen Rechts, besonders das Prinzip der Untrennbarkeit katholischer Ehen, anerkannte. Pfarren, die mit ihrem eigenen Vermögen nicht das Auslangen fanden, waren aus dem Religionsfonds zu unterstützen, den der Staat verwaltete. Der Religionsfonds bestand aus dem von Josef II. säkularisierten Besitz und aus Beiträgen, die wohlhabende kirchliche Institute regelmäßig zu leisten hatten. Das Gesetz über die interkonfessionellen Verhältnisse verbot die Verwendung von allgemeinen (also auch bei Nichtkatholiken eingehobenen) Steuergeldern zu Kirchenzwecken. Die österreichische Praxis ließ jedoch eine solche Verwendung in manchen Fällen zu.

Auch war Franz Josef nicht wirklich Antikatholik geworden.

Seine Abkehr von der Konkordatspolitik war nur die Rückkehr zur traditionellen Politik seines Hauses: der Kirche keine übermäßigen Zugeständnisse zu machen, aber so weit als möglich mit ihr zu kooperieren. Sehr bald nach Geltungsbeginn der Verfassung zeigte es sich, wie wenig die liberale Partei die Staatsprobleme zu meistern vermochte. Die Regierungen, an denen sie beteiligt war, waren nicht lebensfähig. Eine Krise folgte der anderen. Franz Josef beschloß, offenbar recht gern, einen Kurswechsel. Zur peinlichen Überraschung der liberalen Öffentlichkeit berief er (1871) ein Kabinett, das nach den Anregungen des extremklerikalen Grafen Leo Thun* zusammengestellt war. Präsident war Graf Hohenwart**. Zwar scheiterte Hohenwart nach einem knappen Jahr an der relativen Vernünftigkeit der Vorschläge, durch die er die nationale Frage lösen wollte, und die liberale Herrschaft setzte sich noch durch ein Jahrzehnt fort. Aber als Taaffe seine Regierung bildete, konnte sich der Klub Hohenwarts, die „Rechtspartei", eine parlamentarische Schlüsselstellung verschaffen. Der Katholizismus hatte den Tiefstand der Entwicklung, der nie sehr tief gelegen war, überschritten.

Die Hohenwart-Partei war national nicht einheitlich. Sie umfaßte außer den Deutsch-Klerikalen südslawische Abgeordnete, rumänische aus der Bukowina, zeitweise auch tschechische. Die Deutsch-Klerikalen sezessionierten 1882 unter der Führung des Prinzen Alfred Liechtenstein und schufen einen eigenen Klub, blieben aber mit Hohenwart in enger Fühlung. Später kehrten sie in dessen Klub zurück. Fragt man, welche Schichten in diesen Gruppen ihre parlamentarische Repräsentanz besaßen, so lautet die Antwort: im wesentlichen Adel und Kirche. Man pflegte auch von den „feudal-klerikalen" Gruppen zu sprechen.

---

* Graf Thun war 1849—60, also während der ganzen Reaktionsperiode, Unterrichtsminister gewesen. Vgl. über ihn: H. Friedjung, „Österreich von 1848 bis 1860", 1908—12, 2. Bd., 1. Abt., S. 480 ff., und W. Klopp, „Leben und Wirken des Sozialpolitikers Karl Freiherrn v. Vogelsang", 1930, bes. S. 73 ff.
** Vgl. über Hohenwart: A. Schäffle, „Aus meinem Leben", 1905, 1. Bd., S. 206—18, 2. Bd., S. 78—88 usw.; A. v. Czedik, „Zur Geschichte der k. k. österreichischen Ministerien", 1917—20, 1. Bd., insbes. S. 219 ff.

Der Ausdruck „konservative Partei" war ebenfalls gebräuchlich. Was Adel und Kirche zusammenbrachte, ist leicht zu sehen: sie harmonierten nicht nur in den metaphysischen Überzeugungen, sondern auch in der Stellung zu Staat und Dynastie und in wirtschaftlichen Dingen. Die einen wie die anderen waren Großgrundbesitzer. Obschon Großbesitz und Kleinbesitz in der Landwirtschaft vielfach divergente Interessen hatten, waren die Konservativen lange imstande, sich die Gefolgschaft breiter bäuerlicher Schichten zu erhalten. In den Neunzigerjahren, als die Christlichsozialen auf den Plan getreten waren, spaltete sich von den Konservativen die „Katholische Volkspartei" ab. Nach dem Ausscheiden Hohenwarts aus dem politischen Leben (1897) bekam sie noch Zuwachs. Zu Anfang des neuen Jahrhunderts verschmolz sie dann mit der Lueger-Partei.

Die politische Doktrin, die die Konservativen in Parlament und Presse verfochten (insbesondere auch im „Vaterland", ihrem wichtigsten, 1860 von Thun begründeten Organ), war der Hauptsache nach reaktionär. Sie hegten eine heftige, wenn auch nur ausnahmsweise offen erklärte Abneigung gegen das konstitutionelle Regime. Die zahlreichen Verletzungen des Geistes und Buchstabens der Verfassung, die sich Taaffe und später Badeni zuschulden kommen ließen, wurden von ihnen gutgeheißen. Auf dem Gebiet des Unterrichtswesens zeigten sie sich als überaus engstirnig. (Der Schulantrag, den Prinz Alois Liechtenstein 1888 einbrachte, lief ungefähr auf Wiederherstellung der Verhältnisse hinaus, die in der Konkordatszeit geherrscht hatten.) Auf außenpolitischem Gebiet hielten die Konservativen Expansion für das richtige Ziel. Sie betrieben 1878 mit Feuereifer den Krieg gegen die Bosniaken, die sich nicht okkupieren lassen wollten — einen ungerechten Krieg. Sie billigten das Bündnis mit Deutschland, sobald es abgeschlossen war, weil sie sich davon eine Stärkung der österreichischen Position auf dem Balkan erhofften.

Trotz all dem: wollen wir uns vom liberalen Vorurteil freihalten, müssen wir feststellen, daß in dem politischen Wirken der Konservativen auch ein paar lichtere Punkte zu finden waren. Da war einmal ihr „Patriotismus". Er drückte vornehmlich ein

Machtstreben aus; er entbehrte des demokratischen Inhalts; er
entbehrte der klaren Beziehung auf die österreichische Nation.
Doch ging er mit einer starken, auch nach 1879 kaum verhehlten
Antipathie gegen das Preußentum Hand in Hand. Da war ferner
die Idee der Konservativen, die Monarchie im föderalistischen
Sinne umzubauen. Das Programm, das Hohenwart als Ministerpräsident durchsetzen wollte, orientierte sich nicht an den
Wünschen unterdrückter Völker der Monarchie. Es hätte die
Kronländer von der Wiener Kontrolle befreit, um sie der Kontrolle
des heimischen Adels zu überantworten. Es hätte keine Gleichstellung aller in Österreich lebenden Nationen gebracht. Aber es
hätte vom slawischen Standpunkt doch einen Fortschritt bedeutet, es entsprach einer bestimmten Achtung und Verständi-
gungsbereitschaft gegenüber den Slawen, die sich schon in der
Zusammensetzung der klerikalen Partei ausdrückte. Eben deshalb wurde es von den Liberalen und den Ungarn bekämpft und
zu Fall gebracht.[1] Schließlich ist der Komplex der konservativen
Sozialpolitik zu erwähnen. Zwar war die Hohenwart-Partei mit-
verantwortlich für die brutalen Maßnahmen, die in den Achtziger-
und Neunzigerjahren gegen die sozialistischen Arbeiterorganisationen durchgeführt wurden („Ausnahmszustand" usw.);
man darf auch nicht vergessen, wie sehr sie, wenn sie etwa eine
Enquete über die Arbeiterfrage einberief und den Normalarbeitstag befürwortete[2], als Instrument des Franz Josefschen
„Bonapartismus"[3] fungierte. Doch ist ihre Haltung in der sozialen Frage nicht ganz negativ einzuschätzen. Sie hatte in ihrem
Rahmen Platz für ehrliches sozialpolitisches Wollen, d. h. für
Bestrebungen, deren der zeitgenössische Liberalismus beinahe
bar war. In der Umgebung Hohenwarts arbeiteten einige
Männer, die den Widerspruch zwischen den christlichen Geboten
und den Zuständen des christlichen Staates Österreich als uner-
träglich empfanden und ihn zu überwinden als entscheidende
Lebensaufgabe ansahen. Der bedeutendste dieser Männer war
der Freiherr Karl v. Vogelsang, der 1875—90 das „Vaterland" redigierte. Er hat das politische Denken der Katholiken
in unserer Epoche direkt und indirekt nachhaltig beeinflußt.
Wir müssen ihm ein paar nähere Bemerkungen widmen.

Vogelsang war ursprünglich Rittergutsbesitzer in Mecklen-
burg gewesen und protestantischen Glaubens wie beinahe alle
Mecklenburger. Einige dreißig alt, trat er zum Katholizismus
über und verließ seine Heimat, weil er in katholischer Umgebung
zu leben wünschte. Er wandte sich zuerst nach Westdeutschland,
dann nach Österreich, wo er einen Gutshof in der Nähe von Wien
erwarb. Doch war er als Unternehmer nicht erfolgreich, und
Geldschwierigkeiten veranlaßten ihn, in vorgerückten Jahren
seinen ,,Magdalenenhof" aufzugeben und Berufsjournalist zu
werden. Die Geldschwierigkeiten hörten auch nicht auf, als
Thun und dessen Freunde ihn ans ,,Vaterland" holten. Der Posten
war so schlecht dotiert, daß er gezwungen war, tausende (buchstäblich tausende) Artikel zu schreiben und dazu noch Nebener-
werb zu suchen. 1879 begründete er die ,,Österreichische Monatsschrift für Gesellschaftswissenschaft" (später ,,Österreichische
Monatsschrift für christliche Sozialreform"), die von Taaffe mit
einem kleinen Betrag subventioniert wurde. Allmählich erlangte Vogelsang in Österreich großes Ansehen. Sein siebzigster
Geburtstag wurde von den Wiener Katholiken durch ein Volks-
fest gefeiert (1888). Die Überlastung mit journalistischer Arbeit
hinderte ihn, seine Anschauungen in einem großen Werk niederzulegen. Eine Sammlung von Aufsätzen aus seiner Feder erschien noch bei seinen Lebzeiten.* Hingegen wurde seine Sozialpolitik erst nach seinem Tod von einem Anhänger in ein wissenschaftliches System gebracht.[4]

Der Ausgangspunkt der Betrachtungen Vogelsangs ist die Ethik des
Evangeliums. Das irdische Leben ist dazu da, daß der Mensch sich auf das
künftige vorbereitet. Wirtschaft und Gesellschaft müssen so gestaltet sein,
daß der Mensch die ihm von Gott gestellte Aufgabe erfüllen kann. Einrichtungen,
die diesem Grundsatz nicht entsprechen, sind, so zweckmäßig sie scheinen
mögen, unentschuldbar und unhaltbar. In die Kategorie des Unhaltbaren
fällt nicht mehr und nicht weniger als die gesamte liberal-kapitalistische
Ordnung, wie sie sich in der Neuzeit herausgebildet hat. Es ist Unrecht, daß
die Kapitalisten über die Produktionsmittel nach Gutdünken verfügen, daß
sie die Konsumenten durch hohe Preise, die Arbeiter durch niedrige Löhne
schädigen. Besonders krasses Unrecht liegt in dem Geldverleihen auf Zinsen,

---

* ,,Gesammelte Aufsätze über sozialpolitische und verwandte Themata",
1880.

einem Vorgang, den das Evangelium ausdrücklich verbietet. Die Tendenz der kapitalistischen Wirtschaft, sich zur Weltwirtschaft auszudehnen, ist etwas Unnatürliches. Die Natur fordert den engsten ökonomischen Zusammenhang zwischen den Menschen, die in demselben Land wohnen. Andere Zusammenhänge sollen nur hergestellt werden, wo es absolut notwendig ist. Die parlamentarische Verfassung, die die Liberalen geschaffen haben, erlaubt den Kapitalisten, die Bevölkerung zu tyrannisieren, zugleich erleichtert sie das Werk der Demagogen, die die Arbeiterschaft irreleiten. Um die ärgsten der vorhandenen Mißstände zu beseitigen, ist eine Menge tief einschneidender Reformen nötig. Der Besitz an Produktionsmitteln muß mit Pflichten gegenüber der Gemeinschaft verbunden werden, Verwaltungspflichten, wie sie im Mittelalter den Begüterten auferlegt waren. Der Staat soll für die Waren, die die Kapitalisten auf den Markt bringen, gerechte Preise festsetzen. Die Beziehung des Arbeiters zum Unternehmer ist entweder als Gesellschaftsverhältnis aufzufassen, dann steht dem Arbeiter der Anspruch auf Gewinnbeteiligung zu. Oder es ist ein Lohnverhältnis, dann muß der Arbeiter Entschädigung für die Zeit erhalten, während der er sich beruflich ausgebildet hat, und einen Betrag, den er sich zurücklegen kann, um im Alter vor Not geschützt zu sein. Da die Hauptgeschädigten des Zinsgeschäftes die Bauern sind, soll eine neue Grundentlastung, d. h. eine großzügige Entschuldung der Bauernschaft, durchgeführt werden. Hypothekarkredit soll nur mehr zum Zweck von Bodenverbesserungen gegeben werden. Um die Entwicklung zur Weltwirtschaft einzudämmen, sind Schutzzölle zu schaffen. Das Parlament ist durch eine berufsgenossenschaftliche, eine ständische Vertretungskörperschaft zu ersetzen.

Das sozialpolitische System Vogelsangs dürfte manchem Leser bekannt anmuten. Es wurde mit einigen Korrekturen und Weglassungen in die päpstliche Enzyklika ,,Rerum novarum" übernommen, wodurch man in aller Welt dazu kam, es zu diskutieren.[5] 1934—38 war es in der Form, die die Enzyklika ihm gegeben hat, noch Gegenstand besonders lebhafter Diskussion in Österreich. Wollen wir Vogelsangs Lehrsätze richtig beurteilen, so müssen wir sie in drei Gruppen teilen. Die erste Gruppe umfaßt die Sätze mit wirklichkeitsfremdem Inhalt. Wirklichkeitsfremd ist z. B. der Gedanke, daß eine Gesellschaft, die das Privateigentum an Produktionsmitteln fortbestehen läßt, den Darlehenszins aufheben könnte; dieser Gedanke ist auch von der Enzyklika nicht anerkannt. Zur Gruppe zwei gehören die Doktrinen reaktionären Charakters, voran die vom Ständestaat. Dollfuß und Schuschnigg haben uns den Ständestaat gewiß in einer besonders schlechten Ausgabe vorgeführt. Aber auch in Vogelsangs Urfassung konnte

er nie etwas anderes sein als ein Mittel, die Massen des arbeitenden Volkes machtlos und rechtlos zu halten. In die Gruppe
drei endlich sind die vernünftigen, nutzbringenden Darlegungen
Vogelsangs einzureihen, diejenigen, aus denen echtes Verständnis für die Volksnöte spricht. Hieher zählen wir den
Hinweis auf die wachsende Verschuldung der kleinen Landwirte, ein von den liberalen und auch von den sozialistischen
Nationalökonomen vernachlässigtes Problem; den Hinweis
auf die elende Situation der Arbeiterschaft, der von ihm mit
zahlreichen Detailangaben gestützt wurde; sein Eintreten
für gerechte Preise und gerechte Löhne, das ihn, der gewiß
nicht Sozialist war, dem sozialistischen (planwirtschaftlichen)
Konzept näherte. Vogelsang war ein präziser Denker, ein guter
Kenner der Historie, auf juristischem Gebiet wohlbewandert,
er hatte die neuere ökonomische Literatur, besonders die der
Arbeiterbewegung, mit Nutzen gelesen.[6] Seine Artikel waren
in der Regel eindrucksvoll, sie gewannen den Leser durch die
Kraft der Diktion ebenso wie durch den sittlichen Ernst, der
sichtbar hinter ihnen stand. Erstaunlich war, wie sehr Vogelsang sich in seiner Wahlheimat akklimatisiert hatte. Kein Mensch
konnte seinen Artikeln anmerken, daß der Verfasser aus Deutschland stammte. Der Widerwille gegen die Unkultur, die in Bismarcks Reich herrschte, gab ihm manchmal kräftige Worte ein.

Die Doktrinen, die er propagierte, mögen uns von noch
so vielen Seiten her anfechtbar erscheinen; sicher waren sie in
summa ungleich moderner als der Standpunkt der meisten
seiner Parteigenossen. Graf Thun z. B. brachte für den sozialpolitischen Gedanken gar kein Verständnis auf. Er äußerte
einmal zu Vogelsang, es sei sinnlos, für die unteren Bevölkerungsschichten die Kastanien aus dem Feuer zu holen. Vogelsang
erwiderte, daß er just in solcher Bemühung die Aufgabe des
Adels erblicke, die einzige Rechtfertigung für dessen Fortbestand unter heutigen Verhältnissen.* Im letzten Abschnitt
seines Lebens sammelte er eine Anzahl von jüngeren Leuten

---

* Brief an Leo Thun vom 6. November 1886, angeführt bei W. Klopp,
,,Leben und Wirken etc.", S. 293 f.

um sich, die seinen sozialpolitischen Plänen Wirklichkeit geben sollten. Er zog mit Absicht Leute aus den verschiedensten gesellschaftlichen Schichten heran. Einer seiner Lieblingsschüler war Prinz Alois Liechtenstein, ein anderer war der Mechaniker Ernst Schneider. Er ließ beide gemeinsam das Material zusammenstellen, das er für seine Artikel über die Arbeiterfrage benötigte. Schneider brachte den Beamten der Universitätsbibliothek Dr. Albert Geßmann in den Vogelsang-Kreis, Geßmann wieder brachte Lueger mit. Der jugendliche Arbeiter Leopold Kunschak fand sich ebenfalls ein. Alle diese waren wenige Jahre später die Führer einer der stärksten politischen Parteien des Landes.

In den frühen Stadien der Herausbildung der Christlichsozialen Partei (Gruppe „Vereinigte Christen", Katholikentag 1889, Anfänge der „Enten-Abende"⁷) war Vogelsangs Teilnahme vielfach bemerkbar. Er begründete die Partei nicht, aber er war der Mentor ihrer Begründer. Lueger hat ihn einmal den Altvater der Bewegung genannt.* Es war gerade um die Zeit von Vogelsangs Tod, daß die Partei die ersten Machtpositionen eroberte, und zwar waren es vor allem Positionen im Wiener Rathaus. Sich stützend auf die Wiener Gewerbetreibenden, anziehungskräftig auch für Pfarrer, Lehrer und Unterbeamte, hemmungslos im Gebrauch antisemitischer Schlagworte, konnte sie sich Anfang der Neunzigerjahre schon die Vernichtung der liberalen Rathausmehrheit zum Ziel setzen. Im Reichsrat besaß sie noch kaum mehr als ein Dutzend Mandate, aber bei den Wahlen zum Gemeinderat — es gab in jenen Jahren eine Anzahl von Wahlgängen — gelang ihr Durchbruch nach Durchbruch. Der wichtigste war der von 1895, als die Hausbesitzer geschlossen zu ihr übergingen. Lueger wurde zum Bürgermeister gewählt. Die Liberalen bewogen den Kaiser, die Bestätigung zu versagen, die nach der Verfassung nötig war, aber zwei Jahre später sah er sich veranlaßt, sie doch zu erteilen. Was den Reichsrat betrifft, wurden ebenfalls Erfolge erzielt, müh-

---

* Brief an Vogelsang vom 8. August 1888, zitiert bei W. Klopp, a. a. O. S. 342.

same, solange das Kuriensystem herrschte, rauschende, sowie
es beseitigt war. In das erste durch allgemeines Stimmrecht
beschickte Parlament zogen die Christlichsozialen als zweit-
stärkste Partei ein. Durch den Anschluß der altklerikalen
Abgeordneten wurden sie sogar zur stärksten Partei, die den
Präsidenten stellte. Ab 1894 erschien die „Reichspost" als
zentrales Parteiblatt mit einer ansehnlichen Auflage. Gleichzeitig mit dem Aufstieg der Christlichsozialen, und im Zusammenhang mit ihm, entwickelte sich eine breite kulturelle Bewegung,
die von katholischem Geist erfüllt war. 1892 entstand die
„Leo-Gesellschaft", 1896 die „Verbindung katholischer Schriftsteller und Schriftstellerinnen Österreichs", 1906 der „Gralbund". Die politische und die kulturelle Bewegung wirkten
auf das religiöse Bewußtsein der Massen zurück. Die Kirchen
waren sonntags überfüllt, wie man es seit einem Menschenalter
nicht mehr gesehen hatte. Die Fronleichnamsprozessionen
wurden durch die Teilnahme von Hunderttausenden zu gewaltigen Kundgebungen. Dank den Christlichsozialen brachte
ab 1890 der Katholizismus im öffentlichen Leben wieder sein
volles Gewicht zur Geltung, und das heißt ein großes Gewicht.

Der Weg zu Einfluß und Geltung, den die Christlichsozialen
zurückzulegen hatten, war kein Spaziergang. Die Kämpfe,
in denen sie sich durchsetzten, gehörten zu den heftigsten der
konstitutionellen Ära, sie übertönten zeitweise selbst den Lärm
des nationalen Streites. Daß die Christlichsozialen die anderen
Aufstiegsparteien (Sozialdemokraten und Deutschnationale),
und daß sie die Liberalen zu Feinden hatten, versteht sich
von selbst. Sie waren aber auch für die ältere klerikale Gruppe,
die Hohenwart-Gruppe, alles eher als willkommene Neulinge.
Man kann die politische Aktivität der Christlichsozialen in
den ersten Jahren nicht besser kennenlernen als durch ein Zeitdokument, das ausdrückt, wie sie sich in den Augen einiger
Gegner darstellte. Von 1893—95 war die Regierung Windischgrätz im Amt, die auf einer Koalition der Liberalen, der Hohen-
wart-Leute und der Polen beruhte. Die Regierung faßte den
Beschluß, den Vatikan vor den Christlichsozialen zu warnen.
Er hatte ihnen einige politische Unterstützung gewährt. Das

sollte nicht wieder geschehen. Der Ministerpräsident entwarf im Verein mit dem Polenführer Madeyski (dem Unterrichtsminister) eine Denkschrift, die nach eingehender Beratung vom Kabinett genehmigt wurde. Der Prager Kardinal Graf Franz Schönborn übermittelte sie dem Papst. Dieses Promemoria hieß ,,Darstellung, betreffend die Christlichsoziale Partei, ihre Tätigkeit und ihre Presse" und enthielt folgende Bemerkungen:

,,Im Laufe der politischen Entwicklung hatte sich in Österreich seit den Sechzigerjahren eine katholisch-konservative Partei gebildet, welche in Übereinstimmung mit konservativen Ideen anderer Länder eine stärkere Betonung des religiösen Elements im öffentlichen Leben vertrat, das monarchistische Prinzip voranstellte und in materiellen Fragen oft an ältere Formen des wirtschaftlichen Lebens anknüpfte, ohne jedoch die Leidenschaften der unteren Volksmassen wachzurufen. Dabei war sie stets bestrebt, die Autorität der Bischöfe, und zwar nicht bloß in rein kirchlichen Fragen, zu unterstützen und zu kräftigen... Inzwischen trat mit immer wachsender Bedeutung die soziale Frage auf den Plan der öffentlichen Diskussion... Jene Elemente nun, welche es — anstatt den Führern der konservativen und katholischen Bewegung der Siebzigerjahre zu folgen — im Laufe der letzten zehn bis fünfzehn Jahre vorgezogen hatten, grollend und unzufrieden eine Opposition weiter auszuspinnen, die ihren Ursprung in ganz anders gestalteten Verhältnissen gehabt hatte, benützten die Gegensätze auf dem sozialen Gebiete, um auf Grund derselben eine agitatorische Tätigkeit zu entfalten. Die Verschiedenheit in dem Ausmaße der irdischen Güter wurde hervorgekehrt, die Art der Erwerbung des Besitzes wurde kritisiert, der Haß gegen das mobile Kapital gepredigt und die gegenwärtige Gesellschaftsordnung mit den Argumenten der Sozialdemokratie bekämpft. Dabei berufen sich ihre Wortführer in offenbar absichtlicher Irreführung der öffentlichen Meinung häufig auf die Enzyklika ,Rerum novarum', richten aber ihre wirklichen Kundgebungen gegen die Konklusionen jenes den sozialen Frieden verkündenden päpstlichen Rundschreibens, indem sie in letzter Linie auch das wohlerworbene Eigentum in Frage stellen und dem gehässigen Neide der Besitzlosen preisgeben. Solche Lehren mußten geeignet sein, die Sympathie der niedrigen Volksmassen zu gewinnen, und auf diesem Wege gelangte man in die gefährlichen Bahnen des dem nördlichen Nachbar abgelauschten Antisemitismus in seiner abstoßendsten Form. Ganz klar und logisch muß es da erscheinen, daß in einer solchen Bewegung der Geist der Unbotmäßigkeit nur allzu reiche Nahrung findet. In der Tat fanden die besonnenen Warner kein Gehör, selbst die ein solches Treiben verurteilenden Stimmen der Bischöfe hatten ihr Gewicht verloren. Und noch

mehr. Im Klerus selbst wurde der Hebel angesetzt und das Schlagwort vom
‚armen und niederen Klerus‘, der sich plagen muß, und dem ‚reichen hohen
Klerus‘, dem ‚von der Regierung angestellten und ihr dienstbereiten Episkopat‘
wurde ausgegeben, eine Parole, welche nicht allein in den Massen, sondern
auch im jungen Klerus, speziell in Niederösterreich, ihre Wirkung übte.

Unter dem schönklingenden Titel einer christlichsozialen Reform wird
von einer Anzahl teils von einer Ambition getragenen, teils ganz radikalen
Personen in den Vertretungskörpern — Reichsrat, Landtag, Gemeinderat —
ein Kampf geführt und ein Ton angeschlagen, welcher an Gesittung und Beson-
nenheit alles zu wünschen übrig läßt, und wo immer im Reichsrat eine radikale
Tendenz gegen die Autorität zutage tritt, fehlt es ihr gewiß nicht an der Bundes-
genossenschaft der Christlichsozialen . . .

So schlägt sich die antisemitische, christlichsoziale Richtung mit derber
Faust durch das öffentliche Leben, sträubt sich unwirsch gegen die weltliche
und bischöfliche Autorität, und was sie anfaßt, vertritt oder etwas lobt, läuft
Gefahr, in den anständigen Kreisen der Bevölkerung diskreditiert zu werden.

Dem hochwürdigen Bischof von Linz hat eine der führenden Persönlichkeiten dieser Partei im Laufe des verflossenen Herbstes eröffnet, daß das
Wirken nunmehr auch auf Oberösterreich ausgedehnt werden soll, worauf
der genannte Bischof nicht unterließ, sein Mißfallen hierüber auszusprechen.
Die Christlichsozialen haben aber trotzdem in Linz eine Versammlung angesagt
und abgehalten.

Wie peinlich mußte daher die Überraschung aller ruhig und gemäßigt
Denkenden in ganz Österreich sein, als ihre heftigsten Gegner der großen Gnade
eines päpstlichen Segens gerade für die Linzer Expedition teilhaftig wurden,
und vollends, als das journalistische Organ der Christlichsozialen, die ‚Reichspost‘, welchem derselbe Bischof von Linz mit gutem Grunde den Eingang in
sein Priesterseminar untersagt hat, gleichfalls mit dem Segen des Heiligen
Vaters ausgezeichnet wurde.‘‘*

Seltsame Abhandlung! Sie ist keine Meisterleistung, weder
stilistisch noch inhaltlich. Aber sie wirft ein Licht auf das Wirken
der Christlichsozialen zur Zeit ihrer ersten Triumphe, auf die
tiefen Widersprüche, die damals ihre Politik durchzogen. In
dieser Politik war eine demokratische Tendenz bemerkbar.
Die Christlichsoziale Partei reizte — um mit Plener und Hohenwart zu reden — die wirtschaftliche Begehrlichkeit des Volkes,
d. h. sie betonte scharf die materiellen Drangsale gewisser
werktätiger Schichten; sie reizte ferner die politische Begehrlichkeit, indem sie Erweiterung des Wahlrechtes verlangte.

* Zitiert nach L. Brügel, ,,Geschichte der österreichischen Sozialdemokratie“, 4. Bd., 1923, S. 260 ff.

Gleichzeitig ließ sie aber in ihrer Agitation völlig undemo-
kratische und antidemokratische Prinzipien hervortreten. Die
Denkschrift erwähnt *ein* solches Prinzip: den Antisemitismus.
Die soziale Frage sollte durch Ausschaltung der Juden aus dem
Wirtschaftsleben gelöst werden. Der Plan gefiel den Hand-
werkern und Ladenbesitzern, die den Kern der christlichsozialen Wählerschaft bildeten. Vom vordringenden Kapitalismus in ihrer Existenz bedroht, waren die kleinen Leute
bereit zu glauben, daß der Großbetrieb eine jüdische Erfindung,
der Jude der eigentliche Feind sei. Andere Abweichungen der
Christlichsozialen vom demokratischen Gedanken werden in der
Denkschrift begreiflicherweise nicht berührt. Eine wahre Volkspartei hätte aber auch nicht unbedingte Treue zum angestamm-
ten Herrscherhaus predigen dürfen, wie die Christlichsozialen es
taten. Die Wiener Handwerker und Ladenbesitzer profitierten
davon, daß Wien Zentrum eines großen Reiches, Sitz eines
glänzenden Hofes war. Doch das waren Sonderinteressen. Eine
allgemeine Interessengemeinschaft zwischen Habsburg und dem
österreichischen Volk bestand ganz und gar nicht. Schließlich
hätte eine auf die Bedürfnisse des „kleinen Mannes" ausgerichtete Partei nie den blinden Klerikalismus der Christlichsozialen
entwickeln dürfen. Die von ihnen gewünschte und betriebene
Verkirchlichung des gesamten Unterrichtswesens, aller Kultur-
institutionen, konnte nur darauf hinauslaufen, den geistigen
Fortschritt unseres Landes zu hemmen.

Die Denkschrift war nicht erfolgreich. Die Kurie gab be-
ruhigende Erklärungen, fuhr aber fort, die Christlichsozialen
zu begünstigen.[8] Wie der Papst als Schutz versagte, so kurz
darauf der Kaiser; er bestätigt im Jahre 1897 die Bürgermeister-
wahl. Die älteren Parteien mußten sich damit abfinden, daß
die neue Partei die Reichshauptstadt verwaltete. Hohenwart
und Nachfolger mußten auch dulden, daß die Christlichsozialen aufs Land hinausgingen und die Bauernschaft bearbeiteten. Anfänglich war dies, wie die Denkschrift erkennen
läßt, ein Punkt, der Hohenwart sehr beschäftigte. Die Christlichsozialen waren sogar zu Konzessionen bereit.[9] Aber die
Entwicklung warf jede Zoneneinteilung über den Haufen. In

den Jahren um 1900 gewannen Schöpfer und Schraffl Tirol für
die Lueger-Partei, Hauser gewann Oberösterreich, Jodok Fink
Vorarlberg. Die Fusion der Altklerikalen und der Christlichsozialen kam gerade zurecht, um jene vor dem Untergang zu
bewahren.

Keine Partei war je in höherem Grad „Ein-Mann-Partei"
als die Christlichsoziale, solange ihr Begründer noch lebte.
Eine Skizze ihrer Politik, ihrer Ideen muß eine Skizze der
Persönlichkeit und des Wirkens Karl Luegers als integrierenden Bestandteil einschließen.

K a r l   L u e g e r (1844—1910)* stammte aus der Tiefe des
Wiener Volkes. Sein Vater war Hausmeister an der Technischen
Hochschule; allerdings kein gewöhnlicher Hausmeister, denn
er hörte technische Vorlesungen und legte eine Reihe von Prüfungen ab. Karl Luegers Mutter und seine zwei Schwestern,
Rosa und Hildegard, betrieben noch zur Zeit, als er schon ein
aufgehender Stern war, eine Tabaktrafik. Merkwürdigerweise
war der spätere große Redner bis zu seinem vierten Lebensjahr
stumm. Sowie er in die Schule kam, zeigte er die Merkmale
außerordentlicher Begabung. Mit Glanz absolvierte er das
Theresianum und das juristische Studium, brachte die Kon-
zipientenjahre hinter sich und eröffnete eine Anwaltskanzlei.
Der sozialen Einstellung, die ihm in seinen jüngeren Jahren
eigen war, entsprach es, daß er als Advokat hauptsächlich
die Angelegenheiten kleiner Leute führte, mochte es auch nur
kleine Expensennoten eintragen. 1875 wurde er von dem
liberalen Bürgerklub im dritten Bezirk in den Gemeinderat
entsandt. 1885 kam er auch in den Reichsrat. Liberaler blieb
er nur kurze Zeit. Die „demokratische" Gruppe, an der er
sich alsbald beteiligte, nannte sich mit Betonung „antiliberal".
Zum Klerikalismus gelangte er erst spät. Noch 1887 besuchte
er Vogelsang nur bei Nacht und Nebel, da er fürchtete, sich
durch die Bekanntschaft mit dem klerikalen Schriftsteller zu
kompromittieren. Auf dem Katholikentag von 1889 sprach

---

* Vgl. zum Folgenden: F. Stauracz, „Dr. Karl Lueger. Zehn Jahre
Bürgermeister", 1907; M. Beskiba, „Aus meinen Erinnerungen an
Dr. Karl Lueger", 1911.

er zum erstenmal offen so, wie man es später von Christlichsozialen zu hören pflegte. Von dem Demokraten blieben nun
nur noch ein paar Bruchstücke übrig. Der Demagoge begann
seine Karriere, die Österreich in Atem hielt, Europa in Staunen
setzte.

Wie kam diese Karriere zustande? Sie beruhte auf mehreren
Umständen. Die wichtigste war natürlich die Werbekraft, die
das christlichsoziale politische Konzept für die Wiener Klein-
bürger hatte. Kaum minder wichtig war die Werbekraft von
Luegers Wesensart. Die Wiener hörten gerne, *was* er sagte,
sie hörten aber ganz besonders gern, *wie* er es sagte. Er war
bis ins Alter, bis in seine letzte Zeit der „schöne Karl". Breit-
schultrig, hochgewachsen, die Stirn hoch und frei, die feinen
Züge von einem starken Bart umrahmt, ein Bild von einem
Mann. Und er sprach eine im öffentlichen Leben ganz ungewöhnliche Sprache, wienerisch, bürgerlich, gutmütig und derb,
sogar hausmeisterisch. Die liberalen Redner hatten klassische
Zitate gebracht, nie war ein Scherzwort über ihre Lippen gekommen. Lueger zitierte nichts, obwohl er es auch „getroffen"
hätte, wie jeder wußte; an witzigen Einfällen und Ausfällen
war er unerschöpflich. Seine Art, auf seine Gegner zu schimpfen,
erinnerte ein wenig an die Art, in der die Fiaker auf dem Stand-
platz schimpften. Eben deshalb mochten ihn die Fiaker. So
fesch und resch war ihnen noch keiner gekommen. Die Liebenswürdigkeit, Leichtigkeit, Zungenfertigkeit des österreichischen
Menschenschlages war in ihm personifiziert. Man kann verstehen, daß er ein Wiener Liebling wurde, wie es weder vorher
noch nachher einen gegeben hat. Leider waren die typischen
Defekte des österreichischen Charakters, Oberflächlichkeit,
Prinzipienlosigkeit, Brutalität, bei ihm ebenfalls zu finden,
und zwar in kräftiger Ausprägung. Einer distanziert-psycho-
logischen oder ästhetisierenden Betrachtung erscheint er gerade
dank der Uneinheitlichkeit seines Wesens als ein prachtvolles
Menschenexemplar. Anders sieht ihn der Historiker, der unter
dem Gesichtspunkt des Fortschritts zu werten trachtet. Er
sieht den wunderbar begabten Mann bemakelt durch niedrigen
Antisemitismus, durch Zynismus gegenüber den demokratischen

Grundwerten, durch Opportunismus gegenüber den herrschenden Gewalten.

Manche Schriftsteller, die Lueger achten, behaupten halb und halb entschuldigend, daß sein Antisemitismus nicht „echt" war: er habe die antisemitischen Losungen benutzt, da sie Zugkraft hatten, habe es aber mit den Juden gar nicht so schlecht gemeint.[10] Die Entscheidung, ob diese Theorie zutrifft, ist nicht leicht zu fällen.[11] Doch ist das eine Frage von untergeordneter Bedeutung. Fest steht, daß der Antisemitismus einer seiner politischen Hauptgedanken war. Fest steht, daß er oft Reden hielt, in denen Sätze vorkamen wie diese:

„Ich frage Sie, können die christlichen Bauern dafür, daß der Getreidehandel sich ausschließlich in den Händen der Juden befindet? Können die christlichen Bäcker dafür? Kann vielleicht das christliche Volk dafür, daß der Geld- und Landwucher ausschließlich in den Händen der Juden ist? Kann der christliche Schneider dafür, daß die meisten Konfektionäre Juden sind?... Können die Christen dafür, daß über 50% der Advokaten Wiens und der größte Teil der Ärzte Juden sind? Dafür können wir absolut nichts, aber das Ganze zusammen mußte den Antisemitismus erzeugen und hat ihn auch erzeugt... Die Juden... haben sich ein eigenes Deutsch erfunden, welches wir gar nicht verstehen, das sogenannte Judendeutsch — es hat auch einen anderen Namen —, und das gebrauchen sie, damit sie untereinander reden können, ohne daß sie ein anderer versteht. Das ist der eigentliche Grund, warum das sogenannte Judendeutsch eingeführt wird; und was ich jetzt sage, das weiß ich nicht von Christen — die Herren mögen es mir verzeihen —, das weiß ich von den Juden selbst, daß dem so ist."*

Der Antisemitismus, der hier hervortritt, ist nicht mehr religiös und ist noch nicht rassisch motiviert. Man kann ihn, wenn man will, wirtschaftlich motiviert nennen. Welchen Namen immer man ihm gibt — an „Echtheit" läßt er nichts zu wünschen übrig. Die Verrohung mancher Volksteile, die durch seine Hetze herbeigeführt wurde, war eine der Vorbedingungen für den Masseneinfluß, den nachmals der Nationalsozialismus in Österreich gewann.

Lueger hetzte nicht nur gegen die Juden: er zeigte die ärgste Intoleranz gegen alle, deren politische Anschauungen

---

* Aus einer Parlamentsrede von 1890. Zitiert nach Schnee, „Bürgermeister Karl Lueger", 1936, S. 20.

mit den seinen nicht übereinstimmten. Als Bürgermeister
beging er einen Willkürakt nach dem anderen. Seine Personal-
politik was skandalös. Andersdenkende wurden systematisch
vom Gemeindedienst ferngehalten oder, wenn sie schon drin
waren, hinausgeekelt. Ein besonders krasser Gesinnungszwang wurde gegen die städtische Lehrerschaft ausgeübt.
Als ob es nie eine Verfassung gegeben hätte, die die Gleichheit
der Staatsbürger vor dem Gesetz dekretierte, forderte Lueger
von jedem, der sich um einen Lehrerposten bewarb, die ehren-
wörtliche Erklärung, daß er nicht Sozialdemokrat sei.* Diszi-
plinarische Schikanen gegen Lehrer, die die Courage hatten,
sich trotz allem zur Arbeiterbewegung zu bekennen, waren an
der Tagesordnung.[12]

Auch die Alldeutschen waren oft die Zielscheibe heftiger
Angriffe Luegers.[13] Sein Haß gegen sie wurzelte zugleich in
politischen Differenzen und in dem gesunden patriotischen
Instinkt, von dem er eine Dosis besaß. Doch wäre es voreilig
zu glauben, der Feind des Alldeutschtums habe durch seine
Haltung zum nationalen Problem gutgemacht, was er in anderen
Belangen sündigte. Das läßt sich nicht behaupten. Lueger
erstrebte ein einiges, mächtiges Österreich unter habsburgischer
Führung. Um dieses Ziel zu erreichen, war es nötig, die Position,
welche die ungarische Aristokratie und Finanz in der Monarchie
innehatte, zu zerstören, es war nötig, die nationalen Forderungen
der Slawen in gewissem Umfange zu berücksichtigen. So kam
es, daß Lueger sich eine Zeitlang für den „trialistischen" Plan[14]
interessierte, und dann für den „groß-österreichischen"[15], der
auf dem Eggenburger Parteitag der Christlichsozialen Zustimmung fand. Der eine wie der andere hatte eine entschieden anti-
ungarische und eine vorsichtig proslawische Note. Der eine
wie der andere hätte, verwirklicht, eine etwas vernünftigere
Ordnung geschaffen als die bestehende dualistische. Trotzdem
war keiner von beiden brauchbar. Lösungen, die ein Menschenalter früher ein Schritt vorwärts gewesen wären, wurden den

* Vgl. Viktor Adlers Rede im niederösterreichischen Landtag vom Juli 1901
in „Aufsätze, Reden, Briefe", Heft 8, S. 412.

Verhältnissen des imperialistischen Zeitalters nicht mehr gerecht.
Das einige, mächtige Österreich, das Lueger vorschwebte, war
ein imperialistisches Österreich. Die Einigkeit sollte die Monarchie befähigen, eine bessere Stellung unter den Großstaaten
zu erobern, dem Deutschen Reich als gleichwertiger Partner
gegenüberzutreten. Das war alles. Lueger wünschte nicht,
daß das verhängnisvolle Bündnis mit Deutschland aufgelöst
werde. Er wünschte nicht, daß zwischen Deutschösterreichern
und Slawen eine demokratische Übereinkunft geschlossen
werde. Er war kein Freund der Slawen, obwohl er zuweilen
beteuerte, einer zu sein. Seine Erklärungen waren bloß taktische Manöver. Er half den Slowaken in ihrem Kampf gegen
die Ungarn, weil es so in seine Kombinationen paßte; daneben
paßte es ihm, den Tschechen eins auszuwischen, und er führte
eine häßliche Kampagne gegen die tschechische Minorität in
Wien. Wenn er den Wiener Gemeinderat eine Resolution
fassen ließ, daß der „deutsche Charakter" der Stadt gewahrt
werden müsse, handelte er ganz im Geist der Schönerianer.
Gewiß kann man auch auf freundlichere Episoden hinweisen,
z. B. auf das Wort, durch das er die seinen Händen entgleitende
Kampagne abbremste: „Laßt's mir meine Böhm in Ruh!". Aber
das beweist nur, daß seine nationale Politik ein Mischmasch
aus allen möglichen Strebungen, Methoden, Sentiments war.
Es beweist nicht, daß sie einen demokratischen Gehalt hatte.

Der Politiker Lueger ist vor dem Urteil der Geschichte
nicht zu retten. Er hat eine Menge Unheil gestiftet. Viel besser
steht der Administrator Lueger da. Seine Verwaltung von
Wien war lange nicht so sozial gerichtet, wie die spätere Verwaltung Reumanns und Seitz', aber sie war aktiv und energisch,
und das Volk zog aus ihr manchen Gewinn. Viele Einrichtungen,
die uns selbstverständlich sind, ohne die wir uns Wien gar nicht
denken können, rühren von Lueger her. Das Gas, die Elektri-
zität wurden kommunalisiert, die Straßenbahn ebenfalls, auch
wurde sie vom Pferde- auf den elektrischen Betrieb umgestellt.
Das Lainzer Versorgungshaus wurde errichtet. Floridsdorf
wurde eingemeindet. Die Grünflächen in den äußeren Bezirken
wurden geschaffen, die verhinderten, daß die rasch anwachsende

Stadt zur Steinwüste erstarrte. All das zusammen ergibt eine
beträchtliche Leistung. Und wenn sie Lueger auch nicht als
den großen Mann erscheinen läßt, als den seine Verehrer ihn
sahen und sehen — einiges von der Zuneigung, die seine Vater-
stadt ihm zollte, hat er durch seine Lebensarbeit abgegolten.
So weit auch Lueger als politische Figur die gesamte übrige
Partei überragte — es gab noch andere Führer der Christlichsozialen; unter ihnen auch den einen oder anderen, der an sozialer Einsicht, an demokratischer Festigkeit den Parteichef
überragte. Wir möchten hier den Prälaten **J o s e f S c h e i c h e r**
nennen, den bekanntesten unter den Klerikern, die um 1900
politisch tätig waren*. Scheicher war als Kind armer steirischer
Häusler geboren, studierte Theologie, wurde Kaplan in Waid-
hofen a. d. Ybbs, Professor in St. Pölten, Landtags- und Reichsratsabgeordneter. Einer der fleißigsten katholischen Journalisten, schrieb er eine Unmenge von Artikeln für Kirchen-
blätter. Eine Zeitlang redigierte er auch die von Vogelsang
begründete soziale Revue. Unter seinen größeren Arbeiten
sind bemerkenswert: einige Bände Volkserzählungen, ein Lebensbild Sebastian Brunners, die ,,moral-soziologische" Studie ,,Der
Klerus und die soziale Frage" (1884), die utopische Skizze
,,Aus dem Jahre 1920", die, 1900 veröffentlicht, die Monarchie
so schilderte, als ob der föderative, groß-österreichische Plan
verwirklicht wäre, endlich die Selbstbiographie ,,Erlebnisse
und Erinnerungen" (6 Bände, 1907—12), die eine Fülle inter-
essanter zeitgeschichtlicher Details enthält. Es wäre verfehlt,
Scheicher in historischer Betrachtung als Fortschrittshelden
hinzustellen. Er ging im allgemeinen die Irrwege seiner Partei
treulich mit. Besonders der Antisemitismus behagte ihm.
Eher hätte er auf seiner Seele Seligkeit verzichtet, als eine
antisemitische Bemerkung unterdrückt. Aber er war doch ein
Mann von Qualitäten. In seinem Wesen mischten sich Gegensätze: Priesterschaft und Streitlust, Gutmütigkeit und Bosheit,
Grobheit und Gescheitheit, bäurische und jesuitische Züge.

---

* Vgl. über Scheicher: Nagl-Zeidler-Castle, ,,Deutsch-österr. Literaturgeschichte", 3. Bd., S. 937 ff.

Das Resultat der Mischung war eine kuriose Figur, ungemein
lebensvoll, ungemein österreichisch. Ein mittelmäßiger Schreiber,
war er ein großartiger Redner. Das merkt man aus jeder Zeile
seiner Schriften. Man hört ihn förmlich sprechen, wenn man
sie liest. Man hört eine Dialektik, die sich vom Dialekt herzu-
leiten scheint, jedenfalls aus dessen Geist ihre stärksten Wirkungen schöpft. Ähnlich war es ja mit der Redekunst Luegers.
Doch Scheichers Urwüchsigkeit bedeutete mehr als diejenige
Luegers. Sie drückte aus, daß er bleiben wollte, was er seiner
Herkunft nach war: Teil des gewöhnlichen Volkes. Die vornehmen Herren, die in Österreich regierten, waren ihm herzlich
zuwider. Er glaubte, daß viele ausschließlich aus Dummheit
und Hochmut zusammengesetzt seien.*

Mit der ganzen, nicht geringen Schärfe seiner Zunge kritisierte er den Byzantinismus, der sich in der Christlichsozialen
Partei breitmachte.** Die sozialen Probleme galten ihm als Grundprobleme, die gelöst, nicht nur erörtert werden mußten.***
Seine Haltung zur Sozialdemokratie war anfänglich eine freundliche. Später wurde er Sozialistenfresser, fand aber immer
noch Worte der Achtung für Karl Renner† und sogar für
Viktor Adler††, obwohl er in diesem Fall auch die Neigung
zur Judenfresserei überwinden mußte. Scheicher war nicht
die Sorte Politiker, die Österreich brauchte. Gar zu oft wurde
seine anständige Grundgesinnung durch Opportunismus außer
Kraft gesetzt. Doch er war aus dem Stoff gemacht, aus dem
unter günstigeren Bedingungen, in einer reineren Atmosphäre,
als die zerbröckelnde Monarchie sie bot, ein bedeutender katho-
lisch-demokratischer Führer hätte werden können.

Die Christlichsoziale Partei war in den Neunzigerjahren,
als die alteingesessenen Gruppen beim Papst Hilfe gegen sie
suchten, eine richtige Kleinbürgerpartei. Zwar war sie durch
ihre antisemitische und klerikale Tendenz vom demokratischen

---

* Scheicher, „Erlebnisse und Erinnerungen", 5. Bd., S. 303.
** Ebenda, 5. Bd., S. 293.
*** Vgl. insbesondere die früher erwähnte Studie über die Aufgaben des Klerus.
† „Erlebnisse und Erinnerungen", 6. Bd., S. 37 f.
†† Ebenda, 6. Bd., S. 24.

Radikalismus geschieden, doch trug sie die Möglichkeit einer sinnvollen Entwicklung in sich. Sie hätte die dunklen Tendenzen überwinden, das Kleinbürgertum seinem natürlichen Verbündeten, dem Proletariat, annähern, die Grundlagen zu einer Einheitsfront der Werktätigen schaffen können. Das wäre für die Gestaltung der Verhältnisse in Österreich von unabsehbarer Tragweite gewesen. Zu ihrem eigenen Schaden und zum Schaden unseres Landes entschied sie sich nach der Eroberung Wiens nicht für diese Möglichkeit, sondern für die entgegengesetzte. Sie suchte nunmehr ihre kleinbürgerliche Massenbasis zu halten und noch zu erweitern, zugleich aber „respektabel" zu werden, sich dem Habsburgerstaat, wie sie ihn vorfand, einzufügen. Vogelsangs Philosophie verschwand in der Versenkung, die brauchbaren Teile ebenso wie die unbrauchbaren. Sein sozialreformerischer Elan starb aus. Die materiellen Ressourcen der Gemeinde, die manche Reform gestattet hätten, wurden im wesentlichen so verwendet, wie sie auch von einer tüchtigen liberalen Administration verwendet worden wären. Immer mehr verschmolz die Politik der Partei mit der der herrschenden Mächte: des Finanzkapitals und des Hochadels. Tatsachen, worin sich diese Entwicklung ausdrückte, waren zum Beispiel: die Aufnahme geschäftlicher Beziehungen zwischen der Gemeinde einerseits, österreichischen und deutschen Großbanken andererseits; die Beteiligung von Christlichsozialen an Ministerien, die das durchschnittliche liberal-kapitalistische Regime führten; die enge Verbindung mit dem Erzherzog Franz Ferdinand.[16] Die neue Respektabilität der Christlichsozialen brachte zwar eine Abdämpfung des Antisemitismus mit sich; aber selbst wenn man ihn ganz aufgegeben hätte, wovon keine Rede war, hätte die Partei dem Lande wenig Ehre eingebracht. Wir wollen uns nicht bei den Erscheinungen kleiner Korruption aufhalten, an denen sie krankte*, bei den Entgleisungen Bielohlaweks[17], bei den Gehässigkeiten, die Vergani und Geßmann öffentlich austauschten**.

---

* Vgl. J. Scheicher, „Erlebnisse etc.", 6. Bd., S. 375, 390.
** Ebenda, 6. Bd., S. 398 ff.

Viel schlimmer als all das war die Rolle, die sie während des letzten Jahrzehnts der Monarchie auf dem Gebiet der nationalen und der Außenpolitik spielte. Tschechische Schulen in Wien, die Lueger zugelassen hatte, wurden von seinen Nachfolgern geschlossen.* Trotz mancher Fäden, die sich zwischen den Christlichsozialen und den Südslawen gesponnen hatten, nahm in der Balkankrise von 1909 die „Reichspost" dieselbe Haltung ein wie die „Neue Freie Presse".** Im Friedjung-Prozeß war der Sitzredakteur der „Reichspost" formell Mitangeklagter, und der Chefredakteur Dr. Friedrich Funder war moralisch Mitangeklagter (formell Zeuge).*** Das Jahr 1914 sah die Christlichsoziale Partei als williges Werkzeug des österreichischen und damit auch des deutschen Imperialismus. Von Kriegsausbruch an konnte sich die „Reichspost" an Chauvinismus nicht genug tun. Zu den traurigsten Erscheinungen des Weltkrieges gehörten Priester, die blutrünstige Reden hielten und in der katholischen Presse blutrünstige Artikel und Gedichte publizierten. Mitte 1918 wurde Dr. Max von Hussarek Ministerpräsident, der der Mann der Christlichsozialen war. Seine Politik war betont deutsch und autoritär — obwohl ein Blinder die Ausweglosigkeit der Lage, die Sinnlosigkeit weiterer Opfer sehen mußte.

Sicher spiegelte die Kriegspolitik der christlichsozialen Parteileitung die Stimmung wider, die in manchen Volksschichten herrschte. Es ist aber festzustellen, daß sie nicht der Einstellung der *gesamten* kirchlich orientierten Bevölkerung entsprach. Sie darf nicht als „die" katholische Politik der Periode aufgefaßt werden. Die Katholiken lebten ja nicht in luftdichter Abschließung von der übrigen Welt. Bauern und Bauernsöhne wurden in den Schützengräben genau so von Kriegsmüdigkeit gepackt wie Industriearbeiter. Die Tiroler Kaiserjäger, die als erste Truppe der k. u. k. Armee meuterten, dachten offenbar anders als die Leitartikler der „Reichspost"

---

* R.W. Seton-Watson, „A History of the Czechs and Slovaks", 1934, S. 241.
** R.W. Seton-Watson, „The Southern Slav Question etc.", S. 200, 206.
*** Ebenda, S. 209, 228 ff.

und des ,,Tiroler Anzeigers". Auch die katholische Intelligenz
wurde nicht ganz in die Bahn des Imperialismus hineinge-
rissen. Daß es nicht geschah, war hauptsächlich einem Außenseiter zu verdanken, dem Hofrat Heinrich Lammasch.
Wir werden das Bild dieses großen, der heutigen Generation
fast schon entschwundenen Österreichers in dem Kapitel über
Pazifismus zu zeichnen versuchen. In gewissem Abstand von
Lammasch ist Ignaz Seipel zu nennen. In diesem Zusammenhang seien nur ein paar Worte über ein Buch gesagt, das er um
1916 veröffentlichte. Es war nicht in allen, aber in einigen Teilen
verdienstlich. Sicher ließ es nicht ahnen, daß der Autor später
eine der Hauptfiguren der europäischen Reaktion werden würde.

Das Buch heißt ,,Nation und Staat" und behandelt die Voraussetzungen,
unter denen ein friedliches Zusammenleben der Nationen möglich ist. Zuerst
wird die Frage des Zusammenlebens in Österreich-Ungarn untersucht. Der
Habsburgerstaat, meint Seipel, muß unbedingt erhalten bleiben. Er ist nicht
aus Zufall, sondern aus historischer Notwendigkeit entstanden und war seinen
Völkern stets von Nutzen. Darüber hinaus stellt er eine kulturelle Bereicherung
der Welt dar, denn das übernationale Prinzip, das er verwirklicht, ist ein
höheres Prinzip als das rein nationalstaatliche. Wenn er heute von einer
Gefahr bedroht ist, dann von der, daß bei manchen seiner Bürger der Patriotismus mit dem Nationalgefühl in Konflikt gerät. Dieser Konflikt kann ohne
weiters gelöst werden. Es ist bloß nötig, das Nationalgefühl in seinen natürlichen Grenzen zu halten, zu verhindern, daß es bis zu einem Punkt ansteigt,
wo es in Chauvinismus (Seipel schreibt: Nationalismus) umschlägt. Wird dieses
Gesetz befolgt, dann können Nationalgefühl und Patriotismus, die beide ihre
Berechtigung haben, durchaus nebeneinander bestehen.*
    Chauvinismus ist auch ein furchtbarer Schaden für die internationalen
Beziehungen. Daß er neuestens so mächtig angeschwollen ist, muß um so mehr
bedauert werden, als man zwar den Krieg von einem Tag auf den anderen
wird beenden können, aber nicht die Haßgefühle, die durch ihn erzeugt wurden.
Als die Feindseligkeiten ausbrachen, triumphierten bei uns die Nationalisten,
denen die Beschäftigung mit fremder Kultur immer schon ein Dorn im Auge
gewesen war. Am liebsten hätten sie jeden, der international dachte, zum
Hochverräter gestempelt. Verstärkt wurde ihre Schar durch die Ignoranten
und dann durch die berufsmäßigen Pessimisten, die glauben, daß aus der
Fremde immer nur Schlechtes zu uns gekommen ist. Diese letztere Meinung
ist ganz unsinnig. Eine Menge des Guten und Bedeutenden verdanken wir
fremden Völkern, auch solchen, mit denen wir heute im Krieg sind, z. B. den

---

* ,,Nation und Staat", Kapitel ,,Vaterland, Nationalismus und Religion",
S. 1—20.

5*

Franzosen. Es ist nötig, die chauvinistische Tendenz zu überwinden, damit die
engere Kulturgemeinschaft der Völker, die sich in den letzten Jahrzehnten
durch viele Zeichen ankündigte, Wirklichkeit werde.*

Was Seipel über den Habsburgerstaat sagt, ist verfehlt.
Die österreichisch-ungarische Monarchie war nicht die treffliche Institution, als die er sie zeichnete. Die kulturelle Autonomie, durch die er die Wünsche der in ihr vereinigten Nationen
beschwichtigen wollte[18], war ein ganz unzulängliches Zugeständnis. Anderseits bewegten sich seine Darlegungen über
die internationalen Beziehungen auf einer ungleich höheren
politischen Ebene, als die Christlichsozialen sie während der
Kriegszeit im allgemeinen erreichten. Dieser Abschnitt aus
,,Nation und Staat'' war es vornehmlich, was den noch wenig
bekannten Salzburger Theologieprofessor qualifizierte, einen
Sitz in dem Ministerium einzunehmen, welches in den Umsturztagen unter Professor Lammaschs Leitung amtierte.

Die katholische Kulturarbeit fand, als sie sich in den Neunzigerjahren entfaltete, eine noch schwierigere Lage vor als die
Christlichsoziale Partei. Aus der Politik war der Katholizismus
in der liberalen Ära nie ganz ausgeschaltet, ja seit dem Re-
gierungsantritt Taaffes war er sogar merkbar eingeschaltet.
Anders verhielt es sich auf dem Gebiet von Kunst und Wissenschaft. Auf dem Höhepunkt seiner Macht war der Liberalismus
imstande, den römischen Glauben in den Intelligenzkreisen
weit zurückzudrängen. Um 1870 existierte keine nennenswerte
Literatur mit katholischer Orientierung, die gesamte ,,große''
Presse war liberal, an den Universitäten lehrten in überwälti-
gender Majorität liberale Professoren.[19] Nur in gewissen städtischen Unterschichten (am wenigsten im eigentlichen Proletariat) und auf dem Lande erhielt sich die Anhänglichkeit
an die Kirche. Die Kulturarbeit hatte also ein sehr ausgedehntes
Terrain wieder zu gewinnen. Wenn ihr das in relativ kurzer
Zeit gelang, so vor allem deshalb, weil ihr politische Umstände

---

* ,,Nation und Staat'', Kapitel ,,Nationalismus und Internationalismus'',
S. 143 ff.

zu Hilfe kamen. Internationale Umstände: Um 1900 griffen in Europa tiefe Strukturwandlungen Platz. Der Kapitalismus trat in seine imperialistische Phase. Hand in Hand damit ging ein ideologischer Zersetzungsprozeß, der das Aufkommen jeder antiliberalen Anschauung begünstigte. Österreichische Umstände: Das rasche Vordringen der Christlichsozialen Partei förderte die mit ihr eng verknüpfte Kulturbewegung, wie umgekehrt die Kulturbewegung das Vordringen der Partei erleichterte. Gegen Ende der liberalen Periode war Österreich geistig wesentlich verändert. Es kam nun jedem, insbesondere auch jedem Intellektuellen, auf Schritt und Tritt zu Bewußtsein, daß er in einem katholischen Lande lebte. Die kulturell bestrebten Organisationen des Katholizismus, seine Verlage, Zeitschriften und anderen Veröffentlichungen, seine Kurse, Vorträge, Bühnenaufführungen hatten sich vermehrt, die Mitglieder-, Leser- und Teilnehmerzahlen sich vervielfacht.[20] Dank den administrativen Praktiken der Christlichsozialen war der Einfluß des Klerus auf die Volksschule beträchtlich gewachsen. In die Verwaltung der Hochschulen mischten sich die Leo-Gesellschaft, die erzbischöflichen Ordinariate usw. nachdrücklich ein. Beziehungen zu einer katholischen Studentenvereinigung gereichten dem, der sich um ein akademisches Amt bewarb, keineswegs zum Schaden. Auf dem Gebiet der Dichtkunst und Philosophie gab es eine umfängliche katholische Produktion. Autoren wie Richard v. Kralik, Enrica v. Handel-Mazzetti, Laurenz Müllner wurden von allen Gebildeten aufmerksam gelesen. Auch Ottokar Kernstock, Karl Domanig, Adam Trabert, Franz Eichert, Eduard Hlatky hatten ihr Publikum. Der führende Essayist der Epoche, Hermann Bahr, ging von liberalen zu katholischen Anschauungen über. Der ungekrönte König der modernen Verskunst, Hugo v. Hofmannsthal, wandelte ähnliche Wege. Versuchen wir die Funktion der katholischen Kulturbewegung im Rahmen der Gesamtentwicklung unseres Landes abzuschätzen, so finden wir, daß von ihr ebensowohl gute wie nachteilige Wirkungen ausgegangen sind. Die katholische Note bereicherte zweifellos die Mannigfaltigkeit des geistigen Schaffens in Österreich. Oft zeigten sich

die Katholiken als Vorkämpfer hoher ethischer Auffassungen,
so etwa, wenn die Studentenverbindungen gegen den Duell-
unfug auftraten.* Bahr, Hofmannsthal, Handel-Mazzetti ent-
deckten und popularisierten das halbverschollene Barock.
Damit wurde ein glanzvolles Stück österreichischer Vergangenheit neu belebt. Die katholischen Schriftsteller brachten zustande, was die liberalen nie vermocht hatten: sie aktivierten die
Provinz. Unter ihrem Einfluß bildeten sich in Salzburg, Innsbruck und anderen kleineren Städten selbständige literarische
Zentren. Talente kamen zutage, die sonst unbekannt ver-
kümmert wären. Über diesen erfreulichen Dingen dürfen aber
gewisse durchaus unerfreuliche nicht vergessen werden. Die
Klerikalisierung der niederen und höheren Schulen, die von der
Kulturbewegung erreicht wurde, bedeutete einen Rückschlag
für unser Unterrichtswesen. Die Schulen sämtlicher Typen waren
unter dem liberalen Regime viel besser gediehen. Die Epik,
Lyrik, Dramatik, welche die Kulturbewegung ins Volk trug,
war teilweise von christlichsozialer Parteipolitik durchtränkt,
unterlag also den ernstesten ideologischen Einwendungen. Eine
Schwäche, die der christlichsozialen Doktrin anhaftete, trat in
der Kulturbewegung besonders deutlich hervor: die Unklarheit
in bezug auf das Deutschtum. Die Kulturarbeiter waren durchschnittlich gewiß keine Preußenfreunde, aber sie glaubten,
das deutschösterreichische Volk sei ein integrierender Bestandteil der deutschen Nation. Es war ihnen ein Axiom, daß die
österreichischen Katholiken die engste geistige Gemeinschaft
mit den süd- und westdeutschen suchen müßten. Folglich
wagten sie es nicht, den national-österreichischen Gedanken,
zu dem sie gefühlsmäßig hinneigten, zu formulieren und durch-
zudenken, sondern sie wirkten ihm geradezu entgegen. Ihre
Haltung entsprang aus Reminiszenzen an die Epoche, da Österreich im Deutschen Bund zusammen mit Bayern, Baden, Würt-
temberg gegen die preußische Hegemonie gestritten hatte.
Der Nutznießer dieses Haftens an der Vergangenheit war para-

---

* Vgl. P. Molisch, „Politische Geschichte der deutschen Hochschulen
in Österreich von 1848 bis 1918", 1939, S. 146.

doxerweise der preußisch-deutsche Imperialismus. Durch die katholische Kulturbewegung wurde das Band zwischen dem Habsburger- und dem Hohenzollernstaat fester geschlungen. Der führende Theoretiker erstand der Kulturbewegung unbestrittenermaßen in Richard Kralik v. Meyrswalden (1852—1934)*. Durch seine enorme Belesenheit, Vielseitigkeit, Fruchtbarkeit ist Kralik eine interessante Erscheinung. Für eine Anzahl seiner Arbeiten, speziell dramatischer und dramaturgischer, ist ihm unsere Literatur zu Dank verpflichtet. Von gewissen quantitativ nicht unbeträchtlichen Partien seines Schriftstellerwerkes würde man wünschen, sie wären nie geschrieben worden.

Über seine äußere Laufbahn ist wenig zu berichten. Im Böhmerwald als Sohn eines Glasfabrikanten geboren, in Linz und Wien aufgewachsen, war er von Haus aus in der glücklichen Lage, sich ganz seinen Studien und literarischen Arbeiten widmen zu können. Die Fülle seiner wissenschaftlichen und essayistischen Schriften — sie behandeln philosophische, religiöse, allgemeingeschichtliche, kultur- und literaturgeschichtliche Gegenstände — ist kaum zu überblicken. Er war auch schaffender Künstler, veröffentlichte mehrere Gedichtbände, eine umfassende Bearbeitung des deutschen Sagenschatzes in Versform, eine große Zahl von Novellen, Dramen, Weihe- und Festspielen. Der Gedanke, die alten Mysterienspiele in neuer Fassung auf die Bühne zu stellen, dieser nachmals von Hofmannsthal und Reinhardt triumphal verwirklichte Gedanke, rührte ursprünglich von Kralik her. In Zusammenarbeit mit der Leo-Gesellschaft und anderen Organisationen brachte er eine Reihe solcher Spiele zur Aufführung, wobei er wiederholt die nötige Musik selbst beisteuerte. Von der üblichen liberalen Meinung abweichend, meinte er, daß die Dichtkunst nicht Selbstzweck, sondern in den Dienst der wichtigsten Lebenszwecke zu stellen sei. Er war daher, wenn Organisationen ihn um Artikel, Szenen, Prologe angingen, stets bereit, dergleichen zu liefern. Das Niveau der so entstande-

---

* Vgl. H. M. Truxa, „Richard v. Kralik. Ein Lebensbild", 1903; Nagl-Zeidler-Castle, a. a. O., 4. Bd., S. 1600 ff.

nen Arbeiten konnte kein sehr gutes sein, aber für die Tätigkeit
der christlichen Vereine waren sie eine große Hilfe.

Aus dem Gesamtkomplex der Kralikschen Theorien dürften
heute hauptsächlich drei Teilkomplexe interessant sein: seine
Kulturlehre; seine Einschätzung des Deutschtums; seine Abwehr
der modernen literarischen Form.

Philosophen der verschiedensten Richtungen streben nach besten Kräften,
die Grundlage einer neuen Kultur zu finden. All diese Bemühungen sind, sagt
Kralik, vergeblich, ja widersinnig. Im Plan Gottes ist das Wesen der wahren
Menschheitskultur ein für allemal festgesetzt. Sie entsteht in organischem
Aufbau durch die Synthese der Antike, des Christentums und des Germanentums. Die Antike war von der Vorsehung bestimmt, die höchste Kunst, die
tiefste Philosophie hervorzubringen. Der Katholizismus verschmilzt die griechischen und römischen Schöpfungen mit der Lehre Christi. Das Germanentum
fügt diesen beiden Elementen, indem es sich zu ihrem Träger macht, ein drittes
hinzu, ein eigenartig nationales. Damit ist die gottgewollte Entwicklung zur
Vollendung gediehen. Kralik gibt folgende Skizze der Kulturgeschichte von
dem Zeitpunkt an, wo die Germanen mit dem römischen Weltreich in Berührung
kamen:

,,Durch die . . . Völkerwanderung traten die *Germanen* immer mehr an
Stelle der Römer . . . Die Germanen hatten seit dem Einfall der Kimbern und
Teutonen, seit den Kriegen Cäsars mit Ariovist, seit Arminius und Marbod,
seit den Markomannenkriegen gegen Marc Aurel durch Bündnisse und Friedens-
schlüsse immer mehr Stellen im römischen Heer eingenommen. Die Kämpfe
der Völkerwanderung waren daher zumeist Kämpfe zwischen Germanen. Es bestand längst keine eigentliche römische Macht mehr. Aber ebenso wie die Kirche
schlossen sich auch die siegreichen Germanen der Kultur der Antike an. So
kam es, daß bis heute unsere Bildung auf diesen drei Fundamenten beruht:
Kirche, Antike, Germanentum. Es gibt außer der Kirche keine wahre Religion,
die eine vollkommene Weltanschauung gewährt. Es gibt außer der klassischen
antiken Kultur keine zweite mögliche Kultur. Alle andere Kultur ist entweder
von der klassisch-antiken der Griechen und Römer abgeleitet, oder sie ist
Barbarentum, im selben Sinne, wie die Griechen die sonst hochzivilisierten
Perser und andere Asiaten und Afrikaner dennoch Barbaren nennen durften.
Es gibt drittens nur *eine* Nation, von der seit der Völkerwanderung das welt-
geschichtliche Leben ausgeht: die germanische in ihren verschiedenen Stämmen.
Alle weltgeschichtlich bedeutenden Staaten sind von Germanen gegründet
worden. Außer dem eigentlichen Deutschland und Skandinavien wurde England
eine Gründung der Angelsachsen und anderer germanischer Stämme, Frank-
reich eine Gründung der Franken, Spanien eine Gründung der Westgoten, für
Italien wurden außer den Ostgoten besonders die Langobarden staatenbildend.
Rußland ist eine Gründung der skandinavischen Waräger. Ebenso wurden
Germanen für das später entdeckte Amerika maßgebend. Die anderen Reiche,

China, Persien, Indien, die Mongolei, Arabien, Türkei usw., dürfen nicht aus falschem Gerechtigkeitsgefühl dem staatenbildenden Geist der Germanen an die Seite gestellt werden, so groß ihre Einwohnerzahl, so ungeheuer zu Zeiten ihre vorübergehende Stoßkraft gewesen sein mag, so eigentümlich die von ihnen hervorgebrachte Zivilisation war. Sie kann sich doch nicht mit der einheitlichen religiös-künstlerisch-politischen Kultur der christlichen Völker messen, wenn man nur eben den Weltanschauungsblick auf das Wesentliche, auf die Zusammenhänge lenkt. Darum haben sich ja seit dem 19. Jahrhundert alle anderen Völker der europäischen Zivilisation gebeugt; von ihr allein gingen die großen Fortschritte aus."*

Danach wäre die Kulturgeschichte durch zwei Merkmale bestimmt: erstens durch die Dreizahl der maßgebenden Faktoren; zweitens durch ein sehr starkes Hervortreten des Germanentums als des Organs, das den Plan der Vorsehung ausführt. Eine Lehre, ebenso unhaltbar in ihren Voraussetzungen wie gefährlich in ihren Konsequenzen. Sie ist ähnlich der etwa gleichzeitigen Lehre Houston Stewart Chamberlains. Chamberlain, der Verfasser der „Grundlagen des 19. Jahrhunderts" (1899) ist zwar ganz und gar nicht kirchlich gesinnt; ferner sucht er dem Rassenbegriff, der bei Kralik nur angedeutet ist, eine feste Gestalt zu geben. Aber er nennt dieselben kulturbildenden Kräfte; auch bei ihm ist der innere Sinn der Kulturgeschichte in der Selbstentfaltung des Germanentums gelegen.**

Natürlich ist der Kulturhistoriker Kralik von dem Allgemeinhistoriker nicht zu trennen. Wo jener schrankenlos bejaht, kann dieser nicht negativ urteilen. Die zitierte Stelle schreibt ja auch dem Germanentum außer der kulturellen eine gewaltige politische Leitung zu. Alle dauerhaften staatlichen Institutionen, die in Europa angetroffen werden, sind von den Germanen geschaffen. Damit erhebt sich die Frage, ob eine Kulturtheorie wie die Kraliks nicht notwendig zu dem Punkt führt, zu dem Chamberlain gelangen wollte, als er seine so nahe verwandte Theorie aufstellte: zum Alldeutschtum. Die Anwort lautet, daß die innere Logik seiner Anschauungen Kralik nach dieser Richtung trieb, daß er aber aus einem dynastisch gefärbten österreichischen

---

* „Weltanschauung", 1921, S. 26 f.
** Vgl. H. St. Chamberlain, „Die Grundlagen des 19. Jahrhunderts", I. Teil, Kap. 1—3, 6, II. Teil, Kap. 9.

Empfinden heraus viele Jahre lang versuchte, sich nicht treiben
zu lassen. Er war durch viele Jahre ein Gegner des Alldeutschtums. In der Praxis ist bekanntlich Alldeutschtum dasselbe
wie Allpreußentum. Kralik übte in seinem wichtigsten historischen Werk, in der „Österreichischen Geschichte" (1913), an
Preußen scharfe Kritik. Seine Anschauungen über Friedrich II.* und Bismarck** sind die glatte Negation der üblichen
liberalen Anschauung, sie konnten nicht dezidierter sein. Er
erkannte auch das Gekünstelte, Gezwungene, das dem österrei-
chisch-deutschen Bündnis anhaftete.*** Der Sommer 1914
aber fegte seinen Widerstand gegen die deutsch-imperialistische
Ideologie weg. Er wurde ein kräftiger Kriegshetzer. † Halb
Europa sollte seiner Ansicht nach als vormaliger deutscher
Besitz annektiert werden. †† Nach dem Zusammenbruch der
Monarchie erwies er sich als unfähig, aus den Ereignissen zu
lernen. Sein Schicksal bestätigt zum hundertstenmal die Erfahrung, daß, wer sich mit dem Pangermanismus einläßt, daran
geistig zugrunde geht.

   Unterlag er als Historiker und Politiker etlichen Schwankungen, so war er als Ästhetiker die personifizierte Unbeweg-
lichkeit. Das zeigte sich im sogenannten *katholischen Literaturstreit*, in dem er eine führende Rolle spielte. Der Verlauf dieser
Kontroverse läßt sich in Kürze so wiedergeben:

   Kralik hatte sich eifrig um die Schaffung eines katholischen Schrifttums
   bemüht, hatte dazu als Dichter wie als Rezensent beigetragen; da erschienen
   zwei Pamphlete des Rheinländers Karl Muth†††, worin behauptet wurde, daß

---

   * „Österreichische Geschichte", 1913, S. 207 ff.
  ** Ebenda, S. 531 ff.
 *** „Wien. Geschichte der Kaiserstadt und ihrer Kultur", 2. Aufl., S. 506.
   † Vgl. „Die Entscheidung im Weltkrieg" (3 Reden), 1914; „Das Buch
von unserem Kaiser Karl", 1917; „Die neue Staatenordnung", 1918; etc.
  †† „Die Entscheidung im Weltkrieg", S. 20.
 ††† Die Pamphlete hießen: „Steht die katholische Belletristik auf der
Höhe der Zeit?" (1898) und: „Die literarischen Aufgaben der deutschen Katho-
liken" (1899). Die erste Schrift wurde unter dem Pseudonym Veremundus
veröffentlicht. Vgl. über Muth das Sammelbuch „Wiederbegegnung von Kirche
und Kultur in Deutschland. Eine Gabe für Karl Muth", 1927, herausgegeben
von Ettlinger, Funk und Fuchs.

alle katholische Literatur bislang von bescheidenem Wert sei. Muth nannte eine Reihe von Gründen für die behauptete Inferiorität, wie Mißstände auf dem Gebiet der Kritik, Ängstlichkeit der Verleger usw. Es sei wichtig, daß die katholischen Autoren sich endlich auch die moderne Technik, den modernen Stil zu eigen machten. Ein gar zu sichtbares Hervortreten der Tendenz sei zu vermeiden, der wahre Dichter stehe ,,in diesem Leben nicht als Kämpfer und Streiter, sondern *darüber* als Beschauer und Schöpfer."* Kralik hielt Muths Theorie für verfehlt und nahm in polemischer Art dagegen Stellung. Der Vorwurf, der ihm gemacht worden ist: er habe den Streit aus Eitelkeit begonnen, weil er Muths erste Schrift als Herabwürdigung seines eigenen Schaffens empfand**, ist konstruiert. Der Unbefangene fühlt aus Kraliks Darlegungen heraus, daß der Gegensatz keinem anderen als einem ideellen, und zwar einem religiösen Motiv entsprang. Der Streit zwischen den beiden katholischen Ästhetikern ging jahrelang hin und her. Um jeden der beiden sammelte sich eine Gruppe von Anhängern. Muth schuf 1903 mit seinen Freunden die Revue ,,Hochland", die in München herauskam. Kralik inspirierte die Gründung der Monatsschrift ,,Gral" sowie die einer (lockeren) Kulturorganisation, des ,,Gralbunds" (1906)[21]. Einige Zeit dienten die Zeitschriften zu einem guten Teil der Auseinandersetzung zwischen München und Wien. Kralik hat in seinen Büchern über die Literaturbewegung klargestellt, daß die Punkte, auf die es ihm hauptsächlich ankam, die Tendenzfrage und die Stilfrage waren. Mit seinen eigenen Worten: ,,Wenn es die Aufgabe des echten Kunstwerks ist, ,Lebenskunst und Lebensweisheit zu lehren', wie Veremundus sagt, dann muß die Kunst auch lehren dürfen, ob man diese Lebenskunst und Lebensweisheit besser als Freimaurer, als Buddhist, als Übermensch oder als Katholik betätigt. Verwehrt man diese Lehre der echten Kunst, dann heißt das so viel, als daß vor dem Schönheitsideal der echten Kunst die Lebensweisheit in der Religionslosigkeit besteht."*** ,,Muth ... hält es für möglich, einen modernen Stil, eine moderne *Form*, die als die Gestaltung des modernen *Gehalts* sich notwendig ausgebildet hat, auf einen anderen Inhalt zu übertragen. Ich habe schon oft darauf hingewiesen, daß dies ein ästhetisches Unding ist. Form und Stoff sind Korrelatbegriffe ... Der Stil ist nach einem guten Wahrwort der Mann, der Stil ist der Charakter, ist der Geist, ist die Idee, die Sache selber in ihrem adäquaten Ausdruck ...

Es gibt eine ,*Moderne*' mit eigener Philosophie, Ästhetik, Ethik, Weltanschauung ... Ihr genialster Prophet ist Nietzsche, ihre bekanntesten Vorläufer sind die Sophisten, ihre Grundsätze lauten: Alles ist relativ, es gibt keine ewigen Wahrheiten, kein unbedingt Wahres, Gutes, Schönes. Alles entwickelt sich, alles verändert, verkehrt sich. Es gibt keine Autorität, keine Pflicht. Die Triebe haben recht. Die Treue muß der schamlosen Aufrichtigkeit des Trieblebens weichen, usw ... Diese moderne ,Lebenskunst und praktische

* K. Muth, ,,Die literarischen Aufgaben etc.", S. 4.
** So Josef Nadler in dem Sammelbuch ,,Wiederbegegnung etc.", S. 64 ff.
*** R. v. Kralik, ,,Die katholische Literaturbewegung der Gegenwart", 1909, S. 30.

Lebensweisheit' hat nach ästhetischer Notwendigkeit den ‚modernen' Stil, die moderne Technik emanieren müssen. Und darum ist der Versuch, der katholischen Literaturbewegung die *moderne Form* aufzureden, nicht trennbar von der Konsequenz, ihr auch den *modernen Gehalt* aufzuzwingen."*

Kralik ist sehr dogmatisch eingestellt. Gewiß darf ein Kunstwerk eine Weltanschauung ausdrücken. Aber er verlangt ziemlich viel an Weltanschauung: ist ihm doch sogar die Handel-Mazzetti nicht katholisch genug! Und warum nicht auch der katholische Gedanke einen neuen Stil emanieren kann, das bleibt — bei aller Anerkennung des Zusammenhangs von Inhalt und Form — schleierhaft. Im übrigen liegt es uns fern, den alten Kralik-Muth-Streit nach vierzig Jahren auszutragen zu wollen. Für uns genügt es, die beiden gegensätzlichen Auffassungen verständlich gemacht zu haben.

Der Kampf Kraliks gegen Muth war keine isolierte Begebenheit. Er war bloß eine Episode des allgemeinen Kampfes, den in der zweiten Hälfte des 19. und zu Anfang des 20. Jahrhunderts die strenggläubigsten unter den Katholiken gegen weniger strenge, zum Teil auch gegen Häretiker, führten. Im Zeitalter des scheinbar konsolidierten (in Wahrheit rascher Degeneration entgegengehenden) Liberalismus tauchten in den katholischen Kreisen vieler Länder, insbesondere auch im Klerus, Ideen auf, die sich äußerlich als religiöse Ideen gaben, aber in Wahrheit unmittelbar der liberalen Philosophie, dem Positivismus, dem Kantianismus entstammten. Es war die Suggestivkraft der naturwissenschaftlichen Denkweise, die sich durch den Filter der idealistischen Erkenntnistheorie hindurch den Weg in die religiöse Sphäre bahnte. Meist waren die neuen Ideen national gefärbt, d. h. es wurde behauptet, daß die Kirche sich dem nationalen Charakter jedes einzelnen Volkes, in dessen Mitte sie wirkt, anpassen soll. Zuweilen ging man noch weiter und forderte direkt die Abschwächung der zentralen Kontrolle, die der Papst über die Kirche ausübt. Eine Bewegung, die Anschauungen dieser Art propagierte, war z. B. die von dem Münchner Theologieprofessor Döllinger geleitete. Nach dem Vatikanischen Konzil von 1870 etablierten sich die Anhänger Döllingers in mehreren

---

* Ebenda, S. 36.

Ländern unter dem Namen Altkatholiken als besondere Sekte. In Österreich von vornherein bedeutungslos, genoß der Altkatholizismus in Deutschland eine Zeitlang die Protektion der Regierung. Als der ,,Kulturkampf" vorbei war, starb er auch dort ab. Etliche Jahre darauf stellte sich aber heraus, daß beinahe in der ganzen Welt kleine Zirkel von Geistlichen existierten, die eine Reform des Katholizismus, vor allem der Doktrin, für notwendig hielten. In den Vereinigten Staaten machte sich eine Gruppe bemerkbar, deren Meinungen als ,,Amerikanismus" bekannt wurden, in Frankreich trat Loisy, in England Tyrrell, in Italien Murri mit dem Versuch hervor, die kirchliche und die moderne Weltanschauung auszusöhnen. Ähnliche Bestrebungen entfalteten in Deutschland die Gruppen der ,,liberalen", der ,,fortschrittlichen" Katholiken. Der österreichische Klerus war gegen liberale Einflüsse widerstandsfähiger als der deutsche. Natürlich verfolgten die österreichischen Katholiken mit Spannung die Diskussion, die zeitweise die Spalten der gesamten europäischen Presse füllte. Einige Male griffen sie selbst aktiv ein, doch äußerten sie sich regelmäßig im konservativen Sinn. Außer dem Streit zwischen ,,Gral" und ,,Hochland" sind die Polemiken bemerkenswert, die durch die Theorien Albert Ehrhards und Hermann Schells ausgelöst wurden.

Über den Literaturstreit ist berichtet worden, den beiden anderen Kontroversen können nur ein paar allgemeine Bemerkungen gewidmet werden. Albert Ehrhard, ein Theologe aus Bonn, der etliche Jahre in Wien lebte, veröffentlichte daselbst 1901 ein Buch über den ,,Katholizismus und das 20. Jahrhundert". Der zentrale Gedanke des Buches war: Zwischen den ,,Grundfaktoren" der modernen Zeit und der katholischen Kirche gibt es keinen inneren und absoluten Gegensatz. Ehrhard warnte vor übertriebener Wertschätzung des Mittelalters, obwohl die Kirche damals die schönste Blüte erlebte, vor übertriebenem Ultramontanismus, obwohl der Ultramontanismus an sich berechtigt sei, etc. Diese Lehren riefen zahlreiche Kritiken hervor: der Linzer Dompfarrer Dr. Braun erwiderte mit ,,Bedenken über Dr. Ehrhards Vorschläge" (1902), das

,,Vaterland" mit einer Artikelserie, die Linzer ,,Theologisch-
praktische Quartalschrift", die Innsbrucker ,,Zeitschrift für
katholische Theologie" mit Einzelaufsätzen. Ehrhard replizierte
in der größeren Schrift ,,Liberaler Katholizismus?" (1902).
Es gelang ihm zu zeigen, daß seine Gegner mit einigen An-
schuldigungen übers Ziel geschossen hatten. Die Hilfe, die
liberale Autoren ihm hatten zuteil werden lassen, wies er als
unerwünscht zurück. Was Hermann Schell betrifft, handelt es
sich um einen Würzburger Theologen, der sich in Fachkreisen
einen Namen machte, dann aber von der vorgeschriebenen Bahn
abwich, weshalb zwei seiner gelehrten Werke und zwei für ein
größeres Publikum bestimmte Essays auf den Index gesetzt
wurden. Nicht ohne Zögern erklärte er, sich der Entscheidung
aus Rom zu unterwerfen. Nach seinem Tode unternahm es
Prälat Dr. Ernst Commer, Professor der Dogmatik an der
Wiener Universität, Herausgeber des ,,Jahrbuchs für Philosophie und spekulative Theologie", die Ansichten Schells im einzelnen zu entkräften. Commer warf dem Würzburger Professor
vor, er habe behauptet, daß Gott dem Verstand völlig erkennbar
sei, was ein Abgleiten in die Theosophie darstelle. Er habe
die katholische Lehre verlassen, wonach Gott als die Ursache
alles Seins selbst ursache-los ist, und statt dessen versucht,
Gott als Ursache seiner selbst (causa sui) zu begreifen. Zugleich
zeigte Commer an Hand von Briefen des Verstorbenen, daß
Schell zur päpstlichen Autorität nicht die Haltung einnahm,
die die Kirche fordert. Pius X. richtete ein Schreiben an Commer, worin er ihm für die geleistete Aufklärungsarbeit die Anerkennung aussprach. Wenige Wochen später führte der Vatikan
einen vernichtenden Schlag gegen die Reformbewegungen in
Frankreich, Italien usw. durch. Durch das Dekret der Heiligen
Römischen und Allgemeinen Inquisition vom 3. Juli 1907 und
das päpstliche Rundschreiben vom 8. September 1907 wurde der
,,Modernismus" seinem Wesen nach genau definiert und mit
aller Strenge verurteilt. In Commers Augen waren auch die
Anschauungen Schells unter den Begriff des Modernismus zu
subsumieren. Kralik erblickte in der Enzyklika die nicht weiter
anfechtbare Bestätigung der Argumente, die er gegen Muth

vorgebracht hatte.* Sicher ist, daß Schells allgemeine Gedankenrichtung mit derjenigen Loisys oder Murris verwandt war.
Ebenso stand Muth dem Modernismus nicht ganz fern, was schon
daraus erhellt, daß das ,,Hochland'' den Roman eines namhaften
Modernisten, Foggazzaro, in Fortsetzungen herausbrachte und
die Publikation erst einstellte, als das Buch auf den Index
kam.** Trotzdem sind Commer und Kralik mit ihren Schluß-
folgerungen zu weit gegangen: Schells Doktrinen werden in der
Literatur nicht den modernistischen gleichgesetzt, da man sie
offenbar nicht für gleich gefährlich hält und sie mehrfach auch
eine andere Tendenz zeigen. Die Arbeit Karl Muths lag großenteils außerhalb des Gebietes, auf das das päpstliche Rundschreiben abgezielt war. Das ,,Hochland'' erschien nach der Enzyklika weiter und erfreute sich einer vielköpfigen Leserschaft.

Daß in den Streitfällen jeweils deutsche Katholiken den —
relativ — liberalen, österreichische den konservativen Standpunkt bezogen, ist kein Zufall. Die Lage der Kirche jenseits
und diesseits der Grenze war sehr verschieden. In Deutschland befand sich der Katholizismus dauernd unter dem Druck
einer starken, immer noch expandierenden Staatsgewalt, die
sich die liberale und die protestantische Ideologie dienstbar
zu machen wußte. Liberale Doktrinen strömten in den Prote-
stantismus ein, protestantische in den Liberalismus, beide
Ideologien konnten um 1900 kaum mehr auseinandergehalten
werden. Zusammen hatten sie eine enorme Stoßkraft gegen
die katholische Weltanschauung, deren Repräsentanten nie
das Gefühl loswurden, gerade noch tolerierte Staatsbürger
zweiter Klasse zu sein. Die deutschen Katholiken scheuten
nicht davor zurück, ihr Minderwertigkeitsgefühl in Worte zu
fassen. Das Mittel, die Minderwertigkeit zu überwinden, war ihrer
Auffassung nach: den Zeitströmungen Konzessionen zu machen,
die kirchliche Lehre durch Anpassung an die herrschenden
weltlichen zu erneuern. Ganz anders verhielt es sich in Österreich. Hier stand die Kirche auf festem Fundament. Mochte

---

* R. v. Kralik, ,,Die katholische Literaturbewegung'', S. 1
** Ebenda, S. 78.

sie ein paar Jahre hindurch von den Intellektuellen von der Seite angesehen werden, das brauchte sie nicht aus der Ruhe zu bringen. Für Hunderttausende, die sich aus den Kernschichten des Volkes rekrutierten, war der Pfarrer eine höhere Instanz als der Universitätsdozent. Die Dynastie selbst mit ihrem großen Prestige betrieb zwar dynastische und nicht päpstliche Politik, aber sie liebte es vielleicht gerade deswegen, sich demonstrativ vor der Kirche zu beugen. Den österreichischen Katholiken kam der Gedanke, daß sie im Vergleich zu den Liberalen minderwertig seien, unsinnig vor. Der durchschlagende Erfolg, den Lueger, Scheicher und andere Christlichsoziale als Redner erzielten, beruhte nicht zuletzt darauf, daß sie das in drastischer Form zum Ausdruck brachten. Im Bewußtsein der Macht, die die Kirche in Österreich verkörperte, lehnten die Theologen und andere katholische Denker unseres Landes Modifikationen des überlieferten Glaubens ab.

Man braucht das nicht zu bedauern. Es ist überhaupt notwendig, einen naheliegenden Irrtum zu vermeiden: die Vorstellung, daß der Liberalkatholizismus als solcher ein fortschrittliches Phänomen gewesen sei, so daß also das Deutsche Reich in diesen Dingen als Träger des Fortschritts, Österreich als Sitz der Reaktion erschiene. In einer solchen Auffassung wäre eine Überschätzung des Liberalkatholizismus gelegen. Sicher waren seine Wortführer feine Köpfe. Sicher kamen sie in manchen Punkten anderer, heutiger Denkart nahe. Aber ihr Plan, liberale und katholische Grundauffassungen zu kombinieren, konnte nicht glücken. Das Ergebnis konnte nur eine Sammlung von Weltanschauungsfragmenten sein, die nicht zueinander paßten. Nehmen wir etwa Schell als den typischen Liberalkatholiken. Bei der Lektüre seiner Schriften fühlen wir uns dann und wann zur Zustimmung aufgerufen, weit öfter aber sind uns seine Behauptungen (Gott als causa sui usw.) fremd — ebenso fremd wie die Lehren seiner Gegner. Es war am Anfang des 20. Jahrhunderts längst nicht mehr entscheidend, ob ein Katholik gewisse Sätze aus der Philosophie des 19. Jahrhunderts in sein System rezipierte. Entscheidend war, ob er den sozialen Problemen der Epoche mit Verständnis gegenübertrat. Ein konservativer Katholik konnte da leicht erheblich moderner sein (im wahren Sinne des Wortes) als einer, der zum Modernismus tendierte. Vogelsang, Scheicher, Lammasch sind eindringliche Beispiele. Das Fehlen des Liberalkatholizismus in Österreich bedeutete nicht das Fehlen einer zeitgemäßen Tendenz. In manchen praktischen politischen Fragen herrschte zwischen Demokraten und Sozialisten einerseits, einzelnen führenden Katholiken anderseits Übereinstimmung. Dies Faktum war, mochte es auch von beiden Seiten nicht voll gewürdigt werden, objektiv wichtiger, als irgendwelche Versuche, die Kirche von innen heraus zu liberalisieren, hätten sein können.

Wir wollen unsere Betrachtung mit dem Hinweis auf eine Schriftstellergruppe beschließen, die, obwohl teilweise außerhalb der Kirche stehend, zu ihr doch eine nahe spirituelle Beziehung hatte: die *„Brenner"-Gruppe.* Die Revue „Der Brenner", 1910 begründet, von Ludwig v. Ficker in Innsbruck redigiert, hatte freireligiöse, protestantische und katholische Beiträger. Eines der Häupter des „Brenner"-Kreises war der südtirolische Mystiker Carl Dallago, der alle kirchliche Organisation schroff negierte; ein anderes Haupt war der in München ansässige eminente Polemiker Theodor Haecker, der sich Schritt für Schritt zum streng katholischen Standpunkt durchrang. Was alle verband, war der Wille zu restloser Aufrichtigkeit in religiösen Dingen, zu einer nur von ethischen Motiven bestimmten Lebensführung, zur Erneuerung des modernen Lebens aus dem Geist des Christentums. Der „Brenner" erwarb sich ein bleibendes Verdienst um die österreichische Dichtung, indem er für Georg Trakl eintrat, dessen Verse die erste und fruchtbarste Periode des Expressionismus eröffneten. Ferner machte die Revue die österreichische Öffentlichkeit mit Sören Kierkegaard bekannt, dem dänischen Theologen und Philosophen, der als der dunkelste Autor des 19. Jahrhunderts gelten kann, vielen aber auch als der tiefste gilt. Haecker wurde nicht müde, den Zeitgenossen Kierkegaards Bekehrung, seine qualvolle und doch erlösende Wandlung vom Protestanten zum Katholiken als mahnendes Beispiel vor Augen zu stellen.

Die menschliche Höhe, auf der das Innsbrucker Organ die
Erörterung religiöser Probleme zu halten wußte, ist in unserem
Land sonst kaum erreicht worden. Im chauvinistischen Rausch
von 1914 bewahrte der ,,Brenner" eine kritische Nüchternheit,
die jeder Anerkennung wert ist. Bald nach Kriegsbeginn mußte
er sein Erscheinen einstellen und konnte es erst 1919 wieder
aufnehmen.

ARBEITERBEWEGUNG

Die Tatsache, daß der wirtschaftliche Aufstieg Österreichs von Metternichs Zeiten an sich verlangsamte, hatte zur Folge, daß die Arbeiterbewegung bei uns später zur vollen Ausbildung kam als in England, Frankreich und Deutschland. Die österreichische Bewegung hat aber in den letzten Jahrzehnten der Monarchie das Versäumte nachgeholt und sich in dem komplizierten staatlichen Gefüge energisch zur Geltung gebracht. Gewiß war der Einfluß im öffentlichen Leben, den sie erreichte, nicht vergleichbar mit dem kombinierten der bürgerlichen Gruppen. Dennoch hat sie dem Land Unschätzbares geschenkt, Unschätzbares an Lebensmut, an originellen Gedanken, an hochfliegenden Plänen. Die politischen, sozialen, kulturellen Fortschritte, die von den Neunzigerjahren bis zum Untergang der Monarchie erzielt wurden, sind zu einem wesentlichen Teil *ihr* zuzurechnen. Sie war es auch, die den Republikjahren Sinn und Inhalt gab, soweit sie deren überhaupt teilhaftig wurden. Sie ist es, auf die sich vor allem gründet, was unser von tausend Nöten geplagtes Land heute an Zukunftshoffnungen besitzt.

Die Geburtsstunde der österreichischen Arbeiterbewegung fällt ungefähr mit der Geburtsstunde der konstitutionellen Monarchie zusammen. Zwar war in der Revolution von 1848 einige Aktivität des Proletariats sichtbar, doch hielt sie sich durchaus in der Bahn, die das Bürgertum vorzeichnete. Zwar entstanden Arbeiterbünde und Arbeiterzeitungen, doch erlagen sie dem Ansturm der Reaktion, bevor sie sich festigen, bevor sie ihre Ziele klären konnten. Das Bachsche Regime ließ nur katholische Gesellenbünde zu, keine andere proletarische Organisation. Der Versuch, eine illegale Organisation zu schaffen, scheint nicht gemacht worden zu sein. Noch die Regierung Schmerling verweigerte einem proponierten Arbeiterverein die Genehmigung. Erst 1867 trat der *Wiener Arbeiterbildungsverein* ins Leben. Aus ihm erwuchs eine Anzahl von Zirkeln, die in ihrer Gesamtheit parteiähnlichen Charakter hatten. Aus den Zirkeln wieder erwuchs nach zwei kampferfüllten Jahrzehnten die einige, straff geleitete Sozialdemokratie.

Die Kämpfe dieser Jahrzehnte waren doppelter Art. Erstens hatte die Arbeiterbewegung die immer erneuten Angriffe der Regierung, der Polizei, aller herrschenden Mächte abzuwehren. Sodann hatte sie die in ihrem eigenen Rahmen sich abspielende Auseinandersetzung feindlicher Fraktionen zu bestehen. Beides zusammen stellte die junge Bewegung auf eine furchtbar harte Probe. Daß sie der Schwierigkeiten Herr wurde, war der stärkste denkbare Beweis für ihre innere Kraft und für ihre objektive Notwendigkeit.

Die schlimmere der beiden Sachen war der Fraktionskampf. Ohne ihn hätte die Partei — oder was sich so nannte — den Druck des Staatsapparats viel früher unwirksam gemacht. Es handelte sich, wie kaum anders denkbar, um den Kampf eines radikalen gegen einen gemäßigten Flügel. Das blieb sich durch zwanzig Jahre gleich; doch änderte sich jeweils die Ideologie und die Zusammensetzung der Fraktionen, sowie die Bewegung das nächste Entwicklungsstadium erreichte. Ursprünglich standen die Anhänger des kleinbürgerlichen Reformers Schulze-Delitzsch den Anhängern Lassalles gegenüber. Die Lassalleaner (Hartung, Oberwinder) drängten die anderen beiseite. In die Periode ihrer Herrschaft fällt die erste Massendemonstration für das allgemeine Wahlrecht (1869). Das unmittelbare Resultat der Demonstration war die Verurteilung der „Rädelsführer" wegen Hochverrats. Nun erteilte die reichsdeutsche Zentrale der Lassalleaner den österreichischen Kollegen den Rat, sehr vorsichtig zu Werk zu gehen, so weit als möglich mit Bürgerlichen zu kooperieren. Dagegen opponierte die Gruppe um A n d r e a s S c h e u, der sich manche Ideen des Marxismus zu eigen gemacht hatte. Nach einer Fehde von kaum übertreffbarer Heftigkeit erlangte Scheu das Übergewicht, die Lassalleaner brachen zusammen. Das bedeutete aber nicht, daß somit der Marxismus für die Bewegung maßgebend geworden wäre. Durch den deutschen Revolutionär Johann Most, der nach London emigrierte und dort die Zeitschrift „Freiheit" herausgab, wurden anarchistische Gedanken in die österreichische Partei getragen. Most hatte vormals in Österreich gearbeitet, war in der Arbeiterschaft sehr bekannt, und sein Blatt wurde viel gelesen. Es gewann noch an Einfluß, als Andreas Scheu, nunmehr ebenfalls in London lebend, der Redaktion beitrat. Die „Gemäßigten" — unter ihren Führern wären etwa Bardorf, Karl Kautsky, Emil Kaler-Reinthal zu nennen — konnten sich nur als Minoritätsgruppe behaupten. Anfangs der Achtzigerjahre setzten von seiten der „Radikalen" Attentate und Raubüberfälle ein (letztere zu dem Zweck, Geldmittel für die Parteikasse zu beschaffen). Das Land geriet in maßlose Aufregung. Etliche ebenso sinnlose wie brutale Aktionen ließen in der Arbeiterschaft Zweifel am Wert des Radikalismus entstehen. Die Regierung, die die Bewegung immer in halber Illegalität gehalten hatte, ging mit den schärfsten Maßnahmen vor, wobei sie zwischen „Radikalen" und „Gemäßigten" gar nicht sehr genau unterschied. Die vernünftigen Leute aus beiden Fraktionen begannen zu verstehen, daß der interne Streit nur dem Klassenfeind nützte, von ihm sogar künstlich angefacht war. Ein Mann, der der Bewegung noch nicht lange angehörte, sich aber schnell Respekt auf allen Seiten verschafft hatte, Viktor Adler, nahm das Versöhnungswerk in die Hand und hatte Erfolg. Er verhalf in längeren Verhandlungen dem marxistischen Gedanken zum Sieg. Das von ihm ausgearbeitete Programm war so gut durchdacht, daß es auf der *Hainfelder Tagung* (Jahreswende 1888/89) mit sämtlichen gegen eine Stimme angenommen wurde.

Welchen politischen Inhalt hatte der Streit, der in Hainfeld zum Abschluß kam? Es war kein Streit um den Sozialismus; das Endziel der Bewegung: von dem Endziel hatten „Radikale" und „Gemäßigte" mindestens ähnliche Vorstellungen. Es war ein Streit um die Strategie und Taktik, die das Proletariat anzuwenden, um die Organisationsform, die es zu wählen habe. Die

Anschauungen der „Radikalen" waren dieselben, wie sie mit der oder jener Variante die Anarchisten in der ganzen Welt vertraten:

> Der Kampf geht nicht um Reformen innerhalb des Kapitalismus, sondern um den Sturz der Bourgeoisie. Das einzig mögliche Kampfmittel ist die Gewalt. Parlamentarisch ist nichts auszurichten, speziell in Österreich, wo die Arbeiter gar nicht das Wahlrecht haben. Da die Arbeiterpartei die Hauptaufgabe hat, Terrorakte auszuführen, muß sie zu wesentlichen Teilen illegal sein. Zweckmäßigerweise wird sie locker gefügt, „föderalistisch" aufgebaut sein.

Von all dem wurde in Hainfeld genau das Gegenteil beschlossen. Hainfeld sagte ungefähr:

> Terrorakte sind ohne Wert, sie werfen uns zurück, statt uns vorwärts zu helfen. Reformen sind kein Ersatz für die sozialistische Ordnung, die wir erstreben — aber sie sind besser als nichts. Um wirtschaftliche, soziale, politische Verbesserungen für das Proletariat durchzusetzen, brauchen wir eine breite, legale Massenorganisation. Zweckmäßigerweise wird sie fest gefügt, „zentralistisch" aufgebaut sein. Die wichtigste der Reformen, die wir gegenwärtig erreichen können, ist das allgemeine Wahlrecht: Demokratisierung Österreichs ist unser nächstes Ziel.

Waren somit in einer ganzen Reihe von Punkten die Gemäßigten durchgedrungen, so hatten die Radikalen doch insofern Anlaß, mit dem Hainfelder Programm zufrieden zu sein, als es nicht das war, was man heute reformistisch nennt. Es wies auf den begrenzten Nutzen von Reformen hin, es vermied in unmißverständlicher Weise, die legalen Kampfmittel als die einzig zulässigen zu erklären. Es war eben ein (wenn auch sicher nicht in allen Formulierungen ideales) marxistisches Programm. Im ganzen trug die Partei, die aus dem Einigungskongreß hervorging, die typischen Züge der um diese Zeit in allen Ländern sich formierenden sozialdemokratischen Parteien, die sich 1889 in Paris zur Zweiten Internationale zusammenschlossen.[1]

Die Einigung in Österreich kam in einem günstigen Augenblick zuwege; die Voraussetzungen waren da, die Partei rasch weiterzubringen, sie zu einem der entscheidenden Kraftzentren der Monarchie zu machen: so urteilte Friedrich Engels, der vom Ende der Achtzigerjahre bis zu seinem Tod (1895) mit Viktor

Adler in konstanter Fühlung stand, ihn mit Rat und Tat unterstützte. Einer der Briefe von Engels an Adler enthält eine Analyse der politischen Verhältnisse, wie sie um 1890 in Österreich beschaffen waren. Die Briefstelle ist, gleich vielem, was der große Mann geschrieben hat, von solcher Klarheit und Frische, daß die Lektüre noch heute zum ästhetischen Vergnügen wird:

„Seit ich mir Euer Land und Volk und Eure Regierung angesehen², ist mir immer klarer geworden, daß da für uns ganz besondere Erfolge zu holen sind. Eine in starker Entwicklung begriffene, aber infolge langjährigen hohen Zollschutzes meist noch mit zurückgebliebenen Produktionskräften arbeitende Industrie (die böhmischen Fabrikanlagen, die ich sah, beweisen mir das); die Industriellen selbst der Mehrzahl nach — die größeren meine ich — ebensosehr mit der Börse verwachsen wie mit der Industrie selbst; ein politisch ziemlich indifferentes, in Phäakentum aufgehendes Philisterium in den Städten, das vor allem seine Ruh' und seine Genüsse haben will; auf dem Land rapide Verschuldung respektive Aufsaugung des Kleingrundbesitzes; als wirklich herrschende Klasse der Großgrundbesitz, der aber mit seiner politischen Stellung, die ihm eine mehr indirekte Herrschaft sichert, ganz zufrieden ist, und eine Großbourgeoisie, wenig zahlreiche haute finance und damit eng verknüpfte Großindustrie, deren politische Macht *noch viel indirekter* zur Geltung kommt, die aber ebenfalls damit ganz zufrieden ist; unter den besitzenden Klassen, also bei den Großen, kein Wunsch, die indirekte Herrschaft in eine direkte, konstitutionelle zu verwandeln, und bei den Kleinen kein ernsthaftes Streben nach wirklicher Beteiligung an der politischen Macht; Resultat: Indifferenz und Stagnation, die nur gestört wird durch die Nationalitätskämpfe der verschiedenen Adeligen und Bourgeois untereinander und durch die Entwicklung des Verbands mit Ungarn. —

In einem solchen stagnierenden Staatszustand, wo die Regierung trotz ihrer überaus günstigen Stellung gegenüber den einzelnen *Klassen* dennoch in ewigen Schwierigkeiten ist: 1. weil diese Klassen in x Nationalitäten geteilt sind und daher, gegen die strategische Regel, vereint marschieren (gegen die Arbeiter), aber getrennt schlagen (nämlich auf einander), 2. wegen der ewigen Finanznot, 3. wegen Ungarn, 4. wegen auswärtiger Verwicklungen — kurz, in dieser Situation, sagte ich mir, muß eine Arbeiterpartei, die ein Programm und eine Taktik hat, die weiß, was sie will und wie sie es will, die die hinreichende Willenskraft hat und dazu das lustige, erregbare, der glücklichen kelto-germanisch-slawischen Rassenmischung mit Vorwiegen des deutschen Elements geschuldete Temperament — die muß da nur die hinreichende Fähigkeit entwickeln, um ganz tolle Erfolge zu erlangen. Unter lauter Parteien, die nicht wissen, was sie wollen, und einer Regierung, die ebenfalls nicht weiß, was sie will, und von der Hand in den Mund lebt, muß eine Partei, die weiß, was sie will, und dies mit Zähigkeit und Ausdauer will, schließlich immer siegen. Und dies umso mehr, als alles, was die österreichische Arbeiterpartei will und wollen *kann*, nur das ist, was die fortschreitende ökonomische Entwicklung des Landes ebenfalls verlangt."*

Stellen wir die Frage, ob die österreichische Partei die Chancen, auf die der Lehrmeister des internationalen Proletariats sie hinwies, genutzt hat, dann fällt die Antwort nur teilweise bejahend aus. Die Sozialdemokratie hat nach 1890 Großes geleistet, und sie hat Entscheidendes *nicht* geleistet.

Die Phase ihrer Geschichte, die mit Hainfeld begann, ließ sich ungleich ruhiger an als die vorangegangene. Der Fraktionskampf war jahrelang so gut wie tot. Adler hielt sich mühelos an der Spitze der Bewegung; neben ihm traten Julius Popp, Pernerstorfer, Schuhmeier, Reumann in den Vordergrund, weiters Seitz, Renner, Austerlitz. Die Meinungsverschiedenheiten, die auf den Parteitagen diskutiert wurden, waren nicht so heftig, daß sie die Einheit gefährdet hätten. Auf jeder Tagung konnten organisatorische Fortschritte registriert werden, die sich seit der letzten ergeben hatten. Die Partei dehnte sich aus, indem sie die schwer erfaßbaren proletarischen Schichten einbezog, sowie auch angrenzende Schichten (Angestellte, schlechtbezahlte Intellektuelle). Bedeutsamer noch war, daß sich die mit ihr verbundenen Massenorganisationen rapid erweiterten: die Gewerkschaften, die 1893 ihren ersten Kongreß durchführten, die Genossenschaften, dann die Frauen-, Jugend-, Sport-, Bildungsorganisationen.** Die sozialdemokratische Presse nahm einen erstaunlichen Aufschwung. 1895 beging man es als ein großes Fest, daß die „Arbeiterzeitung" (begründet 1889) Tageszeitung wurde. Unmittelbar vor dem Krieg verfügte die Partei über 6 Tagesblätter, etwa 20 Wochen- und Monatsschriften der verschiedensten Art, und die Gewerkschaften publizierten außer-

---

* Brief vom 11. Oktober 1893, veröffentlicht in: V. Adler, „Aufsätze, Reden, Briefe", 1922—29, 1. Heft, S. 78 ff. Dort ist nicht nur die Korrespondenz zwischen Engels und Adler mitgeteilt, sondern es sind noch manche andere interessante Äußerungen von Engels zusammengestellt.
** Vgl. L. Brügel, „Geschichte der österreichischen Sozialdemokratie", 1922—25, 4. Bd., S. 383 ff; 5. Bd., S. 140 ff; J. Deutsch, „Geschichte der österreichischen Gewerkschaftsbewegung", 1. Bd., 1929; Adelheid Popp, „Der Weg zur Höhe", 2. Aufl. 1930.

dem noch 53 Blätter. Natürlich war die Organisation nicht Selbstzweck. Sie erwirkte für das Proletariat Besserstellung auf allen möglichen Gebieten. Die Ausnahmsbestimmungen gegen Arbeiterverbände fielen. Das Kurienparlament fiel. Der Sturm der Arbeiterversammlungen und Massendemonstrationen, die Generalstreikdrohung, ausgesprochen angesichts der russischen Ereignisse von 1905 — das war schließlich mehr, als die Nutznießer des alten Systems aushalten konnten. Die Sozialdemokratie hatte schon bei den Wahlen von 1897 und 1901 ein paar Kandidaten durchgepreßt. 1907 wurde die sozialistische Fraktion mit einem Schlag eine der stärksten im Hause. Die gefestigte Position der Arbeiterschaft nötigte die Regierung zur Einführung von — allerdings dürftigen — Sozialgesetzen, die Unternehmer zu manchen Konzessionen in den Betrieben. Die Tätigkeit der Sozialdemokraten hatte ferner einen hervorragenden volkserzieherischen Effekt. Die Partei lehrte die proletarischen Massen das politische Einmaleins der Gegenwart, weckte ihr Interesse für kulturelle Fragen, löste in den tausend Vereinen, deren Netz das Land überspannte, ein gewisses Maß an demokratischer Aktivität aus. Die Partei entdeckte eine große Zahl hochbegabter Leute gerade in den untersten Schichten, berief sie auf verantwortliche Posten und verwertete ihr Talent, indem sie es praktisch fortbildete.

Das stärkste erzieherische Element in der Arbeit der Sozialdemokraten war das moralische: der Enthusiasmus, mit dem sie ihre Aufgaben anpackten, der glühende Wille zum Fortschritt, die Bereitschaft des Einzelnen, für die gute Sache Opfer zu bringen. Enthusiasmus ist, Gott sei Dank, ansteckend. Die Gesinnung der älteren Genossen übertrug sich durch die Macht des Beispiels auf die, welche neu hinzukamen. Karl Höger, einer der Veteranen der Bewegung, meinte zwar, Idealismus und Opferbereitschaft seien nie wieder so groß gewesen wie in der ersten Zeit, damals als der Wiener Arbeiterbildungsverein gegründet wurde;* und er muß es gewußt haben, da er dabei war. Aber was an Idealismus in Viktor Adlers Epoche noch lebte, war

---

* L. Brügel, a. a. O., 1. Bd., S. 99.

genug, um das Land auf den Kopf zu stellen. Die Sozialdemokratie appellierte an die besten Kräfte in der Seele des österreichischen Volkes; stürmischer Widerhall war der Lohn, der ihr zuteil wurde.

Nun kann aber das Wirken der Sozialdemokratie nach Hainfeld nicht allein von dem Gesichtspunkt aus betrachtet werden, welche organisatorischen, pädagogischen, moralischen Leistungen vollbracht wurden, welche Reformen den herrschenden Klassen abgenötigt wurden. Die Geschichte der Sozialdemokratie ist politische Geschichte in einem weiteren Sinn. Sie handelt von der Theorie und Praxis des proletarischen Klassenkampfes im Zeitalter des Imperialismus. So angesehen, zeigt sie viel weniger erfreuliche Züge, zeigt sie im Gegenteil Tendenzen, die, anfänglich kaum merkbar, allmählich scharf hervortretend, ein katastrophales Versagen an historischen Wendepunkten vorbereiteten; Tendenzen, die dazu führten, daß in der Partei nach 1900 der Fraktionskampf in der Form des Kampfes zwischen Deutschösterreichern und Tschechen wieder auflebte; daß die Partei um 1910 in nationale Gruppen auseinanderfiel; daß sie 1914 den imperialistischen Krieg unterstützte; daß sie 1918 die große Chance des Proletariats zur Machtergreifung vorübergehen ließ; daß sie späterhin die Aufgaben der Republikzeit nicht zu meistern verstand. All das zusammen würde bloß gelinde Kritik herausfordern, wenn man es in der Sozialdemokratie mit einer Fortschrittspartei kleinbürgerlichen Typus zu tun hätte. Verglichen mit den bürgerlichen Parteien der Habsburger-Monarchie bewährte sie sich vortrefflich. Fraglos war auf ihrer Seite ein gewaltiges Plus an sozialem Empfinden und zugleich ein Minus an Anfälligkeit gegenüber der chauvinistischen und imperialistischen Seuche. Aber sie hatte sich sehr hohe Ziele gesetzt, hundertmal höhere, als einer bürgerlichen Gruppe je in den Sinn gekommen wären. Sie wollte den imperialistischen Krieg verhindern, die Bourgeoisie stürzen, der Ausbeutung des Menschen durch den Menschen ein Ende machen. Mit einem Wort: Sie trat als die Partei der proletarischen Revolution auf. Sie erhob die kühnen Ansprüche, die die proletarische Avantgarde allenthalben erhebt. Es ist eine Forderung der historischen Gerechtigkeit, daß sie an diesen Ansprüchen gemessen werde.

Die österreichische Sozialdemokratie erfuhr dasselbe Schicksal wie die Zweite Internationale in ihrer Gesamtheit: sie verfiel, politisch gesprochen, den korrumpierenden Einwirkungen der imperialistischen Epoche.* Marx und Engels hatten gelehrt, daß das Proletariat im Rahmen der kapitalistischen Ordnung von Ausbeutung und Unterdrückung nicht frei werden kann; daß es, um frei zu werden, die politische Macht erobern muß. Nun herrschten um 1890, als in den fortgeschrittensten Ländern die sozialdemokratischen Massenparteien entstanden, stabile wirtschaftliche und politische Verhältnisse. Das Gesicht der europäischen Gesellschaft war bestimmt durch die Dreiheit: Konjunktur, Friede, Parlamentarismus. Der Kampf um die Macht, der ein erschüttertes Gesellschaftssystem voraussetzt, konnte unmöglich die nächste Aufgabe des Proletariats sein. Als nächste Aufgabe kam nur in Betracht: Sammlung der Kräfte, Vorbereitung für die Kampfsituation, die früher oder später eintreten mußte. Es war daher völlig korrekt, wenn die Zweite Internationale, bis 1895 noch von Engels beraten, das Spiel mit der revolutionären Phrase, das von manchen Sozialdemokraten betrieben wurde, verurteilte. Es war korrekt, wenn etwa die österreichische Partei im Hainfelder Programm ihr Gegenwartsziel definierte als Aufklärung und Organisierung der Massen. Anderseits steckte in der Politik des Kräftesammelns eine unerhörte Gefahr. Eine revolutionäre Partei ist in ihrer notwendig unrevolutionären Umgebung stets der Gefahr des Versandens ausgesetzt. Faktisch kam es von den Neunzigerjahren an zu einer derartigen Entwicklung. Das Kräftesammeln begann vielen Sozialdemokraten besser und besser zu gefallen. Die Arbeiterparteien wuchsen: das Parlament des einen oder anderen Landes beschloß die eine oder andere soziale Schutzvorschrift. Die Gewerkschaften wuchsen noch schneller: da und dort erreichten sie für eine begrenzte Arbeiterkategorie eine Lohnerhöhung.

---

* Vgl. W. I. Lenin, ,,Der Imperialismus als höchstes Stadium des Kapitalismus", 1917; deutsche erw. Ausg. 1920. M. Beer, ,,Allgemeine Geschichte des Sozialismus und der sozialen Kämpfe", 6. Aufl. 1929, S. 691 ff.

Waren nicht Reformen und Zugeständnisse der Unternehmer der beste Ertrag der sozialdemokratischen Tätigkeit? Sollte man nicht alle Energie auf weitere Reformen konzentrieren, statt von einer Revolution zu reden, für die der Zeitpunkt nicht und nicht kommen wollte? War es nicht denkbar, durch Vermehrung der Reformen die bürgerliche Gesellschaftsordnung schrittweise in die sozialistische zu überführen? Gedanken dieser Art ergriffen von vielen Arbeiterkreisen Besitz, besonders von der Arbeiteraristokratie, d. h. solchen Proleten, die relativ gute Löhne bezogen, ein gutes Bildungsniveau und gerade deshalb namhaften Einfluß in den Organisationen hatten. Die „Reformisten" übersahen nur ein paar „Kleinigkeiten". Der neu heraufkommende Monopolkapitalismus war so wenig imstande, Krisen fernzuhalten, wie der alte Liberalkapitalismus. Der Friede konnte nicht dauern. Der Siegeszug der Monopole durch die ganze Welt mußte den bewaffneten Konflikt der imperialistischen Länder nach sich ziehen. Die Parlamente konnten dem Proletariat nur wenig nützen, wenn es sie nicht als Instrumente im Machtkampf behandelte. Die Ideen der Reformisten waren pure Illusion — eine Illusion, die von der Bourgeoisie systematisch genährt wurde, da sie der geltenden Ordnung offenbar zugute kam. Die Sozialdemokraten hätten alles Erdenkliche tun müssen, die Arbeiterschaft vor der drohenden Kriegskatastrophe zu warnen; sie auf das rasche Nahen der lange erwarteten revolutionären Situation hinzuweisen; sie auf den Machtkampf vorzubereiten. Damit hätten sie der Menschheit den Jammer zweier Weltkriege, den Jammer der zwanzig Zwischenjahre erspart. Leider taten sie das Gegenteil von dem, was nötig gewesen wäre. Zwar, jene überdeutliche Form des Reformismus, die man Revisionismus nannte, setzte sich nicht durch.[3] Auf den Kongressen der Internationale und der einzelnen Parteien wurden die Revisionisten immer wieder niedergestimmt. Aber ein „schleichender", ein „getarnter" Reformismus bemächtigte sich in um so wirksamerer Weise der proletarischen Organisationen.[4] Die Manifeste der Internationale, die Werke der Theoretiker sprachen unablässig vom bevorstehenden Krieg und der bevorstehenden Revolution. Das Unglück war nur, daß kein Mensch glaubte, was da gesagt wurde. Man hörte diese Dinge seit Jahrzehnten, es waren Phrasen, die die Bewegung mitschleppte, weil sie sich nun einmal eingelebt hatten. In der Praxis gingen die sozialdemokratischen Führer von der Vorstellung aus, daß die kapitalistische Ordnung, in der sie aufgewachsen waren, unabsehbar fortdauern würde. Die Arbeiterparteien würden immer mehr Mitglieder, immer mehr Abgeordnete in den Parlamenten haben, eines Tages würde die deutsche oder die französische oder die belgische Partei vielleicht sogar die Mehrheit gewinnen. Dann würde sie die Regierung bilden und einige größere Reformen in Angriff nehmen. In der Internationale existierte ein Flügel, der die spießbürgerlichen Phantasien der offenen und getarnten Reformisten energisch bekämpfte: der Flügel, den Lenin führte und dem u. a. auch Karl Liebknecht und Rosa Luxemburg nahestanden. Man respektierte Lenin in der Internationale einfach deshalb, weil es selbst Liberalen unmöglich war, die revolutionäre Arbeit der Bolschewiki zu übersehen. Aber man dachte und gab zu verstehen: ,,Der Mann hat den Fehler, daß er ein Russe ist. Er sieht alles durch die russische Brille. Mittel- und Osteuropa sind doch nicht Rußland!"... Der Entartungsprozeß, der die Internationale innerlich aushöhlte, griff um sich, und auch die österreichische Sozialdemokratie wurde von ihm erfaßt.

Während der ersten Jahre nach Hainfeld war die Tätigkeit der österreichischen Partei im wesentlichen von marxistischen Prinzipien beherrscht. Sie war eine ,,gesamtösterreichische" Partei, d. h. sie umfaßte Arbeiter aus allen in ,,Zisleithanien" lebenden Nationen; sie verstand es, ihre organisatorische Aufbauarbeit, ihre Kampagnen für Sozialgesetze und Wahlrecht zu verbinden mit einer Belehrung der Massen darüber, daß Reformen nur begrenzten Wert haben, daß das Parlament im bürgerlichen Klassenstaat nie ein Allheilmittel sein kann. Doch wurden schon in den Neunzigerjahren *gelegentlich* opportunistische Tendenzen sichtbar, und später wurde es schlimmer und schlimmer. Auf dem Parteitag von 1892 gab Viktor Adler zu der Frage, ob die Sozialdemokratie revolutionär oder reformatorisch sei, eine Erklärung ab, die sehr geschickt und zugleich sehr bedenklich

war.[5] Der Gesamtparteitag von 1901 ersetzte das Hainfelder
Programm durch ein neues, das aller gegenteiligen Versicherungen
ungeachtet Konzessionen an die Rechte enthielt.[6] Manche
Genossen meinten, das Programm solle die Erringung der
politischen Macht als Ziel nennen. Adler sprach dagegen mit der
Begründung, daß „dieses Schlagwort" seine Entstehung dem
Kampf mit den Anarchisten verdanke (die grundsätzlich alle
Macht verneinten); jetzt, wo es kaum mehr Anarchisten gebe,
sei es überflüssig, eine Selbstverständlichkeit noch besonders zu
betonen.* In Wirklichkeit waren sich nur ganz wenige Sozialdemokraten der Notwendigkeit des Machtkampfes bewußt; Adler
war keiner von ihnen.[7] Während der Badeni-Krise von 1897 zeigte
die Partei furchtbare Unklarheit in der nationalen Frage.** Der
Brünner Gesamtparteitag von 1899 suchte dann eine Lösung der
nationalen Frage zu finden. Er schlug einen verkehrten Weg ein.
Die deutschösterreichischen Sozialdemokraten hätten es als Axiom
ansehen müssen, daß die unterdrückten Nationen der Monarchie
das Recht auf Abtrennung und staatliche Sonderexistenz
besaßen. Statt dessen erklärte man, das nationale Problem sei
hauptsächlich ein kulturelles. Die Nationen sollten kulturelle
Autonomie bekommen, d. h. ihre Schulen, Theater etc. nach
Gutdünken verwalten können. Damit, glaubte man, werde
die Angelegenheit geordnet sein. Aus dem *Brünner Nationalitätenprogramm* sprach nicht proletarischer Gerechtigkeitssinn,
sondern der Geist des bürgerlichen Nationalismus. Der Geist des
bürgerlichen Nationalismus war es auch, der, bei allen Streitteilen sich äußernd, eine Einigung verhinderte, als die Tschechen
1905 systematisch auf selbständige, von Wien unabhängige
Gewerkschaften hinzuarbeiten begannen. Die Deutschösterreicher mobilisierten dagegen die Internationale und setzten durch,
daß diese den Tschechen mit Ausschluß drohte. Es wäre besser
gewesen, sie hätten die größten Prestigeopfer gebracht, um ihre
Versöhnlichkeit zu beweisen. Durch ihre Haltung erreichten sie
nur, daß die nationale Spannung sich verstärkte, daß die tsche-

---

* V. Adler, „Aufsätze, Reden, Briefe", 6. Heft, S. 333.
** In diesem Sinn hat Josef W. Stalin das Programm kritisiert. Vgl. seine
Schrift: „Marxismus und nationale Frage", 1913.

chischen Sozialdemokraten bei den Wahlen von 1911 deutsche
sozialdemokratische Kandidaten durch Gegenkandidaten zu Fall
zu bringen trachteten, daß nach den Wahlen die sozialdemokratischen Abgeordneten jeder Nation (auch der Polen, Ruthenen
usw.) einen separaten Klub bildeten.*

Die deutschösterreichischen Sozialdemokraten hatten ein
Wort, das sie in der Diskussion mit den Tschechen und auch in
allen anderen Diskussionen über nationale Dinge gleich einem
Zaubermittel verwendeten: ,,Internationalismus''. Der Internationalismus, den sie meinten, war von merkwürdiger Art.
Er enthielt (außer der richtigen Auffassung, daß die Proletarier
aller Nationen gemeinsame Interessen haben) die absolute Verneinung jedes nationalen Standpunktes. Nationales Denken
sollte bürgerlich, überholt, ins vorige Jahrhundert zuständig
sein. Der denaturierte Internationalismus ließ bei ihnen Raum
für eine starke Affinität gegenüber Deutschland. Die Zugehörigkeit der Deutschösterreicher zur deutschen Nation wurde
von ihnen nie in Zweifel gezogen, das Bündnis zwischen dem
Habsburger- und dem Hohenzollernstaat wurde nicht prinzipiell
bekämpft.[8] All das zusammen war nicht geeignet, die Arbeiter
der unterdrückten Völker zu überzeugen, daß ihre nationale
Zukunft bei den deutschösterreichischen Genossen in guten
Händen sei. In ihrer ganzen Schwere stellten sich die Folgen des
jahrelang wuchernden Opportunismus bei Kriegsausbruch ein.
Die Partei degradierte sich zur aktiven Helferin des Imperialismus.[9] In der ,,Arbeiter-Zeitung'' erschienen Hetzartikel, die auch
einem liberalen Blatt Schande bereitet hätten.[10] Die Verwirrung
war keineswegs nur momentan, sie dauerte bei einem Großteil
der Partei bis zur russischen Revolution, bei einigen bis ins Jahr
1918 hinein. Zwei Spielarten imperialistischen Denkens kamen
im sozialistischen Lager zum Vorschein: eine (Renner) mit
großösterreichischer, die andere (Pernerstorfer, Leuthner) mit
deutschnationaler Färbung.[11] Auch in Viktor Adler war der alte
Deutschnationale wieder erwacht. Eine Gruppe von Sozial-

---

* Vgl. über diese Vorgänge: L. Brügel, 5. Bd., S. 77 ff., der freilich bemüht
ist, den Tschechen alle Schuld an der Spaltung zuzuschieben. Im 4. Bd., S. 338 f.,
gibt er den Wortlaut des Brünner Programms wieder.

7 Fuchs, Geistige Strömungen

demokraten, die den offiziellen Kurs der Partei verurteilten, sammelte sich um seinen Sohn.[12] Die ,,Linke" Friedrich Adlers bekannte sich von allem Anfang an zu einem achtbaren Pazifismus, begriff aber nicht die Größe der Möglichkeiten und Aufgaben, die sich für das Proletariat objektiv ergaben.[13] Friedrich Adlers Attentat auf den Ministerpräsidenten S türgkh im Jahre 1916 war die Demonstration eines Einzelnen gegen den Krieg und Stürgkhs absolutistisches Regime. Adler entschloß sich erst nach langen Seelenkämpfen zu dieser Form der Demonstration. Kein Mensch wurde in seine Absicht eingeweiht. Vom politischen Standpunkt schien ihm die Gerichtsverhandlung, die folgen würde, fast noch wichtiger als die Tat selbst. Wirklich zeigte er dann vor dem Ausnahmegericht größte Unerschrockenheit. Den Plan seines Vaters, der ihn als irrsinnig hinstellen wollte, machte er zunichte und gab eine mannhafte politische Begründung der Tat. Die weitere Entwicklung zeigte jedoch, daß es sich bei dieser Tat nicht um einen Schritt von der offiziellen sozialdemokratischen Taktik zum revolutionären Klassenkampf handelte, sondern um einen einzelgängerischen Terrorakt. Noch im Jänner 1918 setzte sich die ,,Linke" für den Abbruch der großen Streiks ein, die unmittelbar zur Beendigung des Krieges hätten führen können. Der Beschluß ,,abzubrechen" stieß auf heftigen Widerstand.* Die Vorgänge im Jänner 1918 gaben den Anlaß, daß die ,,Linksradikalen", die den Streik fortsetzen wollten, sich von den ,,Linken" loslösten. (Die ,,Linksradikalen" waren eine der Keimzellen der Kommunistischen Partei Österreichs.) In den Umsturztagen von 1918 waren die Linken mit Friedrich Adler und Otto Bauer an der Spitze die unbestrittenen Führer der Sozialdemokratie. Sie wandten sich gegen die proletarische Revolution, versuchten Österreichs Probleme durch den Anschluß an Deutschland zu lösen und steuerten die Partei, als das mißlungen war, in eine Epoche tragischer Vergeblichkeit. Trotz glänzender Reformarbeit scheiterte die Sozialdemokratie der Republik an dem Opportunismus, der zuvor die Sozialdemokratie des monarchischen Österreichs scheitern ließ.

---

* So schreibt jedenfalls Otto Bauer in seinem Buch ,,Die österreichische Revolution", 1923, S. 65.

Wir wollen nun kurz, von ein paar bedeutenden Menschen sprechen, deren Namen mit dem Aufstieg der Sozialdemokratie eng verknüpft sind.

Gleich manchen anderen hervorragenden Führern des Proletariats stammte Viktor Adler* aus großbürgerlichem Milieu. Er wurde 1852 in Prag als Sohn eines reichen Kaufmanns geboren. Wenige Jahre später übersiedelte die Familie nach Wien, wo sie zuerst eine Villa in Döbling, dann ein Palais in der Liechtensteinstraße bewohnte. Viktor Adler besuchte das Schottengymnasium, studierte Medizin und eröffnete in dem väterlichen Palais eine Armenpraxis. Von den medizinischen Fächern zog ihn am stärksten die Psychiatrie an. Eine Zeitlang war er Hilfsarzt an der Klinik Meynert. Als er noch ein ganz junger Mensch war, führte ihn der Zufall mit den größten Geistern seiner Generation zusammen. Durch die Vorlesungen Meynerts kam er mit Sigmund Freud in Kontakt; er war auch einer der ersten verständnisvollen Zuhörer Gustav Mahlers. Völlige Konzentration auf den ärztlichen Beruf kannte er niemals. Stets beschäftigten ihn neben medizinisch-naturwissenschaftlichen auch soziale und politische Fragen. Ebenso wie zwei Jugendfreunde und vormalige Schulkollegen, Engelbert Pernerstorfer und Heinrich Friedjung, schloß er sich der deutschnationalen Bewegung Schönerers an, die damals eine demokratische Note hatte. Im Verein mit Schönerer planten die Freunde die Schaffung einer Deutschen Volkspartei, sie entwarfen auch ein Programm, das sogenannte Linzer Progamm, doch erblickte die Partei nicht das Licht der Welt. Eine andere Partei erweckte Adlers Interesse: die arme, zerklüftete Sozialdemokratie. Er überlegte, wie er ihr nützen könne, und da er fand, daß es am besten durch seine Berufsqualifikation möglich sei, beschloß er, sich um einen Posten als Fabrikinspektor zu bewerben. 1883 unternahm er eine längere Reise, um Material über die Fabrikverhältnisse in verschiedenen Ländern zu sammeln. Die Reise ging unter anderem nach England und er benützte die Gelegenheit, Friedrich Engels einen Besuch abzustatten. Engels war mit Adlers Berufsabsichten

---

* Vgl. M. Ermers, ,,Viktor Adler", 1932, und L. Brügel, ,,Viktor Adler", in: ,,Neue österr. Biographie", 1. Abt., 3. Bd., 1926, S. 152—72.

sehr einverstanden: Agitatoren, meinte er, habe die Partei genug,
aber Leute, die von einem Ressort etwas verstehen, werde sie
dringend brauchen, wenn sie an die Macht komme. Doch machte
das Handelsministerium einen Strich durch die Rechnung. Es
stellte den extravaganten jungen Mann nicht an. So blieb
nichts anderes übrig, als doch Agitator zu werden. Er ließ
sich nun in die Mitgliederliste der Sozialdemokratie aufnehmen
und startete 1886 ein Wochenblatt, die „Gleichheit". Um dieselbe Zeit setzten seine Besprechungen mit „radikalen" und
„gemäßigten" Gruppen in der Partei ein. Er hatte sich keine
leichte Aufgabe gestellt, aber sein politischer Scharfblick,
seine Geduld und Menschenkenntnis, und nicht zuletzt die
objektiven Umstände brachten ihn ans Ziel. Hainfeld wurde
sogleich in der Welt als ein Wendepunkt in der Geschichte
der österreichischen Arbeiterbewegung gewertet. Der Mann,
der die Einigung ins Werk gesetzt hatte, war natürlich zum
Führer der Partei berufen. Er zeigte, daß er führen konnte.
Die Wiener Maidemonstrationen, welche die der meisten anderen
Hauptstädte an Wucht übertrafen, die Wahlrechtkampagne mit
ihren tausend Versammlungen, die glänzend redigierte „Arbeiter-
Zeitung" — all das war gewiß nicht das Werk eines Einzelnen,
aber es war mehr das Werk Viktor Adlers als das irgendeines
anderen. Ein Jahrzehnt nach seinem Eintritt ins öffentliche
Leben zählte er zu der Handvoll österreichischer Politiker, die
man in ganz Europa kannte und ernst nahm. Seine Laufbahn
erreichte ihren äußeren Höhepunkt, als das Kuriensystem beseitigt war, als er mit fünfzig Fraktionsgenossen im Reichsrat saß.
Der Kampfboden für die Demokratie war gewonnen; das hieß
unerhörte Steigerung des sozialdemokratischen Einflusses,
Triumph der Adlerschen Taktik. Die Partei schien nun auf dem
richtigen Weg, der sie nahe an die Macht heranbringen würde...
     Je größer die vorangehenden Erfolge, um so niederschmet-
ternder wirkte Adlers Versagen im Sommer 1914. Es hing wahrscheinlich auch damit zusammen, daß er zu dieser Zeit schon
schwer krank war. Die Kriegsjahre, der Kampf gegen den Sohn
und um den Sohn hatten ihn völlig zermürbt. 1918 fungierte
er noch etwa eine Woche als Außenminister des neuen, ver-

kleinerten Österreich. Am 11. November, einen Tag bevor die
Republik formell proklamiert wurde, erlag er dem Herzleiden,
das er jahrelang mitgeschleppt hatte.

Alle Zeitgenossen stimmen darin überein, daß Adler trotz
verschiedener Handicaps (unscheinbares Aussehen, Schüchternheit, die besonders in jüngeren Jahren bemerkbar war, etc.)
einer der eindruckvollsten Menschen seiner Epoche war. Er
verband die Güte des Arztes und Philanthropen mit klarem
praktischem Verstand und beißendem Witz. Tatkraft und
Skepsis — Eigenschaften, die einander sonst auszuschließen
pflegen — hielten sich in ihm das Gleichgewicht. Sein Gesichtskreis war weit, seine Bildung vielseitig. Mag seine Belesenheit
in der historischen Literatur ihre Grenzen gehabt haben, seine
Kenntnisse auf naturwissenschaftlichem Gebiet stellten eine
Kompensation dar. Mit der zeitgenössischen Dichtung, Musik,
Malerei war er wohlvertraut. Das Schaffen der österreichischen
Künstler überblickte er um so leichter, als er mit vielen von
ihnen in freundschaftlichem Verkehr stand. Sein Wirken für
die Partei legte ihm namhafte Opfer auf. Er trug sie mit Gelassenheit, ohne eine Miene zu verziehen. Die Freiheitsstrafen,
deren er eine ganze Reihe absitzen mußte, betrachtete er als
Lappalien, die ein Sozialist nicht ernst zu nehmen hatte. Daß
von seinen ursprünglich reichen Mitteln alles Entbehrliche,
und mehr als das Entbehrliche, der Partei zufloß, schien ihm
selbstverständlich. Verwandelte dieser Vorgang ihn mit rasender
Schnelligkeit aus einem wohlhabenden in einen armen Mann,
so verursachte ihm das kein Kopfzerbrechen. Gelegentlich
half übrigens Engels ihm aus der Klemme, der im Umgang
mit Marx Übung in Hilfsaktionen erworben hatte. Es ist nur
menschlich, daß den hohen Vorzügen Adlers auch arge Schwächen gegenüberstanden. Seine schlimmste Untugend war sein
Kompromißlertum — seine nächsten Freunde stellten es an
ihm fest, billigend, nicht in kritischer Absicht*. Oft und oft
fand er einen Ausgleich zwischen Gegensätzen, die nicht ausgeglichen werden konnten und durften. Seine Freude an einem

---

* Vgl. M. Ermers, a. a. O., S. 368.

Augenblickserfolg erfuhr durch das Bewußtsein, daß eine Ein-
buße im Grundsätzlichen der Kaufpreis war, keine Schmäle-
rung. Dem entsprach auch eine Abneigung gegen Theorie,
die er selbst hervorhob. Der oft gerügte ,,Praktizismus" der
österreichischen Arbeiterschaft, der ihr bis heute anhaftet,
geht teilweise auf Adler zurück. Endlich scheint es, daß ein
Übermaß an Selbstsicherheit ihn zu manchen Mißgriffen ver-
leitete.

Er hat keine Schrift verfaßt, die mehr als Broschüren-
format hätte. Vermutlich hinderte ihn, von anderem abgesehen, schon Zeitmangel an größeren Publikationen. Seine
Artikel, Reden etc. sind vom sozialdemokratischen Parteivorstand in 11 Heften (5 Bänden) ediert worden. Es ist leicht,
in dieser Sammlung sämtliche Varietäten von Fehlern nachzuweisen, in die ein Sozialist verfallen kann (Ultra-Radikalis-
mus ausgenommen). Zu den ärgsten Entgleisungen kam es
natürlich während des Krieges. So sagte er z. B. im Oktober 1914
über die Haltung, die die Sozialdemokraten der kriegführenden
Länder in den Parlamenten zum Kriegsbudget eingenommen
hatten:

> ,,Es wäre eine *Unwahrheit* gewesen, wenn die deutschen oder die fran-
> zösischen Sozialdemokraten gegen die Kredite gestimmt hätten, eine Unwahr-
> heit, der einer der ältesten deutschen Genossen Ausdruck gegeben hat, indem
> er sagte: ,Ich bin so alt, ich will nicht mit einer Lüge sterben.' Das Lebendige
> in ihm sagte ihm: Jetzt geht es dem ganzen Volk an den Leib. Vom Staate
> Österreich spreche ich nur als von der uns gegenwärtig aufgedrängten oder
> existierenden unabweislichen Form, in der wir eben leben müssen; aber das,
> was unsere wirkliche Empfindung ist, das ist das *Schicksal des deutschen Volkes.*
> Stellen Sie sich vor: Frankreich, England, Rußland, ja selbst Portugal, der
> weiteste Osten wird lebendig gemacht, die Indier, die schwarzen Afrikaner:
> alles gegen uns, und da sollte einer von uns zweifeln, daß er das Letzte einzu-
> setzen hat, daß man die Begründung später finden wird für unser Handeln?"*

Anderseits: welch einen Fürsprecher ihrer Tagessorgen und
-nöte hat die österreichische Arbeiterschaft in ihm besessen!
Selbst die reaktionärsten Gegner anerkannten das Niveau,

---

* Rede in der Diskussion der Vertrauensmänner, 8. Oktober 1914, ,,Auf-
sätze, Reden, Briefe", 9. Heft, S. 107.

das seinen Artikeln über den Normalarbeitstag, über Fragen der Sozialhygiene etc. eigen war. Jede der zahlreichen Regierungen fürchtete das Temperament, mit dem er Akte polizeilicher und gerichtlicher Willkür anklagte. Von ihm geprägte Worte bekamen oft Flügel, die sie durch Europa trugen. Auf dem Gründungskongreß der Internationale fand er für den österreichischen Schlendrian Formulierungen, wie sie knapper und gültiger kein anderer gegeben hat:

„Die Freiheit in Österreich ist ein zusammengesetztes Wesen, welches die Mitte hält zwischen der Freiheit in Rußland und der Freiheit in Deutschland. In der Form ist sie deutsch, in der Ausführung ist sie russisch. Abgesehen von Frankreich und England, hat Österreich vielleicht in ganz Europa die freisinnigsten Gesetze, so sehr, daß es einer Republik ähnelt, die statt eines Präsidenten eine Majestät an der Spitze hat. Leider verfährt man nur in der Praxis nicht nach dem, was das Gesetz vorschreibt, sondern allein nach dem, was das Belieben des betreffenden Polizeikommissärs ist. Der Polizeikommissär ist befugt, alle gesetzlichen Freiheiten zu konfiszieren, und man kann schon glauben, daß er dies Recht braucht und mißbraucht... Allein, wie sonderbar! Die österreichische Regierung ist gleich unfähig, bei einem Werke der Gerechtigkeit konsequent zu sein wie bei einem Werke der Unterdrückung; sie schwankt beständig hin und her — wir haben den Despotismus, gemildert durch Schlamperei."*

Viktor Adler war ein Marxist, wenn auch ein sehr unkonsequenter. Einmal nannte er sich einen „Hofrat der Revolution".** Das war gar zu bescheiden, wohl auch nicht ernst gemeint. Es war wohl nicht ein „Hofrat der Revolution", der 1893 in einer Broschüre, worin die unbedingte Notwendigkeit des Wahlrechts dargelegt wurde, sachlich feststellte:

„Niemals werden wir uns einbilden, mit dem Stimmzettel in der Hand den Kapitalismus aus der Welt hinauswählen zu können."***

Und der im November 1917 in einer Massenversammlung die Worte sprach:

„Wir begrüßen das Zeichen, das uns vom Osten gegeben wurde, wir begrüßen die russische Revolution, die wir seit Jahrzehnten wachsen sehen. Wir kennen

---

* Aus der Rede auf dem Intern. Sozialistenkongreß in Paris 1889, „Aufsätze, Reden, Briefe", 6. Heft, S. 18.
** Brief an Engels vom 25. August 1892, a. a. O., 1. Heft, S. 43.
*** A. a. O., 10. Heft, S. 44. Der Titel der Broschüre lautet: „Das allgemeine, gleiche und direkte Wahlrecht und das Wahlunrecht in Österreich."

all die Leute, die jetzt genannt werden, wie viele von ihnen haben Wien passiert, als Flüchtlinge, als Vertriebene! Daß diese Männer der Revolution heute im Vordergrund stehen, ist nur ein Symbol dafür, daß die Welt anders geworden ist... Schwanken und ermüden Sie nicht, wenn sich Zufälle ergeben und Nachrichten aus Rußland kommen, die anders lauten als die heutigen. Eine Revolution in einem Reich wie Rußland ist nichts einfaches... Das russische Volk..., das ist nicht feindliches Ausland, das sind unsere Brüder, und die russische Revolution wird siegen. Und wir haben nur die Aufgabe, wachsam zu sein und in unserem Kreise das unsrige zu tun, in allen Formen, die möglich sind; parlamentarisch, wenn es geht, höchst unparlamentarisch, wenn es nötig wird".*

Auch Hofräte haben im alten Österreich Gutes geleistet. Aber so pflegten sie nicht zu reden.

Adlers ältester und intimster Freund war Engelbert Pernerstorfer (1850—1918).** Die beiden kamen aus sehr verschiedenem Milieu (Pernerstorfers Vater war ein unbemittelter Schneider, der jung verstarb), aber schon die Mittelschule führte sie zusammen. Danach gingen ihre Wege nie mehr weit auseinander, obwohl sie nicht ganz parallel verliefen. Adler war nur kurze Zeit Deutschnationaler mit sozialem Einschlag, Pernerstorfer blieb es sechs, acht Jahre länger. Die Zweiheit seiner Neigungen wurde in seiner Studentenzeit — er hatte an der philosophischen Fakultät inskribiert — dadurch sichtbar, daß er zugleich eifriger Burschenschafter und Mitglied des Arbeiterbildungsvereins war. Um 1880 entfaltete er im Schönerer-Kreis beträchtliche Aktivität. Er redigierte die Zeitschrift ,,Deutsche Worte", auch begründete er den ,,Deutschen Schulverein", der gegen ,,Verslawung und Verwelschung" in den Grenzgebieten ankämpfen sollte. Als Schönerer zum Antisemitismus überging, sagte Pernerstorfer sich von ihm los und machte sich mit den ,,Deutschen Worten" selbständig (1883). Er gab der Revue einen stärkeren fortschrittlichen Akzent und entwickelte sie zum wichtigsten sozialreformerischen Organ der Zeit. Eine Gegen-Revue Schönerers, genannt ,,Un-

---

* Rede im Konzerthaus am 12. November 1917, a. a. O., Heft 9, S. 229 ff.
** Vgl. Robert Arthaber, ,,Engelbert Pernerstorfer" in: ,,Neue österr. Biographie", 1. Abt., 2. Bd., 1925, S. 97—116; L. Brügel, ,,Geschichte der Sozialdemokratie", 5. Bd., S. 325 ff.

verfälschte Deutsche Worte", erlangte keine große Bedeutung.
1885 kandidierte Pernerstorfer im Wiener-Neustädter Wahl-
kreis und kam als „Wilder" ins Abgeordnetenhaus. Seinen
Anschauungen entsprechend, schloß er sich einer gemäßigten
deutschnationalen Gruppe an, zog sich aber wieder zurück,
sowie auch hier der Antisemitismus sich regte. Die Tatsache,
daß Pernerstorfer im Parlament war, brachte der Sozialdemokratie enormen Vorteil. In jenen Tagen, da die Partei dank
dem Wahlsystem noch keinen Deputierten durchbringen konnte,
nützte er die parlamentarische Tribüne aus, um die Arbeiter-
sache zu verfechten. Die Partei gab seinen Reden eine noch
höhere Resonanz, als sie ohnehin fanden, indem sie sie in Broschürenform veröffentlichte — es waren die einzigen Broschüren,
die auch unter dem Ausnahmegesetz nicht konfisziert werden
konnten. Begreiflicherweise wurde Pernerstorfer von vielen
Seiten als verkappter Sozialist angesehen. 1896 entschloß er
sich, der Partei offiziell beizutreten. Mit einer kurzen Unter-
brechung gehörte er dem Abgeordnetenhaus bis zu seinem Tod
an. Ab 1907 war er Vizepräsident, dazu Vorsitzender der sozialdemokratischen Fraktion. Sein spezielles Interesse für kulturelle Angelegenheiten bewog ihn, die Feuilletonredaktion der
„Arbeiter-Zeitung" zu übernehmen. Er stand auch in der
Volksheim-Bewegung an führender Stelle und unterstützte
den Verein „Freie Volksbühne", der sich 1906 konstituierte.

Zwei Denker waren es vornehmlich, die auf Pernerstorfer
in der Jugend einwirkten: Friedrich Schiller und Ferdinand
Lassalle. Sie lehrten ihn, die Welt mit den Augen der deutschen
idealistischen Philosophie zu sehen — eine Betrachtungsweise,
die er noch als gereifter Mann nicht ganz abstreifte. Von da
stammte ein schöner Schwung der Gedanken und der Rede,
stammten aber auch Tendenzen, die sich dem Bild eines proletarischen Revolutionärs nicht einfügten, so vor allem Pernerstorfers Deutschnationalismus. Während des Krieges nahm
dieser Nationalismus Formen an, denen auch Schiller die Zustimmung verweigert hätte. Wenn man von den kleinbürgerlichen Residuen, die sich bei Pernerstorfer fanden, absieht —
was freilich nicht leicht ist, da es sich um einen sozialistischen

Politiker handelt —, war er der geradeste und mutigste Mensch, der verläßlichste Freund des arbeitenden Volkes, der sich denken läßt. Zahllose Episoden aus seinem Leben machen seine unbeugsame demokratische Gesinnung anschaulich. Als Gymnasiast organisierte er in seiner Schulklasse eine Sammelaktion für den exilierten 48er Dichter Ferdinand Freiligrath. Die Lehrer untersagten die Sammlung. Darauf wurde sie von der Klasse unter dem wienerischen Motto ,,Freili grad!" fortgesetzt. Als junger Deutschnationaler hielt er eine Vereinsrede, in der der Satz vorkam: ,,Die Interessen des Volkes stehen mir turmhoch über denen einer Dynastie." Eine Anklage wegen Majestätsbeleidigung war die Folge; Pernerstorfer wurde zu drei Monaten Kerker verurteilt, allerdings in zweiter Instanz freigesprochen.

Es muß auch gesagt werden, daß Pernerstorfer zumindest vor dem Krieg bestrebt war, die Grenze zwischen Nationalgefühl und Chauvinismus nicht zu überschreiten. Nicht nur lehnte er die antisemitische Agitation ab, er wandte auch dem Deutschen Schulverein den Rücken, als dieser sich gegen Errichtung einer italienischen Universität aussprach. Irgendeiner Nation bei kulturellen Bestrebungen Hindernisse in den Weg zu legen, war nicht in seinem Sinn. Sehr bezeichnend, beinahe rührend ist eine letztwillige Anordnung, die er 1912 traf. Er bestimmte genau, welche Lieder bei seiner Beerdigung gesungen werden sollten. Auch das Lied vom ,,Gott, der Eisen wachsen ließ" war darunter. Doch vergaß er nicht, beizufügen: ,,mit Auslassung der französischen Hetz-Strophe".

L u d o   M o r i t z   H a r t m a n n (1865—1924)* hat vor allem als Historiker und als Volksbildner Bleibendes geleistet. Seine politische Tätigkeit im eigentlichen Sinne war von geringerem Umfang und stand unter keinem glücklichen Stern. Sohn des Revolutionsdichters Moritz Hartmann, der in Österreich nicht weniger bekannt war als Freiligrath, studierte er Geschichte in Wien und Berlin und habilitierte sich als Privat-

---

* Vgl. den Aufsatz von Stephan Bauer in: ,,Neue österr. Biographie", 1. Abt., 3. Bd., 1926, S. 197—209.

dozent an der Wiener Universität (1889). Seine Habilitations-
schrift trug den Titel: ,,Untersuchungen zur Geschichte der
byzantinischen Verwaltung in Italien". Mit Italien beschäftigt
sich auch die Mehrzahl seiner späteren Werke. Zu nennen
wären etwa: ,,Ecclesiae S. Mariae in Via Lata Tabularium"
(Urkundensammlung, 1895), ,,Zur Wirtschaftsgeschichte Italiens
im frühen Mittelalter" (1904), ,,Der Untergang der antiken
Welt" (Volkstümliche Vorträge, 2. Aufl., 1910), ,,Geschichte
Italiens im Mittelalter" (4 Bände, 1897—1915), ,,Kurzgefaßte
Geschichte Italiens von Romulus bis Viktor Emanuel" (1924).
Er veröffentlichte ferner eine Biographie seines Lehrers Theodor
Mommsen, einen methodischen Essay ,,Über historische Entwickelung" u. a. m. Zusammen mit Stephan Bauer, Karl
Grünberg, E. Szanto begründete er 1893 die ,,Zeitschrift für
Sozial- und Wirtschaftsgeschichte", die später in die ,,Viertel-
jahrschrift für Sozial- und Wirtschaftsgeschichte" umge-
wandelt wurde und die Schaffung ähnlicher englischer und französischer Revuen anregte. Der großangelegte Plan einer Weltgeschichte, für die er ausgezeichnete Mitarbeiter gewonnen
hatte — er selbst beabsichtigte, das 19. Jahrhundert zu behandeln —, wurde, wie es mit derlei Plänen zu gehen pflegt,
nicht zur Gänze, aber doch wenigstens teilweise ausgeführt.*
Bald nach seiner Habilitation kam Hartmann mit dem durch
Hofrat Eduard Leisching initiierten Wiener Volksbildungsverein in Berührung. Auf seinen Vorschlag erweiterte der
Verein die einzelnen Vorträge zu längeren Kursen, doch traten
finanzielle Schwierigkeiten auf. Die Wiener Universität beschloß,
der Volksbildungssache nach dem Vorbild der englischen
,,University Extension" mit ihren Lehrkräften zu Hilfe zu
kommen, setzte einen besonderen Ausschuß ein und betraute
Hartmann mit dessen Leitung. Die energische Unterstützung,
die er von sozialdemokratischen und anderen fortschrittlichen
Kreisen erhielt, machte es möglich, Volkshochschulen zu errichten, denen man auf Wunsch der Behörden den Namen

---

* ,,Weltgeschichte in gemeinverständlicher Darstellung", bei F. A. Perthes,
Gotha, Mitarbeiter: G. Bourgin, E. Ciccotti, K. Kaser und andere.

„Volksheime" gab. Diese Institute wurden in überparteilichem Sinn geführt, d. h. der Lehrbetrieb brachte Vertreter verschiedener Weltanschauungen zu Wort. Hartmann, seit 1901 Mitglied der Sozialdemokratie, und eine Reihe mit ihm befreundeter Gelehrter verschafften der sozialistischen Idee den gebührenden Raum. Wenn die Volksheime quantitativ und qualitativ Außerordentliches gaben, wenn sie sich ein internationales Renommee erwarben, war das großenteils sein Verdienst. Nach dem Umsturz im Jahre 1918 wurde ihm die Sicherung und Sichtung der staatlichen Archive übertragen, auch wurde er zum Professor ernannt.[14] Die Partei stellte ihn als Kandidaten zum Nationalrat auf, er gewann ein Mandat, verlor es aber wieder, als bei den Wahlen von 1920 die Sozialdemokratie einen Rückschlag erlitt. Zur Ausübung des Mandats war er kaum gelangt, denn Otto Bauer hatte ihn zum österreichischen Gesandten in Berlin gemacht. Nach dem Austritt der Sozialdemokraten aus der Regierung legte er den Gesandtenposten nieder, da er nicht Repräsentant einer christlichsozialen Regierung sein wollte.

In Österreich sind nicht viele Bücher über ältere Geschichte geschrieben worden, die den Vergleich mit jenen Hartmanns aushalten. Seine große Stärke ist die konsequente Anwendung der soziologischen Methode. Die wirren Vorgänge, die sich im Italien des frühen Mittelalters abspielten, werden durch seine Schilderung ökonomischer, privatrechtlicher und staatsrechtlicher Institutionen verständlich oder doch wenigstens überblickbar. Die Fülle des von ihm verarbeiteten Materials ist imponierend. Seine Strenge in der Prüfung der Quellen ist vorbildlich. Was die Form anlangt, erbringt er den — auch von anderen schon erbrachten — Beweis, daß der Soziologe populär im besten Sinn und selbst unterhaltlich sein kann. Nicht ganz auf derselben Höhe wie der Historiker steht Hartmann der Geschichtsphilosoph. Man muß froh sein, daß jener von diesem relativ wenig beeinflußt wurde.

Die Studie „Über historische Entwickelung" enthält ein Bekenntnis zum Eklektizismus. Hartmann möchte eine Theorie schaffen, die den historischen Materialismus, die Biologie

Darwins, die Gruppenlehre von Gumplowicz, gewisse Lehren von Mach und noch etliches mehr zur Einheit verschmilzt.* Das Resultat kann kein erfreuliches sein. Die Theorie gipfelt in dem Gedanken, den Rodbertus in das „Aperçu" gefaßt hat:

„Extensiv und intensiv fortschreitende Gemeinschaft ist das Gesetz der Geschichte."**

Damit ist gemeint, daß die geschichtliche Entwicklung zur Bildung immer größerer staatlicher Einheiten hinleitet, und zugleich zu immer engerer wirtschaftlicher Verflechtung des einzelnen Menschen mit anderen Menschen. Im allgemeinen soll ein Ereignis dann fortschrittlich genannt werden dürfen, wenn es diese Entwicklung befördert. Es ist nur geringe Überlegung notwendig, um zu erkennen, daß wir hier eine ganz verfehlte Lehre vor uns haben. Soll der Imperialismus, der sowohl mächtige staatliche Einheiten schafft, als auch Menschen, die vorher nie etwas miteinander zu tun hatten, in wirtschaftlichen Kontakt setzt — der z. B. die Engländer mit den afrikanischen Negern in Kontakt gesetzt hat —, etwa fortschrittlich heißen?[15] Hartmann hat um den Marxismus gerungen, sich ihn aber doch nur stückweise angeeignet. Manches verdankt er ihm, in vielem weicht er von ihm ab.*** Dadurch wird das Abgleiten zu bürgerlichen Anschauungen begreiflich, das ihm politisch wiederholt unterlaufen ist. Er beschönigte die chauvinistischen Exzesse, die die Deutschen in Österreich aus Anlaß der Badenischen Sprachenverordnungen verübten, indem er von einem Verzweiflungskampf sprach.[16] Er vertrat 1916 die absurde Konstruktion, daß Deutschland kein imperialistisches Land, der Krieg auf deutscher Seite also ein gerechter sei.† Er war in der Umsturzzeit einer der eifrigsten Freunde des unseligen Anschlußgedankens — daher die Entsendung nach Berlin. Wir müssen in ihm einen Mann von bürgerlicher Herkunft sehen, der, obschon er zur Arbeiterbewegung

---

* „Über historische Entwickelung", 1905, Vorwort S. V, S. 57 ff.

** Ebenda, S. 60 f.

*** Dies war seine eigene Auffassung. Ebenda, Vorwort S. V.

† Vgl. Hartmanns Einleitung zu E. Rignano: „Die Kriegsursachen und die Friedensfrage", 1916.

stieß, sich aus dem Bannkreis des Liberalismus nicht vollständig löste. Dennoch ist es nicht wenig, was er für die österreichische Arbeiterbewegung getan hat.

Die Laufbahn von Ferdinand Hanusch (1866—1923)* ist merkwürdig: sie führte aus dem ärgsten Elend proletarischer Existenz zu einer bedeutenden Position im öffentlichen Leben, zu grundlegender sozialreformerischer Wirksamkeit. Sie verliert nichts von ihrer Merkwürdigkeit dadurch, daß von anderen ausgezeichneten Arbeiterfunktionären eine ähnliche Laufbahn zurückgelegt worden ist. Hanusch wuchs in einer schlesischen Weberhütte auf. Was das heißt, kann, wer es nicht aus näherer Anschauung weiß, dem Gerhart Hauptmannschen Jugenddrama entnehmen. Den Vater hatte er verloren, noch ehe er zur Welt kam. Kaum daß er laufen konnte, wurde er angelernt, der Mutter bei der Heimarbeit zu helfen, durch die sie die sechsköpfige Familie erhielt. Am Morgen vor dem Schulgang half er gewöhnlich zwei Stunden beim Spulen. Nur ein Minimum an Schulbildung wurde ihm zuteil. Selbst Lesen und Schreiben erlernte er bloß notdürftig. Als er vierzehn Jahre alt war, mußte er sich auf eigene Füße stellen. Er wurde Weber und arbeitete zwei Jahre in einer schlesischen Fabrik. Dann hatte er es satt und ging auf Wanderschaft. Gleich zahllosen österreichischen Jungarbeitern trieb ihn Abenteuerlust ,,auf die Walz". Er marschierte durch Mähren nach Wien, hierauf nach Triest, wo man ihn verhaftete und in die Heimat zurückinstradierte. Doch ließ er sich nicht abschrecken und ,,walzte" wenig später nach Ungarn, Rumänien und bis in die Türkei. Auf Wanderungen, nach Landstreicherart unternommen, durch Bücherlesen und Diskussionen mit Kameraden eignete er sich das Maß an Wissen und Weltkenntnis an, das Bürgersöhne in einem geregelten Studium erwerben — oder nicht erwerben.

In die Heimat und zum Fabriksdasein zurückgekehrt, begann Hanusch, der schon mit fünfzehn Jahren Mitglied einer Fachgruppe gewesen war, in dem Arbeiterverein ,,Eintracht" zu

---

* Vgl. den Aufsatz von Edmund Palla in: ,,Neue österr. Biographie", 1. Abt., 4. Bd., 1927, S. 43—57.

arbeiten. Nach der Reihe versah er die Funktion des Schrift-
führers, des Vize-Obmanns und des Obmanns der „Eintracht".
Seine organisatorische Tüchtigkeit und sein Rednertalent — er
besaß ein gutes Quantum Humor — ließen ihn in einem etwas
weiteren Kreis bekannt werden. 1897 holte ihn die Sozialdemokratische Partei als Leiter ihres Büros nach Sternberg. Um diese
Zeit gelang es den Textilarbeitern, die Zersplitterung ihrer
Organisation in viele kleine Gruppen zu überwinden, sich
einen zentralen Verband mit dem Sitz in Wien zu schaffen. Die
neugegründete *Union der Textilarbeiter* bestellte ihn zu ihrem
Sekretär. Derartige Posten waren damals nicht so gemütlich
wie, ein Menschenalter später, in der Republikzeit. Hanusch zog
sich nicht weniger als achtzehnmal behördliche Verfolgungen
auf den Hals. Wachstum und Schlagkraft der „Union" machten
die Hauptleitung der Bewegung auf ihn aufmerksam. Er wurde
Mitglied der österreichischen Gewerkschaftskommission und 1903
auch Mitvorsitzender. Obwohl überwiegend gewerkschaftlich
tätig, war er ein politisch denkender Mann, ein guter Sozialdemokrat und alles eher als der Typus des Nur-Gewerkschaftlers.
Er ermüdete nicht, gegen den Egoismus der Fachvereine, die
Branchen-Idiotie, wie er gern sagte, anzukämpfen. Bei all der
organisatorischen Arbeit, die er zu verrichten hatte, fand er noch
Zeit, sich als Schriftsteller zu versuchen. Seine Bücher (Skizzen:
„In der Heimat", „Die Namenlosen", etc.; autobiographische
Erzählungen: „Der kleine Peter", „Lazarus") sind nicht nur
soziologisch interessant, sie sind partienweise durchaus nicht
ohne literarischen Reiz. Eine Leistung ersten Ranges sind sie
natürlich nicht. Eine solche kann auch dem Gewerkschaftler
Hanusch nicht eigentlich zugeschrieben werden. Anders steht es
mit dem Sozialpolitiker. Die Regierung Renner übergab Hanusch
im Herbst 1918 das Ressort für soziale Verwaltung, das während
des Krieges geschaffen worden war. In der kurzen Zeit seiner
Ministerschaft brachte er ein legislatorisches Werk zustande, das
ein Ruhmesblatt in der österreichischen Geschichte darstellt.
In knapp zwei Jahren wurde nachgeholt, was in fünfzig versäumt
worden war. Österreich wurde auf sozialpolitischem Gebiet eines
der fortschrittlichsten Länder der kapitalistischen Welt. Die

Hanusch-Gesetze[17] konnten die Schäden, die der kapitalistischen Ordnung wesenseigentümlich sind, nicht beseitigen, aber sie gewährten dem Proletariat Schutz vor den schlimmsten Auswirkungen der fortgeltenden Ordnung. Es trug sicher zur Schnelligkeit und Gründlichkeit seiner Arbeit bei, daß Hanusch die Nöte, mit denen sich seine Maßnahmen beschäftigten, nicht bloß vom Hörensagen kannte. Nach dem Ausscheiden der Sozialdemokraten aus der Regierung war er dann noch der erste Direktor der auf Grund eines seiner Gesetze gebildeten Arbeiterkammer. Sein Tod in relativ jungen Jahren war eine Folge der unmenschlichen Härten, die seinem Organismus in der Jugend auferlegt worden waren.

Trotz der mehr praktischen Sinnesart des Parteiführers ist von Österreich eine besondere Schule der Theorie ausgegangen: der *Austro-Marxismus*. Als Repräsentanten des Austro-Marxismus sind vor allem zu nennen: Kautsky, Hilferding, Renner, Bauer, Eckstein, Max Adler, Friedrich Adler. Die wichtigsten Organe der Schule waren die ,,Marx-Studien'', herausgegeben von M. Adler und Hilferding (ab 1904) und der ,,Kampf'', herausgegeben von O. Bauer, F. Adler und anderen (ab 1907). Die in Berlin erscheinende ,,Neue Zeit'' (ab 1887) stand dank der Person des Herausgebers, Kautsky, der österreichischen Schule nahe. In der Entwicklung einiger namhafter Austro-Marxisten sind deutlich zwei Perioden zu unterscheiden: die erste ist erfüllt von intensiver wissenschaftlicher Bemühung, aus der wertvolle Bereicherungen der sozialistischen Literatur entspringen; die zweite ist eine Periode der Verflachung, des Übergangs von der revolutionären auf eine offen oder versteckt reformistische Position. Andere sozialistische Autoren gingen schon in ihren frühen Arbeiten Wege, die sie vom Marxismus fort und zu irgendeiner bürgerlichen Doktrin hin führten. Die Irrtümer der Theoretiker waren teils Wirkung, teils selbstwirkende Ursache der Irrtümer, die sich in der sozialdemokratischen Praxis zeigten. Diese Feststellungen zu machen, ist ebenso unerfreulich wie unerläßlich. Um die Wiederholung von Fehlern zu vermeiden, muß man sie vor allem als Fehler erkennen. Der Austro-

Marxismus hat der Arbeiterbewegung durch Verfälschung des
Marxismus unermeßlichen Schaden zugefügt. Aber er hat auch
Werke hervorgebracht, deren Abwesenheit in einer marxistischen
Bibliothek eine Lücke bedeuten würde. Natürlich können wir
uns hier nicht mit allen seinen Werken beschäftigen, sondern nur
mit ein paar charakteristischen.

Vorerst einige biographische Daten.

Karl Kautsky (1854—1938) schloß sich um 1880 der
österreichischen Arbeiterbewegung an, ging noch in den Achtzigerjahren nach England und dann nach Deutschland. Begründer des Austro-Marxismus, wurde er zum führenden Theoretiker
der gesamten Zweiten Internationale und durch seine zahllosen
Bücher zum Lehrer der Sozialisten in aller Welt. Um 1900 verteidigte er die Marxsche Doktrin gegen die Bernsteinianer.
Während des Weltkriegs gehörte er zu den deutschen „Unabhängigen", einer schwankenden Gruppe, deren Politik objektiv
auf Hilfe für den Imperialismus hinauslief. Ab 1917 trat er mit
konterrevolutionärer Propaganda hervor und entfesselte eine
wüste Kampagne gegen die russische Revolution, die deutschen
Kommunisten etc. Lenin, der ihn ursprünglich geachtet hatte,
griff ihn seit Kriegsbeginn in der schärfsten Weise an und demonstrierte an ihm die Verderblichkeit des „Zentrismus".* 1923
kehrte Kautsky mit den anderen Unabhängigen zur Sozialdemokratie zurück. Im Alter ließ er sich wieder in Österreich
nieder.

Rudolf Hilferding, geb. 1877 in Wien, studierte Medizin,
begann früh mit schriftstellerischer Tätigkeit für die Sozialdemokratie. 1906 übersiedelte er nach Deutschland, arbeitete an
der Parteischule und in der Redaktion des „Vorwärts". 1910
erschien sein schon etliche Jahre zuvor im wesentlichen fertig-

* Vgl. besonders: W. I. Lenin, „Sozialismus und Krieg", 1915, Sämtliche
Werke (Autorisierte deutsche Ausgabe des Lenin-Instituts, Moskau), XVIII. Bd.,
S. 262 f. „Bürgerlicher und sozialistischer Pazifismus", 1917, Sämtl. Werke,
XIX. Bd., S. 465 ff. „Der Imperialismus als höchstes Stadium des Kapitalis-
mus", 1917, Deutsche erw. Ausgabe 1920, Sämtl. Werke, XIX. Bd., S. 169 ff.
„Staat und Revolution", 2. Aufl. 1918, Sämtl. Werke, XXI. Bd., S. 560 ff.
„Die proletarische Revolution und der Renegat Kautsky", 1918, Sämtl.
Werke, XXIII. Bd., S. 421—536.

gestelltes Buch „Das Finanzkapital". In den Kriegs- und Nach-
kriegsjahren ähnelte seine Haltung derjenigen Kautskys. 1923
und 1928/29 war er Finanzminister der Weimarer Republik.
Als die Nazi zur Macht kamen, emigrierte er nach Frankreich.
1941 wurde er von der Vichy-Regierung an Deutschland ausge-
liefert und von den Nazi ermordet.

Karl Renner, geb. 1870 in Mähren als Bauernsohn, studierte
Rechtswissenschaft, war zuerst Beamter der Parlamentsbiblio-
thek, ab 1907 Reichsratsabgeordneter, 1918—20 Staatskanzler
der Republik, später Präsident des Nationalrats etc. 1945, nach
der Befreiung Österreichs von der deutschen Herrschaft, trat
Karl Renner an die Spitze der provisorischen Regierung und
wurde dann Präsident der zweiten österreichischen Republik.

Otto Bauer (1882—1938) arbeitete vor dem Weltkrieg als
Sekretär der sozialdemokratischen Parlamentsfraktion, schloß
sich 1917, aus Krieg und Kriegsgefangenschaft heimkehrend,
der „Linken" an, war 1918/19 Außenminister der Republik,
dann fünfzehn Jahre hindurch eines der maßgebenden Mitglieder des Parteivorstandes. Allgemein galt er als „der" Theoretiker der Partei. Er starb als Emigrant in Frankreich.

Karl Kautsky arbeitete in seiner „*Agrarfrage*" (*1899*) die
Gesetze heraus, von denen die Entwicklung der Landwirtschaft
in neuerer Zeit beherrscht ist.

Dank der durch die bürgerliche Revolution geschaffenen Agrarverfassung,
dank technischen Erfindungen und wissenschaftlichen Neuerungen, wie Frucht-
wechselwirtschaft, Dreschmaschine etc., dringt der Kapitalismus auch auf dem
Lande unaufhaltsam vor. Dennoch können die Lehren von Marx, die sich auf
die industrielle Entwicklung unter kapitalistischen Verhältnissen beziehen,
nicht mechanisch auf die Landwirtschaft übertragen werden. Vielmehr gibt es
hier bemerkenswerte Sondererscheinungen. Die Landwirtschaft ist im Kapitalismus speziell gekennzeichnet durch die „Spaltung des grundbesitzenden
Landwirts in zwei Personen": den Grundeigentümer und den Unternehmer.
Diese Spaltung ist offen sichtbar in den Ländern, wo der Grund einigen wenigen
reichen Herren gehört und die Bauern Pächter sind. Sie ist verborgen, aber
doch auch existent in Ländern, wo die Bauern nominell freie Eigentümer des
Bodens sind. Sie sind nämlich durchwegs verschuldet, sie müssen Hypotheken-
zinsen bezahlen. Damit bezahlen sie praktisch genau so Grundrente, wie die
Pächter es tun. Die Grundrente ist eines der größten Übel der Landwirtschaft.

Sie ist ein Einkommen, dessen Empfänger keinerlei der Gesellschaft nützliche Leistungen erbringen. Während der Feudalherr der vorkapitalistischen Zeit immerhin bestimmte öffentliche Dienste versehen mußte, hat der moderne Grundbesitzer nichts zu tun als einzukassieren. Die ,,absolute" Grundrente sollte abgeschafft, die ,,Differentialrente" weggesteuert werden. Das wären Maßnahmen, die sich auch im Kapitalismus durchführen ließen.[18] Ein anderer Zug, der die Landwirtschaft unter kapitalistischen Verhältnissen charakterisiert, ist der zähe Fortbestand des Kleinbesitzes. Die Kleinbesitzer bilden immer noch eine breite gesellschaftliche Schicht. Die Ursache ist nicht etwa, daß in der Landwirtschaft der Kleinbetrieb zweckmäßiger ist als der Großbetrieb; das Gegenteil trifft zu. Aber die Kleinbesitzer scheuen auch vor Überarbeit und Unterkonsum nicht zurück, um sich auf der eigenen Scholle zu halten. Übrigens wirken sich auch einige objektive Umstände so aus, daß der Fortschritt zum Großbetrieb verzögert wird. Wichtig ist z. B. der Mangel an landwirtschaftlichen Arbeitern, der die Führung eines ausgedehnten Unternehmens sehr erschwert. Der Mangel ist hervorgerufen durch die besonders elenden Bedingungen, unter denen die Arbeiter dieser Kategorie leben müssen. Das ländliche Proletariat ist es auch, dem die Hauptsorge der Sozialdemokratie gilt, wenn sie sich mit den Agrarproblemen beschäftigt. Normalarbeitstag, Sonntagsruhe, Kinderschutz müssen erkämpft werden. Hingegen wird die Sozialdemokratie dem selbständigen Landwirt nichts bieten können, was ihn auf ihre Seite zieht, schon deshalb nicht, weil andere politische Parteien, die nicht das Interesse der Gesamtheit im Auge haben, ihm viel mehr bieten oder versprechen. Bestenfalls wird es gelingen, ihn durch ein paar Einzelvorschläge und durch Aufklärung über die allgemein fortschrittlichen Ziele der Sozialdemokratie zu einer neutralen Haltung dem Proletariat gegenüber zu bewegen.

Die Bedeutung des Kautskyschen Werkes für die internationale Arbeiterbewegung muß hoch veranschlagt werden. Es ist von den Sozialisten aller Länder genau studiert und eifrig kommentiert worden, und zwar nicht nur deshalb, weil es einen Gegenstand von zentraler Wichtigkeit behandelt, sondern auch, weil es in diesen Gegenstand trefflich einführt. Noch heute, nach fünfzig Jahren, gehört es für jeden Theoretiker der sozialistischen Bewegung zu den Elementarbüchern. Zugleich hat es aber auch sehr schwache Seiten. Wenn Kautsky in den Bauern nicht potentielle Verbündete des Proletariats, sondern vielmehr Leute sieht, die bestenfalls neutralisiert werden können, wenn er meint, daß die Arbeiterpartei sich nur ,,nebenberuflich" mit den Sorgen der Bauern beschäftigen soll, ist er Vertreter einer Anschauung, die in den Ländern, wo sie sich durchsetzte, z. B. in Österreich, nnendlichen Schaden stiftete. Die Spaltung der Werktätigen in Stadt und Land, ihr Gegeneinanderarbeiten war zum theoretischen Lehrsatz erhoben. Die natürliche Folge war eine Schwächung der demokratischen Kräfte, über die an den Wendepunkten unserer neueren Geschichte die Reaktion frohlocken durfte.

Die Schrift „Bernstein und das sozialdemokratische Programm" (1899), in der Kautsky gegen den Begründer des Reformismus, Bernstein, polemisierte, enthält einige Feststellungen prinzipieller Art.

Bernstein hatte aus den günstigen wirtschaftlichen Verhältnissen der Neunzigerjahre den Schluß gezogen, daß Marx' Lehre von der ständigen Proletarisierung des Mittelstandes, der ständigen Verelendung des Proletariats, der Notwendigkeit periodischer Krisen, der Unausweichlichkeit der Revolution irrig gewesen sei. Kautsky entgegnete: Durch ein paar Jahre der Konjunktur wird Marx keineswegs widerlegt. Sein Gesetz, wonach der Großbetrieb den Kleinbetrieb verdrängt, ist durch die Entwicklung der entscheidenden Industrien aufs glänzendste bestätigt worden. Die Bildung der Monopole ist die sinnfälligste Form der von ihm vorhergesagten Konzentration des Kapitals. Statistische Angaben, die die Vermehrung von Kleinbetrieben zeigen, betreffen nur minder wichtige Branchen; außerdem sind sie oft völlig irreführend. In den fortgeschrittensten Ländern haben sich die Arbeiter etlicher Industrien durch Organisation und Gewerkschaftskampf einen besseren Lebensstandard erobert. Die Schichten hingegen, die durch die Ausdehnung der kapitalistischen Wirtschaft zum Proletariat neu hinzukommen, finden immer wieder die schlechtesten Bedingungen vor. Das Maß der Knechtschaft, der Degradation, der Ausbeutung ist immer noch im Wachsen. Auch für die besser gestellten Arbeiter besteht die Tendenz zur Verelendung fort, sie können durch die nächste Krise um ihre Errungenschaften gebracht werden. Es ist nämlich reine Illusion, daß keine Krisen mehr kommen werden. Auch die Kartelle werden die Krisen nicht fernhalten. Sie beschränken die Produktion, der Kapitalismus braucht aber seiner Natur nach beständige Erweiterung der Produktion. Die einzige Dauerwirkung der Kartelle ist die Verschärfung der Klassengegensätze. Die Arbeiterschaft muß sich zum Kampf rüsten, sie muß die Staatsmacht erobern und *ihre* Klassenherrschaft aufrichten, anders kann sie der Klassengesellschaft kein Ende setzen. Vielleicht wird für eine Übergangszeit auch die Diktatur des Proletariats notwendig sein. Die soziale Revolution kann nur von einer unabhängigen proletarischen Partei durchgeführt werden. Bernsteins Vorschlag, die Sozialdemokratie in eine breite, allgemeine Volkspartei umzuwandeln, drückt seine Umwandlung vom Sozialisten zum Liberalen aus.

Im „*Weg zur Macht*" (*1909*) führt Kautsky bestimmte Gedankengänge seiner Anti-Bernstein-Schrift weiter.

Er wendet sich nun noch klarer gegen den Reformismus. Wir hören heute mehrfach, meint er, das Schlagwort vom „friedlichen Hineinwachsen" in den Sozialismus. In Wahrheit kommen wir wohl dem Sozialismus näher und näher, aber das bedeutet ein „Hineinwachsen in große Kämpfe, die das ganze Staatswesen erschüttern, die stets gewaltiger werden müssen und nur enden können mit der Niederwerfung und Expropriierung der Kapitalistenklasse".* Anfang der Neunzigerjahre war die ruhige Weiterentwicklung der proletarischen Organisationen auf den gegebenen staatlichen Grundlagen die angesichts der bestehenden Situation vorteilhafteste Taktik. Eine gewaltsame Erhebung war nicht möglich, auf dem friedlichen Weg hingegen konnte mancher Schritt vorwärts getan werden. Indes hat sich seither vieles und wesentliches geändert. Manche Änderungen tendierten auf eine Milderung der Klassengegensätze. Hier kommt vor allem das rasche Wachstum der Gewerkschaften in Betracht, die im Verein mit den Genossenschaften berufen schienen, ohne jegliche politische Erschütterung der Arbeiterschaft immer mehr Freiheit zu schaffen, das Kapital immer mehr einzuengen. Aber die anderen Tendenzen, die auf eine neue Verschärfung der Gegensätze hinwirkten, überwogen. Die von den Gewerkschaften mit „reformatorischen" Mitteln errungenen Erfolge des Proletariats haben auf kapitalistischer Seite eine größere Entschlossenheit zum Widerstand erzeugt. Die in letzter Zeit begründeten Unternehmerverbände erschweren den weiteren gewerkschaftlichen Fortschritt. Die Reallöhne sinken. Die Kapitalisten planen bereits Anschläge auf die politischen Rechte der Arbeiterschaft. Die Kolonialpolitik des Imperialismus belastet das Volk mit ungeheuren Ausgaben für Rüstungszwecke und frißt alle Fonds auf, die sozialpolitischen Zwecken dienen könnten. Wenn ein Weltkrieg ausbrechen sollte, und er ist in bedrohliche Nähe gerückt, so wird auch die Revolution ausbrechen. Das Proletariat haßt den Krieg, es wird alles tun, jede Kriegsstimmung fernzuhalten, aber wenn es doch zum Krieg kommt, dann ist das Proletariat diejenige Klasse, die seinem Ausgang am zuversichtlichsten entgegensehen darf.

Die zwei eben besprochenen Schriften Kautskys und noch einige andere aus der Vorkriegszeit bringen manches treffende Argument gegen den Opportunismus. Die Lehre Kautskys galt seinerzeit weithin als die zeitgemäße Fortsetzung des Marxismus, die revolutionäre, oder, wie man gern sagte, die „orthodoxe" Lehre. Doch hat Lenin, nach dem furchtbaren Versagen Kautskys in der Kriegszeit, dargelegt, daß schon in jenen älteren Arbeiten die Marxsche Anschauung vielfach aufgegeben war.** Zum Beispiel zeigte er, daß Kautsky in dem Buch gegen Bern-

---

* „Der Weg zur Macht", 1909, S. 34.
** Siehe W. I. Lenin, „Staat und Revolution", 2. Aufl. 1918, Sämtl. Werke, XXI. Bd., S. 560 ff.

stein diesem in der Maske der Polemik Konzessionen machte —
Konzessionen, die gerade den entscheidenden Punkt der proletarischen Machtübernahme betrafen. Der Übergang Kautskys auf
die Seite der Reaktion kam also nicht über Nacht. Deshalb
müssen auch die historischen Werke, die Kautsky um 1900 verfaßte („Die Klassengegensätze im Zeitalter der Französischen
Revolution", „Thomas Morus", „Der Ursprung des Christentums") trotz dem Wert, den der eine oder andere Abschnitt hat,
mit Vorsicht genossen werden.
  Wir wollen uns als nächstes mit R u d o l f H i l f e r d i n g s
Schrift „*Das Finanzkapital*"* befassen.

  Seit Marx' „Kapital" abgeschlossen wurde, erklärt Hilferding, sind in der
kapitalistischen Welt große Veränderungen vor sich gegangen. Zwar, die Grund-
struktur ist die gleiche, der Kapitalismus ist Kapitalismus geblieben. Aber
eine hohe Zahl von Strukturverschiebungen zweiten Ranges verlangt nach
gründlicher Analyse. Marx konnte die neuen Erscheinungen in sein System
nicht mehr einbeziehen, seine Methode liefert uns aber das Instrument, wodurch
wir sie theoretisch erfassen können. Zunächst hat das Kreditwesen eine bedeutsame Umgestaltung erfahren. Früher war die herrschende Form der Zirkulationskredit, d. h. der Kredit, der es dem produzierenden Kapitalisten ermöglicht,
eine neue Phase der Produktion zu beginnen, ehe noch die Ware aus der voran-
gehenden Phase in Bargeld verwandelt ist. Nun gewinnt immer mehr Wichtigkeit der Kapitalkredit, d. h. derjenige, der brachliegendes Geld in fungierendes
Geldkapital verwandelt, indem er es dem produzierenden Kapitalisten zur
Verfügung stellt. So wird Produktion auf rasch wachsender Stufenleiter möglich. Zirkulationskredit wird gewöhnlich von einem produzierenden Kapitalisten
an den anderen gegeben, die Banken wirken nur als technische Helfer mit.
Beim Kapitalkredit hingegen spielen die Banken eine entscheidende Rolle, sie
gewähren den Kredit aus den Geldern, die sie als Depositen in ihren Kassen
sammeln. Kapitalkredit kann zur Vermehrung des zirkulierenden Kapitals
(Neueinstellung von Arbeitern, erweiterter Ankauf von Rohmaterial etc.), er
kann aber auch zur Vermehrung des fixen Kapitals (Anschaffung von Maschinen,
Gebäuden etc.) verwendet werden. Dient er dem letzteren Zweck, so muß er
langfristig sein und in der Regel einen namhaften Betrag erreichen. Es eröffnet
sich ein Geschäftszweig, der nur den größeren und größten unter den Banken
zugänglich ist. Die Folge: rasche Zusammenfassung des Bankgeschäfts bei
einigen wenigen Mammutinstituten. Während der Zirkulationskredit, rückzahl-
bar nach Ablauf der normalen Zirkulationsphase, den Schuldner höchstens zeitweilig in Abhängigkeit vom Gläubiger bringt, bewirkt der Kapitalkredit, der

---

  * „Das Finanzkapital. Eine Studie über die jüngste Entwicklung des
Kapitalismus", „Marx-Studien", 3. Bd., 1910, S. 1—477.

eine längere Laufzeit hat (eine besonders lange, falls das fixe Kapital vermehrt wurde), daß der Gläubiger, also die Bank, dauernden Einfluß auf das Unternehmen des Schuldners gewinnt. Der produzierende Kapitalist muß sich gefallen lassen, daß die Bank seinen Betrieb beaufsichtigt. Unter anderen Bedingungen ist ein Kredit, der jahrelang aushaften soll, nicht zu bekommen. Ein weiterer Umstand, der den Banken Einfluß auf das produzierende Kapital verschafft, ist die zunehmende Verbreitung der Rechtsform der Aktiengesellschaft. Die Banken haben das Emissionsgeschäft in Händen. Gründung einer A. G. oder Erhöhung des Aktienkapitals ist praktisch ohne ihre Intervention nicht möglich. Gewöhnlich placieren sie nicht sämtliche durch sie emittierte Aktien auf dem Markt, sondern behalten selbst ein Paket in ihrem Portefeuille. Der Großaktionär, der die Hälfte oder auch nur annähernd die Hälfte der Anteilscheine besitzt, kann eine A. G. restlos kontrollieren. Da dieses System fortsetzungsfähig ist (die kontrollierte A. G. ist selbst Großaktionär weiterer Gesellschaften), beherrscht eine Bank mit relativ geringem Kapital ein ganzes Netz von Unternehmungen, eine gigantische Anhäufung von produktivem Kapital. Die Bankdirektoren sitzen im Verwaltungsrat von Dutzenden und Dutzenden der wichtigsten Industrieunternehmungen. Oft werden die Aktien der Banken selbst wieder von führenden produktiven Kapitalisten erworben, die dann natürlich im Verwaltungsrat der Banken Platz nehmen. Es entstehen allerlei Personalunionen, es entsteht eine unauflösbare Verflechtung des Bank- und Industriekapitals, für die Hilferding den Namen Finanzkapital prägt. Die Herausbildung des Finanzkapitals ist eines der am meisten charakteristischen Momente des heutigen Wirtschaftslebens. Parallel zu ihr vollzieht sich die Herausbildung der Monopole. Bis in die zweite Hälfte des 19. Jahrhunderts war die kapitalistische Ordnung nach dem Konkurrenzprinzip organisiert. Konkurrenz war der Hauptgedanke der liberalen Ideologie, das Um und Auf der bürgerlichen Ökonomie. Die unersättliche Profitgier der Kapitalisten einerseits, das beständige Sinken der Profitrate anderseits hat in den letzten Jahrzehnten dazu geführt, daß die Kapitalisten durch Schaffung von Kartellen, Syndikaten, Trusts die Konkurrenz ausschalten oder doch sehr verringern, wodurch sie die Preise künstlich hochzuhalten und Extraprofite einzustreichen vermögen. Die Banken unterstützen die Monopolbildung in den von ihnen kontrollierten Industriezweigen, da es bei freier Konkurrenz immer möglich ist, daß Unternehmungen, an denen sie interessiert sind, zum Bankrott getrieben werden. Das stärkste Monopol ist schwach, solange die Konkurrenz des Auslands droht. Daher setzt das Finanzkapital entgegen den Volksinteressen ein neues Regime im Außenhandel durch: den Hochschutzzoll. Zwar hat es auch in der Blütezeit des Liberalismus Zölle gegeben, doch sie hatten, wenigstens formell, einen „Erziehungszweck", sie sollten Industrien, die sich im Aufbau befanden, zeitweilig den nötigsten Schutz gewähren. Nunmehr aber werden die bestausgerüsteten Industrien durch Zölle, die in der Wirkung Einfuhrverboten gleichkommen, geschützt. Der Zoll hat die Funktion, die Extraprofite des Monopols zu garantieren. Das neue System hat freilich auch vom Standpunkt der Monopole aus einen Nachteil: es wird nicht nur von einem Land, sondern von vielen angewendet, schafft also relativ kleine Wirtschaftsgebiete. Das Gegenmittel des Finanzkapitals ist der Kapitalexport. Man exportiert nicht nur, wie bisher, Waren, die am Bestimmungsort den Eigentümer wechseln, sondern man exportiert daneben, und in steigenden Mengen, Geld, Maschinenmaterial etc., das am Bestimmungsort in der Verfügung des bisherigen Eigentümers bleibt und von ihm als Kapital verwendet wird. Populär ausgedrückt: man errichtet in anderen Ländern — besonders in rückständigen, weil dort die Arbeitskräfte billig sind — Betriebsfilialen. Trotz diesem Auskunftsmittel empfindet das Finanzkapital jedes Landes sein Wirtschaftsgebiet als zu eng. So tauchen zwischen den Ländern mit entwickeltem Finanzkapital, zwischen den imperialistischen Ländern politische Spannungen auf, ein Rüstungswettlauf setzt ein, die Gefahr eines Weltkriegs wird sichtbar. Zugleich verschärfen sich die Klassengegensätze innerhalb jedes einzelnen imperialistischen Landes. Zwar erzeugt das Finanzkapital eine neue Schicht von Technikern und Angestellten, die den Unternehmern blind folgen, zu jedem reaktionären Manöver zu brauchen sind. Aber diese Schicht wird nicht lange dem Finanzkapital hörig bleiben, sie wird begreifen, daß ihre Interessen die der arbeitenden Massen sind, sie wird, wenn die nächste wirtschaftliche Depression einsetzt, sehr rasch den Weg ins proletarische Lager finden. Das Proletariat selbst erkennt angesichts der Erscheinungen des Imperialismus viel klarer als früher den Widersinn der kapitalistischen Ordnung, die Notwendigkeit, sie zu beseitigen. Es bereitet sich zum Endkampf vor. Die Tatsache, daß beinahe die gesamte Wirtschaft heute schon von ein paar Personen überblickt und geleitet wird, schafft günstigere Bedingungen für den Übergang zum Sozialismus, als je zuvor bestanden haben.

Unter den nationalökonomischen Werken, die die Struktur der imperialistisch neugestalteten Gesellschaft analysieren, ist das ,,Finanzkapital'' sicher eines der wertvollsten. Es steht außer Frage, daß man aus dem ,,Finanzkapital'' eine Menge lernen kann. Hilferding hat es in sehr jungen Jahren geschrieben. Er war damals eine der großen wissenschaftlichen Hoffnungen der Arbeiterbewegung. Tiefe Tragik liegt darin, daß er, auf der Höhe des Lebens angelangt, sich in den Dienst der Reaktion begab und ihr schließlich, als sie zu gigantischer Dimension angewachsen war, physisch zum Opfer fiel.

Karl Renner muß auf Grund des kleinen Buches ,,*Die soziale Funktion der Rechtsinstitute, besonders des Eigentums*''* als ein bedeutender Rechtssoziologe gelten. Die Rechtssoziologie untersucht die Beziehungen, die zwischen der gesellschaftlichen

---

* Veröffentlicht unter dem Pseudonym Dr. Josef Karner im 1. Band der ,,Marx-Studien'', 1904, S. 63—192.

Entwicklung im allgemeinen und der Entwicklung der Rechtsnormen im speziellen bestehen. Daß sich in den Rechtsinsti-
tuten die sozialen Verhältnisse widerspiegeln, weiß jedermann,
vielleicht mit Ausnahme einiger engstirniger Juristen. Aber
diese Erkenntnis sagt noch nicht viel. Es kommt darauf an,
die Spiegelung genau zu beschreiben, ihre typischen Eigentümlichkeiten herauszuarbeiten. Keineswegs ist die Sache so
einfach, daß jede soziale Strukturänderung eine Änderung der
Rechtsnormen nach sich zieht. Die Normen können sich äußerlich gleichbleiben und dabei einen Funktionswandel erleben.

Renner greift nun einen Einzelfall von überragender Wichtigkeit heraus:
er studiert den Funktionswandel, den das Rechtsinstitut des Eigentums, ohne
daß ein Normwandel eingetreten wäre, von der Zeit der einfachen Warenwirtschaft bis zur Zeit des Hochkapitalismus durchgemacht hat. Unter den Bedingungen der einfachen Warenwirtschaft, bei Vorherrschen handwerksmäßiger
Produktion, die ohne Ausbeutung fremder Arbeitskraft vor sich geht, hat das
Eigentum an Produktionsmitteln genau den Sinn, der der gesetzlichen Norm
entspricht; es bedeutet uneingeschränkte Verfügungsgewalt über eine Sache.
Das Eigentum am Produkt hat die Funktion, die gesellschaftliche Einkommensverteilung proportional zu der Arbeitszeit, die der einzelne investiert hat,
herbeizuführen. Nur insofern wird eine Korrektur angebracht, als die Gesamtheit der Handwerker (Produzenten) Alimentationspflichten gegenüber Nicht-
produzenten (Kindern, Greisen, Unbemittelten) zu erfüllen hat. Mit dem Sieg
des Kapitalismus bekommt die nämliche Rechtsnorm, der nämliche Wortlaut
des Gesetzes einen völlig neuen Sinn. Eigentümer von Produktionsmitteln sein,
heißt nun: das Recht haben, andere auszubeuten, Befehlsgewalt über andere
haben, den Arbeitsprozeß einer größeren oder geringeren Zahl von Menschen
dirigieren können. Das Eigentum am Produkt hat auch im Kapitalismus eine
,,distributorische" Funktion, aber die Einkommensverteilung vollzieht sich
nach einem anderen Schlüssel; den Kapitalisten wird Einkommen nicht nach
der von ihnen (persönlich) investierten Arbeitszeit, sondern nach dem von ihnen
investierten Kapital zugewiesen; das Eigentum ist zum gesellschaftlichen
Mittel geworden, durch das der Kapitalist Mehrwert realisiert. Die Sachgüter
der einfachen Warenwirtschaft haben sich zum Kapital gewandelt: dies ist
die Ursache, weshalb des Rechtsinstitut Eigentum sich in seiner Funktion so
radikal wandeln mußte. Renner begnügt sich nicht damit, zu zeigen, worin das
Eigentum des Produktivkapitalisten sich von dem des Handwerkers unterscheidet. Er zeigt die neue Funktion des Eigentumsbegriffs auch da, wo Waren-
handelskapital und Zinskapital in Rede stehen; er prüft die Frage, wie es möglich
ist, daß die Rechtsnorm ,,gilt", die Individuen bindet, und daß dennoch eine
Entwicklung außerhalb des Gesetzes und gegen das Gesetz stattfindet; und er
prüft noch eine ganze Reihe von konnexen Fragen.

122 *Arbeiterbewegung*

Das Verdienst der Schrift liegt vor allem in der Klarheit der Problemstellung und -lösung, in der Fülle der Anregungen, die sie für weitere Forschungen gibt, in der Eindringlichkeit, mit der sie anschaulich macht, daß die marxistische Methode auch die Jurisprudenz zu befruchten vermag.

Etliche Arbeiten Renners sind dem nationalen Problem der Monarchie gewidmet.

Die wichtigste dieser Arbeiten, *„Der Kampf der österreichischen Nationen um den Staat"* (*1902*)*, geht aus von dem grotesken Widerspruch, der in der Monarchie zwischen der Wirklichkeit und der papierenen Verfassung besteht.

Das politische Leben ist beherrscht von nationalen Auseinandersetzungen, aber nach der Verfassung sind die Nationen gar nicht existent. Eine solche Inkongruenz von Wirklichkeit und Recht muß zu unerträglichen Zuständen führen. Deshalb beschäftigen sich auch Sozialisten mit dem nationalen Problem, obwohl es ihnen eigentlich fernliegt, da sie internationalistisch denken. Das erste, was zu geschehen hat, ist folgendes: die Nationen müssen verfassungsmäßig konstituiert, müssen rechtlich anerkannt werden. Nun erhebt sich sogleich die Frage: nach welchem Prinzip soll die Konstituierung sich vollziehen? Zwei Prinzipien sind vorstellbar: das territoriale und das personale. Anwendung des territorialen Prinzips würde bedeuten, daß jeder Nation ein bestimmtes Gebiet zur Herrschaft zugewiesen wird. Das ist die Lösung, die die Kronlands-Föderalisten anstreben. Danach würde etwa das Kronland Böhmen den Tschechen, das Kronland Tirol den Deutschen zu autonomer Verwaltung übergeben werden. Das Resultat wäre aber unbrauchbar. Da die Kronländer national nicht einheitlich sind, würden trotz oder gerade dank dem Föderalismus die Minoritäten unterdrückt werden, in Böhmen die deutsche, in Tirol die italienische Minorität. Die Sache würde noch schlimmer dadurch, daß jede der ein Kronland verwaltenden Nationen in den anderen Ländern, wo sie selbst Minorität ist, Repressalien zu erdulden hätte. Somit bleibt nichts übrig, als das Personalprinzip heranzuziehen. Muster eines personal aufgebauten Verbandes ist die Armee: sie besteht aus allen Soldaten, ohne Rücksicht darauf, wo sie ihren Wohnsitz haben oder sich aufhalten. Ebenso soll jede Nation aus allen Nationsgenossen bestehen, mögen sie in einem Kronland leben, wo sie die Mehrheit haben, oder in einem, wo sie bloß die Minderheit bilden, oder überhaupt in der „Diaspora". Die Absonderung des Nationsbegriffs vom Gebiet entspricht dem Charakter des nationalen Verbandes, der eine Sprach- und Kulturgemeinschaft ist und mit dem Grund und Boden nichts zu tun hat. Sämtliche Nationsgenossen wählen einen „Nationalrat", der in kulturellen Angelegenheiten Autonomie genießt, das

* Renner veröffentlichte dieses Buch unter dem Pseudonym Rudolf Springer.

Recht hat, zur Gründung und Erhaltung von Universitäten, Schulen, Theatern so viel Steuern einzuheben, als seine Wähler sich gefallen lassen, und der durch einen verantwortlichen nationalen Staatssekretär der Benachteiligung der Nation in jeder Sphäre entgegentreten kann. Insbesondere überwacht der Nationalrat die Einhaltung einer gerechten Proportion bei Beamtenernennungen. Da zahllose Agenden staatlich bleiben (z. B. die gesamte Justiz), hat die Nation Interesse daran, daß ihre Angehörigen bei der Ämtervergebung nicht zurückgesetzt werden. Das Gebietsprinzip findet schließlich doch auch insoweit Berücksichtigung, als das Wirkungsfeld des Nationalrats untergeteilt ist in gebietsmäßig abgegrenzte Kreise, die die Kulturverwaltung in lokalem Maßstab führen. Auch von der sonstigen Verwaltung sollte manches auf demokratisch bestellte, mit Autonomie ausgerüstete Kreisbehörden übertragen werden. Die Verengerung der Kompetenzen der Kronländer, die damit Hand in Hand ginge, wäre im Hinblick auf die unzweckmäßige Struktur der Kronländer, z. B. ihre ganz ungleiche Größe, ein verwaltungstechnischer Fortschritt.

Renners Buch ist mit Temperament geschrieben. Es ist ungewöhnlich geschickt in der Argumentation. Seite für Seite zeigt sich, daß der Verfasser die Struktur der Monarchie, den parlamentarischen Betrieb, Bräuche und Mißbräuche der Administration in- und auswendig kennt. Seine Einstellung ist tolerant, er erhebt keine Nation in den Himmel, würdigt keine herab. Wäre er bürgerlicher Demokrat, er würde unter seinesgleichen einen Ehrenplatz einnehmen. Nun war er aber Wortführer einer Partei, die sich zu den Grundsätzen des Marxismus bekannte. Das fordert tiefer eindringende Kritik, und ihr kann das Buch nicht standhalten. Zunächst fällt auf, daß Renner einen Nationsbegriff einführt, der nicht der historischen Erfahrung entstammt. Der Emanzipationskampf der Nationen, der in der neueren Geschichte eine so ausschlaggebende Rolle spielt, sei von bloß geistigen Gemeinschaften getragen, und nicht von Gemeinschaften, die außer dem kulturellen auch einen historischen, gebietlichen, wirtschaftlichen Zusammenhalt haben. Wer der materialistischen Betrachtung treu bleiben will, wird sich nicht so leicht wie Renner entschließen, einen Personenverband Nation zu nennen. Er wird anderseits da, wo das Mehr an Voraussetzungen, welches er postuliert, erfüllt ist, sich nicht damit begnügen, kulturelle Autonomie zu fordern. Zur Idee einer gerechten, dauernden Frieden verbürgenden Weltordnung gehört das uneingeschränkte

Selbstbestimmungsrecht der Nationen, welches auch das Recht
auf staatliche Sonderexistenz mitumfaßt. Natürlich soll dies
Recht nicht als Pflicht verstanden werden: die *freiwillige*
Vereinigung mehrerer Nationen zu einem größeren Verband
kann unter Umständen eine höchst fortschrittliche Sache sein.
Immer bleibt aber das Moment der Freiwilligkeit entscheidend.
Das ist klarzustellen, das ist bei jeder nur möglichen Gelegenheit
zu betonen, das mußte besonders in einem Staat wie Österreich
betont werden, wo nationale Unterdrückung bestand, und besonders von einem Autor, der Mitglied der herrschenden Nation
war. Renner ignoriert das Selbstbestimmungsrecht genau so,
wie das Brünner Nationalitätenprogramm es tut. Er füllt den
vom Brünner Programm gesteckten Rahmen mit konkreten
Vorschlägen aus, aber er geht nicht um einen Schritt weiter.
Deshalb ist sein Buch nichts als ein Stück der verfehlten Politik
seiner Partei, durch die die Arbeiter der Nationalitäten den
national energisch auftretenden Bourgeoisien in die Arme getrieben wurden. All das ist von Stalin in seiner Abhandlung
über die nationale Frage mit großer Klarheit dargelegt worden.*
Um das Haupt- und Kardinalproblem des alten Österreich zu
lösen, wäre die Kühnheit der Bolschewiki nötig gewesen —
und die hat Renner, der eingefleischte Opportunist, nicht
besessen.

War bereits sein „Kampf der Nationen" von dem Wunsch
mitbestimmt, den österreichischen Völkerstaat intakt zu erhalten, so wurde dieser Wunsch während des Weltkrieges vollends zu einem zentralen Motiv seines Denkens. In der Aufsatz-
sammlung „*Österreichs Erneuerung*" (3 Bände, 1916/17) behauptet er, daß Österreich schon dank seiner multinationalen
Struktur ein fortschrittliches Gebilde sei. Die Beweisführung
ähnelt jener, die Seipel in „Nation und Staat" vorträgt.**
Mit dem Lob des Habsburgerstaates verbindet Renner die
durch einige Wenn und Aber eingeschränkte Empfehlung des
Naumannschen Mitteleuropa-Planes. Diese Darlegungen kündi-

---

* J. W. Stalin, „Marxismus und nationale Frage", 1913.
** Siehe das Kapitel „Katholizismus".

gen schon den Vorkämpfer der „Anschluß"-Idee an, der Renner
dann in der Republikzeit gewesen ist.
 In einem anderen, ungefähr gleichzeitig erschienenen Buch,
„Marxismus, Krieg und Internationale", erörterte er aus einer
rein opportunistischen Perspektive Fragen allgemeinen Charakters, d. h. Fragen, die nicht oder nicht nur Österreich betrafen. Er „bewies" die Notwendigkeit der Landesverteidigung
im imperialistischen Krieg, die Notwendigkeit der Kolonialpolitik der imperialistischen Mächte etc. Die sozialistischen
Autoren, die mit ihm in seiner Einschätzung der letzten Welt-
entwicklung nicht übereinstimmten, bezeichnete er als Vulgär-
Marxisten. Kautsky, selber kein Ultra-Linker, verglich ihn
in einer Gegenschrift* mit den bekannten deutschen Oppor-
tunisten Cunow, Lensch, Haenisch — nicht mit Unrecht, wie
leider gesagt werden muß.
 Anders als Renner, der im „Kampf der Nationen" dem
Begriff der Nation nur geringe Aufmerksamkeit schenkt, leitet
O t t o B a u e r sein umfangreiches Buch *„Die österreichische
Nationalitätenfrage und die Sozialdemokratie"*** damit ein, daß
er diesen Begriff zu analysieren sucht:

Was uns in der unmittelbaren Erfahrung begegnet, das ist der „Nationalcharakter", die Tatsache, daß größere Menschengruppen durch Charakter-
ähnlichkeit verbunden sind. Wollen wir zum Nationsbegriff vordringen, so
müssen wir eine Erklärung des Nationalcharakters finden. Es gibt Schriftsteller,
die glauben, daß ein mystisches Wesen, Volksgeist genannt, in den Nationsgenossen wirksam ist und sie einander angleicht. Andere wollen den Nationalcharakter aus rein physischen Ursachen herleiten. Er soll die natürliche Folge
gemeinsamer Abstammung der Nationsgenossen sein. Die zweite Auffassung
steht wissenschaftlich etwas höher als die erste, ist aber auch unbefriedigend.
In Wahrheit ist die Nation sowohl ein geistiger wie ein biologischer Zusammenhalt, sie ist sowohl Kultur- wie Naturgemeinschaft, ohne daß aber eine dieser
Gemeinschaften ein primärer Faktor wäre. Jeder Charakter beruht auf Schicksal.
Der Nationalcharakter ist erzeugt durch Schicksalsgemeinschaft in der Vergangenheit. Die Schicksalsgemeinschaft der Ahnen wirkt durch Vererbung von Eigenschaften und durch Überlieferung von Kulturgütern auf den geistigen Habitus
der Nachfahren. Natur- und Kulturgemeinschaft sind bloß die Mittel, durch

---

* „Kriegsmarxismus", in „Marx-Studien", 4. Bd., 1. Halbbd., 1918,
S. 120—206.
** Erschienen 1907 als 2. Band der „Marx-Studien".

welche die einheitlichen Ursachen, nämlich die Bedingungen des Daseinskampfes der Ahnen, ihre Wirkungen ausüben. Damit kommt Bauer zu der Definition: ,,Die Nation ist die Gesamtheit der durch Schicksalsgemeinschaft zu einer Charaktergemeinschaft verknüpften Menschen." Schicksalsgemeinschaft ist mehr als bloße Schicksalsähnlichkeit. Zum Beispiel erfahren das englische und das französische Kleinbürgertum, die englische und die französische Bourgeoisie ähnliche Schicksale. Aber gemeinsame Erlebnisse im strengen Sinn hat doch nur das französische Kleinbürgertum mit der französischen Bourgeoisie, das englische Kleinbürgertum mit der englischen Bourgeoisie. Wenn es heißt, daß die Nation die ,,Gesamtheit" der verknüpften Menschen umfaßt, so ergibt sich, daß in der Klassengesellschaft die Einheit der Nation nur durch die herrschenden Klassen konstituiert wird. Die Masse des arbeitenden Volkes hat keinen Zutritt zu den Kulturgütern. Die Ausbeutung, von der sie betroffen ist, die ungenügende Ernährung, Behausung, Schulbildung, die ihr zugemessen ist, bewirkt, daß sie sich am Kulturleben nicht beteiligt. Sie steht dadurch außerhalb jener Charaktergemeinschaft, außerhalb der Nation. Dieser Sachverhalt spiegelt sich im Bewußtsein der verschiedenen Klassen wider. Das Bürgertum fühlt und wertet national (was durchaus nichts Positives ist, denn Liebe zur Nation bedeutet Liebe zu sich selbst, Wertung nach nationalem Maßstab bedeutet Überwertung der eigenen Nation). Die Arbeiterschaft sieht die Dinge im Gegensatz zum Bürgertum rationalistisch an. Sie beurteilt historische Vorgänge, kulturelle Leistungen nach allgemeinen, objektiven Prinzipien. Wieviel Ehre oder Unehre einer bestimmten Nation erwächst, ist ihr egal.

Nun könnte man glauben, daß eine Klasse, die nicht national fühlt oder denkt, wohl auch keine nationale Politik betreiben wird. Bauer erklärt aber, daß es sich doch anders verhält. Die Arbeiterschaft führt einen Kampf, der auf die klassenlose Gesellschaft hinzielt. Das heißt, daß sie — freilich nicht um der Nation willen, sondern um ihrer selbst willen — einen Kampf führt, der auf ihre Zulassung zur Nation hinzielt. Wird doch in der klassenlosen Gesellschaft das ganze Volk sich der Kulturgüter erfreuen, das ganze Volk in die Nation eingehen. Also: Die Arbeiterschaft ist national bestrebt, ist es schon kraft ihres sozialen Programms, nur ist ihre Nationalismus ,,evolutionistisch": er wünscht die Ausweitung der Nation, er wünscht ferner, den Nationalcharakter im fortschrittlichen Sinn weiterzubilden. In beidem unterscheidet er sich vom konservativen Nationalismus des Bürgertums. Der Unterschied ist so groß, daß man den evolutionistischen Nationalismus zweckmäßigerweise sogar mit einem anderen Namen bezeichnen könnte, nämlich mit dem Namen Internationalismus. Stellt die sozialistische Idee eine Art nationalen Maximalprogramms dar, das der Arbeiterschaft aller Länder gemeinsam ist, so besitzt speziell die österreichische Arbeiterschaft außerdem noch ein Minimal- oder Sofortprogramm. Es heißt nationale Autonomie und ist in den Brünner Beschlüssen formuliert. Springer (Renner) hat es durch seine konkreten Ausführungen über das Personalitätsprinzip noch verbessert. Die Brünner Beschlüsse sind im bestehenden staatlichen Rahmen zu verwirklichen. Auch sie drücken den Internationalismus aus, dem die Arbeiterschaft zugetan ist.

Bei Otto Bauer gibt es Sonderbarkeiten, wie die Vorstellung, daß schon im Urkommunismus Nationen existierten, es gibt Behauptungen, die logisch nicht nebeneinander bestehen können. All das könnte man hinnehmen, denn daß auch positive Qualitäten da sind: ein eminentes Wissen, eine verblüffende Fülle geistreicher Einfälle, wird kaum jemand bestreiten. Entscheidend ist aber: Bauer hat sich sämtliche wesentlichen Irrtümer Renners zu eigen gemacht. Für ihn wie für Renner ist die Nation ein rein geistiges Gebilde. Mit so irdischen Dingen wie einem Territorium hat sie nichts zu tun. Da die nationale Frage vor allem eine kulturelle Frage ist, kann sie durch kulturelle Autonomie gelöst werden. Das politische Selbstbestimmungsrecht der Nationen wird von Bauer nicht anerkannt. Es wird einfach als gewiß angenommen, daß die in der Monarchie vereinten Nationen weiter beisammen bleiben werden.[19] So brauchte Stalins Polemik zwischen Renner und Bauer gar nicht zu unterscheiden. Sie traf beide Vertreter des Austro-Marxismus mit denselben Argumenten. Ein gemeinsamer Zug Bauers und Renners ist endlich die Antipathie gegen den Nationalismus als solchen. Für Bauer ist Nationalgefühl etwas Verächtliches. Nach Renner denkt die Bourgeoisie national, das Proletariat aber international. Als ob das Gegensätze wären! Die beiden Schriftsteller haben nicht erkannt, daß das Wesen des Internationalismus, zu dem sich allerdings jeder Sozialist bekennt, gelegen ist in der Achtung vor dem Recht und der Eigenart der Nationen; und daß diese Achtung denn doch die Nation, der man selber angehört, nicht ausschließen kann. Was sie predigen, ist in Wahrheit nicht Internationalismus, sondern nationale Indifferenz, Nihilismus. Die Gefährlichkeit dieses Standpunktes ist den Österreichern der heute lebenden Generation in einem schmerzhaften Anschauungsunterricht zu Bewußtsein gebracht worden.[20]

Von der Theorie, die F r i e d r i c h A d l e r zur Korrektur des dialektischen Materialismus entwickelt hat, wird, da sie sich eng an den Empiriokritizismus anschließt, in dem Kapitel über Ernst Mach gesprochen werden.

Fehler der Theorie und der Praxis, eng miteinander verquickt, haben nicht gehindert, daß die Arbeiterbewegung als
Kulturbewegung sich prächtig entfaltete. Natürlich mußten jene
Irrtümer auch auf das Stück Kulturgeschichte im engeren Sinn,
das in der Geschichte der Sozialdemokratie steckt, zurückwirken.
Die nationale Indifferenz mußte z. B. die volksbildnerische Tätigkeit der Sozialdemokratie ungünstig beeinflussen. Doch ist kulturell auf den verschiedenen Gebieten so viel getan worden, daß,
auch wenn das und jenes zu tadeln bleibt, ein großer Gewinn für
unser Land verzeichnet werden kann. Den Beitrag der Sozialdemokratie zur Entwicklung des Volksbildungswesens, des Unterrichtswesens im allgemeinen, des Theaters, der Journalistik usw.
darzustellen, wäre eine ebenso nützliche wie reizvolle Aufgabe,
deren Ergebnisse durchaus nicht nur den Fachmann interessieren
würden.* Wir begnügen uns mit ein paar Bemerkungen über
Sozialismus und Literatur. Etliche ausgezeichnete Schriftsteller sind unmittelbar aus der Arbeiterbewegung hervorgegangen. Am bekanntesten ist mit Recht A l f o n s P e t z o l d
(1882—1923).** Die vierzig Bände seines Lebenswerks, Lyrik,
Erzählungen, Autobiographisches umfassend, abgerungen einem
Dasein, das Jahre unsäglicher Armut, Jahre qualvoller Krankheit einschloß, sind als menschliches und Zeitdokument er-
schütternd. Daß Petzold Anspruch auf den Namen eines
wahren Dichters hat, ist vor allem aus einer Reihe kleiner
Versstücke zu sehen. Man stößt hier zuweilen auf einen ganz
eigenartigen, schmerzlichen Ton, der gewissermaßen aus einer
rauhen Kehle zu kommen scheint, gerade deshalb aber die
Kraft besitzt, das „rauhe Leben" zu lösen. Neben Petzold
verdienen genannt zu werden: J o s e f L u i t p o l d S t e r n
(Lyriker, Essayist), S t e f a n G r o ß m a n n (Erzähler, Journalist etc.), E m i l K r a l i k - H a b a k u k (Feuilletonist). Von

---

* Ein Teil dieser Arbeit ist von Dr. Alfred Zohner geleistet worden.
Vgl. seinen lehrreichen Aufsatz „Die Kulturbewegung der aufsteigenden
Arbeiterklasse" in Nagl-Zeidler-Castle, „Deutsch-österr. Literaturgeschichte",
4. Bd., S. 1536—58.
** Vgl. über Petzold: Aufsatz von Carl Brockhausen in: „Allgemeine
österr. Biographie", 1. Abt., 3. Bd., S. 181—97; Zohner, a. a. O., S. 1544 ff.

den Erzählungen Ferdinand Hanuschs war schon die Rede, von denen Popper-Lynkeus', der am Rande der Sozialdemokratie stand, werden wir später sprechen. So Gutes in den Arbeiten dieser Autoren zu finden ist, das Kapitel ,,Sozialismus und Literatur" endet nicht mit ihnen. Es ist ein weit umfänglicheres und inhaltsreicheres Kapitel. Die Arbeiterbewegung ist für unsere Literatur nur in zweiter Linie durch die Schriften von Sozialisten bedeutsam; ihre Hauptbedeutung liegt in den oft richtunggebenden Eindrücken, die sie bürgerlichen Schriftstellern vermittelte. Wir haben in Österreich nur eine schmale sozialistische, aber eine ausgedehnte soziale Literatur. Die Ideologie, die in England ,,Radikalismus" genannt wird und die mit der proletarischen verwandt ist, hat in vielen österreichischen Dichtwerken Gestalt angenommen. Sicherlich: Weder J. J. David, der den Mitleidsroman ,,Die am Wege sterben", noch Werfel, der die Mitleidsverse des ,,Weltfreund", noch Karl Kraus, der das pazifistische Drama ,,Die letzten Tage der Menschheit" schrieb, waren Sozialisten. Aber sie alle und manche andere, die noch angeführt werden könnten (Wassermann, Schnitzler, Wildgans, Zweig) haben, mehr oder weniger bewußt, den Hauch der sozialistischen Bewegung verspürt. Sie haben in ihren Dichtungen Gedanken des Proletariats formuliert, haben sie feiner formuliert (wenngleich weniger klar gedacht), als das Proletariat selbst es zu tun vermocht hat. Ihre Werke verdanken dieser Tendenz, wenn man es so nennen will, einen wesentlichen Teil ihres Wertes. Wenn die österreichische Literatur der neueren Zeit in der Weltliteratur einen hohen Rang einnimmt, dann nicht zuletzt deshalb, weil sie leidenschaftliche Bekenntnisse enthält zu den Ideen des Fortschritts der Freiheit, der Menschenwürde und Gerechtigkeit — zu denselben Ideen, die der sozialistischen Arbeiterschaft unverrückbar vor Augen stehen.[21]

SOZIALREFORM
(Radikalismus)

Fragen wir nach den politischen Ideologien, die um 1900 in Österreich anzutreffen sind, und nach der klassenmäßigen Zuordnung dieser Ideologien, so ergibt sich das folgende Bild: der Liberalismus ist die Anschauung, die die meisten Institutionen des öffentlichen Lebens formt und durchdringt. Trotz manchem Prestigeverlust behauptet er seine Herrschaft über die wichtigsten Kreise des Großbürgertums. Andere großbürgerliche Kreise sind christlichsozial oder deutschnational orientiert. Die Ausrichtung der Arbeiterschaft ist beinahe einheitlich: die entscheidenden Schichten sind für den Sozialismus gewonnen. Die beiden Hauptklassen, Bourgeoisie und Proletariat, üben einen starken ideologischen Einfluß auf das Kleinbürgertum. Teile des Kleinbürgertums leisten der Liberalen Partei Gefolgschaft, andere der Christlichsozialen und der Deutschnationalen, wieder andere (nicht sehr bedeutende) der Sozialdemokratischen Partei. Doch existiert noch eine fünfte kleinbürgerliche Schicht, die mit keiner der aufgezählten Anschauungen zufrieden ist, vielmehr ihre eigene, einigermaßen selbständige Ideologie ausbildet. Von dieser Ideologie soll hier die Rede sein. Wir wollen sie, mangels eines allgemein akzeptierten Terminus, ,,Doktrin der Sozialreform" oder ,,Radikalismus" nennen. Sogleich muß ein naheliegendes Mißverständnis ausgeschaltet werden. Das Wort ,,radikal" weist nicht auf eine besonders energische Denkweise hin, oder gar auf eine Neigung zu Gewalttaten. Es ist dem politischen Vokabular Englands entnommen, worin es ziemlich genau einen ,,linken Liberalen" bezeichnet. Die englischen Radikalen haben eine gute reformerische Tradition (man denke etwa an die Aufstiegszeit von Lloyd George), aber Extremisten sind sie nie gewesen.

Das Wesen des Liberalismus ist es, daß er Freiheit, Gleichheit und Brüderlichkeit als oberste Werte anerkennt, neben sie aber das Prinzip des Privateigentums an den Produktionsmitteln stellt und den resultierenden Konflikt löst, indem er jene drei erhabenen Ideale einer gründlich einschränkenden Interpretation unterwirft. Der Sozialismus anderseits behauptet, daß das Privateigentum der Urquell aller gesellschaftlichen Mißstände ist: daß Freiheit, Gleichheit, Brüderlichkeit — Begriffe, denen er einen neuen, tieferen Sinn gibt — nur dann Wirklichkeit werden können, wenn die Gesellschaft von den Produktionsmitteln Besitz ergreift. Zwischen diese beiden Standpunkte schiebt sich die Reformlehre mit dem Vorschlag, das Privateigentum fortbestehen zu lassen, aber seine nachteiligen Wirkungen zu bekämpfen. Die Reformlehre findet, daß der Kapitalismus Vorzüge hat, auf die man nicht verzichten kann. Sie erklärt zugleich dezidiert, daß die Lage der unteren Volksschichten verbessert werden muß. Das ist aber, meint sie, weit einfacher, als die Sozialisten es sich vorstellen. Die Grundgedanken des Radikalismus lassen sich etwa folgendermaßen zusammenfassen:

1. Die Ideale der bürgerlichen Revolution sind die Leitsterne aller fortschrittlichen Politik.

2. Es ist möglich, im Rahmen des Kapitalismus einen Gesellschaftszustand zu schaffen, der dieser Idealen entspricht.

3. Die Freiheit der Kapitalistenklasse muß bis zu einem gewissen Grad beschränkt werden. Dadurch wird die Freiheit der übrigen Klassen, werden Gleichheit und Brüderlichkeit gefördert.

4. Neben den staatlichen Maßnahmen, welche Exzesse von kapitalistischer Seite verhindern, sind auch Maßnahmen nötig, die den ärmeren Schichten unmittelbar Hilfe bringen. Der Staat hat nicht nur Gesetze über Sonntagsruhe, Kinderarbeit etc. zu erlassen, er hat z. B. auch Volkswohnhäuser, Spitäler, Altersheime zu errichten.

5. Die staatlichen Maßnahmen müssen durch rein gesellschaftliche ergänzt werden. Menschengruppen, die von einem bestimmten sozialen Übel betroffen sind, organisieren sich und schaffen sich — eventuell mit Unterstützung anderer Gruppen — selbst die Reformen, die sie brauchen. (Zum Beispiel: Landwirte, die unter Kreditnot leiden, schaffen auf genossenschaftlicher Basis eine Darlehenskasse.)

Findet dies Programm Anerkennung, so wird, sagen die Radikalen, die soziale Frage in weitem Umfang gelöst werden. Die Vorteile des Liberalismus

(Privatinitiative) bleiben erhalten. Die Vorteile des Sozialismus werden — notabene ohne revolutionäre Erschütterung — neu gewonnen. Nicht nur die materiellen, auch die ideellen Bedürfnisse der Volksmassen werden befriedigt. Die Reformtätigkeit erstreckt sich wie auf ökonomische auch auf Kulturangelegenheiten. Der Bau von Volksbildungsinstituten ist ebenso im Programm wie die Einführung von Alterspensionen.

Mit dieser Schilderung haben wir nun freilich die radikale Bewegung etwas idealisiert. Die soeben skizzierten „Grundgedanken" sind die Gedanken einiger hochgebildeter, besonders auch politisch gebildeter Führer der Bewegung. Selbst sie differieren über manches (z. B. über Punkt 4, Staatshilfe): Wir haben ausgedrückt, was sie im *Durchschnitt* für richtig halten. Die Masse der kleinen Reformer hingegen hat die „Grundgedanken" nur undeutlich vor Augen. Sie propagieren diese Gedanken nicht, was nicht etwa darin begründet ist, daß sie mit ihnen nicht übereinstimmen, sondern darin, daß sie überhaupt keine allgemeinen Überlegungen anstellen. Es gehört zu den Eigenheiten der radikalen Bewegung, daß sie neben breiten Organisationen mit einleuchtenden Zielen, wie es etwa die Volksbildner sind, auch etwas außenseiterische Gruppen umfaßt: die Vegetarier, die Anhänger des Volapük, die Anhänger der Nacktkultur. Das politische Niveau der Außenseiter ist oft ein niedriges, sie interessieren sich nur für eine ganz bestimmte Reform, von den anderen wissen sie nichts und wollen sie nichts wissen. Der Volapük-Freund hält den Vegetarier für einen Vereinsmeier, der Nacktturner glaubt, daß der Volksbildner die heiligste Menschenpflicht verletzt, weil er nicht gegen überflüssiges Kleidertragen, sondern gegen die Unwissenheit arbeitet. Zuweilen leben auch Gruppen, die dasselbe Gebiet bearbeiten, in erbitterter Feindschaft, weil jede das Ziel mit anderen Mitteln erreichen zu können glaubt. Ist es bei solcher Zersplitterung überhaupt berechtigt, die vielen Vereine als Einheit anzusehen, von „der" radikalen Bewegung zu sprechen? Doch! Die Vereine haben die Klassenbasis gemeinsam. Sie rekrutieren sich aus Kleinbürgern, nur dann und wann gibt es einen Mitläufer aus den gesellschaftlichen Unter- und Oberschichten. Und sie haben auch die Weltanschauung gemeinsam. Sie ist in jenen vorhin erwähnten ,,Grundgedanken" enthalten. Die ,,Grundgedanken" sind das Kredo des Reformers, selbst wenn er sich dessen nur gelegentlich bewußt wird. In den Momenten der Reflexion erscheint ihm seine eigene Tätigkeit als Beitrag zur Realisierung eines Programms, wie es in jenen fünf Punkten dargestellt ist.

Gleich anderen sozialen Kategorien läßt sich der Radikalismus gegen benachbarte Kategorien nicht mit absoluter Schärfe abgrenzen. Auch der Liberalismus, soweit es sich nicht um den Manchester-Flügel[1] handelt, befürwortet gewisse Reformen. Es ist oft ungemein schwer zu sagen, ob ein konkreter, seinerzeit viel diskutierter Reformvorschlag aus radikaler oder aus liberaler Gesinnung entsprungen war. Besonders schwer ist die Abgrenzung des Radikalismus nach der anderen Seite, nach links. Die diversen Gruppen nichtmarxistischer Sozialisten, die wir um 1900 an der Arbeit sehen, sind den Radikalen zum Teil sehr ähnlich, wie laut sie selbst ihre Unterschiedlichkeit proklamieren mögen. Daß sie, die Sozialisten, letzten Endes den Kapitalismus aufheben wollen, kann durchaus nicht immer als spezifische Differenz dienen, denn wenn das letzte Ende in die fernste Zukunft verlegt wird, bleibt für die nähere Zukunft offenbar nichts übrig als ein Reformplan. Endlich ist mit dem Radikalismus auch die katholische Reformbewegung verwandt. Diese Bewegung ist nicht eigentlich radikal, da sie sich nicht an den Ideen der Französischen Revolution, sondern an den Lehren des Evangeliums orientiert. Sie erhebt aber mitunter Forderungen, die mit den Radikalen übereinstimmen.

Die radikale Bewegung hat sich in Österreich früher entwickelt als die Arbeiterbewegung. In der Revolution von 1848 waren die Arbeiterorganisationen noch kein selbständiger Faktor, hingegen traten radikale Gruppen sehr sichtbar hervor. Durch die Bachsche Reaktion wurden die meisten von ihnen unterdrückt. Von der Ära Schmerling an formierten sie sich aufs neue. Sie waren es vor allem, die aus der verhältnismäßig liberalen Vereinsgesetzgebung der Sechzigerjahre Nutzen zogen. In den letzten Jahren vor dem Weltkrieg bestand eine kaum mehr überblickbare Menge von Vereinen. Sie bemühten sich um die verschiedensten ökonomischen, sozialen, kulturellen Probleme, teils um wichtige, teils um skurrile Dinge. Viele hatten mit gleichartigen Gruppen im Ausland Kontakt, erhielten von dort Anregungen, gaben ihrerseits ihre Erfahrungen bekannt. Wenn die Zahl, die Aktivität, der Ideenreichtum der Reformer ein Symptom für die geistige Regsamkeit eines Volkes ist, wie die Radikalen in aller Welt nicht ohne Grund behaupten, dann war das österreichische eines der regsamsten Völker. Merkwürdig ist, daß es trotzdem bei uns nicht gelang, eine radikale Massenpartei zu schaffen, wie sie in vielen Ländern existierte. Weder die Wiener Demokratische Partei, der Kronawetter, Steudl und vorübergehend Lueger angehörten, noch die Sozialpolitische Partei von Ofner und Philippovich gewann starken Anhang. Die Deutsche Volkspartei, die Fischhof in den Achtzigerjahren schaffen wollte, starb schon im Embryonalzustand.* Den radikal gesinnten Wählern blieb nur die Möglichkeit, für die Sozialisten oder die Liberalen zu stimmen oder Wahlenthaltung zu üben, was sicher in vielen Fällen geschah.

Der Radikalismus rief, sowie er sich zu rühren begann, auf vielen Seiten Widerspruch hervor. Besonders heftige Kritik richteten gegen ihn die Manchester-Liberalen und die Anarchisten.

Die Polemik der Liberalen betraf in erster Linie Eingriffe des Staates in das Wirtschaftsleben, Eingriffe zum Schutz der wirtschaftlich Schwachen, wie die Sozialreformer sie verlangten.

Der Staat kann, erklärte die liberale Doktrin, solchen Schutz nicht gewähren. Die Wirtschaft ist beherrscht von Gesetzen, die ewig und unveränderlich sind wie Naturgesetze. Wird eines von ihnen — z. B. Regelung der Preise auf Grund von Angebot und Nachfrage — durch Anwendung von Machtmitteln — z. B. Festlegung von Höchstpreisen — ausgeschaltet, so bringt es einen Mechanismus in Bewegung, der auf Umwegen, nachdem allerlei unerwünschte Zwischenstationen durchlaufen worden sind, den „natürlichen", ökonomisch gesetzmäßigen Zustand wieder herstellt. (In unserem Beispiel würden etwa die Produzenten der Ware, die mit Höchstpreis belegt wurde, so lange nicht produzieren, bis Warenknappheit eingetreten und der Höchstpreis aufgehoben ist.)

Die liberalen Einwände gegen die Sozialreform waren schon vor fünfzig oder sechzig Jahren ohne weiteres als haltlos zu erkennen. Offensichtlich waren die „ewigen Gesetze" nichts als

---

* R. Charmatz, „Adolf Fischhof", 1910, S. 377—97.

die Maske von Unternehmerinteressen. Seither sind diese Einwände durch die Erfahrung noch hundertfach widerlegt worden. Sämtliche moderne Staaten haben wirtschaftliche Schutzgesetze eingeführt und damit größere oder geringere Erfolge erzielt.

Ganz andere Erwägungen waren es, die die Anarchisten bestimmten, gegen den Radikalismus[2] Stellung zu nehmen. Ihre Argumentation lautete:

> Im Rahmen des Kapitalismus kann die Lage der mittleren und unteren Schichten nicht wirklich verbessert werden. Die Sozialreformer erwecken Hoffnungen, die sich nie erfüllen können. Soweit solche Hoffnungen nur beim Kleinbürgertum wachgerufen werden, ist der Schaden nicht groß, denn es ist ziemlich gleichgültig, was das Kleinbürgertum denkt und tut. Aber der Radikalismus, obwohl in den Mittelschichten wurzelnd, macht auch dem Proletariat, und gerade ihm, Versprechungen: Achtstundentag, Verbot der Kinderarbeit etc. Wenn und insofern die reformerische Propaganda an die Arbeiterschaft herankommt, stiftet sie Schaden: Sie hält die Arbeiterschaft von ihrer revolutionären Aufgabe ab, sie verzögert den Sturz der Bourgeoisie. Die Arbeiterpartei muß darum einen Teil der Reformbewegungen scharf bekämpfen.

Wieder ist zu sagen, daß es sich nicht um ernste Argumente handelt. Es war unsinnig, zu verlangen, daß die proletarische Avantgarde dem Versuch, die Lage des Proletariats schon im Kapitalismus ein wenig zu verbessern, sozusagen mit der Waffe in der Hand entgegentreten sollte. Wo immer sie sich zu einer solchen Haltung verleiten ließ, wandten sich die Arbeiter entrüstet von ihr ab. Wenn die österreichischen Anarchisten nach einer kurzen Periode der Popularität jedes Ansehen bei den Arbeitern verloren, dann vor allem auf Grund ihrer extremen Feindseligkeit gegen den Reformgedanken.

Welches war nun wirklich die Bedeutung des Radikalismus in unserer Geschichtsperiode? Er wurde von Liberalen und Anarchisten falsch eingeschätzt — aber wie ist die richtige Einschätzung? Wir wollen versuchen, einige Gesichtspunkte pro und contra zu entwickeln.

Beginnen wir mit *contra*.

1. Der Hauptfehler des Radikalismus war sein Kompromißcharakter. Er wollte Kapitalismus und Sozialismus „versöhnen". Das war unmöglich. Das mußte bei dem, der es ernst nahm,

Illusionen erzeugen. Liberale und Anarchisten übertrieben maßlos, als sie erklärten, Reformen könnten überhaupt keine Besserung für die ärmeren Schichten bringen. Aber in ihren Argumenten war ein Körnchen Wahrheit: die soziale Frage (im weitesten Sinn) konnte durch Reformen allein nicht gelöst werden. Ein größeres Konzept war nötig: das Konzept, das die Sozialisten vertraten.

2. Manche Reformbewegungen waren durch Verworrenheit der Ziele charakterisiert. Sie erstrebten undurchführbare Reformen, oder solche, die zwar durchführbar, aber ohne Wert waren. Mit ihrer Geschäftigkeit zehrten sie Energien auf, die nützlichen politischen Bemühungen hätten zugute kommen können. Oft traten sie als lästige Konkurrenz politisch klardenkender Arbeiterorganisationen in Erscheinung. Die Sozialdemokratie war in ihrer Aufstiegszeit gezwungen, ihre allgemeine Warnung vor reformerischen Illusionen mit einer energischen Polemik gegen bestimmte kleinbürgerliche Vereine zu verbinden.

3. Der Radikalismus erwies sich auf dem Gebiet der nationalen Frage als ideenarm. Es liegt in der Natur der Sache, daß die ganz spezialistisch eingestellten Vereine sich mit dieser Frage nicht befaßten. Doch entstand merkwürdigerweise keine Organisation, die sich darauf spezialisiert hätte, diese Dinge ein Stück weiterzubringen. Nur gelegentlich einmal nahm ein Verein oder ein einzelner Reformer zum nationalen Streit Stellung. Was in solchem Fall vorgebracht wurde, war nicht immer erfreulich. Gewiß waren die Radikalen toleranter als die Liberalen. Aber auch sie zeigten einen Hang zu deutschtümelnden Redensarten. Und vor allem fehlte es ihnen an konstruktiven Einfällen.

Nun muß aber doch auch etliches *pro* gesagt werden.

1. Nicht alle Reformvereine waren von Utopismus und Sektierertum beherrscht. Manche ließen sich von sehr vernünftigen, wenngleich nicht himmelstürmenden Gedanken leiten. Das gilt z. B. von der Volksbildungs- und der Frauenbewegung. Die bürgerlichen Volksbildner arbeiteten nach ähnlichen Prinzipien wie die sozialistischen, und es kam eine weitgehende Kooperation

zustande. Die bürgerliche Frauenbewegung gelangte zwar nicht zu einer Kooperation mit der sozialistischen, aber wenn sie Zulassung der Frauen zu den Universitäten usw. forderte, leistete sie Dankenswertes.

2. Wir wissen, daß es zu den Wesenszügen des Radikalismus gehörte, die Losung Freiheit, Gleichheit, Brüderlichkeit hochzuhalten. Um 1900 reiften zwar im Schoße der Gesellschaft schon Möglichkeiten, von denen man 1789 noch nicht geträumt hatte, und die Position der Jakobiner konnte nun nicht mehr als eine vorgeschobene gelten, aber der Radikalismus war doch unvergleichlich fortschrittlicher als die heraufziehende christlichsoziale oder gar als die deutschnationale Bewegung. Das Einmaleins der Demokratie zu verbreiten, war eine bessere Tat, als den Ständestaat zu preisen oder gegen die Juden zu hetzen.

3. Vom Radikalismus ging eine volkserzieherische Wirkung aus, eine Wirkung derselben Art, wiewohl nicht desselben Ausmaßes, wie sie der Sozialdemokratie eigen war. Auch die Reformorganisationen wurden von Menschen geführt, die Beispiele der Uneigennützigkeit und Charakterstärke gaben. Junge Leute, die in die radikale Bewegung hineingerieten, empfingen oft intellektuelle und moralische Eindrücke, die ihr ganzes weiteres Leben befruchteten. Der Historiker sieht all das heute deutlicher, als es einst der Politiker zu sehen vermochte. Gewisse harte Urteile, die seinerzeit von Sozialisten über Persönlichkeiten aus dem radikalen Lager gefällt wurden, sollen uns nicht darüber täuschen, daß in der Reformbewegung viel Wissen, viel Talent und vornehme Gesinnung versammelt waren.

Wir geben nun eine Übersicht über die Entwicklung, die einige der wichtigsten Reformbewegungen in Österreich genommen haben. Aus der Fülle greifen wir die sozialpolitische, die Frauen-, die Volksbildungs- und die ethische Bewegung heraus. Dann werden wir etwas ausführlicher von den Ideen sprechen, die durch zwei dem Radikalismus zuneigende Philosophen, durch Friedrich Jodl und Josef Popper, vorgetragen worden sind.

1. DIE SOZIALPOLITIKER *

Diese Richtung wurde durch die reichsdeutschen Katheder-
sozialisten und durch die englischen Fabier beeinflußt. Die
kathedersozialistische Schule ist auch unter dem Namen der
Jüngeren Historischen Schule bekannt. Ihre Häupter waren
Schmoller, Knapp, Conrad, Adolf Wagner, ferner Lujo Brentano,
der kurze Zeit an der Wiener Universität lehrte. Die Schule
schuf sich 1873 ein Zentrum im *Sozialpolitischen Verein*, dem auch
viele Österreicher beitraten. Der Verein wurde die maßgebende
Korporation der reichsdeutschen Ökonomen. Er umfaßte nicht
nur Reformer mit kleinbürgerlicher, sondern auch eindeutige
Liberale mit großbürgerlicher Tendenz. — Die *Fabian Society*
wurde zu Anfang der Achtzigerjahre von jungen englischen Intellektuellen begründet. Zu ihren Mitarbeitern gehörten bald nach
der Gründung Bernard Shaw, Sidney Webb und Annie Besant,
etwas später Beatrice Webb. Die Fabier bekannten sich zum
Sozialismus, wandten sich aber entschieden gegen die marxistische Lehre. Um 1900 wirkten sie an der Bildung der Labour
Party mit.** In Anlehnung an diese zeitgenössischen Strömungen riefen 1891 österreichische Reformer (Engelbert Pernerstorfer, Otto Wittelshöfer, Richard Faber, Georg Schmiedl, Michael
Hainisch) die *Wiener Fabier-Gesellschaft* ins Leben. Die Tendenz
war viel eher bürgerlich-radikal als sozialistisch. Diskutiert
wurden Dinge wie Normalarbeitstag, Altersversicherung, Beauf-
sichtigung der Kartelle. Professor Masaryk unterhielt mit den
Fabiern freundschaftliche Beziehungen. An publizistischen
Organen standen Pernerstorfers ,,Deutsche Worte'' zur Verfügung,
ferner die von Isidor Singer, Heinrich Kanner, Hermann Bahr
redigierte ,,Zeit'' (erst Wochen-, dann Tageszeitung). Aus den
Kreisen der Fabier ging die *Sozialpolitische Partei* hervor, die sich
mehrmals am Wahlkampf beteiligte. Der Erfolg war bescheiden:
Julius Ofner, Ferdinand Kronawetter und Eugen Philippovich

---

* Vgl. R. Charmatz, ,,Deutsch-österreichische Politik'', 1907, S. 187; Margarete Jodl, ,,Friedrich Jodl'', 1920, S. 188; Ludwig v. Mises, ,,Eugen v. Philippovich'', ,,Neue österr. Biogr.'', 1. Abt., 3. Bd., 1926, S. 53—63.

** Vgl. E. R. Pease, ,,The History of the Fabian Society'', 1916.

kamen 1896 in den niederösterreichischen Landtag, Ofner und
Kronawetter 1901 auch in den Reichsrat. Doch darf man die
Bedeutung der Partei und der Gruppe, deren Exponent sie war,
nicht an dem Wahlresultat messen. Einige Vorkämpfer der Sozialpolitik sind den besten Österreichern der Epoche zuzuzählen.
Die Gestalt Pernerstorfers läßt sich aus der konstitutionellen
Ära gar nicht wegdenken. Philippovichs ,,Grundriß der politischen Ökonomie'' ist eine didaktische Leistung, die auch der
theoretische Gegner respektieren muß; seine Kritik des Monopolkapitalismus zeugt von Scharfblick und Courage, wenngleich sie
nach heutigen Begriffen nicht weit genug geht. Michael Hainisch (1858—1937) hat sich durch eine Reihe volkswirtschaft-
licher Schriften verdient gemacht, so durch die statistische
Studie ,,Die Zukunft der deutschen Österreicher'' (1892). Seine
spätere Berufung zum Präsidenten der Republik war nicht, wie
manchmal behauptet wurde, eine Verlegenheitslösung, sondern
hatte in seiner wissenschaftlichen Reputation ihre gute Grundlage. Ferdinand Kronawetter (1838—1913) war, schon lange
ehe er für die Sozialpolitiker kandidierte, als Vertreter der
Wiener Demokraten, einer anderen kleinen Gruppe, im Parlament
gesessen. Österreich besaß in ihm einen zuweilen leicht ver-
schrobenen, im ganzen jedoch recht fortschrittlichen Politiker
von größter persönlicher Standhaftigkeit und Ehrenhaftigkeit.
Lueger und andere bemühten sich, ihn zum Antisemitismus zu
bekehren, aber vergeblich. Von ihm stammt das geflügelte
Wort: ,,Der Antisemitismus ist der Sozialismus des dummen
Kerls.'' Hervorzuheben ist, daß die Sozialpolitiker für das allgemeine Wahlrecht eintraten, das sie als sehr dringliche Sache erkannten. Die Reden, die Kronawetter in diesem Sinn hielt, die
Artikel, die Hainisch und Philippovich veröffentlichten, fanden
starken Widerhall und erleichterten die Wahlrechtkampagne der
Sozialdemokratie.

Eine ähnliche grundsätzliche Orientierung wie bei der Sozialpolitischen Partei finden wir noch bei manchen Schriftstellern,
deren Arbeiten um 1900 die Öffentlichkeit beschäftigten. Hier
sind zu nennen:

Walter Schiff, der ausgezeichnete Kenner der bäuerlichen

Verhältnisse. Sein Buch „Österreichs Agrarpolitik seit der Grundentlastung" (1898) ist bis heute das beste, das dieser Materie gewidmet wurde. Er war auch in der Volksbildungsbewegung tätig.

Anton Menger, der Bruder des Grenznutzenlehrers, Autor einiger viel gelesener Schriften („Das Recht auf den vollen Arbeitsertrag", „Das bürgerliche Recht und die besitzlosen Volksklassen") versuchte, eine vom Marxismus unabhängige sozialistische Theorie zu begründen.

Rudolf Goldscheid (der Fürsprecher der „Repropriation des Staates") und Josef Popper (der Verfechter der „Allgemeinen Nährpflicht") waren sehr eigenwillige Autoren. In ihrem Denken war ein utopistischer Einschlag. Weltanschaulich standen sie aber den Sozialpolitikern gar nicht fern.

2. DIE FRAUENBEWEGUNG *

Ihre Ursprünge fallen in die Blütezeit des Liberalismus. Die erste Organisation war der *Wiener Frauen-Erwerbsverein*, der 1866 entstand. Wesentlich später, um 1890, folgte der Verein für erweiterte Frauenbildung und der *Allgemeine Österreichische Frauenverein*. Die stärksten Persönlichkeiten der Bewegung waren Marianne Hainisch (die Mutter Michael Hainischs) und Rosa Mayreder (eine fruchtbare Schriftstellerin, bekannt auch durch ihre Freundschaft mit Hugo Wolf). Eine führende Rolle spielten weiters Marie Boßhardt van Demerghel, Auguste Fickert, Marie Lang, Eugenie Schwarzwald, Fanny Freund-Markus. Anfangs konzentrierte die Bewegung ihre Kräfte darauf, den Frauen aus den Mittelschichten besseren Unterricht und bessere Berufschancen zu verschaffen. Sie stieß auf starken Widerstand. Jede Schultype, jede Hochschul-Fakultät mußte separat erobert werden.

---

* Vgl. Marianne Hainisch, „Die Geschichte der Frauenbewegung in Österreich" in „Handbuch der Frauenbewegung", herausgeg. von Helene Lange und Gertrud Bäumer, 1. Teil, 1901, S. 167—89.

Nach Überwindung unendlicher, aus Vorurteil und Bürokratismus erzeugter Hindernisse gelang es 1892, ein Mädchengymnasium in Gang zu bringen. Es war eine Aneiferung gewesen, daß die Tschechinnen (Verein „Minerva") in Prag schon zwei Jahre früher dasselbe durchgesetzt hatten.

Ein Teil der Hochschullehrer unterstützte die Wünsche der Frauen, so der Philosoph Theodor Gomperz, der Literarhistoriker Emil Reich, der Staatsrechtler Edmund Bernatzik. Andere Professoren, voran der berühmte Chirurg Eduard Albert, nahmen scharf gegen das Frauenstudium Stellung. Alberts Broschüre „Die Frauen und das Studium der Medizin" gab Anlaß zu einer erregten literarischen Diskussion. Auf die Dauer war es in Österreich so wenig wie anderswo möglich, die Frauen von den akademischen Berufen auszuschließen. Von 1897 an wurden die Hochschulen Schritt für Schritt für Hörerinnen geöffnet.

Ungefähr zur selben Zeit dehnten die Frauenorganisationen ihre Tätigkeit auf neue Gebiete aus. Sie verlangten nun Neugestaltung des Familienrechts, Gleichstellung der Geschlechter im Vereins- und Versammlungsrecht und speziell im Wahlrecht. Die österreichischen Suffragetten zeigten lange nicht solche Heftigkeit wie ihre englischen Kolleginnen. Doch die Forderung nach Zulassung zur Wahl verstummte nicht mehr, bis endlich die Republik sie erfüllte. Ferner beschäftigten sich die Organisationen mit den Problemen der öffentlichen Sittlichkeit. Sie kritisierten die Toleranz des Staates gegenüber der Prostitution; die sogenannte Kasernierung und Polizeiaufsicht sollten, meinten sie, abgeschafft und im Interesse der Volksgesundheit und Moral, nicht zuletzt auch im Interesse der Prostituierten selbst, durch lückenloses Verbot, kombiniert mit Fürsorgemaßnahmen zugunsten der Entgleisten, ersetzt werden. Ein Roman von Else Jerusalem („Der heilige Skarabäus") trug dazu bei, die Aufmerksamkeit auf diese Fragen zu lenken. Die Agitation der Frauenrechtlerinnen entsprang der besten Absicht, manche ihrer Argumente waren unbestreitbar richtig. Aber sie schlugen zu viel Lärm in einer verhältnismäßig untergeordneten Angelegenheit; auch kamen in ihren Artikeln und

Reden recht hausbackene Moralanschauungen zum Vorschein, die die Spottlust von Menschen mit größerer Lebenserfahrung wachriefen. Die Exzesse der Dirnenverherrlichung, die österreichische Schriftsteller (z. B. Karl Kraus, Peter Altenberg, Otto Weininger) begingen, waren teilweise die Reaktion auf spießbürgerliche Ideen, die sich in der Frauenbewegung äußerten.

Die proletarische und die katholische Frauenbewegung sollen hier nur genannt werden zum Zweck der Konstatierung, daß von ihnen in diesem Zusammenhang nicht zu reden ist. Die erste war ein Teil der Sozialdemokratischen, die zweite ein Teil der Christlichsozialen Partei, von der bürgerlich-radikalen Bewegung waren beide sichtbar getrennt. Die sozialdemokratische Frauenorganisation hatte zwar ein paar Programmpunkte, die sich auch im Programm der „radikalen" Vereine fanden (z. B. Stimmrecht). Sie betonten aber spezifisch proletarische Forderungen und lehnten ein Zusammengehen mit den Bürgerlichen ab, weil sie ihren eigenen Klassencharakter nicht verwischen wollten.[3] Der Wiener Christlichsoziale Frauenbund verfolgte Ziele ganz anderer Art. Er betrieb antisemitische Propaganda, verlangte Reduzierung der Schulpflicht usf.; am Stimmrecht der Frauen erklärte er sich desinteressiert. Mit dem, was normalerweise Frauenbewegung genannt wird, hatte die Organisation der Katholikinnen kaum etwas zu tun.[*]

3. DIE VOLKSBILDNER

Wieder haben wir nicht von der proletarischen oder der katholischen Bewegung zu sprechen. Beide wurden an früherer Stelle erwähnt, als Zweige der zwei führenden Massenparteien. Was uns hier ausschließlich angeht, ist die nach der kleinbürgerlich-radikalen Philosophie ausgerichtete Bewegung. Sie begann ihre Tätigkeit Mitte der Achzigerjahre; damals entstanden rasch hintereinander: der *Oberösterreichische Volksbildungsverein* in Linz, der *Niederösterreichische Volksbildungsverein*

---

[*] Marianne Hainisch, a. a. O., S. 179.

in Krems, der *Wiener Volksbildungsverein* (Obmann Eduard
Leisching). Von den erfolgreichsten ausländischen Organisationen, den dänischen, wurden ein paar Leitgedanken übernommen, so vor allem der, daß die Arbeit in erster Linie auf
Vermittlung von Allgemeinbildung und nur nebenbei auf Verbesserung von Berufsqualifikationen hinziele. Manche Einrichtungen, die sich in Dänemark glänzend bewährt hatten,
wie das Internat für Hörer aus bäuerlichen Kreisen, wurden
leider nicht nach Österreich überpflanzt. Überhaupt blieb
die Bewegung bei uns städtisch. Nur sporadisch drang sie in
ländliche Gegenden vor.

Die Schüler des Wiener Volksbildungsvereins sprachen
den Wunsch aus, nicht immer bloß Einzelvorträge zu hören,
sondern systematischen Unterricht zu erhalten. Das führte
zunächst zur Errichtung der volkstümlichen Universitätskurse.
Dank der Tatkraft, die Ludo Hartmann und die Professoren
Friedrich Becke und Emil Reich an den Tag legten, erwuchs
aus diesen Kursen binnen wenigen Jahren die Volkhochschule.
Das „Volksheim" bezog 1904 sein eigenes Gebäude in Ottakring.
1909 konnte der Volksbildungsverein ein kaum weniger statt-
liches Haus im 5. Bezirk eröffnen. Inzwischen waren weitere
Körperschaften ins Leben getreten: die Wiener Urania, die
dem gleichnamigen Berliner Institut nachstrebte; die Zentralbibliothek, eine Schöpfung Professor Eduard Reyers, an der
auch Michael Hainisch mitwirkte. Der Volksbildungsverein
hatte sich ebenfalls um das Büchereiwesen angenommen, wurde
aber von der Zentralbibliothek überflügelt. Während Volksbildungsverein und Volksheim vielfach proletarisches Publikum
anzogen, gewannen Urania und Zentralbibliothek mehr in
klein- und mittelbürgerlichen Schichten Popularität.

Die Volksbildner haben in Österreich eine Menge Wertvolles
geschaffen. Insgesamt erhielten durch die verschiedenen Vereine Zehntausende Belehrung über Wissensgebiete, die vorher
nur einer Elite zugänglich waren. Das von den Vereinen geübte
Prinzip der Selbstverwaltung gab den Schülern Gelegenheit, organisatorische Praxis zu erwerben. Die Dozenten profitierten durch
den Kontakt mit Arbeitern, den ihnen die Institute vermittelten.

In den Jahren vor dem Krieg wurde das Fundament gelegt für die noch viel umfassendere Aktivität, welche die Institute in der Republikzeit entfalteten. Wenn die Bewegung eine Schattenseite hat, dann die, daß sie mitunter einen seltsamen Typus erzeugt: den Nur-Lernenden, der im Besuch immer neuer Kurse seinen Lebensinhalt sieht, dabei aber über eine gewisse Halbbildung nicht hinauskommt. Doch handelt es sich hier wirklich nur um den unerwünschten Nebeneffekt, der mit im Ganzen höchst segensreichen reformerischen Arbeiten einhergeht.

4. DIE ETHISCHE BEWEGUNG *

Ihre Heimat ist in den angelsächsischen Ländern, ihr Ausgangspunkt die von der neueren empiristischen Philosophie aufgestellte Behauptung, daß eine rein wissenschaftliche, vom religiösen Dogma unabhängige Morallehre formuliert werden könne, ihr Ziel, die Erkenntnisse der Moralphilosophie zu popularisieren. Den Schulkindern sollte Moralunterricht zuteil werden; Erwachsene sollten sich in freien Gemeinden zusammenschließen und sich selbst zu ethischer Reflexion und ethischem Verhalten im Alltag erziehen. Gemeinden dieser Art entstanden in den Siebzigerjahren in New York, London und anderen großen Städten. Die Führung lag in den Händen von Schriftstellern wie Felix Adler, William M. Salter, Stanton Coit, die auch — mit Freunden aus anderen Ländern — das „International Journal of Ethics" begründeten. 1892 konstituierte sich, angeregt durch die amerikanischen Zirkel, in Berlin die *Deutsche Gesellschaft für ethische Kultur*. Ihre Leiter waren die Berliner Professoren F. W. Foerster und Georg v. Gizycki, sowie der damals in Prag wirkende Professor Friedrich Jodl. Als nach dem Tod Gizyckis die Berliner Vereinigung in die

---

* „The ethical movement, its principles and aims", Sammelband herausgegeben von H. Bridges, 1911; W. Börner, „Friedrich Jodl", 1911, S. 116 ff.; F Jodl, „Geschichte der Ethik", 2. Aufl. 1906—12, 2. Bd., S. 567—88; H. M. Görgen, „Beiträge zur Geschichte der Ethischen Bewegung", 1933.

sozialistische Richtung einlenkte*, zog Professor Jodl sich von
ihr zurück, unterstützte aber in jeder Weise die Schaffung der
Wiener Ethischen Gesellschaft (1894). Der Wiener Verein
nahm nie Massencharakter an — nirgends in der Welt konnte
die Bewegung Masseneinfluß erreichen —, leistete aber, geführt
von dem unermüdlichen Wilhelm Börner, Jahrzehnte hindurch
nützliche charakterbildnerische Kleinarbeit. Was den Moralunterricht für Kinder betrifft, so wurde er 1883 in Frankreich
durch ein Gesetz für viele Schultypen obligatorisch. In Deutschland bemühte sich eine von Rudolf Penzig initiierte Organisation
um seine Einführung. In Österreich befaßte sich mit dieser
Sache der Verein „Freie Schule", an dem u. a. Pernerstorfer
und Ludo Hartmann beteiligt waren. Der Verein war in seiner
Tätigkeit sehr gehemmt, da ihr die Rechtsordnung entgegenstand.
Das Reichsvolksschulgesetz von 1869, obwohl von liberalen
Ideen durchsetzt, hatte bestimmt, daß den Kindern eine „sitt-
lich-religiöse" Erziehung zu geben sei. Nach herrschender
Interpretation war damit ein Moralunterricht, der neben den
Religionsunterricht oder gar an dessen Stelle getreten wäre,
ausgeschlossen. In der Aufstiegszeit der Christlichsozialen
kam eine Gesetzänderung in freiheitlicher Richtung nicht in
Betracht. Der Verein „Freie Schule" konnte „nichts weiter
beabsichtigen, als in Wort und Schrift gegen die Klerikali-
sierung der Volksschule anzukämpfen und — gestützt auf den
Wortlaut und den ursprünglichen Geist des österreichischen
Reichsvolksschulgesetzes — den geistlichen Einfluß in der
Schule auf die ihm gesetzlich zugewiesene Sphäre des Religions-
unterrichtes zu beschränken."**

                                         *

Vielleicht war der eine oder andere Leser befremdet, als
er vorhin die Namen Friedrich Jodl und Josef Popper nebeneinander gestellt sah. In der Tat: was Abstammung, Bildungs-

---

* Dies geschah hauptsächlich durch den Einfluß der Witwe Gizyckis.
Lily v. Gizycki heiratete in zweiter Ehe den Österreicher Heinrich Braun.
Hiedurch war sie mit Viktor Adler verschwägert. In Deutschland lebend, wurde
sie unter dem Namen Lily Braun als Schriftstellerin sehr bekannt.
** F. Jodl, a. a. O., 2. Bd., S. 587.

gang, Lebensgang betrifft, besteht zwischen den beiden ein starker Gegensatz. Dennoch sind sie in wichtigen Dingen eins: in der Hinneigung zu bestimmten, für das 17. und 18. Jahrhundert typischen philosophischen Ideen; in der politischen Ausrichtung auf die Mittelschichten; in dem aufrichtigen Streben nach sozialer Gerechtigkeit.

Friedrich Jodl (1849—1914)* kam aus einer angesehenen Beamtenfamilie, die in Bayern ansässig war. Er studierte Geschichte und Philosophie, lehrte ein paar Jahre an der Königlich Bayrischen Kriegsakademie, habilitierte sich an der philosophischen Fakultät München und erhielt auf Grund des ersten Bandes seiner ,,Geschichte der Ethik'' eine Professur in Prag. Nach längerer Tätigkeit in der böhmischen Hauptstadt wurde er als Nachfolger Robert Zimmermanns an die Wiener Universität berufen (1896). Noch ein zweites Lehramt wurde ihm in Wien übertragen, eine Dozentur für Ästhetik an der Technischen Hochschule. Soweit unterschied sich seine Laufbahn nicht von der durchschnittlichen des erfolgreichen Akademikers. Doch nahm er schon in der Prager Zeit Arbeiten auf, die außerhalb des professoralen Bereichs lagen. Er unterstützte die Berliner und die Wiener ethischen Gesellschaften, verfaßte für sie populäre Broschüren, reiste als Vortragender durch ganz Deutschland. In seiner Wiener Zeit wurde seine Person geradezu zum Symbol des Zusammenhangs zwischen den verschiedenen Reformbewegungen. Er trat an die Spitze des Volksbildungsvereins, er stellte sich der ,,Freien Schule'', der Frauenbewegung, vorübergehend auch der Sozialpolitischen Partei zur Verfügung. Damit geriet er mehr und mehr ins politische Leben hinein. Die Versuchung, für den Gemeinderat oder Reichsrat zu kandidieren, wies er zurück. Die wissenschaftliche Tätigkeit bedeutete ihm zu viel, als daß er ihr hätte völlig entsagen wollen. Aber seine vielen Ehrenstellen machten sein Eingreifen in alle möglichen Tagesaffären notwendig. Er hatte einen Anschlag der Christlichsozialen auf das Volksbildungs-

---

* Vgl. W. Börner, ,,Friedrich Jodl'', 1911; M. Jodl, ,,Friedrich Jodl'', 1920; Carl Siegel in ,,Neue österr. Biographie.'' 1. Abt., 2. Bd., 1925, S. 81—96.

wesen abzuwehren[4], er nahm Stellung im Modernismus-Streit[5], im Hochschulkampf von 1908, im Fall Wahrmund[6]. Sein Auftreten zog ihm die erbitterte Feindschaft der Klerikalen zu, obwohl er sich ebenso gegen links wie gegen rechts abzugrenzen suchte. Die Gegner fanden sein Wirken teuflisch[7], die Freunde sahen in ihm den unbeugsamen, jedem Kompromiß abholden Fortschrittsmann. Das waren optische Täuschungen. Um sich ganz in den Dienst des Fortschritts zu stellen, hätte er mit seiner Klasse brechen müssen, wozu er nicht die Kraft besaß. Für moderne Ideen überaus empfänglich, blieb er doch der Bürgerwelt tief verhaftet. Seine Haltung in Wissenschaft und Leben ist beherrscht von Zwiespältigkeit, von einem ständigen Zwar-Aber. Ein paar illustrative Tatsachen: Er setzt als Erkenntnistheoretiker die Linie fort, die von Diderot zu Feuerbach führt. Er scheut aber davor zurück, seine Anschauung Materialismus zu nennen, und wählt lieber das harmlose Wort Realismus. Die Verwandtschaft seiner Philosophie mit derjenigen Feuerbachs betont er oft und gern; auf die gleichfalls existente Verwandtschaft mit Marx und Engels legt er keinen Wert. Daß er dem Berliner ethischen Verein den Rücken kehrt in dem Augenblick, da sich dort sozialistischer Einfluß meldet, wurde schon erzählt. Er ist Demokrat durch und durch, versteht es aber nicht, die demokratischen Prinzipien auf Österreichs nationale Probleme anzuwenden. In seiner Beurteilung der Aspirationen, die die Slawen des Habsburgerstaates, besonders die Tschechen, an den Tag legen, kommen philisterhafte Tendenzen zum Vorschein.* Bei all seinen Qualitäten kann Jodl den Mittelständler nicht verleugnen.

An Qualitäten fehlt es ihm wahrhaftig nicht. Wir verdanken ihm eine Reihe wissenschaftlicher Werke, die das normale Universitätsniveau weit überragen.** Die Bücher sind nicht leicht

---

* Vgl. die Briefstellen, die Margarete Jodl, a.a.O., S.125/26,142,187, anführt.
** Die wichtigsten Werke von Jodl sind: ,,Leben und Philosophie David Humes", 1872; ,,Geschichte der Ethik", 2 Bde., 1. Aufl. 1882—89, 2. (sehr erweiterte) Auflage 1906—12; ,,Lehrbuch der Psychologie", 2 Bde., 1896; ,,Ludwig Feuerbach", 1904. Posthum erschienen: ,,Ästhetik der bildenden Künste", 1917; ,,Allgemeine Ethik", 1918; ,,Kritik des Idealismus", 1920.

zu lesen. Er schreibt den üblichen komplizierten Stil des deutschen Professors. Aber aus der Professorenphilosophie hebt ihn schon sein materialistischer Standpunkt heraus. Es ist keine Kleinigkeit, daß er in einer Zeit, da die kantianische und sonstige idealistische Literatur Dimensionen der Überschwemmung annimmt, sich zu Feuerbach bekennt als dem Repräsentanten der besseren Tradition der deutschen Philosophie. Das ist eine geistige Tat, wenngleich er sich zu terminologischen Konzessionen herbeiläßt. Er ist auch das Muster eines empiristischen Denkers. Der Kampf gegen die Willkür des Apriorismus erscheint ihm ebenso wichtig wie die Abwehr der idealistischen Schrullen. Zu den Vorzügen Jodls, des Gelehrten, treten persönliche Vorzüge hinzu, die sich in seiner praktischen Wirksamkeit äußerten. Schon sein Interesse für öffentliche Angelegenheiten war ein Moment, das ihn aus der großen Zahl der Professoren heraushob. Sein Auftreten gegen den Klerikalismus in Österreich verlangte Mut in einem noch viel konkreteren Sinn als das Auftreten gegen die idealistische Erkenntnistheorie. Wenn er die ethische und die Volksbildungsbewegung auszunützen suchte, um die Entfremdung zwischen der Intelligenz und der Arbeiterschaft zu überwinden, so zeigte er Tatkraft gegenüber einem Übel, das von anderen gewöhnlich nur mit Bedauern konstatiert wurde. Die Zeit um 1900 wird oft als eine Glanzzeit der Wiener Universität bezeichnet. Viel von dem damaligen Glanz ging von dem Forscher und Streiter Friedrich Jodl aus.

Der Erkenntnistheoretiker wird uns an anderer Stelle begegnen, als einer der Widersacher Ernst Machs. Hier wollen wir den Moralphilosophen würdigen. Jodl hat seine moralphilosophischen Hauptgedanken schon in der ,,Geschichte der Ethik'' dargelegt. Er zeigt in dem umfassenden Werk, wie diese Geschichte von den religiös gefärbten Systemen zu immer mehr religionsfreien, humanen führt. Implicite gibt er eine Vorstellung von seinem eigenen System. Noch besser kann man sich über seinen Standpunkt aus der ,,Allgemeinen Ethik'' (1918) informieren. Dies Buch beruht auf Vorlesungen, die er in Wien gehalten hat, und ist nach seinem Tod von Wilhelm Börner ediert worden.

Ethischer Skeptizismus ist weit verbreitet, heute vielleicht weiter als je zuvor. Aber auch der entschiedenste Skeptiker kann eines nicht leugnen: daß wir die menschlichen Handlungen ungleich bewerten, daß uns so etwas wie ethisches Differenzieren, Abwägen, Urteilen in der Wirklichkeit begegnet. Damit ist der Forschung ein spezifisches Objekt gegeben. Zunächst muß herausgefunden werden, was gemeint ist, wenn wir ein moralisches Urteil aussprechen. Dann muß weitergegangen, die Urteile müssen nach jeder Richtung hin geprüft werden: auf ihren Ursprung, ihre logische Haltbarkeit, ihre soziale Funktion etc. Die Summe der Ergebnisse konstituiert die Ethik als besondere philosophische Disziplin. In der ersten Frage, der Sinn-Frage, stehen seit alten Zeiten zwei Theorien einander gegenüber: die formale und die eudämonistische. Die Formalisten — unter den neueren sind das besonders Kant und seine Schüler — behaupten, in dem Prädikat „moralisch gut" sei lediglich der Gedanke enthalten, daß die betreffende Handlung dem Sittengesetz entspricht; es sei nicht gemeint, daß sie für irgend jemanden oder zu irgend etwas gut, sondern vielmehr, daß sie „an sich" gut sei. Die Eudämonisten erklären, die Vorstellung von etwas „an sich" Gutem nicht vollziehen zu können; die Worte gut und schlecht bedeuten entweder nichts Faßbares, oder sie bedeuten: die eine Handlung ruft im Beurteiler ein Lustgefühl, die andere ein Unlustgefühl hervor. Nach Jodl ist die eudämonistische Auffassung die einzig sinnvolle. Sie schafft erst die Voraussetzungen dafür, daß die Ethik sich aus einer religiösen Doktrin, die im Kantianismus bloß philosophische Gestalt angenommen hat, in Wissenschaft verwandelt. Natürlich obliegt es dem Vertreter des Eudämonismus, die Genese jener Lust- und Unlustgefühle nachzuweisen, doch ist das keine schwere Aufgabe: die durch lange Erfahrung festgestellte soziale Nützlichkeit der guten, die Schädlichkeit der schlechten Handlung liegt der positiven oder negativen Einschätzung zugrunde. Dabei werden sowohl die Folgen wie die Motive der Handlung eingeschätzt. Eine Handlung, die Folgen weder nach sich zieht noch nach sich ziehen kann, unterliegt nicht der moralischen Beurteilung. Eine Handlung, die nützliche Folgen zeigt, aber einem der Durchschnittstendenz nach nicht nützlichen Motiv entspringt, wird nicht positiv beurteilt. Als tendenziell nützliche, sohin wertvolle Motive kommen in Betracht: Gutmütigkeit, Mitleid, Achtung vor dem Lebensrecht des anderen etc., nicht etwa nur Pflichtbewußtsein, wie Kant will, der die Handlung aus Neigung vom ethischen Bereich ausschließt. Allerdings wird der ethisch hochstehende Mensch nicht dem blinden Impuls des Augenblicks gehorchen, sondern, ehe er handelt, reflektieren. Selbst der durchschnittlich sozialste Trieb kann im einzelnen Fall zu einer antisozialen Tat führen (z. B. jemand verschwendet aus Mitleid sein Geld an absolut Unwürdige). Reflexion ist um so nötiger, als zwei ethische Prinzipien nebeneinander existieren, die oft auf kontradiktorisch entgegengesetzte Verhaltensweisen hindrängen: das Wohlfahrts- und das Entwicklungsprinzip. Jenes ist von den heutigen, vorübergehenden, dieses von den künftigen, dauernden Interessen der Menschheit abgezogen. Das Wohlfahrtsprinzip wird uns z. B. befehlen, für soziale Schutzmaßnahmen einzutreten, die den zum Lebenskampf minder tauglichen Individuen zunutze kommen; das Entwicklungsprinzip wird uns zugleich davor warnen, den Schutz bis zu einem Punkt zu steigern, wo der Prozeß natürlicher Auslese, auf dem jeder Fortschritt beruht, unterbrochen wird. Die Kollision zu lösen, ist manchmal unerhört schwer. Dennoch müssen Lösungen gefunden werden, die dem ethischen Bewußtsein der Epoche Genüge tun. Der Epoche? Ja — denn die ethischen Maßstäbe sind relativ. Die Maßstäbe wandeln sich im Zeitenwandel: eine Erscheinung, die den Formalisten-Kantianern völlig unbegreiflich ist, die aber nichts Rätselhaftes an sich hat, wenn man unter der sittlichen Handlung diejenige Handlung versteht, die von den Menschen entsprechend der jeweils erreichten Kulturstufe mit Rücksicht auf Motive und Folgen als sozial nützlich erkannt wird. Vom eudämonistischen Standpunkt aus lassen sich die Gegensätze, die zwischen der Moral etwa eines primitiven Stammes, des römischen Kaiserreichs und des Aufklärungs-Zeitalters walten, ohne Voreingenommenheit beschreiben und erklären. Eine andere interessante Fragestellung zielt auf den Anteil ab, der bestimmten Faktoren: dem Mythus, der Religion, dem Recht, in der Ausbildung der moralischen Ideen zukommt. Abermals nach anderer Richtung geht die Frage, auf welche Art diese Ideen sich dem individuellen Bewußtsein inkorporieren; hier ist die Rolle des Ehrgefühls, des Intellekts, des Gewissens psychologisch zu ergründen. Schließlich würde die Ethik ihr Tätigkeitsgebiet ungebührlich einschränken, wollte sie lediglich Wissenschaft vom Normativen, und nicht in gewissem Umfang auch normsetzende Instanz sein. Sie würde fehlgehen, wollte sie aus freier Phantasie Regeln ersinnen, die keine gesellschaftliche Grundlage besitzen. Wo sie aber widerspruchsvolle oder undeutliche Regeln vorfindet, Reste alter und überlebter oder Rudimente neuer Moralgedanken, da kann und soll sie ordnend und klärend eingreifen. So leistet sie den Menschen einen unschätzbaren Dienst: sie weist sie an, ihr Leben richtig zu leben, es seiner inneren Bestimmung, seinen höheren Zwecken anzupassen.

In der „Allgemeinen Ethik" machte Jodl seine fundamentalen Anschauungen klar. In den Broschüren, die er zur Unterstützung der ethischen Bewegung schrieb, versuchte er, den Zusammenhang zwischen Theorie und Praxis herzustellen. Er schließt sich hierbei eng an die von den anglo-amerikanischen Pionieren der Bewegung entwickelten Ideen an. Ein paar typische Absätze:

„... Wir wenden uns in erster Linie an diejenigen, welchen es aus irgendeinem Grunde in den kirchlichen Gemeinschaften zu enge oder das geistige Leben in ihnen zu leer und öde geworden ist, welche einen neuen Mittelpunkt suchen, um den sie ihr Leben organisieren können. Und damit glauben wir, ein wahrhaft segensreiches Werk zu tun. Nirgends hat die Zerstörung der alten Glaubensvorstellungen, an welche man früher die sittlichen Ideale allein anknüpfen zu können vermeint hat, mit dem Aufbau und der Verbreitung einer neuen humanen Ethik gleichen Schritt gehalten. Die alten Götter wanderten aus; und auf dem alten Herde wurde kein neues Feuer entzündet: höchstens die unstet flackernde

Flamme des Genusses und des Zweifels. Aber ohne ein solches Feuer stetiger, wohlbegründeter Überzeugungen, ohne Hingabe des einzelnen an ein Höheres, Gemeinsames, kann die Menschheit nicht gedeihen."*

„Aber wenn auch unser Absehen in erster Linie auf diese Nachzügler und Ausreißer des Kirchenglaubens gerichtet ist, so doch keineswegs auf sie allein. Wir wünschen die aufzunehmen und zu organisieren, welche in der kirchlichen Glaubensgemeinschaft nicht mehr volles Genügen finden; aber nichts liegt uns ferner, als eine grundsätzliche Bekämpfung der Kirchen oder des religiösen Glaubens überhaupt. Wie wir die Tatsache anerkennen müssen, daß es verschiedene Formen des Glaubens nebeneinander gibt, daß die heutige Welt Glauben und Unglauben in großen Massen nebeneinander zeigt, so müssen wir auch die Tatsache anerkennen, daß der religiöse Glaube der Väter heute noch feste Wurzel im Herzen der Menschen hat und daß auf diesem Boden neben manchem Unkraut auch sittlich wertvolle Früchte wachsen. Für uns hieße es kostbare Zeit und Kraft verschwenden, hieße es sehr tüchtigen und wertvollen Elementen die Türe weisen, wollten wir uns die Bekämpfung des Kirchenglaubens ausdrücklich oder stillschweigend als Ziel setzen."**

„Praktische Politik und Ethik werden immer zweierlei sein. Zweierlei; aber darum nicht völlig getrennt. Ich erinnere an das biblische Gleichnis vom Sauerteig. Dieser würde seine Funktion bei der Herstellung gesunden Brotes schlecht erfüllen, wenn er sich da und dort in den Ecken des Backtroges zu Klumpen zusammenballte. Er muß die ganze Mischung durchdringen, um etwas zu leisten. Eine Partei der Ethiker würde bald eine so seltsame Figur spielen als die Gemeinde der Heiligen im englischen Parlament der puritanischen Zeit. Mensch bleibt Mensch — keine Ethik kann verhindern, daß der Bauer die Welt mit anderen Augen ansieht als der Fabrikarbeiter, der Handwerker anders als der Kaufmann und der Großindustrielle, der Bewohner des Binnenlandes anders als der Küstenmensch usw. Die natürlichen Gegensätze, in welche sich die Gesellschaft gliedert, wegamputieren zu wollen, wäre ein törichtes und aussichtsloses Beginnen. Es wird und muß immer politische Parteien geben in einem freien, sich selbst regierenden Gemeinwesen; und der ethische Gedanke kann und darf sich den einzelnen Parteien so wenig entgegensetzen, als sich mit einer derselben identifizieren: er soll versuchen, sie alle zu durchdringen."***

Jodls moralphilosophische Schriften leiden an *einem* Defekt: sie sind nicht soziologisch fundiert. Während sie die Zeitgebundenheit der ethischen Normen scharf herausarbeiten, übersehen sie, daß diese Normen auch klassengebunden sind. Es gibt in jeder Gesellschaft genau so viele Ethiken wie politische Ideologien.

---

* „Wesen und Ziele der ethischen Bewegung in Deutschland", 4. Aufl. 1908, S. 16.

** Ebenda, S. 18 f.

*** „Über das Wesen und die Aufgaben der Ethischen Gesellschaft", 3. Aufl. 1909, S. 18.

Wir könnten unschwer für die Gegenwart das Nebeneinander-
bestehen einer faschistischen, kapitalistischen, sozialreformerischen, sozialistischen Ethik, und noch etlicher anderer, nachweisen.
Ethik ist nichts anderes als zur Lebensregel transformierte
politische Ideologie. Jodls eigene Anschauung ist die Transfor-
mation der kleinbürgerlichen Denkweise. Sein Wunsch, daß die
ethische Gesinnung alle politischen Parteien durchdringen
möge, bedeutet in Wahrheit, daß alle Parteien sich den Standpunkt der Sozialreformer zueigen machen sollen. Das ist kein
fruchtbarer Gedanke. Der Moralunterricht an den Schulen, wie
er (und die ganze ethische Bewegung) ihn verlangt, würde bedeuten, daß den Kindern in speziellen Lektionen die sozialre-
formerische Ideologie beigebracht wird. Nun steht diese Ideologie
natürlich einer wissenschaftlichen Weltauffassung ungleich
näher als das Lehrgut, das die Religionsstunde vermittelt; trotzdem ist der Moralunterricht eine zweifelhafte Sache; Erwägungen
der pädagogischen Technik fallen hier ins Gewicht. Sollen die
jungen Leute zu Demokraten erzogen werden, dann muß der gesamte Unterricht von demokratischem Geist erfüllt sein. Trifft
das zu, so ist eine besondere (notwendigerweise etwas trockene)
Moralstunde entbehrlich; trifft es nicht zu, so hilft sie nichts.
All diese Dinge dürfen aber kein Anlaß sein, das moralphilosophische Schaffen Jodls zu unterschätzen. Sein Nachweis des Gesetzes, das die Entwicklung der ethischen Systeme durch die
Jahrhunderte beherrscht, ist eine glänzende dogmenhistorische
Leistung. In seiner Polemik gegen die starre Lehre Kants tritt
hoher Scharfsinn zutage. Seine eigene Lehre ist durch Klarheit,
Geschlossenheit, methodische Sauberkeit ausgezeichnet. Seine
Tätigkeit für die ethische Bewegung endlich, wie immer man
diese Bewegung werten mag, entstammte dem lebendigen
Bewußtsein der Verantwortung, die dem Intellektuellen in der
modernen Gesellschaft zufällt.

Josef Popper* war 1838 als Sohn eines kleinen jüdischen
Handelsmannes geboren. Seine Kindheit und frühe Jugend ver-

---

* Vgl. Poppers „Selbstbiographie", 1917; R. v. Mises' Aufsatz in „Neue
Österr. Biogr.", 1. Abt., 7. Bd., 1931, S. 206—17.

brachte er im Ghetto der böhmischen Stadt Kolin. Berufliche
Ausbildung erhielt er in Prag: an der Deutschen Technischen
Hochschule eignete er sich die Grundlagen der Mathematik,
Physik und des Maschinenbaues an. Um 1860 übersiedelte er zu
dauerndem Aufenthalt nach Wien. Lange fristete er in der
Reichshauptstadt durch Privatunterricht u. dgl. ein kümmerli-
ches Dasein. Seine Lage begann sich erst zu bessern, als ihm
einige technische Erfindungen gelangen. Mit Hilfe seines Bruders,
eines tüchtigen Kaufmanns, schuf er sich in arbeitsreichen Jahren eine erträgliche Existenz als Ingenieur. Für seine Fähigkeiten,
besonders auf dem Gebiet des Maschinenbaues, zeugt eine Reihe
von Abhandlungen, die er in Fachblättern oder auch selbständig
erscheinen ließ. In all den Jahren der Ingenieurpraxis bedrückte
ihn die Empfindung, daß er die Sache, die ihm eigentlich am
Herzen lag, nicht weiterbringen konnte. Er fühlte sich viel
weniger zum Erfinder als zum Sozialreformer berufen. Jede
Stunde, die er von seiner Erwerbsarbeit abknappen konnte,
benützte er für sozialwissenschaftliche Lektüre. 1878 veröffentlichte er unter dem Pseudonym Lynkeus ein Buch, das seine
Hauptideen im Keim enthielt: ,,Das Recht zu leben und die
Pflicht zu sterben". Zu eingehender Darlegung seiner Anschauungen gelangte er erst im hohen und höchsten Alter. Sein ,,Vol-
taire" erschien 1905, ,,Das Individuum und die Bewertung
menschlicher Existenzen" 1910, ,,Die allgemeine Nährpflicht"
1912, ,,Krieg, Wehrpflicht und Staatsverfassung" 1921. Weitere
Bände (,,Über Religion", ,,Philosophie des Strafrechts") wurden
aus seinem Nachlaß herausgegeben. Ein nutzbringender Abstecher in die Dichtkunst waren die ,,Phantasien eines Realisten" (1899): eine Sammlung ungemein hübscher Geschichten
mit philosophischem Inhalt. Die ,,Phantasien" wurden in der
Presse lebhaft diskutiert, vielleicht *zu* lebhaft, denn sie verfielen
der Konfiskation. Aber sie machten den Autor endlich dem
großen Publikum bekannt, lenkten die Aufmerksamkeit auch auf
seine anderen, unter keinem Vorwand konfiszierbaren Werke.
Im letzten Abschnitt seines Lebens — er wurde mehr als achtzig
Jahre alt — scharte sich um ihn eine vielköpfige Gemeinde.
Zwar gewann er nur ein Häuflein unbedingter Anhänger; sie

organisierten sich in dem Verein „Allgemeine Nährpflicht".
Doch sein Einfluß reichte weiter als die Organisation. Es war
eine ansehnliche Zahl hochgesinnter Menschen, die ihn von Herzen
verehrten, die sich nicht zu seinen Einzelvorschlägen, aber zu dem
sozialen Impuls bekannten, den seine Bücher gegeben hatten

Was auch gegen seine Philosophie gesagt werden kann:
vom Vorwurf der Unklarheit oder Inkonsequenz wird sie nicht
getroffen. Er hat einen völlig durchsichtigen zentralen Gedanken,
aus dem er all seine konkreten Vorschläge, all seine abstrakten
Behauptungen herleitet: die grenzenlose Wertschätzung des
menschlichen Lebens. Die schärfste unter den hundert Formulierungen, die er diesem Gedanken gegeben hat, ist die, welche
über dem Buch „Das Individuum und die Bewertung menschlicher Existenzen" als Motto steht:

„Wenn irgendein selbst noch so unbedeutendes Individuum, das keines
anderen Leben mit Absicht gefährdet, ohne oder gar wider seinen Willen aus der
Welt verschwindet, so ist das ein ungleich wichtigeres Ereignis als alle politischen,
religiösen oder nationalen Ereignisse und als sämtliche wissenschaftliche, künstlerische und technische Fortschritte aller Jahrhunderte und Völker zusammen-
genommen."

Ein Satz, an dem man ebenso Poppers Stil wie seine Denkweise studieren kann. Es ist ein schmuckloser, aber keineswegs
kunstloser Stil. Es ist eine offenbar falsche, aber seltsam packende
Denkweise. Popper nennt den Satz das „Grundprinzip einer
gesitteten Gesellschaftsordnung". Die Konsequenzen, die sich
aus dem Grundprinzip ergeben, sind, das wurde schon erwähnt,
bereits in seinem ersten Buch skizziert. In „Das Recht zu leben
und die Pflicht zu sterben" finden sich die Kapitel: „Über das
Bedürfnis nach Religion und Metaphysik", „Das Recht zu leben",
„Über den Trieb zu Verbrechen und Strafen", „Die Pflicht zu
sterben". Popper hat den Inhalt dieser Kapitel später kurz
zusammengefaßt. So besitzen wir von seiner eigenen Hand ein
Resümee seiner Reformideen.

„In der Frage des Bedürfnisses nach Religion und Metaphysik sind die
Hauptresultate folgende: Wir können ebensowenig z. B. die christliche Religion
akzeptieren, bloß um damit glücklicher zu werden, wie wir glauben können,
zwei mal zwei sei fünf, selbst wenn uns jemand das Paradies auf diesen Glauben

garantieren würde... Der praktische Nutzen der Religion, darunter eine Gemütsbeziehung zu unbekannten höheren Wesen verstanden, ist bei weitem geringer, als es in der Regel geglaubt oder wenigstens angegeben wird. Sie ist auch nach ihren guten Seiten ersetzbar und sogar zu übertreffen, in ihren schlimmen Wirkungen ist sie unerreicht... Um das religiöse wie auch das metaphysische Bedürfnis verschwinden zu machen, braucht es nur den Willen und die Zeit für Behebung der äußeren Widerstände gegen eine gründliche Geistes- und Gemütsbildung in Schule und Haus...

Im Kapitel ‚Das Recht zu leben‘ wird mein Programm für die Lösung der sozialen Frage, und zwar speziell als Magenfrage, entwickelt... Ich hebe nur den Grundgedanken hervor: Einführung der Institution einer allgemeinen Nährpflicht, also einer Nährarmee, die alles das produziert oder herbeischafft, was als Minimum einer gesunden und behaglichen Lebenshaltung notwendig ist, und Verteilung dieses Minimums an alle Staatsbürger ausnahmslos, von der Geburt bis zum Tode, und zwar nicht in Geldform, sondern in natura. Alles andre, was über das Notwendige hinausgeht, fällt in das Gebiet einer freien Privatwirtschaft, an der sich jeder nach Absolvierung seines Dienstes in der Nährarmee nach seinem Belieben beteiligen kann oder auch nicht. Unter freier Privatwirtschaft ist eine Volkswirtschaft mit Geldzirkulation und freier Konkurrenz verstanden.

In dem Kapitel über Verbrechen und Strafen wird zuerst eine Psychologie des Rachegefühls gegeben, und gezeigt, daß diesem ein Irrtum in der Zeit zugrunde liegt. Es entspringt nämlich nur dem Ärger über die Versäumnis der Notwehr, und der Trieb nach Rache oder Strafe, anscheinend ein Gerechtigkeitsbedürfnis, ist also nur die Aufregung oder Wut darüber, daß dieses oder jenes Übel geschah und nicht rechtzeitig verhindert wurde.

Strafe und Vergeltung und ihre religiöse Auffassung als ‚Sühne‘ haben daher keinen Sinn, Besserungsversuche und Abschreckung durch Strafen zeigen in den seltensten Fällen einen Erfolg, es bleibt also nichts andres übrig, als die Maxime zu befolgen, uns zu schützen, d. h.: Wir verhängen über das aggressive Individuum keinerlei Strafe, fügen ihm überhaupt kein anderes Übel zu als etwa jenes, welches sich aus der Methode, die Gesellschaft vor ihm zu schützen, von selbst ergibt; dieser Schutz selbst aber sei so ausgiebig als nur möglich...

Das Schlußkapitel, ‚Die Pflicht zu sterben‘, gibt mein Programm zur Lösung des Kriegs- und Friedensproblems, wobei verlangt wird, die Institution der allgemeinen Wehrpflicht zu beseitigen und an deren Stelle die Freiwilligkeit des Kriegsdienstes zu setzen. Das geschieht aber nicht nach Art des einstigen Werbesystems. Sondern alle wehrfähigen Männer sind so wie heute verpflichtet, in das Heer — sei es eine Miliz oder Kaderarmee — behufs militärischer Ausbildung einzutreten, und wenn ein Krieg beabsichtigt wird, hat weder die Regierung noch eine Parlamentsmajorität noch eine Referendumsabstimmung darüber zu entscheiden, ob die ausgebildeten Männer den Dienst im Krieg anzutreten haben, sondern jeder Soldat entscheidet darüber, ob er mitgehen will oder nicht, denn nur er allein trägt seine Haut zu Markte. Kurz: alle Wehrfähigen sind militär-, aber nicht kriegsdienstpflichtig. Dieses Programm ist unabhängig da_

von, ob die pazifistischen Bestrebungen ihr Ziel erreichen oder nicht, es läßt die
Frage ganz offen, ob jemals die Kriege aufhören werden oder nicht; es ist einfach
die Erfüllung der gerechten Forderung, daß über das Opfer des Lebens oder der
Gesundheit eines Individuums nur dieses Individuum selbst zu entscheiden haben
darf; denn nichts, was der Staat oder die Gesellschaft dem Staatsbürger bieten
kann, und kein Resultat eines noch so siegreichen Feldzuges ist dem Opfer der
physischen Integrität auch nur entfernt entsprechend, das erzwungen und nicht
freiwillig dargeboten wird."*

Von dem Wunsch beseelt, seine Reformideen überzeugungs-
kräftig zu machen, trägt Popper immer wieder bestimmte philosophische Ideen vor. Zum Beispiel wird er nicht müde, auf die
Entbehrlichkeit, ja Gefährlichkeit des theoretischen Denkens hinzuweisen. Alle oder fast alle Theoretiker erliegen der Versuchung,
sich mit Wortstreitigkeiten zu befassen, Scheinprobleme oder unlösbare Probleme zu erörtern. Über diesen Dingen vergessen sie
die dringlichsten Notwendigkeiten des realen Lebens.

„Um ein brauchbares soziales Programm aufzustellen, also um die Menschen
ökonomisch zu sichern, benötigen wir weder Nationalökonomie, mit oder ohne
Psychologie, mit oder ohne Mathematik, noch Biologie, noch Psychologie, und
auch keine Wirtschaftsgeschichte und keine Rechtsphilosophie... Es geht...
jetzt in Anbetracht des Vorhandenseins der noch ungelösten, so unendlich
wichtigen Magenfrage und andererseits der unzähligen anderen Probleme und
Problemchen so zu, wie seinerzeit in Byzanz, als der Feind vor den Toren stand
und in der Stadt die Parteien über Dogmen und Theorien herumstritten."**
Wenn möglich noch gefährlicher als Theorien sind Ideale. Zunächst haftet jedem
Ideal, heiße es Vaterland, Nation, Religion, sei es noch so schön und edel, etwas
äußerst Relatives, Subjektives an. Deshalb ist kein größeres Unrecht denkbar,
als wenn jemand gezwungen würde, für das Ideal eines anderen Opfer zu bringen,
am Ende gar sein Leben hinzugeben. Weiters tendieren viele Menschen dazu, um
eines Ideals willen in einen wahren Rauschzustand zu verfallen. In ihrem Enthusiasmus sind sie dann imstande, die ärgsten Schandtaten gegen ihre Mitmenschen
zu begehen. Es ist nämlich ganz unrichtig, was oft angenommen wird, daß
Enthusiasmus zu ethisch wertvollem Handeln veranlaßt. Die Weltgeschichte
lehrt durch tausend Beispiele (die Kreuzzüge etc., etc.), daß das Gegenteil zutrifft. Wir sollten alles tun, „um der leichten Entflammbarkeit der Abendländer
durch große Gefühle entgegenzuarbeiten". „Gewiß hört es sich nicht so schön
an, wenn die geschichtlichen Situationen nicht jenen blendenden Glanz und jene
Glut der Massen aufweisen, wie wir sie so lieben, aber mit dem ruhigen, vielleicht

---

* „Selbstbiographie", S. 77 ff.
** „Die allgemeine Nährpflicht etc.", 1912, S. 30f.; vgl. auch „Krieg,
Wehrpflicht und Staatsverfassung", 1921, S. 231.

sogar äußerlich etwas trockenen Charakter der Situationen, d. i. der handelnden Massen, pflegt die größere Gesittung derselben verbunden zu sein."* Zu den großen Gefühlen, die oft zur Ursache falscher Meinungen und Handlungen werden, gehören auch die ästhetischen — wiewohl sie erheblich weniger Unheil stiften als etwa die religiöse Schwärmerei. Ästhetische Wertungen sind das Subjektivste vom Subjektiven. Ob ein Kunstwerk das Prädikat „schön" verdient oder nicht, ist reine Geschmackssache und außerdem nicht sehr bedeutsam. Die heutige Welt denkt anders. Dadurch kommt sie zu manchen unglaublichen Verkehrtheiten. So kann es z. B. geschehen, daß einer der größten Wohltäter der Menschheit, einer der besten Männer aller Zeiten, Voltaire, herabgewürdigt wird mit der Begründung, er sei nur ein mittelmäßiger Dichter gewesen. Zwar stimmt es gar nicht. Viele haben von ihm die stärksten künstlerischen Eindrücke empfangen. Aber wenn es wahr wäre, was würde folgen? „Es ist ... ganz und gar kein Grund vorhanden, ästhetisches Gefallen oder Mißfallen an irgendeinem Kunstwerk für eine so wichtige Sache anzusehen, daß man sie zu Kampf- oder Streitobjekten aussieht."** „Voltaire bleibt Voltaire, auch wenn er kein Dichter wäre."***

Wir haben natürlich weder Poppers Reformpläne noch seine Philosophie erschöpfend dargestellt. Aber die wichtigsten Züge in seinem Weltbild sind deutlich geworden. Er wäre als Nachfahre der Aufklärung erkennbar, auch wenn er nicht eine Apologie Voltaires geschrieben hätte, wenn er nicht erzählt hätte, daß die Essays von Montaigne die stärksten Jugendeindrücke waren, die ihm zuteil wurden. Sein „Grundprinzip der gesitteten Ordnung" ist der auf die Spitze getriebene Humanitätsgedanke der Enzyklopädisten. Seine Negation der Theorie ist das antimetaphysische Konzept des 18. Jahrhunderts, gleichfalls ins Paradoxe gesteigert. In der Ansicht, daß ein wenig Belehrung genügt, um die Menschen von den religiösen Vorstellungen abzubringen, feiert die unhistorische Betrachtungsart der Rationalisten Auferstehung. Der ästhetische Relativismus ist gewiß durch die Umwälzungen auf künstlerischem Gebiet, die sich im späteren 19. Jahrhundert abspielten, gefördert, stammt aber offenbar letztlich von dem Mißtrauen her, mit dem der Rationalismus jedes gefühlsbetonte Urteil aufnahm. Von neueren Denkern haben vornehmlich

* „Das Individuum und die Bewertung menschlicher Existenzen", 2. Aufl. 1920, S. 114.
** „Voltaire", 1905, S. 40.
*** Ebenda, S. 33.

Ernst Mach und Wilhelm Ostwald Poppers Weltbild formen gehol-
fen, Männer, mit denen er auch persönlichen Verkehr pflegte.
Alle seine Lieblingsautoren drängten ihn politisch nach der Richtung, für die er durch Herkunft und soziale Position prädestiniert war: nach der kleinbürgerlichen Richtung. Es hilft nichts,
daß er sich einen Sozialisten nennt, daß er glaubt, ebenso im
Interesse der Arbeiterschaft wie der übrigen Klassen zu sprechen.
Sein Denken trägt unverkennbar die Merkmale der Bürgerlich-
keit; soll doch nach Einführung der Nährpflicht der Kapitalismus
in weitem Umfang fortbestehen. Er begreift nicht die politische
Rolle der Bourgeoisie, die, solange sie an der Macht ist, eine ihr
unerwünschte Reform wie die Nährpflicht nie zulassen wird.
Die Abneigung gegen Theorie wirkt als Blende, die ihn zu sehen
hindert, daß die soziale Frage in erster Linie eine Machtfrage ist;
daß es nicht darauf ankommt, eine vernünftige Gesellschaftsordnung zu *ersinnen* — sie ist längst ersonnen —, sondern vielmehr darauf, eine solche Ordnung zu *schaffen*. Durch die Beschränkung aufs „Praktische" erzielt er genau das Gegenteil
von dem, was er anstrebt: er bildet ein praktisch ganz unbrauch-
bares System aus. Aber wenn all das gesagt, wenn festgestellt
ist, daß er sich in seinem Programm als Phantast und nicht als
Realist erweist, muß doch auch davon gesprochen werden, welch
ein vornehmer, welch ein bedeutender Mensch es war, der da
seine Kräfte an Utopien verschwendete. Poppers Beziehung zu
den Aufklärern erschöpft sich nicht darin, daß sie ihn zu Irrtümern angeregt haben. Er teilt mit ihnen auch hervorragende
positive Eigenschaften. Die Aufklärer gehören mit all ihren
Schwächen zu den edelsten Denkern der Menschheitsgeschichte.
Die eigentümliche Mischung aus Menschenliebe und Skeptizismus, die ihre geistige Physiognomie bestimmt, ist durch die Jahrhunderte liebenswert geblieben, und ist liebenswert auch bei dem
modernen Philosophen, bei dem wir sie wiederfinden. Popper
gerät auf seinen Gedankengängen oft ins Absurde, aber seine
Absurditäten sind so sichtbar das Produkt seiner Herzensgüte,
daß sie nur zu lächelndem Protest herausfordern. Wenn er den
Einzelnen über die Gesellschaft erhöht, folgen wir ihm nicht, aber
wir denken daran, welche Verheerungen die extrem entgegenge-

setzte Auffassung angerichtet hat. Wenn er auf die Gefahren
großer Worte und Gefühle hinweist, fällt es uns leicht, die allzu
scharfe Warnung auf die richtige Idee zu reduzieren, die in ihr
steckt. Die Kritik der Ästhetik wird den nicht erbittern, der
versteht, daß sie eigentlich nur der allzu energische Versuch ist,
die ästhetische Betrachtung der ethischen unterzuordnen.
Popper konnte die Aufgabe, die er sich stellte, nicht lösen. *Der*
Weg zu einer besseren Zukunft, den er der Menschheit zu zeigen
dachte, ist nicht gangbar. Doch die verstehende Milde seines
Wesens ist ein Wert in sich. Sie weist auch einen Weg, wenngleich
nur in einem allgemeineren Sinne. In diesem Sinne dürfen wir
ihn, ungeachtet vieler Denkfehler, einen Lehrer und Erzieher
nennen.

DEUTSCHNATIONALISMUS

Es wäre eine Überschätzung der deutschnationalen Bewegung, wollte man sie als Hauptschuldige der Katastrophe bezeichnen, die am Ende der francisco-josephinischen Ära über das österreichische Volk hereinbrach. Sicherlich aber kann man feststellen, daß die Deutschnationalen besonders konsequent den politischen Kurs befürworteten, der ins Verderben führte; daß ihre Ideologie durch ein paar besonders häßliche Einzelheiten charakterisiert war; daß sie durch ihre Tätigkeit die Richtung wiesen für die ärgsten der Fehler, die Österreich von 1918 an beging; daß sie, mit einem Wort, unter den reaktionären Kräften in unserem Land die reaktionärste darstellten.

Alle übrigen politischen Bewegungen aus den letzten Jahrzehnten der Monarchie haben Werte geschaffen. Anders die Deutschnationalen. Von ihnen übernahm das Österreich der Gegenwart ein Erbe, das sich ausschließlich aus Verblendung und Brutalität zusammensetzt. Wir studieren die anderen Bewegungen *auch*, wenngleich nicht *nur* um der fruchtbaren Anregungen willen, die sie dem modernen Denken bieten können. Wir studieren den Deutschnationalismus vornehmlich im Hinblick auf die Notwendigkeit, seine Fortsätze, die sich in das heutige Geistesleben erstrecken, zu agnoszieren und zu eliminieren.

Die politische Bewegung, die uns hier beschäftigt, war von allem Anfang an widersinnig insofern, als sie eine von der deutschen verschiedene Nation mit deutschem Nationalbewußtsein zu erfüllen strebte. Die Deutschösterreicher sprachen deutsch. Sie hatten aber politisch und kulturell eine lange Sonderentwicklung hinter sich. Die Amerikaner sprechen ja auch englisch und sind doch keine Engländer. Seit der Gegenreformation war unser Land vom deutschen Norden religiös geschieden. Die Deutschösterreicher waren gemeinsam mit Slawen und Ungarn gegen die Türken zu Feld gezogen und gegen den preußischen

Raubstaat. Seit Josef II. lebten sie zusammen mit Slawen und
Ungarn in einem halbwegs einheitlichen, gegen Deutschland
geschlossenen Wirtschaftsgebiet. Sie besaßen eine stolze alte
Kultur, glorreiche Schöpfungen der Architektur, Malerei, Musik,
Literatur, worin unverkennbar slawische (dazu romanische)
Elemente hervortraten. Allerdings: Die klassische Dichtung und
Philosophie der Deutschen hatte die fortschrittliche Intelligenz
auch diesseits der Grenze in ihren Bann gezogen. 1848 hatte es
für einen Augenblick so ausgesehen, als sollten die Grenzen der
Erblande weggewischt, als sollten alle Menschen deutscher
Zunge zu einer freien Nation verschmolzen werden. Doch
das war die Tendenz eines historischen Augenblicks gewesen,
die sich mit der Niederlage der Revolution in nichts auflöste.*
Nach Königgrätz kam die demokratisch-großdeutsche Idee als
ernstes Konzept schon gar nicht mehr in Betracht. Wird der
Begriff Nation in einem vernünftigen Sinn gefaßt, so muß man
sagen, daß um 1870 der Prozeß der Nationwerdung für die
Deutschösterreicher abgeschlossen war, daß eine besondere
österreichische Nation mit deutscher Sprache entstanden war.
Und dennoch konnte um 1880 eine deutschnationale Partei in
unserem Land Fuß fassen und sich halten. Das ist eine auffallende
Erscheinung. Wie ist sie zu erklären? Wir wollen eine Erklärung versuchen. Das Studium der Umstände, die den Aufstieg des Deutschnationalismus ermöglichten, wird uns in einem
mit ein paar Hauptzügen dieser Bewegung vertraut machen.

   Die österreichisch-ungarische Monarchie war ein schwächliches Gebilde. Seit dem 18. Jahrhundert war sie hinter Westeuropa, seit dem Vormärz auch hinter Deutschland wirtschaftlich zurück. Die multinationale Zusammensetzung belastete
sie mit Problemen, die in ähnlichem Ausmaß nur noch Rußland kannte. Die leitenden Kreise der Monarchie: der Kreis
um die Krone, der Adel, die Bourgeoisie, begriffen nach 1866
sehr wohl, daß sie außenpolitisch extrem vorsichtig sein mußten.
Sie begriffen, daß ein weiterer verlorener Krieg den Staat als
solchen gefährden konnte. Anderseits waren sie ganz und gar

---

* Vgl. Ernst Fischer, „Österreich 1848", Wien, 1946.

nicht damit zufrieden, daß Österreich in Europa eine Rolle spielen sollte, wie etwa Belgien oder Schweden. Die Monarchie war immer noch eine Großmacht. Es mußte bei geschickter Taktik möglich sein, ihre internationale Stellung zu verbessern. Es mußte möglich sein, sie aus der zweitschwächsten der Großmächte in eine durchschnittlich starke zu verwandeln. Welcher Weg war einzuschlagen? Der erste Plan eines Come-back, der in Österreich entworfen wurde, hieß: ein neuer Feldzug gegen Preußen. Er wäre vielleicht verwirklicht worden, wenn der Deutsch-Französische Krieg von 1870 länger gedauert hätte. Der schnelle Sieg Moltkes über Napoleon III. machte ihn gegenstandslos. Die Entscheidung von Königgrätz wurde, was die Vorherrschaft in Mitteleuropa betraf, durch Sedan definitiv. Nun war es viel schwieriger, einen Plan auszuarbeiten. Eine Unternehmung gegen Rußland war undenkbar; Rußland war für sich allein stärker als die Monarchie. Italien war für sich allein schwächer, konnte aber diplomatisch nicht isoliert werden. Übersee-Expeditionen, wie sie von England und Frankreich ausgingen, kamen nicht in Betracht; das Geld fehlte, die Flotte fehlte. Somit blieb als mögliches Feld einer aktiven Außenpolitik lediglich Südosteuropa übrig. Die Aufmerksamkeit der Wiener Außenpolitiker („des Ballhausplatzes") konzentrierte sich denn auch bereits in den Siebzigerjahren auf den Balkan. Aber so „natürlich" im machtpolitischen Sinn österreichische Aspirationen nach dieser Richtung waren, die Monarchie stieß hier doch auf eine gefährliche Gegenkraft, auf Rußland. Der Zar erstrebte eigentlich den Besitz Konstantinopels. England verwehrte ihm den Zutritt zum Mittelmeer. Daß er den Balkan als russische Einflußzone ansah, konnte England nicht hindern. Wollte man von Wien aus Balkanpolitik betreiben, so war also eine ständige Spannung mit Rußland vorauszusehen. Österreich brauchte für den Fall kriegerischer Verwicklungen mit Rußland eine Rückendeckung im Westen, wenn möglich, sogar noch mehr: die Garantie bewaffneter Hilfe. Deshalb schloß die Monarchie 1879 das Bündnis mit Deutschland, das dann vierzig Jahre hindurch zu den Fundamentaltatsachen der Weltpolitik gehörte.

Bismarck war auf wenige Taten seines Lebens so stolz
wie auf den Abschluß dieses Bündnisses. Er bezweckte damit
erstens Sicherung Deutschlands gegen eine gesamteuropäische
Koalition, zweitens indirekte Ausdehnung des deutschen Einflusses auf Südosteuropa und Kleinasien. Es ist nicht unplau-
sibel, daß er schon zur Zeit des Prager Friedens an das spätere
Bündnis gedacht und, um es zu erleichtern, milde Friedens-
bedingungen gewährt hat.* Sicher diskutierte er es mit Julius
Andrassy von dem Augenblick an, da dieser österreichisch-
ungarischer Außenminister geworden war (1871).** Auf dem
Berliner Kongreß spielte Bismarck den Österreichern das Mandat
zur Okkupation Bosnien-Herzegowinas in die Hände, gewissermaßen als Vorschuß auf die Leistungen, zu denen Deutschland
im Sinne der Allianz bereit war. Die österreichisch-ungarische
Außenpolitik bzw. Allianzpolitik wurde in der Monarchie von
mancher Seite zunächst als verfehlt empfunden. Teile des Adels
und des Klerus opponierten gegen ein Zusammengehen mit
Preußen, da sie Königgrätz nicht verwinden konnten. Die
deutschösterreichische Bourgeoisie opponierte gegen die Okkupation Bosniens, da sie in der Vermehrung der slawischen
Bevölkerung der Monarchie eine Quelle neuer Schwierigkeiten
sah. Aber das waren doch nur Episoden. Um die Jahrhundertwende hatten, mit Ausnahme der tschechischen Bourgeoisie,
alle wichtigen zisleithanischen und transleithanischen Klassen
und Gruppen das Bündnis akzeptiert, auch die politischen
Parlamentarier und leider auch die Sozialdemokraten. Die
Machinationen der Monarchie auf dem Balkan, wie sie sich
besonders nach 1900 entfalteten, riefen neuen Widerspruch
hervor. Doch auch hier standen die maßgebenden bürgerlichen
Gruppen Deutschösterreichs geschlossen hinter den Regierungen.
Bündnis- und Balkanpolitik paßten nämlich vorzüglich zu
dem Konzept des Finanzkapitals, das um 1900, wie anderswo,
so auch in der Monarchie die entscheidende Instanz geworden
war. Die finanzkapitalistische, die imperialistische Politik

---

* Vgl. O.v. Bismarck, ,,Gedanken und Erinnerungen", 2.Bd., 1898, S. 38, 45.
** E. v. Wertheimer, ,,Graf Julius Andrassy", 2. Bd., 1913, S. 19 ff.

der Monarchie ließ zwei Varianten zu. Für die eine traten die Liberalen und die Christlichsozialen, für die andere die Deutschnationalen ein.

Die *Liberalen* und die *Christlichsozialen* hielten den Bestand eines leidlich selbständigen österreichischen, vom deutsch-österreichischen Kapital geführten Imperialismus für möglich. Sie übersahen nicht die zentrifugalen Kräfte, die in der Monarchie am Werk waren. Doch glaubten sie, daß der alte Staat dennoch lebensfähig sei. Sie wollten ihn festigen, nötigenfalls sogar um den Preis von Konzessionen an die Tschechen, Kroaten etc. (Selbstverständlich wurden nur geringfügige Konzessionen ins Auge gefaßt, die die Führerfunktion der Deutsch-österreicher nicht gefährdet hätten.) Die Monarchie konnte offenbar Expansionspolitik nicht auf eigene Faust betreiben. Sie bedurfte eines Bundesgenossen von der Stoßkraft, wie sie dem Deutschen Reich eigen war. Das Bündnis mußte also aufrecht bleiben. Die nicht sehr glanzvolle Rolle des schwächeren Partners, die der Monarchie notwendigerweise zufiel, mußte in Kauf genommen werden. Aber eine weitere Ausgestaltung des Bündnisses, die der Monarchie von den Resten ihrer Selbständigkeit noch etwas weggenommen hätte, war unerwünscht. Die Monarchie sollte so viel von ihrer Bewegungsfreiheit bewahren, als unter den gegebenen Verhältnissen tunlich war. Selbst die Möglichkeit völliger außenpolitischer Neuorientierung in einer geänderten Weltsituation sollte nicht ausgeschlossen sein.[1] Um es kurz und in der seinerzeit üblichen Terminologie zu sagen: die Liberalen und die Christlichsozialen waren in erster Linie „Patrioten", bloß in zweiter Linie waren sie „deutschgesinnte" Politiker.

Bei den *Deutschnationalen* war die Sache umgekehrt. Für sie hatte die „deutsche" Tendenz den Vorzug vor der „patriotischen". In einem Grenzfall, im Fall Schönerers, wurde die zweite von der ersten sogar völlig aufgezehrt. Die Deutschnationalen verzweifelten an dem In-die-Höhe-kommen Österreich-Ungarns. Der Gedanke eines besonderen österreichischen Imperialismus, der mit den großen Imperialismen der Welt hätte konkurrieren können, schien ihnen illusorisch. Der Vorsprung, vor allem der wirtschaftliche Vorsprung der anderen, war zu bedeutend, die zersetzenden Kräfte innerhalb der Monarchie waren zu aktiv. Wollte das deutschösterreichische Finanzkapital einen Anteil an der Weltherrschaft erhalten, so war das nur im Gefolge des deutschen Finanzkapitals möglich. Die deutsche Bourgeoisie würde in absehbarer Zeit die englische wirtschaftlich überflügeln, hierauf sie kriegerisch niederwerfen und sie um einige wesentliche Bestandteile des Empires erleichtern. Vasall des Deutschen Reiches zu sein, war dann, obwohl Vasallenlos, doch immer noch ein beneidenswertes Los. Zur Vorbereitung der späteren Entwicklung sollte, deutschnationaler Ansicht nach, das Verhältnis zum ,,Reich" enger und enger gestaltet werden. Die Deutschösterreicher konnten sich den ,,Brüdern im Reich" nützlich erweisen, sie konnten ihnen ihre eigenen Vasallen innerhalb und außerhalb der österreichisch-ungarischen Grenzen zur Exploitation zuführen. Dafür durften sie dann auch Verständnis ihres Standpunktes gegenüber den Slawen der Monarchie beanspruchen. Diesen Völkern Konzessionen zu machen, war unsinnig, das Ziel mußte sein, die deutschösterreichische und damit die deutsche Position in der Monarchie zu festigen. Auch unter den Deutschnationalen gab es viele ,,Patrioten", d. h. viele, die in Übereinstimmung mit den Direktiven des Berliner Außenamtes den österreichischen Staatsgedanken bejahten. Aber es handelte sich bei ihnen um einen Patriotismus auf Kündigung, ebenso wie die Liberalen und die Christlichsozialen ihre deutsche Gesinnung als unter Umständen kündbar erklärten. Jedermann wußte, daß, wenn der Monarchie etwas Menschliches zustieße, die Deutschnationalen ihr nicht viel Tränen nachweinen würden. Die Deutschnationalen waren in ihren imperialistischen Gedankengängen konsequenter als die anderen Gruppen. Die klare Ausrichtung auf den mit fabelhafter Schnelligkeit emporstrebenden deutschen Imperialismus schien vom Machtstandpunkt plausibler als irgendeine unklare Ausrichtung. So konnten sie in den Jahren vor dem Krieg große Teile der Bourgeoisie zu sich herüberziehen. Während des Krieges wurde ihre Doktrin von sämtlichen bürgerlichen Gruppen beinahe vorbehaltlos übernommen. Auch die Führung der Sozialdemokratie machte sich Ideen des Deutschnationalismus zu eigen. Der Kurs der österreichischen Außenpolitik seit 1879 bzw. die energische Förderung dieses Kurses durch die Deutschnationalen liefert eine Teilerklärung dafür, daß diese Partei sich bei uns weitgehend durchzusetzen vermochte. Eine Partei, hinter der so mächtige Kapitalsinteressen standen, hätte in Österreich Massenanhang selbst dann gewonnen, wenn hier die Umgangssprache nicht Deutsch, sondern Chinesisch gewesen wäre — sie hätte dann eben nicht das deutschnationale, sondern ein anderes Schlagwort verwendet (vermutlich ebenfalls ein chauvinistisches). Wie die Dinge lagen, konnte sie manchenorts an ein bestehendes Gefühl der Zusammengehörigkeit mit dem deutschen Volk appellieren. Häufiger noch fand sie in der Bevölkerung, was Nationalbewußtsein anlangt, ein komplettes Vakuum vor. Das führt uns auf einen zweiten Faktor, der ihre Schädlingstätigkeit erleichterte:

Das Österreich, über das die Deutschnationalen um 1880 mit ihrer Agitation herfielen, war eine Nation ohne Bewußtsein ihrer selbst. Richtiger: eine Nation mit sehr wenig Bewußtsein ihrer selbst. Man konnte die Deutschösterreicher damals in zwei ungleiche Gruppen einteilen. Manche Schichten betrachteten Sprachgemeinschaft und nationale Gemeinschaft als identisch. Diese Vorstellung war besonders dort verbreitet, wo Deutschösterreicher und Slawen, bzw. Romanen beieinander wohnten (Südkärnten, Südsteiermark, Südtirol), und noch mehr dort, wo die Deutschösterreicher einen Rückhalt vom benachbarten ,,Reich" her verspürten (böhmische Randgebiete). Der viel größere Teil des deutschösterreichischen Volkes war aber nicht deutschnational eingestellt. Er war nur leider auch nicht österreichisch eingestellt, sondern huldigte einem nationalen Indifferentismus. Literarische Äußerungen aus den Sechziger-, Siebzigerjahren zeigen, daß der spezifisch österreichische nationale Gedanke einzelnen Intellektuellen deutlich vor Augen stand. Die große Masse ignorierte ihn. In einer Epoche, in der Europa durch die nationalen Bewegungen um- und umgestaltet wurde, in der die Monarchie die Befreiung

der Ungarn, den rapiden Aufstieg der Tschechen zu einer bedeutenden Geistesmacht, das stürmische Erwachen rückstän-
diger Völker wie der Slowaken, Slowenen, Ukrainer erlebte,
widmeten die Deutschösterreicher in ihrer überwiegenden
Mehrheit den Fragen ihrer Geschichte, Eigenart, Bestimmung
kaum irgendwelche Aufmerksamkeit. Gewiß hatten sie eine
Gefühlsbeziehung zu den nationalen Werten. Sie lebten ja
in der unverwechselbaren kulturellen Atmosphäre Österreichs,
sie dachten in dem uralten österreichischen Denkstil, sie hörten
es gar nicht gern, wenn Fremde ihr Wesen kritisierten. Aber
die Zielklarheit, mit der andere Völker ihre kollektive Individualität fortbildeten, der Enthusiasmus, mit dem sie ihre
Vergangenheit neu belebten — die glänzten bei uns durch
Abwesenheit.

Woher stammte die Spaltung der Nation in schmale deutschnationale und breite a-nationale Schichten? Kam im Deutschnationalismus die natürliche Beziehung der Österreicher zum
Deutschtum zum Durchbruch? Oder etwa in der nationalen
Gleichgültigkeit ihre natürliche kosmopolitische Veranlagung?
Nein. Beide Tendenzen hatten komplexe Ursachen. Der
Deutschnationalismus der Grenzgebiete z. B. entsprang vielfach aus kulturellen und sozialen Problemen, die nur in ge-
mischtsprachigen Gegenden existierten. In der Hauptsache
aber war die Einstellung unserer Landsleute zu nationalen
Fragen die Folge der politischen Erziehung durch das Groß-
bürgertum, wie sie sich seit dem Ende der absolutistischen
Ära entfaltete. Bei den meisten anderen Völkern — man denke
an die Italiener, die Ungarn, die Preußen — hing das Vordringen des Liberalismus und das des Nationalismus untrennbar
zusammen. Die liberale Bourgeoisie tat dort in der Zeit der
Durchkapitalisierung ihr möglichstes, um den nationalen Gedanken in den mittleren und unteren Klassen zu verankern.
Anders bei uns. Die deutschösterreichische Bourgeoisie ver-
fuhr nach einem besonderen Rezept. Entsprechend ihrem
Charakter als „deutsche" Gruppe begünstigte die Verfassungspartei ein bestimmtes Maß an „deutscher" Gesinnung. Viele
ihrer Führer hafteten noch an der Ideologie oder wenigstens

Phraseologie von 1848, trotz der völlig geänderten Situation.
Im ganzen jedoch legten die Liberalen bis zum Aufkommen
der Schönerianer, also bis nach 1880, in nationaler Hinsicht
große Reserve an den Tag. Der Grund: Ihre Herrschaft über
die Monarchie war juristisch und ökonomisch fundiert, und sie
waren ,,Patrioten", sie wollten den Habsburgerstaat erhalten.
Das wurde ihrer Auffassung nach unendlich erleichtert, wenn
aller Nationalismus, auch der der Deutschösterreicher, in engen
Grenzen blieb. Deshalb gaben sie weit öfter und lieber als etwa
die preußischen oder italienischen Liberalen Bekenntnisse
zum Kosmopolitismus ab. Sie nahmen so eine Maxime auf,
die der Dynastie, der Mehrheit des Adels und der hohen Bürokratie als der Inbegriff der Staatsweisheit galt. Diese Kreise,
die konservativen Kreise, glaubten, daß Österreich nur
a-national regiert werden könne. Sie sahen im Nationalismus
eine notwendig aggressive, disruptive, dazu äußerst vulgäre
Tendenz. Das Übergreifen der Anschauungen der Feudal-
klasse auf die Bourgeoisie, verursacht durch den gemeinsamen
Wunsch der beiden Klassen nach Erhaltung des Staates, wirkte
sehr maßgebend auf den Gang der Dinge in Österreich. Es
ist müßig, Betrachtungen darüber anzustellen, ob eine Betonung der nationalen Idee seitens der Liberalen, da es ja
offenbar die deutschnationale und nicht die österreichische
Idee gewesen wäre, nicht noch mehr geschadet hätte als der
Indifferentismus. Fest steht, daß beide Prinzipien, von denen
die Liberalen sich leiten ließen, Deutschnationalismus *und*
Indifferentismus, die Entwicklung unseres Volkes höchst nach-
teilig beeinflußten. Das Fehlen eines klaren österreichischen
Nationalbewußtseins trug ganz wesentlich zu den Werbe-
erfolgen bei, die Schönerer und Genossen von den Achtzigerjahren an erzielen konnten. Diesen Erfolgen fiel sehr rasch
der Apparat der Verfassungspartei zum Opfer. Die Politik
der Liberalen war also auch von ihrem eigenen Standpunkt
nicht gar so klug, wie sie geglaubt hatten. Freilich zogen sich
die Kapitalisten, die durch den Liberalismus repräsentiert
waren, aus der Affäre, indem sie mit den Hintermännern des
Deutschnationalismus gemeinsame Sache machten.

Zu den objektiven Umständen, die den Deutschnationalen
weiterhalfen, kam noch ein subjektiver hinzu: eine außerordentliche propagandistische Geschicklichkeit. Natürlich begingen sie
einzelne Fehler. Ihre Gesamtleistung aber war nicht unwürdig
der späteren Leistung Goebbels'. Eine der wichtigsten Aufgaben
sahen sie darin, den Bündnispartner, das ,,Reich", in Österreich
populär zu machen. Die Welt wußte damals bereits allerhand
über die Roheit, die Arroganz, den Ungeist des preußischen
Militarismus, der das ,,Reich" beherrschte. In der Schilderung
der Deutschnationalen verwandelte es sich in einen Idealstaat,
der Recht und Sitte, Ordnung und Wohlstand garantierte.
Es gelang ihnen, nicht nur für Bismarck, sondern sogar für das
Haus Hohenzollern Sympathien zu wecken, obgleich Wilhelm II.
durch seine Haltung unablässig die wirksamste Gegenpropaganda
betrieb. In der innenpolitischen Auseinandersetzung wußten
sie die niedrigsten Instinkte der Massen, besonders der kleinbürgerlichen, aufzurütteln und für ihre Zwecke zu benützen.
Ihre Hinweise auf die Herrennatur des ,,deutschen" Volkes in
Österreich, ihre Hetzreden gegen die Tschechen, ihr Rassen-
antisemitismus, der sich noch nicht mit dem Plan der physischen
Vernichtung, wohl aber mit jenem der ökonomischen Vernichtung und der sozialen Ächtung des Judentums hervorwagte —
all das hatte einen vorher kaum für möglich gehaltenen, seither
fast zur Selbstverständlichkeit gewordenen mobilisierenden
Effekt. Und doch hätten die Deutschnationalen nicht in dem
Maß durchdringen können, in dem sie es tatsächlich vermochten,
hätten sie nicht ihre reaktionären Losungen mit anderen vermischt, die, für sich allein betrachtet, fortschrittlicher Natur
waren. Das Linzer Programm von 1882 etwa, von dem noch
näher die Rede sein wird, enthielt eine Anzahl von Punkten,
die der bürgerlich-demokratischen Denkweise entsprachen. Es
wurde Erweiterung des Wahlrechts verlangt, Vereins- und
Pressefreiheit, eine progressive Einkommensteuer. In dem
Kampf gegen die Machenschaften der Klerikalen, der um 1900
hervorragende Wichtigkeit hatte, stellten sich die Deutschnationalen öfters in eine Einheitsfront mit Liberalen, Demokraten, Sozialdemokraten. Zum Beispiel waren die deutschen

Burschenschaften an dem Streik beteiligt, durch den die österreichischen Studenten für den Professor des Kirchenrechts
Wahrmund eintraten, der wegen freisinniger Äußerungen verfolgt
wurde. *

Bewußt und systematisch riefen die Deutschnationalen den
Eindruck hervor, sie seien die Hüter der Traditionen der bürgerlichen Revolution. Regelmäßig bezeichneten sie als ihre Vorläufer die Männer, die 1848 auf den Barrikaden gestanden waren.
Die Burschenschaften setzten angeblich genau die Linie fort,
die die Akademische Legion im Sturmjahr eingeschlagen hatte.
Selbstverständlich waren die Bekenntnisse der Deutschnationalen zu Freiheit und Fortschritt schamloser Betrug. Was sie an-
strebten, war: das österreichische Volk den ostelbischen Junkern
und rheinischen Industriellen zu unterwerfen; seine geistige
Persönlichkeit auszulöschen; es in das willenlose Werkzeug des
deutschen Machtwahnes zu verwandeln. Sie waren nicht um ein
Jota weniger reaktionär, weil sie ihre barbarischen Projekte
mit ein paar an sich billigen und vernünftigen Forderungen
drapierten. Wird aber die Frage erörtert, wie es kam, daß sie
in Österreich Boden gewannen, so wäre die Antwort wesentlich
lückenhaft, würde nicht die besondere Art ihrer Demagogie,
die ihnen ein Herankommen an zivilisierte, anständige Menschen
ermöglichte, in die Betrachtung einbezogen.

Nachdem wir über einige Faktoren gesprochen haben, die
die Geschichte des Deutschnationalismus entscheidend beeinflußten, ist es an der Zeit, daß wir diese Geschichte selbst,
in flüchtigem Umriß natürlich, darstellen.

Der unglückliche Ausgang der Schlacht von Königgrätz
führte dem „kleindeutschen"[2] Gedanken in Österreich eine
Anzahl von Anhängern zu. Die Gefolgschaft Julius Krickls[3],
die schon vorher nach dieser Richtung tendiert hatte, gab 1869
eine Erklärung heraus, derzufolge die früheren deutschen
Bundesländer Österreichs dereinst mit Deutschland vereinigt
werden, von österreichischer Seite aber keine Schritte unternommen werden sollten, die die im Gang befindliche Einigung

---

* Vgl. Anhang, „Sozialreform", Note 6.

der Deutschen außerhalb des Habsburgerstaates (die Einigung
nach preußischem Rezept) hindern könnten. In den Studentenverbindungen, die seit etwa 1860 eine gewisse Bedeutung hatten[4],
machte sich ebenfalls eine preußenfreundliche Stimmung bemerkbar. Bismarcks zielsichere Haltung rief Eindruck hervor.
In Graz wurde von alten Mitgliedern der Studentenvereinigung
,,Orion", darunter dem nachmaligen Rechtslehrer Emil Strohal,
der ,,Verein der Deutschnationalen" gegründet, der 1870 ein
Programm veröffentlichte. Zugleich erschien ein zweites Programm aus dem Kreis um Krickl. In beiden Dokumenten war
die These, daß Bismarcks kleindeutsche Politik nicht gestört
werden dürfe, erneuert. Ferner wurde ein Umbau Zisleithaniens
skizziert. Galizien und Dalmatien sollten aus dem Reichsrat
ausscheiden und eine Sonderposition erhalten; hiedurch sollten
die Slawen im Reichsrat numerisch geschwächt und die Deutschösterreicher in die Lage versetzt werden, die Tschechen zu
majorisieren.

Man könnte meinen, die Triumphe, die Bismarck 1870/71
feierte, hätten für die rasche Entwicklung des Deutschnationalismus in Österreich günstige Bedingungen geschaffen. Tatsächlich liefen die Dinge anders. Die große Mehrheit des österreichischen Volkes war von dem neuen Nachbarn, genannt
Deutsches Reich, nicht entzückt. In den Siebzigerjahren kam
die Bewegung nur mühsam vorwärts. Sie entfaltete ihre Tätigkeit vorwiegend im Rahmen der liberalen Partei. Ihrer eigenen
Auffassung nach war ihre Doktrin eine bloße Spielart der herrschenden politischen Lehre. Eine Reihe von jüngeren Liberalen
suchte die Partei für eine energische Betonung des deutschnationalen Gedankens zu gewinnen. Aber der Kampf der
,,Jungen" (Karl Pickert, Alfred Knoll) gegen die ,,Alten"
(Wortführer: Herbst und die ,,Neue Freie Presse") blieb ohne
Resultat. Die beste Basis der Deutschnationalen waren die
Studentenvereine. Hier erwies sich die von der Regierung
geförderte ,,deutschösterreichische", d. i. liberale Richtung
gegenüber der völkischen als machtlos. Hier setzte sich auch
relativ rasch der Ungedanke des Antisemitismus durch, wozu
Äußerungen Theodor Billroths in nicht unerheblichem Maß

beitrugen. Der berühmte Chirurg bemerkte 1875 in dem Buch „Über das Lehren und Lernen der medizinischen Wissenschaften", die deutschsprechenden Juden seien nicht Deutsche, vielmehr Angehörige einer besonderen Nation mit scharf ausgeprägten Merkmalen. Die Tatsache, daß er seinen Standpunkt später revidierte und sich dem Verein zur Abwehr des Antisemitismus anschloß[5], konnte die Wirkung jener Buchstelle nicht ganz aufheben. Die Studentenvereine reorganisierten sich vom Ende der Siebzigerjahre an vielfach nach dem „Arierprinzip". Vereinzelt wurde bereits der Grundsatz angenommen, daß Juden keine Satisfaktion im Duell zu geben sei. Diese Vorgänge erzeugten in der Öffentlichkeit Aufsehen. Doch handelte es sich zunächst nur um ideologische Wandlungen in einer dünnen Schicht der Intelligenz. Erst nach 1880 wurde der Deutschnationalismus eine beachtliche Kraft. Nun erst war der Hintergrund gegeben: die außenpolitische Orientierung der Monarchie auf Deutschland, die innenpolitische Orientierung auf den slawischen Konservativismus (Regime Taaffe). Vor solcher Szene konnte Schönerer seinen Donner ertönen lassen, Strohal und Steinwender das milde Versprechen, den Habsburgern und den Hohenzollern gleichzeitig die Treue zu halten.

Will man Georg Ritter von Schönerer (1842—1921)[*] in *einem* Satz charakterisieren, so kann man etwa sagen, daß er den festen Willen, in reaktionärem Sinn zu wirken, mit einem ungewöhnlichen pädagogischen Talent und arger politischer Talentlosigkeit verband. Seine Karriere kam durch seine Redekunst zustande. Wie von Lueger, so ging auch von ihm im Versammlungssaal ein starker persönlicher Eindruck aus. War jener der „schöne Karl", so war er „Ritter Georg". Dabei war er die ungleich plumpere, primitivere Persönlichkeit. Ihm fehlte der Humor, der dem christlichsozialen Führer keineswegs

---

[*] Vgl. Th. v. Sosnosky, „Die Politik im Habsburgerreiche", 1. Bd., 1912, S. 167 ff.; Herwig, „Georg Schönerer und die Entwicklung des Alldeutschtums in der Ostmark", 4 Bde., 1912—23; P. Molisch, „Gesch. der deutschnationalen Bewegung", S. 91, 149, 151 ff., 210 etc.; derselbe, „Politische Geschichte der deutschen Hochschulen in Österreich", 1939, S. 88 ff.; R. Sieghart, „Die letzten Jahrzehnte etc.", S. 306 ff.; E. v. Rudolf, „Georg Ritter von Schönerer", 1936.

fehlte. Die christlichsozialen Weisheiten wurden zuweilen mit
etwas Ironie untermischt. Die deutschnationalen wurden immer
mit tierischem Ernst vorgebracht. Lueger besaß einen treff-
lichen, gesunden Menschenverstand, der ihn auch im Rausch
rednerischer Exzesse nicht ganz im Stich ließ. Schönerer war
von der Natur mit dieser Gabe nicht ausgestattet worden. In
allen politischen Handlungen war er eigenbrötlerisch bis zur
Selbstvernichtung. Wenn in seinem Wesen ein Zug zu finden ist,
der versöhnlich stimmen könnte, dann ist es wohl vor allem die
Unfähigkeit, seine schlechten Absichten ins Werk zu setzen.
Daneben mag noch erwähnt werden, daß er ein ehrlicher Gegner
der Korruption war. Das *allein* ist noch keine hinreichend
große Qualität, aber immerhin eine, deren sich nicht alle reaktionären Politiker der Zeit rühmen durften.

Geboren in Wien als Sohn eines Ingenieurs, ansässig auf
seinem Landgut Rosenau im niederösterreichischen Waldviertel,
kam er 1873 als Liberaler in den Reichsrat. Von der einen oder
anderen Seite ist die Ansicht ausgesprochen worden, er habe
vorerst eine demokratische Periode durchlaufen, die bis zum
Linzer Programm und noch ein kleines Stück weiter reichte.
Das ist aber ein Irrtum. Er war niemals ein Mann des Fortschritts. Daß er in seinen jüngeren Jahren Viktor Adler und
Engelbert Pernerstorfer unter seinen Mitarbeitern hatte, kann
das geschichtliche Urteil über ihn nicht ändern. Wohl zeigte
er im Parlament und außerhalb Interesse für die Angelegenheiten
des Mittelstandes, der Gewerbetreibenden wie der Bauern;
wohl zog er gegen die Börseaner los; erklärte er, daß der Staat
die Arbeit über das Kapital stellen solle; kritisierte er die
Korruption der Presse. Doch all das hatte wenig Wert, da er
zur gleichen Zeit die ,,Heimkehr ins Reich" propagierte;[6] das
Deutschland des Sozialistengesetzes[7] als soziales Musterland
pries; in Wort und Schrift Haß gegen das Judentum schürte.
Zu Anfang des Jahres 1882 bestand die Möglichkeit, daß russische Juden, die in ihrer Heimat Progrome erlebt hatten und von
weiteren bedroht waren, auf österreichisches Gebiet übertreten
könnten. Die Liberalen intervenierten bei der Regierung
zugunsten der Verfolgten und die Gemeinde Wien beschloß

eine kleine Geldhilfe. Schönerer sammelte Unterschriften unter
eine Petition, die gegen die Niederlassung der Juden in Österreich
und gegen ihren Durchzug protestierte; sie seien, hieß es in der
Petition, durch ihren asozialen Charakter selbst an den Pogromen
schuld. Man staunt heute, daß all das zusammen nicht genügte,
Schönerer als Reaktionär zu entlarven; daß sich eine Legende
bilden konnte von einem Schönerer, der ursprünglich Volksinteressen vertrat.

Er wurde durch Parlaments- und Volksreden sehr bekannt.
Die antisemitische Note gefiel den Kleinbürgern der Provinz-
städte, die die jüdische Konkurrenz zu bestehen hatten; die
Deutschtümelei gefiel den Kleinbürgern und Bauern an der
Sprachgrenze, wo die slawische Konkurrenz zu fühlen war.
Es lag in der Natur der Sache, daß sein Selbstbewußtsein gegenüber der liberalen Partei wuchs. Als er sich überzeugt hatte,
daß sie für seine Ideen nicht zu gewinnen war, trat er aus (1879)
und konstituierte im Reichsrat eine eigene Zwei-Mann-Partei,
bestehend aus ihm und dem niederösterreichischen Landwirt
Fürnkranz. Es gab nun schon, über die Monarchie verstreut,
zahlreiche deutschnationale Gruppen, die unabhängig voneinander arbeiteten. Er dachte, sie mittels eines zündenden
Manifests zu einer einheitlichen Organisation zusammenfassen
zu können. Sich auf einen Entwurf stützend, den Friedjung
vergeblich innerhalb der Verfassungspartei durchzusetzen versucht hatte, assistiert von Friedjung, Viktor Adler und Anton
Langgaßner, brachte er 1882 das Programm zustande, das darum
Linzer Programm heißt, weil es einer Linzer Volksversammlung
zur Beratung hätte vorgelegt werden sollen. Die Beratung
wurde nicht abgehalten und die einheitliche deutschnationale
Partei wurde nicht formiert. Das Programm erlangte trotzdem
große Bedeutung für die Bewegung. Nicht nur hielt Schönerer
ein Vierteljahrhundert daran fest, auch die anderen Richtungen
des Deutschnationalismus anerkannten es als grundlegend. Wir
lassen die Hauptpunkte folgen.

„I. Es ist sowohl im nationalen als im staatlichen Interesse gelegen, daß
diejenigen Länder der österreichisch-ungarischen Monarchie, welche ehemals
dem Deutschen Bunde angehörten, für sich ein möglichst unabhängiges und

12*

streng einheitlich organisiertes Ganzes bilden, und es muß demnach angestrebt werden:

1. Daß das derzeit bestehende Verhältnis zwischen der diesseitigen Reichshälfte und Ungarn durch die Personalunion ersetzt werde;

2. daß das Königreich Dalmatien sowie Bosnien und die Herzegowina endgültig in Ungarn einverleibt werden;

3. daß die Kronländer Galizien und die Bukowina entweder mit Ungarn vereinigt oder aber denselben eine Sonderstellung ähnlich jener eingeräumt werde, wie sie Kroatien innerhalb des ungarischen Staatsverbandes besitzt.

II. Es ist durch die Lage und durch die historische Entwicklung der diesseitigen Reichshälfte bedingt, daß jenen Ländern der Monarchie, welche ehemals dem Deutschen Bunde angehörten, der deutsche Charakter gewahrt bleibe, und es muß daher gefordert werden, daß durch ein Gesetz die deutsche Sprache als Staatssprache erklärt, insbesondre aber verfügt werde:

4. Daß die deutsche Sprache ausschließliche Sprache des Heeres, der Vertretungskörper und der öffentlichen Ämter sei, daß demnach der gesamte innere Amtsverkehr sowie die öffentlichen Bücher und Protokolle ausschließlich in deutscher Sprache geführt werden...

5. daß in Orten mit sprachlich gemischter Bevölkerung an mindestens einer Volksschule der Unterricht in deutscher Sprache erteilt und an allen Mittelschulen die deutsche Sprache als obligater Gegenstand gelehrt werde, wogegen kein Schüler zu Erlernung einer anderen, etwa landes- oder bezirksüblichen Sprache gezwungen werden kann;

6. daß sämtliche Staatsprüfungen und Rigorosen, sofern sie zur Erlangung einer Anstellung im Staats- oder Landesdienst berechtigen sollen, ausschließlich in deutscher Sprache abgelegt werden müssen.

III. Es ist im Interesse des Volkes und des Staates gelegen, daß den Grundsätzen des Konstitutionalismus in vollstem Maße Rechnung getragen werde, und es ist demnach anzustreben,

7. daß die bestehende gekünstelte und ungerechte Interessenvertretung durch eine fortschreitende Erweiterung des Wahlrechts sowie insbesondre durch Vermehrung der Abgeordnetenzahl für die Landgemeinden und durch Einführung der direkten Wahl mittelst geheimer Abstimmung zu einer wahren Volksvertretung ausgestaltet werde...

IV. Es ist im Interesse der gedeihlichen Entwicklung des Staates unerläßlich, daß die in den Staatsgrundgesetzen aufgestellten freiheitlichen Grundsätze zur vollen Geltung gelangen, und es muß daher gefordert werden:

10. Freies Vereins- und Versammlungsrecht;

11. Pressefreiheit...

12. Erhaltung und vollständige Durchführung jener Grundsätze, auf denen unsere Volksschule aufgebaut ist..., da eine gute freisinnige Erziehung die Vorbedingung des dauernden Bestandes und der freiheitlichen Entwicklung des Staates ist.

VI. Es ist weiters unerläßlich, daß der Staat unabhängig gemacht werde von den Geldmächten ... und (es) muß·demnach angestrebt werden:

16. Die Einführung einer progressiven Einkommensteuer.

17. ... die Einführung von Luxussteuern, sowie einer ausgiebigen Besteuerung der Börsengeschäfte ...

VII. Es muß als eine der wichtigsten Aufgaben des Staates bezeichnet werden, diejenigen Vorbedingungen zu schaffen, welche eine gedeihliche Entwicklung der wirtschaftlichen Verhältnisse ermöglichen; diese Vorbedingungen aber sind:

19. Die Schaffung eines gemeinsamen Zollgebietes mit dem Deutschen Reiche, unter Einbeziehung Ungarns und der Balkanländer ...

IX. Es ist eine ganz selbstverständliche Aufgabe des Staates, die heimische Produktion und die ehrliche Arbeit überhaupt zu unterstützen ... Dementsprechend ist zu fordern:

26. ... Normalarbeitszeit, Beschränkung der Kinder- und Frauenarbeit ...

X. Es ist im Interesse des Staates, für die Erhaltung eines kräftigen Bauernstandes zu sorgen ...

XI. Da die Monarchie infolge ihrer geographischen, politischen und wirtschaftlichen Lage sich nicht auf sich selbst zurückziehen kann, so ist es Aufgabe einer ernsten politischen Partei, auch den äußeren Angelegenheiten ihre Aufmerksamkeit zuzuwenden, und es muß in dieser Beziehung gefordert werden:

31. Die Erhaltung und dauernde Befestigung des Bündnisses mit dem Deutschen Reich durch einen Staatsvertrag;

32. die Entfaltung einer zielbewußten und kräftigen Orientpolitik, insbesondere Wahrung der österreichischen Interessen an der unteren Donau und in den Balkanländern ..."

Es sind hier mit Sorgfalt jene demokratischen Forderungen formuliert, die, wie schon erwähnt, in deutschnationalen Erklärungen aufzutauchen pflegten. Erweiterung des Wahlrechts, Pressefreiheit, freisinnige Erziehung, progressive Besteuerung, Normalarbeitszeit — alles ist da. Wir dürfen uns aber durch diese Dinge nicht irreführen lassen. Der wesentliche Inhalt des Programms steht in den Punkten 1 bis 6, 19, 31 und 32. Unter den zu Eingang erwähnten Ländern der Monarchie, „welche ehemals dem Deutschen Bunde angehörten", befanden sich Böhmen, Mähren und Schlesien. Die vorgeschlagene Umgestaltung des Staates (Punkt 2 und 3) hätte im Reichsrat den Deutschösterreichern, die bislang eine Minderheit bildeten, die Mehrheit verschafft. Auf Grund der neuen Situation sollte eine Diktatur über die Tschechen errichtet, eine Politik rücksichtsloser Germanisierung eingeleitet werden. Die Bewohner Dalmatiens, Bosniens, der Herzegowina sollten wie leblose Sachen von den österreichischen Herren auf die ungarischen Herren übergehen. Die ,,Sonderstellung" Galiziens hätte, wie der Hinweis auf Kroatien zeigt, nicht einmal den Polen, geschweige denn den Ukrainern nationale Freiheit gegeben. Ein Programm, das so ganz und gar auf nationale Unterdrückung abgestellt ist, kann nicht als demokratisch bewertet werden. Objektiv war es, was immer in den Köpfen einiger seiner Urheber sich abgespielt haben mag, ein mit vielerlei demokratischen Ornamenten verziertes, früh-imperialistisches Programm. Und zwar ein deutschimperialistisches. Die Verfasser dachten offenbar an den Fortbestand der Monarchie. Die Idee der Zerschlagung der Monarchie war wohl auch bei Schönerer noch nicht ausgereift. Doch hätte, wie das Kräfteverhältnis beschaffen war, die Zollunion (Pkt. 19), die Verstärkung des Bündnisses (Pkt. 31)[8] und die zielbewußte Orientpolitik (Pkt. 32) ganz Mitteleuropa und Südosteuropa der reichsdeutschen Kapitalistenklasse zu Füßen gelegt.

Interessant ist die Frage *Linzer Programm und Judentum*. Wie wir wissen, war Schönerer schon lange vor 1882 Antisemit. Trotzdem ließ er Juden an dem Programm mitarbeiten. Dies erklärt sich daraus, daß sein Antisemitismus damals noch mehr die wirtschaftliche als die rassische Färbung hatte, somit gegenüber Einzelnen außer Kraft gesetzt werden konnte. Erst Mitte der Achtzigerjahre wurde Schönerer Rassenantisemit. Auf die Beteiligung von Juden ist vielleicht das Fehlen einer Judenklausel in dem Programm zurückzuführen. Der ,,Mangel" wurde 1885 behoben. Schönerer fügte einen Punkt an, der Beseitigung des jüdischen Einflusses aus allen Gebieten des öffentlichen Lebens verlangte.

Schönerers politisches Schicksal vom Linzer Programm an war ein kurioses Mischmasch aus Erfolgen und Rückschlägen. Allmählich wurde klar, daß seine Bäume nicht in den Himmel wuchsen.

Ein Höhepunkt seiner Laufbahn war seine gewalttätige Auseinandersetzung mit dem ,,Neuen Wiener Tagblatt". Diese liberale Zeitung meldete 1888 den Tod des hochbetagten, von

den Ärzten aufgegebenen Kaisers Wilhelm I. ein paar Stunden
bevor er wirklich gestorben war. Da es sich um einen
Hohenzollern handelte, fühlte sich Schönerer tief verletzt.
Zusammen mit einigen Freunden drang er in das Büro des
„Tagblatt" ein und verprügelte die Redakteure. Er wurde
vor Gericht gestellt, zu einer Kerkerstrafe und zum Verlust des
Adelstitels verurteilt und mußte auf mehrere Jahre aus dem
Reichsrat ausscheiden. Doch zog er aus der Affäre, und vor allem
aus dem Urteil, enormen Gewinn an Popularität. Einen zweiten
Höhepunkt erreichte er im Kampf gegen das Ministerium
Badeni. Die Verordnungen, durch die Graf Badeni 1897 das
Sprachproblem in den Ländern der böhmischen Krone regelte,
enthielten gewisse Konzessionen an die Tschechen. Schönerer
und seine Freunde, unter denen sich speziell K. H. Wolf her-
vortat, nahmen dies zum Anlaß, eine wüste antislawische Kampa-
gne zu entfesseln. Sie steigerten die im Reichsrat schon früher
gelegentlich erprobte Technik der Obstruktion zur höchsten
Vollkommenheit. Durch vielstündiges Reden, Brüllen, Klopfen,
Pfeifen, Werfen von Tintenfässern und Aktenmappen und endlich durch Handgreiflichkeiten legten sie die Tätigkeit des
Reichsrats lahm. Die übrigen „deutschen" Parteien wurden
von der Aktion der „Alldeutschen" mitgerissen.[9] Auch die
Sozialdemokraten kämpften an der Seite der Alldeutschen.
Als die Regierung auf Grund einer eigens geschaffenen Bestimmung der Geschäftsordnung die ärgsten Krakeeler gewaltsam aus dem Sitzungssaal entfernen ließ, organisierten die
Deutschnationalen und die Sozialdemokraten Straßendemon-
strationen. Der Kaiser, durch die Massenbewegung erschreckt,
enthob Badeni des Amtes. Allgemein wurde Schönerer als
derjenige angesehen, der die Regierung gestürzt hatte. Das
wirkte sich bei den nächsten Wahlen aus. 1901 kamen einund-
zwanzig seiner Parteifreunde ins Abgeordnetenhaus, während
früher nie mehr als fünf dort gewesen waren.

Und doch wuchsen seine Bäume nicht in den Himmel.
Ein Schicksalsschlag traf ihn: es stellte sich zu allgemeiner,
und sicher auch zu seiner Überraschung heraus, daß seine Frau
von Juden abstammte.[10] Eine bittere Sache für einen Rassen-

antisemiten, auch schon zu einer Zeit, da es noch keine Nürnberger Gesetze gab. Andere Mißgeschicke zog er sich durch eigene
Schuld auf den Hals. Seine *Los-von-Rom-Bewegung* trug ihm
den unauslöschlichen Haß nicht nur der Christlichsozialen
Partei, mit der er sich eine Zeitlang gut verstanden hatte,
sondern auch den Haß der katholischen Volksmassen ein. Aus
Größenwahn vernachlässigte er den Aufbau des Parteiapparates.
Aus doktrinärem Eigensinn trat er gegen die Schaffung einer
deutschnationalen Tageszeitung auf. Einer nach dem anderen
fielen die fähigsten unter seinen Schülern von ihm ab. Zuerst
ging Pernerstorfer und nahm auf seinen neuen Weg das wichtigste
bisher schönerianische Blatt, die ,,Deutschen Worte", mit;
die Ersatzgründung der ,,Unverfälschten Deutschen Worte"
war kein wirklicher Ersatz. Dann trat Ernst Vergani, der
Herausgeber des ,,Deutschen Volksblatts", zu den Christlichsozialen über. Endlich lehnte sich K. H. Wolf gegen den Parteichef auf. 1901 begann ein Konflikt, der die heftigsten Formen
annahm und unter anderem dazu führte, daß Schönerer den
Wolf in einer Broschüre als ehrlos erklären ließ, Wolf den
Schönerer einen grauhaarigen Schurken nannte.[11] Die Bewegung
Schönerers hätte sehr kräftig sein müssen, um all diese Dinge
ohne Schaden zu überstehen. Und dabei litt sie unter einem
noch viel schlimmeren Handikap: unter Schönerers völliger
Verständnislosigkeit gegenüber der Außenpolitik des Deutschen
Reiches.

Bismarck wollte den Habsburgerstaat, nachdem er ihn aus
dem Deutschen Bund hinausgeworfen hatte, erhalten, um ihn
in Südosteuropa als ,,verlängerte Hand" zu gebrauchen. Er
wollte ihn sogar stark haben, da Österreich dem ,,Reich" ja
doch nicht gefährlich werden konnte. Hingegen war Schönerers
Politik auf die heftigste Abneigung gegen Österreich gegründet,
auf den Wunsch, die höchstentwickelten Gebiete der Monarchie
an das Reich anzuschließen. Hieraus ergaben sich die seltsamsten Gegensätze zwischen Deutschland und den Deutschnationalen in Österreich. Man mag es als bloße Episode auffassen, daß Schönerer 1878 zu den Liberalen gehörte, die sich
der von Berlin begünstigten Okkupation Bosniens widersetzten.

Viel wichtiger war, daß er auch nach 1879, zu einer Zeit, da er sich längst von den Liberalen getrennt hatte, in der absoluten Negation gegenüber dem Habsburgerstaate verharrte. Seine antislawische Agitation bereitete der österreichischen Regierung, die nunmehr mit der deutschen verbündet war, unablässig Verlegenheiten. Ja, er scheute sich nicht, im Parlament der k. u. k. Armee, die im Kriegsfall Schulter an Schulter mit der deutschen gekämpft hätte, das Budget zu verweigern. Nach der Badeni-Krise erklärte er, das österreichisch-deutsche Bündnis habe sich nicht bewährt, der Anschluß der österreichischen und böhmischen Länder an das Reich solle nicht länger hinausgeschoben werden. Offen irredentistische Äußerungen der Alldeutschen waren von damals an häufig.¹² Bismarck benützte mehrere Gelegenheiten, um die stürmischsten unter seinen österreichischen Verehrern unmißverständlich zu entmutigen.¹³ Vergeblich — Schönerer behauptete, das seien nur diplomatische Finten, in Wahrheit sei sein Treiben den Deutschen sehr genehm. Er hatte insofern nicht ganz unrecht, als hochgestellte Persönlichkeiten des Reichs dem Zerfall der verbündeten Habsburgermonarchie mit freudiger Erwartung entgegensahen; nach Bismarcks Abgang (1890) scheint sich diese Ideenrichtung befestigt zu haben. In gewissem Umfang wurde an die Schönerianer materielle Unterstützung gegeben. Im wesentlichen setzten aber die späteren Reichskanzler doch den Bismarckschen Kurs der Außenpolitik fort. Selbst die Alldeutschen des Reichs distanzierten sich von ihren österreichischen Kollegen. Schönerer wurde zu einer tragikomischen Figur. Besonders seit der Trennung von Wolf verlor er rapid an Anhang. Im Wahlkampf von 1907 geschlagen, zog er sich in die Einsamkeit des Waldviertels zurück. Wehmütige Betrachtung seines Archivs, das er selbst „den Friedhof der Abgefallenen" nannte, die Entgegennahme von Huldigungen des Vereins „Die letzten Schönerianer" — das waren seine Hauptbeschäftigungen in seinen letzten Lebensjahren.

Schönerer lenkte die Aufmerksamkeit gewisser Schichten des österreichischen Volkes auf den Deutschnationalismus. Darin bestand seine geschichtliche Funktion. Hingegen war es vor allem die Gruppe der „staatstreuen" Deutschnationalen, die die von ihm erzeugten Gefühlsdispositionen politisch auswertete. Natürlich müssen wir auch die Geschichte dieser Gruppe skizzieren. Wir werden es, da wir nun schon viel vom Deutschnationalismus im allgemeinen wissen, nicht schwer haben.

Die Schöpfer des staatstreuen Deutschnationalismus waren Emil Strohal (1844—1914) und Otto Steinwender (1847 bis 1921). Beide gehörten ursprünglich der liberalen Partei an. Strohal, in Innsbruck geboren, wirkte als Rechtslehrer an den Universitäten Graz, Göttingen (wo er die Kanzel Iherings übernahm) und Leipzig. 1870 verfaßte er eine der ersten deutschnationalen Prinzipienerklärungen. Einige Zeit schwankte er zwischen einer politischen und einer wissenschaftlichen Laufbahn, dann entschied er sich für die letztere. Als Grund gab er an, daß nur Leute, die materiell unabhängig seien, sich politisch betätigen sollten. 1885 arbeitete er eine zweite Programmerklärung aus, die in deutschnationalen Kreisen viel Beifall fand.

Steinwender, ein gebürtiger Kärntner, begann als Gymnasiallehrer für klassische Sprachen. Von etwa 1880 an stand er vierzig Jahre ununterbrochen im politischen Leben. Vor dem Krieg war er Vizepräsident des Abgeordnetenhauses, die Republik bestellte ihn 1918 zum Staatssekretär für Finanzen. Im Gegensatz zu Schönerer und im Gegensatz zu dem, was seine Herkunft von der klassischen Philologie erwarten ließ, war er ein Mann des Kompromisses und der Praxis. Er machte gelegentlich eine versöhnliche Geste gegenüber den Tschechen, er nahm den Antisemitismus nicht ganz ernst, ähnlich wie Lueger. Zwar nannte er sich gern den ältesten Antisemiten, doch scheute er sich nicht, an Zeitungen mitzuarbeiten, die von Juden redigiert wurden, wie etwa am „Neuen Wiener Tagblatt". Die Schönerianer regten sich über diese Dinge maßlos auf — ohne Grund. Es ist kein Zweifel, daß es sich nur um Äußerlichkeiten handelte und daß er die Herren Krupp und Ballin gut bediente.

1885 legte Steinwender einer Versammlung der liberalen Partei das vorhin erwähnte, aus der Feder Strohals stammende Programm zur Beratung vor. Jene Teilnehmer der Versammlung, die mit dem Programm einverstanden waren, konstituierten sich hierauf als von den Liberalen unabhängiger *Deutscher Klub.* Die Mehrheit des Deutschen Klubs kehrte schon nach ein paar Monaten zu den Liberalen zurück. Die Minderheit (Steinwender, Bareuther, Prade, Derschatta) bildete die *Deutschnationale Vereinigung.* Aus dieser Vereinigung ging 1891 die *Deutsche Nationalpartei* hervor, aus dieser wieder 1896 die *Deutsche Volkspartei.* Im letzten Privilegienparlament hatte die Volkspartei an die fünfzig Vertreter, 1907 ging die Fraktion erheblich zurück, 1911 wuchs sie wieder an. Unter Führung der Volkspartei schlossen sich einige kleinere deutschnationale Parteien und das, was von den Liberalen noch übrig war, zu einem Dachverband, dem *Deutschen Nationalverband,* zusammen, der ab 1911 die stärkste Gruppe im Abgeordnetenhaus darstellte.

Da die Schönerianer ihren Hauptgedanken, die Zerschlagung der Monarchie, nicht gern in einer Form aussprachen, die ihnen strafgerichtliche Verfolgung eintragen konnte, ergibt der Vergleich ihrer programmatischen Erklärungen mit jenen der Steinwender-Partei keine gar zu tiefgreifenden Unterschiede. Das Programm der Deutschen Volkspartei von 1896 z. B. wiederholt die meisten Punkte des Linzer Programms. Eine Abweichung von Schönerers Standpunkt ist in der Judenfrage erkennbar — nicht Beseitigung des jüdischen Einflusses, sondern „nur" Befreiung von seiner Vorherrschaft wird verlangt —, desgleichen in der Frage der Beziehungen zu Ungarn: nicht Personalunion, sondern Verbesserung der Ausgleichsbedingungen für Zisleithanien ist das Ziel. Beide Abweichungen sind charakteristisch, da sie Konzessionen an die Krone sind.[14] Eine große Zahl solcher Konzessionen wurde von den Steinwender-Anhängern in der politischen Praxis gemacht. Hier trat der Unterschied gegenüber den Schönerianern viel deutlicher hervor als in den beiderseitigen Manifesten. Steinwenders Gruppe war in der Tat das, was die „Unverfälschten Deutschen Worte" höhnisch „regierungsfromm" nannten. Sie unterstützte grundsätzlich jedes der wechselnden Kabinette bis zu dem Augenblick, da es auf Grund des Widerstandes anderer Parteien vom Kaiser fallen gelassen war. An mehreren Kabinetten nahm sie durch Leute ihres Vertrauens

teil. Oppositionell stellte sie sich nur zu Badeni, und auch da
zögerte sie ein wenig. Sie stimmte regelmäßig für das Budget,
insbesondere dasjenige des Heeres, sie wandte sich gegen die
Los-von-Rom-Bewegung, sie suchte Möglichkeiten der Kooperation mit den Christlichsozialen, sie akzeptierte das allgemeine
Wahlrecht, da nun einmal die stärksten Kräfte des Landes, einschließlich der Krone, dafür waren, und beschränkte sich auf
die Forderung nach einer Wahlkreiseinteilung, die die Slawen
benachteiligte. Durch dieses ihr Verhalten, obgleich es ihr von
Gegnern als Schwäche ausgelegt wurde, förderte sie die Interessen des Deutschen Reichs unzweifelhaft wirksamer, als
Schönerer es mit seinem Radau vermochte. Wirren im Habsburgerstaat schwächten notwendigerweise die internationale
Position auch des Hohenzollernstaates. Anderseits war jede Kon-
solidierung der österreichischen Verhältnisse, die die Haupt-
richtung der k. u. k. Politik unberührt ließ, für Deutschland
ein Gewinn, der mühelos in Armeekorps umgerechnet werden
konnte. Demgemäß ließ man von reichsdeutscher Seite der
Volkspartei, wenn wichtige taktische Entscheidungen zu treffen
waren, unmittelbar Rat und Anleitung zukommen. Geringer
war die Hilfsbereitschaft, was Geld anlangte. Das wirkte sich
auf dem Gebiet der Presse aus. So konnte die Volkspartei die
gut eingeführte, in Wien erscheinende „Deutsche Zeitung" aus
finanziellen Gründen nicht dauernd halten und verlor sie an
die Christlichsozialen. Erst während des Weltkriegs erwarb die
reichsdeutsche Schwerindustrie ein geachtetes Wiener Blatt,
„Die Zeit", und führte es in deutschnationalem Sinne weiter.

Es wurde früher erwähnt, daß in den letzten Jahren vor dem
Krieg einige kleinere Gruppen existierten, die eine ähnliche
Politik wie die Volkspartei betrieben und sich mit ihr zum
Deutschen Nationalverband zusammentaten. Die wichtigste
dieser Gruppen war die von Karl Hermann Wolf, die sich zu-
erst Freialldeutsche und später Deutschradikale Partei nannte.
K. H. Wolf war gleich Schönerer ein begabter Agitator. Als
Redner und als Schreiber stand er an Heftigkeit hinter seinem
Lehrer nicht zurück. Das Verganische „Deutsche Volksblatt",
das er eine Zeitlang mitredigierte, und die „Ostdeutsche Rund-

schau", die er selbst begründete, gehörten zu den ärgsten Schimpf-
blättern der Zeit. Als er 1897 im Parlament krawallierte, wurde
er von Badeni zum Duell gefordert. Er war der gewandtere
Raufbold und fügte dem Gegner eine Verletzung zu. Es scheint,
daß diese Episode sein Ansehen bei seinen Gesinnungsfreunden
wesentlich verstärkte. Sicher ist, daß er in Prag und den Sudeten-
gebieten über eine zahlreiche, unbedingt verläßliche Anhänger-
schaft verfügte. Das zeigte sich besonders nach seinem Zer-
würfnis mit Schönerer. Obgleich der Brüxer Prozeß eine Menge
belastendes Material zutage förderte, nahm man weithin in
deutschnationalen Kreisen an, daß er aus der Verhandlung als
untadeliger Ehrenmann hervorgegangen sei. Große Teile der
alldeutschen Organisation traten nun mit ihm in eine Kampf-
front gegen den früheren Parteiführer. Bei den nächsten Wahlen
schnitten die Deutschradikalen ungleich besser ab als die Schönerianer. Die Hauptursache des Erfolges lag wohl darin, daß Wolf
mit der rein demonstrativen Taktik Schönerers brach und die
realistischen Grundsätze annahm, von denen die Deutsche
Volkspartei sich leiten ließ. Die individuelle Note der Deutschradikalen war es, daß sie die Staatstreue Steinwenderscher Art
mit der extremen Phraseologie Schönerers kombinierten. Nach
dem Weltkrieg überwarf sich Wolf mit der Bewegung. Als
alter Mann übte er nahe dem Westbahnhof das bescheidene
Gewerbe eines Tabaktrafikanten aus.

Zum Deutschen Nationalverband gehörte ferner noch die
Deutsche Agrarpartei. Sie entstand durch Abspaltung von den
Alldeutschen und der (liberalen) Fortschrittspartei und konnte sich
in Böhmen und in Kärnten einen gewissen Einfluß verschaffen.

Ohne Einfluß blieb die *Deutsche Arbeiterpartei* (seit 1904).
Trotz ihrem Namen kann diese Gruppe nur sehr indirekt als
Vorläufer der NSDAP. angesehen werden. Wenn irgendeiner
Gruppe des alten Österreich der Titel des Vorläufers gebührt,
dann sicherlich nur derjenigen Schönerers. Das war auch die
Ansicht Adolf Hitlers.

Der Deutsche Nationalverband war schon in den letzten
Vorkriegsjahren eine wichtige Stütze der Monarchie und damit
des Blocks der Mittelmächte. Nach Ausbruch des Krieges fiel

ihm erst recht eine führende Rolle zu. Die Erregung der Augusttage von 1914 machte offenbar, was man aus manchen Symptomen
schon vorher hatte schließen können: daß in allen Parteien,
auch in der Partei Viktor Adlers, Tendenzen lebendig waren,
die denen des Nationalverbandes ähnelten. Längere Zeit schienen
die Kriegsereignisse die Politik der Deutschnationalen glänzend
zu rechtfertigen. Es schien, als sollte den Habsburgern das
Bündnis mit den Hohenzollern zum Heil ausschlagen, als sollten
die Deutschen zu unumschränkten Herren Europas werden, die
Deutschösterreicher zu unumschränkten Herren der Monarchie
und des Balkans. Aus dieser Situation ist es zu erklären, daß
die österreichische Regierung im Herbst 1914 mit der deutschen
über Ausgestaltung der gegenseitigen Wirtschaftsbeziehungen
zu verhandeln begann; daß Naumanns Pamphlet „Mitteleuropa",
welches dieselbe Sache erörterte, in Österreich reißenden Absatz
fand. Der Nationalverband meinte, daß nun der Augenblick
für die Verwirklichung seiner langgehegten außenpolitischen und
nationalpolitischen Pläne gekommen sei. Er verfaßte ein Memorandum, das die Grundlagen einer den neuen Verhältnissen
entsprechenden „Neuordnung der Dinge in Österreich" enthielt.* Die Vorschläge sollten nicht auf parlamentarischem Weg,
sondern durch Oktroi (Staatsstreich) Wirksamkeit erlangen. In
dem Memorandum hieß es:

„Das Bündnis zwischen Österreich-Ungarn und dem Deutschen Reich.

Der Krieg hat schon in seinem bisherigen Verlaufe den Beweis geliefert,
daß ein enger Zusammenschluß der beiden Kaisermächte für beide eine Notwendigkeit, ja geradezu eine Voraussetzung für ihren weiteren Bestand ist. Dieser
Zusammenschluß ist nicht nur ein Bedürfnis Österreich-Ungarns, er ist auch ein
unabweisbares Bedürfnis für das Deutsche Reich, das gleichfalls auf Österreich-
Ungarn angewiesen ist. Deshalb ist unter selbstverständlicher Wahrung der
staatlichen Selbständigkeit und Unabhängigkeit Österreich-Ungarns die
dauernde Ausgestaltung des Bündnisses, wie es der Krieg gefestigt hat, und seine
staatsgrundgesetzliche Sicherung anzustreben.

Mitteleuropäisches Wirtschaftsbündnis.

Die festeste Grundlage wird dieses Bündnis erhalten durch die wirtschaftliche Annäherung der beiden Reiche. Als anzustrebendes Ziel erscheint der

---

* Vgl. J. Redlich, „Österr. Regierung und Verwaltung im Weltkrieg", 1925,
S. 249 ff.

innigste handelspolitische Zusammenschluß beider Wirtschaftsgebiete, der sich im Laufe der allmählichen Entwicklung unter Bedachtnahme auf die Verschiedenartigkeit der Produktionsbedingungen zu einem vollkommenen Zoll- und Handelsbündnis ausgestalten soll ... Das so geschaffene Wirtschaftsgebiet würde sich durch Angliederung anderer mitteleuropäischer Staaten erweitern.

Verfassungsänderungen.

Damit Österreich-Ungarn erstarken und seinen Verpflichtungen als Bundesgenosse gerecht werden kann, sind gewisse Verfassungsänderungen unerläßlich, durch welche die inneren Kämpfe, welche bisher die Monarchie für jede größere Tätigkeit unfähig gemacht und jeden Fortschritt gehemmt haben, wenn nicht ganz beseitigt, so doch auf das unvermeidliche Mindestmaß herabgedrückt werden.

Ausscheidung Galiziens.

Der Staat muß von dem unerträglichen slawischen Übergewicht befreit werden, weil nur auf diesem Wege ein starkes Österreich entstehen kann. Zu diesem Ende muß Galizien aus dem engeren staatlichen Zusammenhange mit den übrigen österreichischen Kronländern ausgeschieden werden ... Für die Sicherung der nationalen Rechte der Deutschen in Galizien ist verfassungsmäßig Vorsorge zu treffen. Für die diesseitige Reichshälfte ist der Titel ‚Kaisertum Österreich' anzuwenden.

Regelung der Sprachenfrage.

In dem künftigen Kaisertum Österreich muß die Geltung der deutschen Sprache in einem den Bedürfnissen des Staates und einer geordneten Verwaltung vollauf entsprechenden Maße gesichert werden. Der einheitliche deutsche Charakter der deutschen Provinzen muß erhalten werden. Unter diesen Voraussetzungen wird es nicht schwer sein, den praktischen Bedürfnissen der anderssprachigen Bevölkerung in den übrigen Provinzen in Amt und Schule Rechnung zu tragen. Dabei muß aber Vorsorge getroffen werden, daß die Anwendung der nichtdeutschen Sprache dem wirtschaftlichen Bedürfnisse entsprechend erfolge.

Dieses Ziel ist u. a. durch folgende Bestimmungen zu erreichen:

Die innere Amts- und Verkehrssprache aller staatlichen Zivil- und Militärbehörden sowie die Verhandlungssprache der obersten Gerichtshöfe ist die deutsche.

Ebenso sind bei allen staatlichen Behörden ohne Ausnahme Eingaben in deutscher Sprache anzunehmen und in dieser Sprache zu verhandeln und zu erledigen.

Bei den staatlichen Behörden in den deutschen Verwaltungsgebieten sind andere als deutsche Eingaben nicht zulässig. Hier ist auch die äußere Amtssprache ausschließlich Deutsch.

In jenen Gebieten, in welchen neben der deutschen Sprache eine oder mehrere

andere Sprachen landesüblich sind, sind nach den für die einzelnen Gebiete zu
erlassenden Bestimmungen schriftliche und mündliche Anbringen in dieser
landesüblichen Sprache anzunehmen und zu erledigen.''

Wir haben das letzte bedeutsame Dokument vor uns, worin
die Deutschnationalen des Habsburgerstaates ihre Ideen nieder-
legten. Vergleichen wir es mit dem ersten, dem Linzer Programm,
so finden wir viele Ähnlichkeiten und einen bezeichnenden
Unterschied. Zur Außenpolitik, zur nationalen Politik im Innern
wird annähernd dasselbe gesagt, was dreißig Jahre früher
Schönerer sagte. Hingegen wird die soziale Demagogie von
einst für überflüssig gehalten — wohl im Hinblick auf die militärische Lage. Die sozialen Forderungen des Linzer Programms
haben in Steinwenders Memorandum keine wie immer geartete
Entsprechung.

Wie die anderen großen politischen Bewegungen, so entfaltete auch der Deutschnationalismus einen Einfluß, der über
die politische Sphäre im eigentlichen Sinn des Wortes weit
hinausreichte. Eine ganze Reihe charakteristischer Züge des
francisco-josephinischen Zeitalters wurden von ihm hervorgebracht oder doch wesentlich verstärkt. Zwar konnte er nicht
so viele originelle Ausdrucksformen erfinden, und auch lange
nicht so viele Anhänger sammeln, wie etwa die katholische
oder die sozialistische Bewegung. Doch hat die Tatsache, daß
Agenten des deutschen Imperialismus mit aller Energie das
österreichische Volk bearbeiteten, auf den verschiedensten
Gebieten sichtbare Wirkungen gezeigt. So gelang es den
Deutschnationalen, den uralten, in Österreich längst begrabenen
Zwist zwischen Katholiken und Protestanten neu zu beleben.
Schönerer initiierte die Los-von-Rom-Kampagne, um den
künftigen Anschluß Österreichs an das protestantische Preußen
zu erleichtern.* Es war nur eine seiner kleineren Kampagnen.
Im Jahresdurchschnitt brachte sie vier-, fünftausend Personen
dazu, aus der katholischen Kirche aus- und zur evangelischen

---

* Vgl. das im Anhang, Note 11, angegebene Buch von R. Vrba: ,,Österreichs
Bedränger'', 1903, das den Untertitel führt: ,,Die Los-von-Rom-Bewegung''.

überzutreten — Ziffern, die an und für sich nichts Aufregendes hatten. Aber die Aktion löste Bitterkeit aus, führte immer wieder zu erregten Kundgebungen seitens der beiden Konfessionen und machte die Verhältnisse in Österreich noch komplizierter, als sie ohnehin waren. Die Deutschnationalen waren ferner die ersten, die breite Schichten dafür interessierten, die Volksschule in reaktionärem Sinn neuzugestalten. Sie eroberten die Alleinherrschaft im *Deutschen Schulverein**, der in seinen Anfängen auch Liberale umfaßt hatte, und machte ihn mehr und mehr zu einer Pflanzstätte des Rassendünkels. Der Deutsche Schulverein verursachte eine Parallelgründung in Deutschland *(Allgemeiner Deutscher Schulverein)*, sowie zwei Gegengründungen in Österreich: den *Katholischen Schulverein* (unter dem Protektorat des Thronfolgers Franz Ferdinand) und den *Verein Freie Schule*. Der Deutsche Schulverein hatte seine meisten Niederlassungen in den Gegenden, durch die die Sprachgrenze verlief. Er bildete den Kern des sogenannten Schutzvereinswesens, das sich von den Achtzigerjahren an im Grenzland etablierte. Es handelte sich hier um eine Bewegung, die den Wünschen des durchschnittlichen deutschböhmischen oder „südmärkischen" Spießbürgers gerecht wurde und deshalb, im Gegensatz zur Anti-Rom-Bewegung, Massencharakter annehmen konnte. Noch ganz andere Massenwirkungen wurden vom Deutschnationalismus dort erzielt, wo er auf die Form der Organisation oder Kampagne gänzlich verzichtete und eine scheinbar unpolitische, rein nationale weltanschauliche oder kulturelle Propaganda zugunsten Deutschlands betrieb. So wurde die in Deutschland gebräuchliche Glorifizierung bestimmter Führerpersönlichkeiten mit Geschick nach Österreich verpflanzt. Daß bei uns ein veritabler Kult Richard Wagners und Bismarcks entstand, war auch, wenn schon nicht ausschließlich, ein Ergebnis deutschnationaler Werbetätigkeit. Soweit die Bismarck-Schwärmerei in Frage steht, bedarf dies keines Nachweises. Minder einfach ist die Sache, soweit Wagner in Betracht kommt. Wagner nimmt in der Musikgeschichte eine so eminente

---

* A. R. v. Wotawa, „Der Deutsche Schulverein 1880—1905", 1905.

Stellung ein, daß es nur natürlich war, wenn ihm in Österreich
Aufmerksamkeit gezollt wurde. In dem Kampf, den die „Neue
Freie Presse" und andere Blätter gegen ihn führten, spielten
Gehässigkeit und doktrinäre Beschränktheit mit. Er hatte
Feinde auch unter den Deutschnationalen. So ließen Wilhelm
Scherer und seine Schule kein gutes Haar an ihm. Anderseits
sind seine Opernbücher und seine ästhetischen Schriften über-
voll von Keimen der neudeutschen Barbarei. Manche seiner
Gegner, z. B. der feine kritische Kopf Hanslick, wurden in
der Polemik außer von einem anfechtbaren musikalischen
Konservativismus zweifellos von gesundem österreichischem
Empfinden geleitet. Nach Wagners Tod wurde Bayreuth vollends
zu einer ideologischen Zentrale des deutschen Imperialismus.
Dafür sorgte schon allein Wagners Schwiegersohn Chamberlain,
der spätere Mentor Adolf Hitlers.[15] Die Verbreitung, die Chamberlains Bücher, voran die „Grundlagen des 19. Jahrhunderts",
in unserem Land fanden, war zum Teil gleichfalls ein Ergebnis
der Bemühungen der österreichischen Deutschnationalen.
Chamberlain und Langbehn[16] förderten die „deutsche" Weltanschauung vielleicht noch nachdrücklicher, als Wagner-
Kommerse und Bismarck-Feiern es taten. Nietzsche, in dem
Maß, als er bekannt wurde, förderte sie auch, obwohl er nicht
das Deutschtum verherrlichte. Es genügte, daß er dem Macht-
wahn eine philosophische Hülle lieferte.

Die deutsche oder „arische" Weltanschauung war um 1900
in Österreich geradezu Mode. Sie wurde häufig selbst von Juden
akzeptiert, und zwar einschließlich des Antisemitismus. Otto
Weiningers Werk „Geschlecht und Charakter" ist das auffälligste,
aber durchaus nicht das einzige Zeugnis dieser Perversion.
Wußten die Deutschnationalen durch philosophische Bücher
wie die von Chamberlain und Langbehn an intellektuelle Kreise
heranzukommen, so waren sie erst recht am Werk, das Publikum
der populären Literatur mit ihrem Zeug zu versorgen. Sie
machten jede erdenkliche Reklame für Schriften, durch die
die Jugend chauvinistisch zu infizieren war — für Geschichten
von deutschen Erfindern und Entdeckern, für die großdeutsche
Knabenzeitschrift „Der gute Kamerad", für Karl Mays Reise-

erzählungen. Sie waren mitschuldig daran, daß die kitschigen Romane von Felix Dahn, Rudolf Herzog, Walter Bloem Österreich überschwemmten. Selbstverständlich wurden sie bei ihrer gesamten kulturellen und Weltanschauungspropaganda von dem riesenhaften publizistischen Apparat des „Reiches" unterstützt. Der deutsche Kitsch regte viele österreichische Autoren zur Nachahmung an — kein Wunder angesichts der Tatsache, daß für schlechte chauvinistische Sachen ein Markt von sechzig Millionen Menschen offenstand, während gute Bücher mit österreichischer Färbung jenseits der Grenze kaum beachtet wurden. Zwar kam nie eine österreichische Literatur zustande, die ausgesprochenen deutschnationalen Parteicharakter getragen hätte, doch wurden Unmengen von Romanen, Theaterstücken, Gedichten geschrieben, die die allgemeinen Ideen des Deutschnationalismus ausdrückten. Wir verweisen bloß auf die Produktion von Hans Hopfen, Karl Hans Strobl, Hans Watzlik, Walter von Molo, Hugo Greinz, Rudolf Haas, Guido Glück. Es gab also zahllose Wege, auf denen die deutschnationale Ideologie in das Geistesleben Österreichs eindrang. Nimmt man die Fülle der Veranstaltungen hinzu, mittels derer die anderen politischen Parteien die milderen Formen der Deutschtümelei in die Volksmassen trugen, dann gewinnt man einen Begriff von dem geistigen Druck, dem die österreichische Tradition und Denkweise ausgesetzt waren. Der deutsche Monopolkapitalismus hätte die Österreicher nie dorthin gebracht, wo er sie haben wollte, wären ihm bloß die politischen Gruppen der Schönerer, Wolf, Steinwender zu Diensten gestanden. Erst die raffinierte Kombination der politischen mit der kulturellen, der offenen mit der getarnten Propaganda gab ihm die Möglichkeit, hunderttausende Österreicher zu bewußten oder unbewußten Imperialisten zu machen. Die verhängnisvollen Tendenzen, die uns am Ende des francisco-josephinischen Zeitalters in manchen Volksschichten begegnen: die Mißachtung der Demokratie, der rassische Antisemitismus, der Haß gegen das Slawentum — sie sind nicht von selber entstanden, sondern durch Mißbrauch sämtlicher Methoden der modernen Volkserziehung künstlich geschaffen worden. Vieles von diesen Tendenzen hat den Umsturz von 1918 und die Jahre der Republik

13*

überdauert und nach 1930 den Aufstieg des Faschismus begünstigt. Vieles ist bis auf den heutigen Tag lebendig. Die in
den letzten Jahrzehnten der Monarchie begründete antiöster-
reichische Tradition des Deutschnationalismus zu beseitigen, ist
eine große Aufgabe, aber keine unlösbare, eben weil es sich
nicht darum handelt, eine natürliche Entwicklung abzuschneiden,
sondern eine forcierte und provozierte Entwicklung rückgängig
zu machen.

IDEALISTISCHE PHILOSOPHIE

Von allen Gegensätzen, welche die Geschichte der neueren Philosophie durchziehen, ist der zwischen Idealismus und Materialismus der bedeutsamste. Seit dem 17. Jahrhundert sind die Materialisten bemüht, eine Erkenntnistheorie auszubilden, die mit den Einsichten der modernen Naturwissenschaft harmoniert; die Idealisten arbeiten, mag es ihnen bewußt sein oder nicht, an einer Theorie, die bei Anpassung an die naturwissenschaftliche Betrachtungsart auch der religiösen Spielraum läßt. Materialistisch sind die Lehren der Enzyklopädisten Holbach, Lamettrie, Diderot, die in Deutschland von Feuerbach und dann von Marx und Engels fortgesetzt wurden. Repräsentative idealistische Systeme rühren her von Berkeley, von Comte, von den deutschen „klassischen" Philosophen Fichte, Schelling, Hegel, Schopenhauer. Eine mittlere Linie zwischen den Extremen suchten Hume und Kant zu finden. Im letzten Halbjahrhundert ist die Führung der materialistischen Doktrin auf die marxistischen Denker Rußlands (Plechanow, Lenin, Stalin) übergegangen. Die idealistische Richtung hat sich in zahllose Sonderschulen gespalten. Eine davon, eine Schule, die internationalen Einfluß erlangte, hatte ihren Ursprung in Österreich. Sie ist mit dem Namen Ernst Mach verknüpft.

Bevor wir die Lehre Machs, seiner Anhänger und seiner Gegner darstellen, wollen wir die Meinungsverschiedenheit, wie sie in der alten Diskussion zwischen Materialisten und Idealisten hervortritt, in wenigen Worten klarzulegen suchen. Die *materialistische* Auffassung besteht wesentlich darin, daß die Existenz einer vom menschlichen Bewußtsein unabhängigen Außenwelt angenommen wird. Die Welt war da, lange bevor denkende Wesen die Erde bevölkerten. Sie ist, was sie ist, ohne Rücksicht darauf, wie wir sie uns vorstellen. Alle wissenschaftlichen

Bestrebungen haben den Zweck, uns eine adäquate Vorstellung der Wirklichkeit zu vermitteln. Wir sprechen von Erkenntnis, wenn sich in unserem Bewußtsein ein Stückchen Wirklichkeit richtig abbildet, von Irrtum, wenn Wirklichkeit und Abbild differieren. Kurz: Der Materialismus ist die Erkenntnistheorie, von der jeder Naturforscher, was immer seine philosophischen Überzeugungen seien, sich praktisch leiten läßt; zugleich ist er die Theorie, die der einfache Mensch im Alltag seinen Handlungen zugrunde legt.

Für die *idealistische* Auffassung ist es charakteristisch, daß sie sich sehr weit von den Denkgewohnheiten des einfachen Menschen entfernt, ja es als ihr Hauptziel hinstellt, diese Gewohnheiten zu korrigieren. Unsere angebliche Kenntnis der Außenwelt — erklärt sie — rührt aus der Erfahrung her. Wir hören die Uhr schlagen, sehen und tasten das Buch, das wir in der Hand halten. Genauer: So scheint es zu sein. Untersuchen wir aber den Inhalt der Erfahrung näher, so stellt sich heraus, daß sie uns nur Empfindungen (Sinneseindrücke) liefert. Sie sagt uns nichts über „Dinge", die „hinter" den Empfindungen stehen und sie hervorbringen. Daß solche Dinge vorhanden sind, das legen wir erst in die Erfahrung hinein. Wir begeben uns damit auf das Gebiet der Metaphysik, d. h. fällen ein Urteil, das die Grenzen des möglichen Wissens übersteigt. Der Philosoph muß die Verdoppelung der Welt ausschalten, die mit der Annahme von die Empfindungen verursachenden Dingen begangen wird.

Das klingt gewiß sonderbar, im ersten Moment aber auch harmlos. Denn was für einen Unterschied soll es ausmachen, ob ich von einem „Buch" spreche oder von der „Gesichts- und Tastempfindung ‚Buch' "? In Wahrheit ist der Unterschied gewaltig. Die materialistischen Schriftsteller weisen eindringlich die monströsen Konsequenzen nach, die sich aus dem idealistischen Standpunkt ergeben. Zunächst folgt aus diesem Standpunkt, daß das Zimmer, in dem ich eben noch arbeitend gesessen bin, verschwindet, wenn ich hinausgehe und die Tür hinter mir schließe. Ich habe nun keinen Sinneseindruck mehr von dem Zimmer, und es wurde gesagt, daß ich den Bestand von Dingen, die die Sinneseindrücke erzeugen, nicht annehmen darf. Weiter: Die Erkenntnis der Geologie, daß die Erde um Millionen Jahre älter ist als das Menschengeschlecht, muß offenbar falsch sein. Wenn „sein" gleich ist „wahrgenommen werden", dann ist es nackter Widersinn, zu behaupten, daß die Erde existierte, bevor Menschen existierten, sie wahrzunehmen. Schließlich: Der Idealist wird notwendig zu der Ansicht gedrängt, daß er, XY, das denkende, philosophierende Subjekt, nicht das Glied einer Gemeinschaft gleichartiger Wesen, sondern vielmehr das einzige mit Bewußtsein ausgestattete Wesen in der Welt ist. Nur Sinneseindrücke und psychologische Selbstbeobachtung sollen Quelle der Erkenntnis sein. Niemals kann XY vom Bewußtsein des Z einen Sinneseindruck haben. Durch Selbstbeobachtung kann er des fremden Ichs schon gar nicht habhaft werden. Das Bewußtsein des Z gleicht dauernd einem Zimmer, dessen Tür vor XY versperrt ist. Wie ein solches Zimmer für den Idealisten nicht existiert, so auch das fremde Ich, sämtliche fremde Iche. Der Idealismus mündet in die tolle Vorstellung, daß nur der Denkende existiert, mündet in den „Solipsismus".

Wer die Geschichte der Philosophie studiert, stößt nur auf ganz wenige Denker, die sich bis zum Solipsismus vorgewagt haben. Wir können das verstehen. Es ist eine etwas kompromittierende Anschauung. Überhaupt empfinden die Idealisten die Absurditäten, die aus ihrer Voraussetzung erfließen, als Verlegenheit. Die meisten von ihnen sind deshalb bemüht, zu zeigen, daß die unnatürlichen Ergebnisse der idealistischen Betrachtungsart vermieden werden können. Aus solchem Bemühen ist zum Beispiel Kants Lehre vom „Ding an sich" hervorgegangen. Kant ist echter Idealist insofern, als er sagt: Die Sinne spiegeln uns ein Trugbild der Welt vor. Doch bezieht er unvermittelt den materialistischen Standpunkt, indem er hinzufügt: Das Trugbild muß durch irgendwelche Dinge verursacht sein. Wie die Dinge „an sich" sind, wissen wir nicht; *daß* sie sind, vermögen wir einzusehen. Kaum nötig, zu erwähnen, daß dies eine höchst inkonsequente Theorie ist. Sie hat auch von idealistischen Philosophen der verschiedensten Spielarten, selbst von Kantianern, Ablehnung erfahren.

Es mag merkwürdig erscheinen, daß der Idealismus sich durch Jahrhunderte am Leben erhalten hat, trotz den Künstlichkeiten, mit denen er operiert, trotz den unendlichen Schwierigkeiten, die sich aus ihm ergeben. Seine Lebenskraft beruht nicht auf seinem wissenschaftlichen Wert. Sie ist vielmehr in sozialen Umständen begründet, ist darin begründet, daß er immer wieder in den Wechselfällen der abendländischen Geschichte einflußreichen Klassen als nützliche und insofern richtige Philosophie erschien. Zu verschiedenen Zeiten waren es recht verschiedene Klasseninteressen, die durch ihn gedeckt wurden. Welche Funktion er in der Gegenwart ausübt, davon wird später gesprochen. Hier nur so viel: Der Idealismus läßt sich mit der religiösen Denkweise vereinen, der Materialismus nicht. Ist die Welt Geist, so mag Gottes Geist in ihr walten. Bringt die Natur (Materie) den Geist hervor, so bleibt für Gott nur eine untergeordnete, eine ungöttliche Funktion. Deshalb ist, seit der Kampf zwischen der mittelalterlichen und der modernen Weltanschauung begonnen hat, dem Idealismus von konservativer oder halbkonservativer Seite allerhand Begünstigung zuteil geworden.

Nach diesen einleitenden Bemerkungen wird es nicht schwer sein, Machs Theorie und die Diskussionen, die sich an sie knüpften, im Umriß zu beschreiben.

Ernst Mach (1838—1916)* wirkte als Professor der Physik in Graz und an der deutschen Universität in Prag, ab 1895 als Professor der Philosophie in Wien. Er schrieb:

,,Die Geschichte und die Wurzel des Satzes von der Erhaltung der Arbeit'', 1872; ,,Grundlinien der Lehre von den Bewegungsempfindungen'', 1875; ,,Die Mechanik in ihrer Entwicklung. Historisch kritisch dargestellt'', 1883; ,,Die Analyse der Empfindungen und das Verhältnis des Physischen zum Psychischen'', 1885; ,,Prinzipien der Wärmelehre'', 1896; weiters viele physikalische Spezialuntersuchungen und etliche Lehrbücher.

---

* Vgl. H. Buzello, ,,Kritische Untersuchung von Ernst Machs Erkenntnistheorie'', 1911; H. Henning, ,,Ernst Mach als Philosoph, Physiker und Psycholog'', 1915; R. Wlassak, ,,Ernst Mach'' (Gedächtnisrede), 1917; Anton Lampa, ,,Ernst Mach'', 1918; R. Bouvier, ,,La Pensée d'Ernst Mach'', 1923; C. B. Weinberg, ,,Mach's Empirio-Pragmatism in Physical Science'', 1937.

Im Jahre 1898 erlitt Mach einen Schlaganfall, der ihn zwang, sein Lehramt niederzulegen, doch setzte er seine wissenschaftliche Tätigkeit fort. Sein wohl meistgelesenes Werk „Erkenntnis und Irrtum" erschien zuerst 1905.

Die von Mach initiierte Richtung ist unter dem Namen „Empirio-Kritizismus" in die Geschichte der Philosophie eingegangen. Als Schöpfer des Empirio-Kritizismus wird neben Mach stets auch sein Freund, der Züricher Professor Richard Avenarius (1843—96), angeführt. Zahlreiche Autoren in verschiedenen Ländern akzeptierten Machs Anschauungen, suchten sie weiter auszugestalten und zu popularisieren. Zu nennen wären etwa: Theodor Beer, Friedrich Adler in Österreich, Hans Henning, Josef Petzoldt, Rudolf Willy, Hans Kleinpeter in Deutschland, Karl Pearson in England. Ohne den Empirio-Kritizismus geradezu zu übernehmen, kamen dieser Lehre ungemein nahe die deutschen „Immanentisten" (Wilhelm Schuppe, Johannes Rehmke, Richard Schubert-Soldern). Mach selbst bezeichnete als Gesinnungsverwandte auch die Franzosen Pierre Duhem und Henri Poincaré. Nach dem Weltkrieg entstand der sogenannte „Wiener Kreis" (Moritz Schlick, Philipp Frank, Rudolf Carnap), der den „Verein Ernst Mach" begründete. Manche Mitglieder des Wiener Kreises stimmten in den Grundfragen mit Mach überein, andere, wie Schlick, distanzierten sich von ihm.[1]

Besonders starken Widerhall rief der Empirio-Kritizismus in Rußland hervor. Unter den russischen Mach-Schülern befanden sich die Sozialdemokraten Basarow, Bogdanow, Lunatscharsky, Berman, Juschkewitsch, Valentinow. Die Tatsache, daß auf diese Art der Idealismus in die Arbeiterbewegung eindrang, veranlaßte Plechanow, den ältesten russischen Interpreten der marxistischen Lehre, und Lenin, den Führer der Bolschewiki, sich mit dem Wiener Philosophen auseinanderzusetzen. Lenin veröffentlichte 1908 das Buch „Materialismus und Empirio-Kritizismus", das die Wiener Richtung scharf kritisierte, eine Analyse auch anderer zeitgenössischer Richtungen gab und die Marxisten in aller Welt auf das nachdrücklichste beeinflußte.

Eine summarische Darstellung muß aus der Fülle von Doktrinen, die der Empirio-Kritizismus einschließt, einige wenige, besonders wichtige auswählen. Die wichtigsten sind unzweifelhaft: a) die idealistische These, b) die sogenannte Elementen-Lehre, c) die Lehre von der Denk-Ökonomie.

Zu a): Der idealistische Gedanke durchzieht Machs gesamtes Lebenswerk. Er sprach im Alter einmal von der ,,idealistischen Jugendphase seines Denkens", die längst hinter ihm liege.* Das war eine Selbsttäuschung. In Wirklichkeit wurde er den Auffassungen, die er am Beginn seiner Laufbahn vertreten hatte, nie ganz untreu. In einer Arbeit von 1872 sagte er:

,,Die Aufgabe der Wissenschaft kann nur sein:
1. die Gesetze der Verbindung der Vorstellungen zu bestimmen (Psychologie);
2. die Gesetze der Verbindung der Empfindungen zu entdecken (Physik);
3. die Gesetze der Verbindung zwischen Empfindungen und Vorstellungen zu erklären (Psychophysik)."**

Klarer konnte man nicht sprechen. Aber auch ein Menschenalter später drückte er sich unzweideutig aus:

,,Während es keiner Schwierigkeit unterliegt, jedes physische Erlebnis aus Empfindungen, also psychischen Elementen aufzubauen, ist keine Möglichkeit abzusehen, wie man aus den in der heutigen Physik gebräuchlichen Elementen: Maßen und Bewegungen (in ihrer für diese Spezialwissenschaft allein dienlichen Starrheit) irgendein psychisches Erlebnis darstellen könnte."

Mit Recht urteilt Friedrich Jodl über diesen, in ,,Erkenntnis und Irrtum" (3. Aufl., S. 13) vorkommenden Satz, daß er Idealismus reinsten Wassers sei.***

Zu b): Die Elementen-Lehre war von den Achtzigerjahren an das Zentrum des empirio-kritischen Systems. Wie viele Idealisten, war Mach durch die unsinnigen Folgesätze seiner Grundanschauung beunruhigt. Er suchte nach einem Ausgleich

---

* ,,Erkenntnis und Irrtum", 3. Aufl., S. 14.
** ,,Die Geschichte und die Wurzel des Satzes von der Erhaltung der Arbeit", 1872, S. 57f.
*** Vgl. Jodls Rezension über ,,Erkenntnis und Irrtum", die zuerst in der ,,Neuen Freien Presse" erschien und in der 3. Auflage des Machschen Werkes, S. 464ff., abgedruckt ist.

mit dem gebräuchlichen naturwissenschaftlichen Denken und mit dem gesunden Menschenverstand. Das Kompromiß, zu dem er sich entschloß, sah so aus, daß er, ohne den Idealismus auszuschalten, in seine Theorie den widerspruchsvollen, halb idealistischen, halb materialistischen Begriff der Weltelemente aufnahm. Dadurch wurde jene Selbsttäuschung möglich.

„Alle Wissenschaft kann nur Komplexe von jenen *Elementen* nachbilden und vorbilden, die wir gewöhnlich *Empfindungen* nennen. Es handelt sich um den *Zusammenhang* dieser *Elemente* . . . Der Zusammenhang von A (Hitze) und B (Flamme) gehört der *Physik,* jener von A und N (Nerven) der *Physiologie* an. Keiner ist *allein* vorhanden, *beide* sind *zugleich* da. Nur zeitweilig können wir von dem einen oder andern absehen. Selbst die scheinbar rein mechanischen Vorgänge sind also stets auch physiologisch . . .''*
„Wo in dem Folgenden neben oder für die Ausdrücke ‚Element‘, ‚Elementenkomplex‘ die Bezeichnungen ‚Empfindung‘, ‚Empfindungskomplex‘ gebraucht werden, muß man gegenwärtig halten, daß die Elemente *nur* in der bezeichneten *Verbindung* (nämlich in der Verbindung von ‚Komplexen, die wir gewöhnlich Körper nennen‘, mit ‚dem Komplex, den wir unseren Körper nennen‘) und *Beziehung,* in der bezeichneten *funktionalen Abhängigkeit* Empfindungen sind. Sie sind in anderer funktionaler Beziehung zugleich physikalische Objekte.''**
„Eine Farbe ist ein physikalisches Objekt, wenn wir z. B. ihre Abhängigkeit von der Lichtquelle untersuchen . . . Wenn wir hingegen ihre Abhängigkeit von der Netzhaut . . . betrachten, ist sie ein psychologisches Objekt, eine Empfindung.''***

All das mag recht dunkel erscheinen. Es wird aber durchsichtig, wenn man den Kommentar ließt, den Lenin dazu gegeben hat. In seinem kritischen Werk heißt es:

„Also besteht die Entdeckung der Weltelemente in folgendem:
1) Alles Seiende wird für Empfindung erklärt.
2) Die Empfindungen werden Elemente genannt.
3) Die Elemente werden in Physisches und Psychisches eingeteilt. Das letztere ist von den Nerven des Menschen, vom menschlichen Organismus überhaupt, abhängig. Das erstere aber nicht.
4) Die physischen und psychischen Elementenzusammenhänge werden für nicht unabhängig voneinander existierend erklärt; sie existieren nur im Zusammenhang.
5) Man kann von dem einen oder anderen Zusammenhang nur zeitweilig absehen.

---

* „Die Mechanik etc.'', 4. Aufl., 1901, S. 543.
** „Die Analyse der Empfindungen etc.'', 5. Aufl. 1906, S. 13.
*** Ebenda, S. 14.

6) Die ‚neue‘ Theorie wird für eine Theorie erklärt, die nicht einseitig ist. Hier haben wir es allerdings nicht mit Einseitigkeit zu tun, sondern mit dem zusammenhanglosesten Durcheinander entgegengesetzter philosophischer Standpunkte. Da ihr *nur* von den Empfindungen ausgeht, so werdet ihr mit dem Wörtchen ‚Element‘ die Einseitigkeit eures Idealismus nicht korrigieren. Ihr verwirrt nur die Sache, ihr versteckt euch feige vor eurer eigenen Theorie. In Worten beseitigt ihr den Gegensatz zwischen Physischem und Psychischem, zwischen Materialismus (der Natur, Materie für das Ursprüngliche hält) und Idealismus (der Geist, Bewußtsein, Empfindung für das Ursprüngliche hält), in Wirklichkeit aber stellt ihr diesen Gegensatz sofort von neuem wieder her, und zwar heimlich, indem ihr von eurer Grundvoraussetzung abrückt! Denn wenn die Elemente ‚Empfindungen‘ sind, dann dürft ihr keinen Augenblick die Existenz der Elemente unabhängig von meinen Nerven, meinem Bewußtsein annehmen. Nehmt ihr aber einmal solche, von meinen Nerven, von meinen Empfindungen unabhängige, physische Objekte an, die die Empfindung nur durch Einwirkung auf meine Netzhaut erzeugen, so verlaßt ihr schmählich euren ‚einseitigen‘ Idealismus, um zu dem Standpunkt des ‚einseitigen‘ Materialismus überzugehen!"*

Zu c): Die Lehre von der *Denk-Ökonomie* ist die bekannteste unter den Machschen Theorien. Nicht nur hat die philosophische Literatur sie eingehend erörtert, sie ist weit über die Kreise der Fachleute hinausgedrungen. Auf die kürzeste Formel reduziert, besagt sie, daß wissenschaftliche Sätze die Funktion haben, uns Denkarbeit zu ersparen. In dieser Hinsicht sind die Sätze der verschiedenen Spezialgebiete einander sehr ähnlich.

,, So sonderbar es klingen mag, die Stärke der Mathematik beruht auf der Vermeidung aller unnötigen Gedanken, auf der größten Sparsamkeit der Denkoperationen ... Man wird keinen Widerspruch erheben, wenn wir sagen, die elementarste wie die höchste *Mathematik* sei *ökonomisch* geordnete, für den Gebrauch bereitliegende Zählerfahrung."**
Ebenso ist ,,die Physik ökonomisch geordnete Erfahrung ... Die Physik teilt mit der Mathematik die zusammenfassende Beschreibung, die kurze, kompendiöse, doch jede Verwechslung ausschließende Bezeichnung der Begriffe, deren mancher wieder viele andere enthält, ohne daß unser Kopf dadurch belästigt erscheint. Jeden Augenblick aber kann der reiche Inhalt hervorgeholt und bis zu voller sinnlicher Klarheit entwickelt werden."***
,,Die verschiedenen Fälle der Lichtbrechung könnte kein Gedächtnis

---

* W. I. Lenin, ,,Materialismus und Empirio-Kritizismus", 1909, Sämtliche Werke, XIII. Bd., S. 36/37.
** E. Mach, ,,Populär-wissenschaftliche Vorlesungen", 5. erw. Aufl. 1923, S. 226.
*** Ebenda, S. 228.

fassen. Merken wir uns aber die Brechungsexponenten für die vorkommenden
Paare von Medien und das bekannte Sinusgesetz, so können wir jeden beliebigen
Fall der Brechung ohne Schwierigkeit in Gedanken nachbilden oder ergänzen.
Der Vorteil besteht in der *Entlastung des Gedächtnisses*, welche noch durch
die schriftliche Aufbewahrung der Konstanten unterstützt wird."* Ganz allgemein kann die Wissenschaft „als eine Minimumaufgabe angesehen werden,
welche darin besteht, möglichst vollständig die Tatsachen mit dem *geringsten
Gedankenaufwand* darzustellen."** „*Den sparsamsten, einfachsten begriff-
lichen Ausdruck der Tatsachen erkennt sie als ihr Ziel.*"***

Wenn man diese und ähnliche Ausführungen bei Mach liest,
packt einen zunächst eine gewisse Verwunderung. Es scheint,
daß der berühmte Gelehrte hier mit Aplomb höchst einfache,
ja man kann sagen banale Ideen entwickelt. Allerdings: Eine
Multiplikation läßt sich schneller vollziehen als die Summe der
Additionen, durch die sie ersetzt werden könnte; ein physikalisches Gesetz läßt sich leichter im Gedächtnis behalten als die
Einzeltatsachen, von denen es abgenommen ist. Sehr wahr —
aber ist es eine hervorragende Leistung, so etwas festzustellen?
Bei näherer Überlegung ergibt sich freilich, daß Mach mit der
Ökonomielehre doch mehr und überhaupt etwas anderes sagen
will, als im ersten Augenblick vermutet werden kann. Man muß
bedenken: er ist Idealist. Das bedeutet, daß für ihn die vom
materialistischen Standpunkt selbstverständliche Definition des
„wahren" Satzes als des „mit der Wirklichkeit übereinstim-
menden" Satzes nicht gilt; von Wirklichkeit zu sprechen, ist
ja „Metaphysik". Und nun soll offenbar durch den Ökonomie-
begriff der Wahrheitsbegriff neu bestimmt werden. Daß ein
Satz wahr ist, soll soviel bedeuten wie daß er Denkarbeit erspart. Danach ist die Ökonomielehre ganz und gar nicht banal,
sondern im Gegenteil paradox. Eine Nebenqualität der Erkenntnis wird durch sie zur Hauptqualität, zum konstituierenden
Merkmal gemacht. Wer es unglaubhaft findet, daß Mach sich
so weit verirrt haben könnte, der ziehe in Betracht, daß der
Idealismus notwendig zu einer paradoxen Wahrheitsdefinition
führt; daß Avenarius, der Mitbegründer der Ökonomielehre,

---

* Ebenda, S. 224.
** „Die Mechanik etc.", 4. Aufl. 1901, S. 519.
*** „Populär-wissenschaftliche Vorlesungen", S. 238.

den Begriff der Materie eliminieren zu können glaubt im Hinblick auf die Ersparung an Denkarbeit, die hiedurch erzielt
wird,* daß auch Mach die Ökonomielehre in klarem logischem
Zusammenhang mit der idealistischen Doktrin vorträgt. Lenin
hatte guten Grund, die Darlegungen Machs in dem angegebenen
Sinn zu interpretieren, er hatte guten Grund, die Empirio-
Kritizisten darauf aufmerksam zu machen, daß das menschliche Denken nur dann Arbeit erspart, wenn es die objektive
Wahrheit richtig widerspiegelt.[2]

Die Polemik, die Lenin gegen Mach richtete, war überaus
energisch. Sie verband Folgerichtigkeit der Argumente mit
Schonungslosigkeit des Ausdrucks, und sie schlug den Empirio-
Kritizismus kurz und klein. Der Grund, warum Lenin solche
Schärfe entfaltete, ist leicht einzusehen. Mach brachte Verwirrung in die intellektuellen Kreise der Arbeiterbewegung, vor
allem der russischen. Sein Empirio-Kritizismus war dem dialekti-
schen Materialismus diametral entgegengesetzt. Wer ,,Machist''
wurde, ging als Marxist verloren. Obwohl Mach selbst bewußter
Atheist war, ebnete seine Lehre, einfach auf Grund ihres idealistischen Charakters, den Weg für religiöse Ideen. Ihre objektive
Funktion ,,läuft ganz hinaus auf Handlangerdienste für die
Fideisten in ihrem Kampf gegen den Materialismus überhaupt
und gegen den historischen Materialismus insbesondere''.**
Weiters förderte der Empirio-Kritizismus die Neigung zur
Apathie und Passivität, die von der Arbeiterbewegung immer
aufs neue überwunden werden muß. Jede idealistische Philosophie tendiert dazu, Passivität zu erzeugen. Ist die Welt nichts
als meine Vorstellung, dann schrumpft die Bedeutung des
Lebenskampfes, des Klassenkampfes zu einem Nichts zusammen.
Den Schein der Gesellschaftsordnung, der heute besteht, durch
irgendwelchen anderen Schein zu ersetzen, kann nicht sehr
wichtig sein.[3] Kurz: Der Empirio-Kritizismus war vom Standpunkt der Arbeiterbewegung gesehen eine Gefahr. Die Bolschewiki wären nicht die Bolschewiki gewesen, hätten sie nicht mit

---

* R. Avenarius, ,,Philosophie als Denken der Welt gemäß dem Prinzip
des kleinsten Kraftmaßes'', 1876, S. 30, 51 ff.
** W. I. Lenin, a, a. O., S. 367.

aller Kraft den Kampf gegen diese Geistesrichtung aufgenommen.

Doch soll die Schädlichkeit der Machschen Philosophie nicht der Anlaß sein, den Mann und seine Lebensarbeit in Bausch und Bogen zu verurteilen. Er war ein sozial denkender Mensch. Seine politische Gesinnung war die kleinbürgerlich-radikale, also keineswegs die schlechteste, die im alten Österreich Verbreitung hatte. Für die Arbeiterbewegung, deren Theorie ihm fremd blieb, empfand er lebhafte Sympathie. Der Sitz im Herrenhaus, den er in vorgerückten Jahren erhielt, gab ihm wiederholt Gelegenheit, diese Einstellung durch die Tat zu erweisen.[4] Als Wissenschaftshistoriker und Naturforscher genoß er berechtigtes Ansehen. In seinen Büchern über Mechanik und Wärmelehre wird die Entwicklung der beiden Disziplinen trefflich dargestellt. Er gehörte zu den ersten, die die Unhaltbarkeit des älteren mechanistischen Weltbildes und zugleich die Notwendigkeit jenes Relativismus erkannten, welcher die moderne Physik beherrscht. Leider wurde er gerade durch diese Einsichten zu idealistischen Gedankengängen verleitet — eine Wendung, die vermutlich nicht eingetreten wäre, wenn er rechtzeitig mit der Marxschen Dialektik Bekanntschaft gemacht hätte.

Wie steht es mit der Schule, die Mach heranzog? Haben die zahlreichen jüngeren Philosophen, denen er Anregungen gab, seine Theorien in bemerkenswerter Weise fortgebildet? Das kann kaum behauptet werden. Die Petzoldt, Kleinpeter und wie sie alle heißen, sind weder originelle noch sonst sehr eindrucksvolle Autoren. Wenn ihre Schriften von Interesse sind, dann hauptsächlich deshalb, weil sie den idealistischen Zug im Empirio-Kritizismus viel deutlicher hervortreten lassen, als es die Werke des Meisters tun. Wir wollen das am Beispiel zweier österreichischer Mach-Schüler demonstrieren.

Theodor Beer[5] schildert in dem Büchlein „Die Weltanschauung eines Naturforschers" (1903) mit überschwänglichen Worten Machs Persönlichkeit und Doktrin. Wenn man ihm glauben dürfte, wäre der Empirio-Kritizismus ein unvergänglicher Markstein in der Geschichte menschlichen Denkens. In den Mittelpunkt des Buches stellt er die Elementenlehre. In seiner Interpretation sieht sie folgendermaßen aus:

„Was wir Ding, Körper, Materie nennen, ist nichts außer dem Zusammenhang der Farben, Töne, Düfte, Wärmen etc., nichts außer jenen Merkmalen,
unseren Empfindungen."* „Wie wir noch immer im Bilde und sogar in Wirklichkeit vom Aufgehen der Sonne sprechen, sie unzweifelhaft aufgehen sehen,
wiewohl wir seit Jahrhunderten lernen, wissen und lehren, daß die Erde aufgeht,
so hielt uralte Gewohnheit den Gedanken eines tastbaren Kerns der Dinge...
fest, auch nachdem sich längst die Erkenntnis Bahn gebrochen hatte, daß
Sehen, Hören, Riechen und auch Tasten durchaus verwandt sind. Infolge
der mächtigen Entwicklung der mechanischen Physik wurde dem Räumlichen
und Zeitlichen eine Art höherer Realität gegenüber den Farben, Tönen, Düften
zugeschrieben. Nun legt aber die Physiologie der Sinne klar, daß Räume
und Zeiten ebensogut Empfindungen genannt werden können als Farben und
Töne; die Welt ist dann nichts anderes als die Gesamtheit ablaufender Emp-
findungs-Komplexe."**

Wenn das so ist, hätte Mach sich die Mühe, den Terminus
„Element" einzuführen, ruhig ersparen können.

Friedrich Adler gibt in einer Schrift, die er während
seiner Strafhaft in Stein a. d. Donau verfaßte,*** nicht nur einen
Überblick über die Machsche Lehre, sondern versucht zugleich
das Verhältnis des Empirio-Kritizismus zum Marxismus zu
präzisieren. Es war eine mutige (obgleich sehr anfechtbare) Tat,
die ihm die Gefängnisstrafe eingetragen hatte. Die Courage verließ ihn auch nicht gegenüber den Paradoxen des Idealismus:

„Die beiden Ausdrücke: ‚das Blatt ist grün‘ und ‚das Ich hat die Empfindung grün‘ reduzieren sich bei genauerer Betrachtung auf den *einen* Tatbestand:
Es tritt in verschiedenen ‚Ichs‘ die Empfindung grün wiederholt auf. Wenn
‚Ich‘ und ‚das Blatt‘ in Relation zueinander sind, tritt ein Grün auf. Wenn
ich wegblicke, besteht die Empfindung grün nicht mehr. Ist das Blatt noch
grün? In dem Sinn wie früher sicher nicht mehr. Wenn ich wieder hinsehe,
ist es wieder grün. Von dem Blatt, das niemand ansieht, wissen wir nichts.
Annahmen darüber, *wie das nicht angesehene Blatt aussieht*, können nur *Intro-
jektionen* sein. Das Blatt ist grün, wenn ‚Ich‘ und ‚Blatt‘, oder allgemeiner:
wenn *Subjekt und Objekt in Relation* miteinander stehen."†

---

* „Die Weltanschauung eines Naturforschers", 1903, S. 25.
** Ebenda, S. 28.
*** „Ernst Machs Überwindung des mechanischen Materialismus", 1918.
† Ebenda, S. 81.

Was die Relation Empiriokritizismus-Marxismus anlangt, meint Adler, daß Mach für die Erkenntnis der Natur dasselbe vollbracht habe wie Marx und Engels für die Erkenntnis der Gesellschaft.* Einmal nimmt er einen Anlauf zu dem Nachweis, daß Engels eigentlich Empirio-Kritizist gewesen sei.** Dann aber scheint er dieser Entdeckung doch nicht froh zu werden und erhebt gegen den Verfasser des ,,Anti-Dühring" den Vorwurf, er sei in die Anfangsgründe der Erkenntnistheorie nicht eingedrungen. Er habe nicht gewußt, was Erfahrung ist.*** Adler klärt uns über das Wesen der Erfahrung auf:

> ,,Die Schwierigkeiten, mit denen Engels kämpft, sieht man bei seinen Ausführungen über das Verhältnis von *Denken und Sein*. Wenn er ... von den Begriffen als den ,Abbildern der wirklichen Dinge' und auch von dem ,Spiegelbilde' der Wirklichkeit in den Köpfen der Menschen spricht, so schließt dies ein Mißverständnis nicht aus. Denken kann der Mensch natürlich *nur* über das, was früher *seine* Erfahrung gewesen ist ... Das ,Spiegelbild' im Kopf des Menschen ist nicht die Spiegelung von etwas, mit dem er bisher nichts zu tun hatte, sondern die Widerspiegelung (Erinnerung) *seiner* früheren Empfindungen und Gefühle."†

Adlers Arbeit über Mach ist ein Dokument des schlimmsten Wirrwarrs. Sie gereicht dem Austro-Marxismus nicht zur Ehre.

Es hätte um das philosophische Denken in unserem Land übel bestellt sein müssen, wäre dem Empirio-Kritizismus nur von russischer und nicht auch von österreichischer Seite die richtige Anschauung entgegengehalten worden. Zwei der hervorragendsten Gelehrten, die die Wiener Universität in den Vorkriegsjahren besaß, Boltzmann und Jodl, unternahmen eine Widerlegung des Empirio-Kritizismus. Genauer: eine Widerlegung des Idealismus. Obwohl sie in ihren anti-idealistischen Schriften Mach ganz gewiß meinen oder mit-meinen, nennen sie ihn nicht beim Namen. Wir wissen nichts über die Ursache dieser Behutsamkeit. Vielleicht hat die Rücksicht auf Machs leidenden Zustand eine Rolle gespielt. Noch in einer anderen

---

* Ebenda, S. 162 f.
** Ebenda, S. 135.
*** Ebenda, S. 147.
† Ebenda, S. 148 f.

Beziehung zeigen Boltzmann und Jodl die gleiche Vorsicht. Sie
gebrauchen für ihre gemeinsame Auffassung den Terminus
,,Realismus", nicht ,,Materialismus". Zweifel über das, was sie
sagen wollen, sind aber nicht möglich.

Ludwig Boltzmann (1844—1906)* war einer der führenden Physiker seiner Zeit. Er wurde mit fünfundzwanzig Jahren
ordentlicher Professor in Graz, später lehrte er in Wien, dann
neuerlich in Graz und in deutschen Städten. 1902 kam er wieder
nach Wien, u. zw. als Nachfolger Machs, d. h. er hielt außer
Vorlesungen über Physik auch solche über Philosophie. Sein
philosophischer Standpunkt ist aus seinen ,,Populären Schriften"
zu ersehen, einem merkwürdigen Buch, das mit einer Parodie
der ,,neuen" (d. i. der jetzt geltenden) Orthographie beginnt, mit
einer humoristischen Reisebeschreibung endet und zwischen
diese beiden Stücke eine Reihe durchaus ernster, keineswegs
immer populärer Abhandlungen stellt, die naturwissenschaftlichen und erkenntnistheoretischen Problemen gewidmet sind.
Die Polemik gegen den Idealismus ist über viele Kapitel verstreut. Beispielsweise wird in einer Auseinandersetzung mit
Wilhelm Ostwald auf die solipsistischen Konsequenzen hingewiesen, denen der Idealist nicht entrinnen kann:

,,... Überhaupt hat das Mißtrauen zu den aus den direkten Sinneswahrnehmungen erst abgeleiteten zu dem dem früheren naiven Glauben entgegen-
gesetzten Extrem geführt. Nur die Sinneswahrnehmungen sind uns gegeben,
daher — heißt es — darf man keinen Schritt darüber hinausgehen. Aber
wäre man konsequent, so müßte man weiter fragen: sind uns auch unsere
gestrigen Sinneswahrnehmungen gegeben? Unmittelbar gegeben ist uns jedoch
nur die eine Sinneswahrnehmung oder der eine Gedanke, den wir jetzt im
Moment denken. Wäre man konsequent, so müßte man nicht nur alle anderen
Wesen außer dem eigenen Ich, sondern sogar alle Vorstellungen, die man zu
früheren Zeiten hatte, leugnen."**

An anderen Stellen (S. 168 f., 176 f.) ist noch eine Anzahl
weiterer Argumente zu finden. Sie bekommen alle erhöhtes

* Vgl. den Aufsatz von G. Jäger in ,,Neue österr. Biographie", 1. Abt.,
2. Band, 1925, S. 117—37.
** ,,Populäre Schriften", 1905, S. 132.

Gewicht durch die Tatsache, daß es ein großer Naturforscher ist, von dem sie geltend gemacht werden. Friedrich Jodl behandelt das Problem in sehr gründlicher Art. Seine „Kritik des Idealismus"* ist eine seiner besten Leistungen, vielleicht *die* beste, die wir von ihm besitzen. Er läßt die bekanntesten älteren und neueren idealistischen Systeme Revue passieren. Dem Meister der ideengeschichtlichen Darstellung genügen jeweils ein paar knappe Bemerkungen, um eine subtile Theorie zu kennzeichnen. Auch seine kritische Analyse beschränkt sich regelmäßig auf ein kurzes Räsonnement. Doch wird keiner der Gesichtspunkte, von denen aus ein Vorstoß gegen die idealistische These möglich ist, außer acht gelassen. Die Betrachtung ist so vielseitig, daß das Buch nicht Spezialuntersuchung bleibt, sondern sich zum Kompendium der Erkenntnistheorie ausweitet. Als solches ist es in der Universitätsliteratur unübertroffen. Unter seinen wichtigsten Vorzügen muß die Unermüdlichkeit genannt werden, mit der es auf die Unterstützung hinweist, die auch ein äußerlich ganz religionsfremdes idealistisches System der religiösen Anschauung zuteil werden läßt. Wir wollen eine Stelle wiedergeben, durch welche die Hauptergebnisse des Buches zusammengefaßt werden. Hier ist ein wahrhaft abschließendes Urteil gerade über diese Seite der Sache gefällt.

„Wir haben im ganzen und großen die Argumentation des Idealismus überblickt, wie sie historisch entstanden ist und sich entwickelt hat. Diese Argumentation wird von sehr vielen für unwiderlegbar gehalten; sie erscheint als die selbstverständliche Voraussetzung einer philosophischen Weltbetrachtung; als ein in der Gegenwart keines weiteren Beweises bedürftiges Theorem, mit welchem die Beseitigung des ‚Materialismus' von selbst gegeben ist. Die Hilflosigkeit, mit welcher ein großer Teil der neueren Philosophie diesen Theorien gegenübersteht, welche man skeptisch nennen muß, obwohl sie sämtlich als Theorien zur Sicherung und Begründung wahrer Erkenntnis auftreten, wäre erstaunlich, ja kaum begreiflich, wenn nicht die ganze geistige Haltung des platonisierenden Idealismus den Gedanken nahelegte, daß sie eine freiwillige ist. Man *will* die Gegenseite zu jener Argumentation nicht sehen, weil dadurch die Reinheit des idealistischen Weltbildes getrübt und gewisse Konstruktionen unmöglich gemacht werden könnten; weil man Erkenntniskritik hauptsächlich

---

* Erschienen 1920, nach dem Tod des Verfassers.

zu dem Zweck betreibt, das Wissen — nach guten Kantschen Mustern — aufzubauen, um zum Glauben Platz zu bekommen. Da der Bau des modernen Wissens viel zu mächtig und weitverzweigt ist, um so ohne weiteres fortgeschafft werden zu können; da dies nicht einmal die Kirche mit ihren außerordentlichen Machtmitteln und ihrer nie rastenden agitatorischen Regsamkeit fertiggebracht hat; da eine offene Erklärung gegen das Wissen auch äußerst wenig wissenschaftlich, vielmehr höchst reaktionär klingt — so läßt man die ganze Wissenschaft ruhig am Platze, um sie dafür mit philosophischen Methoden desto besser zu verdächtigen, ihre Erkenntnisgrundlage zu unterwühlen, sie als eine bloße Scheinwissenschaft, d. h. als eine Wissenschaft von Erscheinungen für jedes tiefere geistige Bedürfnis herabzusetzen."*

Wir haben im Empirio-Kritizismus ein idealistisches System kennengelernt, das sich mehr oder minder direkt von Berkeley herleitet. Berkeley war es, der am Beginn des naturwissenschaftlichen Zeitalters das Mißtrauen gegen die sinnliche Wahrnehmung, welches die Naturwissenschaft erzeugte, in eine extrem subjektivistische Lehre ummünzte. Nun gab es aber stets und gibt es auch heute neben der Berkeleyschen eine idealistische Philosophie von einfacherer Art. Eine Philosophie, die nicht darauf ausgeht, mittels Spitzfindigkeiten die äußere Welt zu eliminieren, sondern die Materie als gegeben annimmt und sich begnügt, ihre Unterordnung unter den Geist zu verkünden. Es wird behauptet, der Geist habe die Materie hervorgebracht, er zwinge ihr sein Gesetz auf, er wohne allen Dingen inne etc.! Das Bewußtsein (Geist), um das es sich handelt, kann das menschliche sein, oft ist aber auch von einem über- und außernatürlichen, vom göttlichen Bewußtsein die Rede. Ganz allgemein legen die spekulativen Doktrinen dieser Sorte wenig Wert darauf, ihre Affinität zu religiösen Gedankengängen zu verhüllen. Hierin unterscheiden sie sich von manchen, im Berkeleyschen Idealismus wurzelnden Lehren, wie etwa vom Empirio-Kritizismus. Doch darf man sich nicht vorstellen, daß der Unterschied sehr tief geht. Eine Doktrin, welche die Welt als spirituell bedingt ansieht, muß sich offenbar mit einer anderen, der die Welt als schlechthin spirituell gilt, eng berühren. Deshalb bedarf es keiner weiteren Rechtfertigung, wenn im vorliegenden

* „Kritik des Idealismus", 1920, S. 79f.

Kapitel an die Betrachtung des Empirio-Kritizismus einige
Bemerkungen über die Philosophie Brentanos angereiht werden.
Franz Brentano* (1838—1917) stammte aus der in der
deutschen Geistesgeschichte berühmten Familie dieses Namens.
Zu seinen Verwandten gehörten der romantische Dichter Clemens
und Goethes Freundin Bettina Brentano. Der Nationalökonom
Lujo Brentano war sein Bruder. Franz Brentano verbrachte
seine Kindheit und frühe Jugend in Bayern, studierte Philosophie
und katholische Theologie und wurde Philosophieprofessor in
Würzburg. Im Infallibilitätsstreit, der Ende der Sechzigerjahre
die Gemüter erhitzte, verfocht er den antipäpstlichen Standpunkt. Die Beschlüsse des Vatikanischen Konzils veranlaßten
ihn, aus dem geistlichen Stand auszutreten; er verzichtete auch
auf das Würzburger Lehramt. Der liberale Unterrichtsminister
Stremayr brachte ihn 1874 an die philosophische Fakultät in
Wien. Hier wirkte er mehr als zwei Jahrzehnte lang, zuerst als
Professor, sodann — seltsamerweise — als Privatdozent.[6] 1895
übersiedelte er nach Italien, kehrte allerdings noch oft nach Österreich zurück, um seine Besitzung in der Wachau aufzusuchen.
Hochbetagt starb er während des Weltkrieges in der
Schweiz.

Aus dem System Brentanos wollen wir eine Theorie behandeln,
die, obwohl sie einflußlos blieb, charakteristisch ist, den psychologischen Gottesbeweis, und etliche Theorien, die, obwohl
sie im ersten Augenblick unscheinbar wirken, den stärksten
Einfluß erlangten: die Lehren von der Intentionalität des Bewußtseins, von den apriorischen Urteilen, den irrealen Gegenständen und den evidenten Wertungen.

Der psychologische Gottesbeweis besteht aus zwei Teilen.
Zunächst wird das menschliche Bewußtsein als nicht dreidimen-
sionale, folglich unkörperliche, folglich geistige Substanz ge-

---

* Vgl. O. Kraus, ,,Franz Brentano", mit Beiträgen von C. Stumpf
und E. Husserl, 1919; derselbe, ,,Franz Brentano", in ,,Neue österr. Biographie",
1. Abt., 3. Bd., 1926, S. 102—18; V. Hauber, ,,Wahrheit und Evidenz bei
Franz Brentano", 1936; die Aufsätze von Alfred Kastil, P. F. Linke, Eber-
hard Rogge in ,,Naturwissenschaft und Metaphysik" (Sammelband zum
Gedächtnis des 100. Geburtstages Franz Brentanos), 1938.

schildert.* Sodann wird der Nachweis versucht, daß der Ursprung des Menschengeistes nur in Gottes Geist gelegen sein kann:

> ,,Die ausdehnungslose Substanz kann nicht durch Zeugung von den elter-
> lichen Organismen abstammen, muß also entweder vorher bestanden haben
> oder in einem bestimmten Zeitpunkt der embryonalen Entwicklung entstanden
> sein.
>
> Gegen die erste Annahme spricht, daß in nichts und bei keinem sich die
> geringste Spur solcher Präexistenz zu erkennen gibt, während doch anderseits
> die Seele von der Art ist, daß die früheren Erlebnisse auf alle folgenden Zeiten
> Einfluß üben.
>
> So verdient denn die zweite den Vorzug. Dann aber zeigt sich womöglich
> noch deutlicher als für die Körper, daß sie durch ein bewußt wirkendes Prinzip
> schöpferisch hervorgebracht sein müsse. Denn daß ein Geist einen Körper
> wirken könne, wenn er eine Vorstellung von ihm hat, ist leichter annehmbar,
> als daß umgekehrt aus bewußtlosen Prinzipien etwas, was Bewußtsein hat,
> hervorgehe. (Ähnlich, wie eher Bewegung zur Ruhe, als Ruhe zur Bewegung
> führen kann.)
>
> Freilich müssen wir, wenn wir die Seele durch Schöpfung entstanden
> denken, mit einer Sukzession von Schöpfungsakten rechnen, während viele
> doch die Schöpfung mit einem einzigen Akt abgeschlossen denken. Aber nichts
> berechtigt sie dazu. Im Gegenteil, der optimistische Gedanke, welcher den
> größten Theisten als Konsequenz des Gottesglaubens gilt, scheint eine solche
> Folge von neuen Schöpfungsakten geradezu zu fordern...
>
> Wird man einwenden dürfen, daß damit das Wunder in Permanenz erklärt
> wäre? Keineswegs, wofern wir nur das schöpferische Wirken der ersten Ursache
> nicht regellos willkürlich denken, sondern als Ausfluß eines einheitlichen und
> unverbrüchlich festgehaltenen Weltenplanes.
>
> Was speziell die Schöpfung der Seele anlangt, so ist es als ein Gesetz
> anzusehen, daß eine solche immer und notwendig entsteht, sobald ein Organis-
> mus zur Aufnahme der Wechselwirkung mit ihr reif geworden ist."**

Das Räsonnement ist hier noch nicht zu Ende. Brentano
untersucht noch genauer die Möglichkeit der Wechselwirkung
zwischen Körper und Geist. Es erübrigt sich, ihm auf diesem
Weg zu folgen, da schon die angeführten Sätze zeigen, was sie
zeigen sollen: welch starke scholastische Färbung seinem Denkstil anhaftet. Sein Austritt aus dem Klerikerstand bedeutete
keinen Bruch mit der katholischen Philosophie. In dem Kapitel

---

* F. Brentano, ,,Vom Dasein Gottes". Aus seinem Nachlaß herausgegeben
von A. Kastil, 1929, S. 417 ff.
** Ebenda, S. 432.

seiner ,,Psychologie", in dem er zum erstenmal die Idee von der Intentionalität des Bewußtseins darlegt, weist er ausdrücklich auf seine Lehrmeister hin:

,,Jedes psychische Phänomen ist durch das charakterisiert, was die Scholastiker des Mittelalters die intentionale (auch wohl mentale) Inexistenz eines Gegenstandes genannt haben und was wir, obwohl mit nicht ganz unzweideutigen Ausdrücken, die Beziehung auf einen Inhalt, die Richtung auf ein Objekt (worunter hier nicht eine Realität zu verstehen ist) oder die immanente Gegenständlichkeit nennen würden. Jedes enthält etwas als Objekt in sich, obwohl nicht jedes in gleicher Weise. In der Vorstellung ist etwas vorgestellt, in dem Urteil ist etwas anerkannt oder verworfen, in der Liebe geliebt, in dem Hasse gehaßt, in dem Begehren begehrt usw.

Diese intentionale Inexistenz ist den psychischen Phänomenen ausschließlich eigentümlich. Kein physisches Phänomen zeigt etwas Ähnliches. Und somit können wir die psychischen Phänomene definieren, indem wir sagen, sie seien solche Phänomene, welche intentional einen Gegenstand in sich enthalten."*

Ist die Intentionalität (Gegenständlichkeit) das Hauptmerkmal der psychischen Akte, so muß es möglich sein, auf Grund der verschiedenen Arten der Intentionalität die Akte passend zu klassifizieren. Tatsächlich gibt es drei Arten, sich auf einen Gegenstand zu beziehen, und somit auch drei Klassen von psychischen Phänomenen: 1. Vorstellen, 2. Urteilen, 3. Gemütsbewegung, Interesse oder Liebe. Beim Vorstellen verhalte ich mich zum Gegenstand indifferent. Das Urteil enthält notwendig eine Vorstellung in sich, doch tritt noch eine zweite intentionale Beziehung: Anerkennung oder Verwerfung, hinzu. Analoges gilt von der Gemütsbewegung, bei der die bloße Vorstellung durch die Beziehung Liebe oder Haß ergänzt wird.**

An die Intentionalitätslehre, bzw. die Klassifikation der psychischen Erscheinungen knüpft nun Brentano mehrere Gedankenreihen an, die in einem negativen Sinn fruchtbar gewesen sind, insofern nämlich, als sie dazu beigetragen haben, eine stattliche Zahl moderner Philosophen maßlos zu verwirren.

a) Das Urteil, worin die Intentionalität des Psychischen festgestellt wird, gehört offenbar dem Wissensbereich der Psychologie an. Es ist ein evidentes Urteil, d. h. eines, dem solche Klarheit eignet, daß Zweifel an seiner Richtigkeit nicht möglich sind. Wer sich die Sache genau überlegt, erkennt mit Gewißheit,

---

* F. Brentano, ,,Psychologie vom empirischen Standpunkt", herausgeg. von O. Kraus, 1. Bd., 1924, S. 124 f. Ursprünglich erschien der erste Band der ,,Psychologie" im Jahre 1874.

** Siehe F. Brentano, ,,Vom Ursprung sittlicher Erkenntnis", 1889, S. 14 ff; ,,Psychologie etc.", 2, Bd., 1925, S. 28 ff.

er ,,sieht ein'', daß jeder psychische Akt sich auf einen Gegenstand bezieht und beziehen *muß*. Irgendwelche Erfahrungen brauchen nicht gesammelt, Induktionen brauchen nicht durchgeführt zu werden. Anders gesagt: Wir haben hier ein im Kantschen Sinn apriorisches Urteil vor uns. Solcher Urteile gibt es auf psychologischem Gebiet eine Fülle. Es ist z. B. auch evident, daß nichts beurteilt wird, was nicht vorgestellt wird, daß kein Lieben oder Hassen stattfindet ohne Vorstellung dessen, womit wir uns emotionell beschäftigen. Somit ist die Psychologie nur zum Teil Erfahrungs-, zum anderen Teil aber apriorische Wissenschaft. Den apriorischen Teil nennt Brentano deskriptive Psychologie oder Psychognosie, der induktive Teil heißt bei ihm genetische Psychologie. Die deskriptive Disziplin geht der genetischen logisch voran. Sie liefert in absolut gewissen und allgemeingültigen Sätzen eine Beschreibung des psychischen Aktes, die man bereits kennen muß, will man ein erfolgreiches empirisches Studium des Aktes aufnehmen.*

b) Urteile, wie alle anderen psychischen Akte, beziehen sich notwendig auf Gegenstände. Damit ist jedoch über diese besondere psychische Kategorie noch sehr wenig gesagt. ,,Gegenstand'' ist ein sehr weiter Begriff. Will man mehr über das Urteil erfahren, so muß man untersuchen, was für Arten von Gegenständen im Urteil intendiert sein können. Die einfachste Art ist das reale ,,Ding'', das ich meine, wenn ich sage: ,,Die Rose hier ist rot'' oder: ,,Die und die Erinnerung schmerzt mich''. Kann aber ein Urteil nicht auch auf andere Gegenstände gehen? Doch! Fälle ich z. B. ein Existentialurteil, sei es positiv oder negativ (,,Es gibt Tiger'', ,,Es gibt keine Drachen''), fälle ich ein Urteil, das eine Möglichkeit, eine Unmöglichkeit, eine Notwendigkeit ausdrückt, so intendiere ich nicht Dinge, sondern Sachverhalte. Gegenstand des Urteils, wonach es keinen Drachen gibt, ist das Nichtsein des Drachen, Gegenstand des Urteils, ,,daß ich jetzt fortgehen muß'', ist die Notwendigkeit des Fortgehens. Solch ein Sachverhalt ist zwar kein Wesen im Sinne des realen Wesens, aber ein irreales Etwas, eine irreale Wesenheit.

Wir müssen also eine eigenartige Existenzform eigenartiger Gegenstände — die Sachverhalte sind weder physisch noch psychisch — als Faktum annehmen.**

c) Das einzige, was uns über die Richtigkeit eines Urteils beruhigt, ist die Evidenz. Haben wir etwas ,,eingesehen'', so sind weitere Zweifel unmöglich, ja absurd. Das Phänomen der Evidenz hat aber eine Analogie auch außerhalb der Urteilssphäre. Unter den Akten des Liebens und Hassens sind ebenfalls solche, die das Charakteristikum der Richtigkeit an sich tragen. Ein Beispiel bietet das Gefallen, das wir am Wissen finden, und das Mißfallen, welches

---

* Siehe F. Brentano, ,,Psychologie etc.'', 2. Bd., 1925, S. 1—9; ,,Vom Ursprung sittlicher Erkenntnis'', 1889, Anmerkung 27; ,,Meine letzten Wünsche für Österreich'', 1895, S. 23; O. Kraus in der Einleitung zum 1. Bd. der ,,Psychologie'', S. XVII ff.; derselbe in ,,Franz Brentano'', S. 21.
** Siehe F. Brentano, ,,Wahrheit und Evidenz'', herausgeg. von O. Kraus, 1930, bes. S. 22 ff.; Kraus' Anmerkung 14, die sich in diesem Sammelband auf S. 170 findet; V. Hauber, a. a. O., S. 16 ff.

Irrtum und Unwissenheit in uns erzeugt. Das eine und das andere ist nicht subjektiv, wie Gefallen oder Mißfallen an bestimmten Farben, Gerüchen, Geschmäcken, sondern wir würden von einer Spezies, die im Gegensatz zu uns den Irrtum liebte und die Erkenntnis haßte, sagen, sie hasse, was unzweifelhaft gut, und liebe, was unzweifelhaft schlecht sei. Allerdings ergeben sich insofern Schwierigkeiten, als wir an sehr verschiedenen Dingen (an Erkenntnis z. B. und an edler Liebe) Gefallen finden und oft im ersten Augenblick nicht wissen, welches nun eigentlich das höhere Gut ist. Doch dürfen wir darauf vertrauen, daß sich eine einleuchtende Lösung finden läßt. Es gibt Akte des Vorziehens, die ebenso durch Richtigkeit charakterisiert sind wie andere Akte des Liebens und Hassens. Prinzipiell ist es stets möglich, ,,richtig" vorzuziehen, d. h. gemäß der wirklichen Rangordnung der Güter zu entscheiden. Aus all dem geht hervor, welche Leistung wir von der Moralphilosophie erwarten dürfen. Die Moralphilosophie soll die evident richtigen Wertungen ermitteln und soll sie entsprechend der Rangordnung der Güter zu einem überschaubaren System zusammenfassen. *

Die eben skizzierten Ideen Brentanos werden noch lange in jeder Geschichte der Philosophie figurieren. Sie kehren nämlich wieder als die Grundgedanken der *Phänomenologie*, einer Richtung, die sich um 1900 zu rühren begann, zuerst nur Fachleute interessierte, aber in der Zeit zwischen den zwei Weltkriegen zur herrschenden deutschen Doktrin aufstieg. Die Phänomenologie wurde von Edmund Husserl (1859 — 1938) begründet. ** Husserl kam in Proßnitz, also in Alt-Österreich zur Welt, studierte in Wien bei Brentano und lehrte selbst in Göttingen und später in Freiburg, weshalb man die Phänomenologie auch als Freiburger Schule anzuführen pflegt. Von 1930 an vermischte sich die Freiburger Theorie vielfach bis zur Ununterscheidbarkeit mit der nationalsozialistischen Ideologie. Daran trug nicht Husserl

---

* F. Brentano, ,,Vom Ursprung sittlicher Erkenntnis", bes. S. 17—30; O. Kraus, ,,Franz Brentano", S. 61 ff.
** Vgl. über Husserl: W. Jerusalem, ,,Der kritische Idealismus und die reine Logik", 1905; W. Ehrlich, ,,Kant und Husserl", 1923. Was den Zusammenhang zwischen der Phänomenologie und Brentano betrifft, s. insbesondre: F. Brentano, ,,Wahrheit und Evidenz", S. 153 ff.; ,,Psychologie etc.", 2. Bd., S. 158 ff.; O. Kraus, ,,Franz Brentano", S. 25 ff.; derselbe in der Einleitung zu Brentanos ,,Psychologie", 1. Bd., S. XVII ff.; E. Husserl, ,,Nachwort zu meinen Ideen einer reinen Phänomenologie", Jahrb. f. Phänomenologie XI (1930), S. 564 f.; Maria Brück, ,,Über das Verhältnis Edmund Husserls zu Franz Brentano", 1933.

die Schuld. Obgleich wissenschaftlicher Reaktionär, stand er mit seinen vornehmen Charaktereigenschaften, mit dem Ernst seines Erkenntnisstrebens den Nazi unendlich fern. Die Schuld hatten jüngere Autoren, die in der gar nicht rassenreinen Phänomenologie — Husserl stammte von Juden ab — eine brauchbare Waffe gegen die fortschrittlichen Richtungen in der Philosophie erblickten.

Die Phänomenologie, wie Husserl sie in den „Logischen Untersuchungen" (2 Bde., 1900/01) und später mit Abweichungen in den „Ideen zu einer reinen Phänomenologie und phänomenologischen Philosophie" (1913) und in anderen Schriften entwickelt, übernimmt von Brentano den Gedanken der deskriptiven Psychologie, die mit apriorischen Urteilen operiert,[7] den Gedanken des Innewohnens von Gegenständen in psychischen Akten, den Gedanken der besonderen Seinsweise bestimmter Gegenstände, die nicht von dinghafter Natur sind.

Während diese Gegenstände bei Brentano als recht nebensächlich am Rande standen, rücken sie bei Husserl in den Mittelpunkt der Betrachtung. Zahlreiche Arten von ihnen werden uns vorgestellt. Es gehören zu ihnen z. B. die Abstrakta (Farbe, Röte, Geschicklichkeit, Geiz, Schönheit), die Gattungen (Tiger, Säugetier, Tier), die mathematischen Begriffe (Kugel, Trapezoid, Zahlen von Null bis Unendlich), Sätze und andere Bedeutungen, also auch Ausdrücke wie „das Nichtsein des Drachen". Wie diese Gegenstände sich verhalten, darüber können wir Konstatierungen machen, die durch Allgemeinheit und Notwendigkeit ausgezeichnet sind. Wir erkennen z. B., daß ein Ton eine Höhe und eine Intensität haben muß, daß zwei mal acht sechzehn ist, daß Sätze nicht grün sein können. Unsinnig wäre es, von Gegenständen, über die wir so viel und so Gewisses auszusagen vermögen, zu behaupten, daß sie nicht „sind". Offenbar „sind" sie in ihrer spezifischen Weise als ideale Gegenstände, Ideen oder Wesen. Das Verfahren, durch welches wir der für sie geltenden Gesetze habhaft werden, ist die Wesensschau. Die Wesensschau besteht eigentlich in nichts anderem als in der Konzentration der Aufmerksamkeit auf den Gegenstand, im geistigen Anstarren des Gegenstandes sozusagen. Sie hilft uns auf außerempirischem Weg zu einer Erweiterung unseres Wissens, liefert uns apriorische Urteile jener Sorte, die Kant synthetische genannt hat.[8]

Husserls Arbeitsgebiet ist hauptsächlich Psychologie, Logik, Erkenntnistheorie. Viele seiner Schüler (Alexander Pfänder, Hermann Ritzel, Martin Heidegger) suchen dieselben Disziplinen zu fördern. Andere (Max Scheler, Dietrich von Hildebrand, Nicolai Hartmann) behandeln vom phänomenologischen Standpunkt die Probleme der Ethik, wobei sie vielfach direkt aus Brentano schöpfen können. Brentanos Ausführungen im „Ursprung sittlicher Erkenntnis", kombiniert mit Husserls Lehre, machen es leicht, axiologische Systeme (d. i. Systeme einleuchtender Wertungen) zusammenzustellen. Wir erfahren von den Husserl-Schülern z. B., daß Leben ein Wert, Tod ein Unwert ist, daß der Wert des Glücks mit dem der Macht verwandt ist, daß er im Gegensatz zum Wert des Leides steht * etc. Von Anhängern der Freiburger Lehre ist weiters eine Neugestaltung der Ästhetik, der Rechtsphilosophie, der Soziologie unternommen worden (vgl. die Arbeiten von Moritz Geiger, Adolf Reinach, Gerhart Husserl, Edith Stein). Bestandteile der Lehre wurden gegen 1930 Gemeingut der verschiedensten philosophischen Richtungen, die an den deutschen Universitäten vertreten waren, und drangen darüber hinaus in die Geschichtsschreibung, Literatur-, Kunstgeschichtsschreibung, Pädagogik und selbst in die Kulturrubriken der Tageszeitungen. Auf mancherlei Wegen kamen Ideen Husserls auch in seine erste Heimat, nach Österreich, zurück.

Es gibt noch eine Reihe von erfolgreichen Philosophen, die durch Brentano inspiriert wurden. Die meisten bevölkern, gleich Husserl, die Welt mit Myriaden von idealen Gegenständen. Carl Stumpf, ein Freund Brentanos noch aus dessen Würzburger Zeit, Professor in Prag, Halle, Berlin, spricht von „Gebilden", Anton Marty (Prag) von „Inhalten", Alexius Meinong (Graz) von „Objekten" und „Objektiven". Die Gegenstandstheorie Meinongs ist der Phänomenologie so ähnlich, daß zwischen dem Grazer und dem Freiburger Autor ein Prioritätsstreit stattfinden konnte. ** Sodann ist der treueste Schüler Brentanos zu nennen, Oscar Kraus (Prag) — der treueste insofern, als er nach einigem Zögern sich die Altersphilosophie, die „endgültige" Philosophie des Meisters zu eigen machte.

---

* N. Hartmann, „Ethik", 1926, S. 310, 332, 333.
** Vgl. E. Husserl, „Ideen zu einer reinen Phänomenologie etc.", 1913, S. 23 (Anmerkung) und S. 228 (Anmerkung); A. Meinong, „Über Möglichkeit und Wahrscheinlichkeit", 1915, S. IX f.

Brentano war nämlich mit der Theorie der irrealen Einheiten, wie Husserl, Meinong usw. sie aufstellten, nicht einverstanden und revozierte die Äußerungen, die der Ausgangspunkt der Phänomenologie etc. gewesen waren. Seine Berichtigungen wurden von den Autoren, für die sie vor allem bestimmt waren, nicht beachtet.[9]

Nun ein paar Worte zur Einschätzung Brentanos und seiner Nachfolger. Auf Grund von ihm gegebener Anregungen ist eine sehr zweifelhafte Richtung der Philosophie erwachsen. Man muß bedauern, daß er die Ambition der Forschung auf apriorische Erkenntnisse lenkte. Apriorische Sätze sind notwendig analytisch. Analytische Sätze sind oft — wiewohl gewiß nicht immer — banal. So stehen in der phänomenologischen Literatur massenhaft Banalitäten. Wenn uns umständlich bewiesen wird, daß Rot nicht zugleich Blau sein kann, daß jeder Ton eine Stärke besitzt, fragen wir uns, ob wirklich der Apparat der Philosophie in Bewegung gesetzt werden muß, um solch ein Nichts an Einsicht zu produzieren.* Die Hinwendung zu den idealen Wesen war erst recht schädlich. Eine sinnlosere Beschäftigung hätte die Philosophie gar nicht finden können. Diese Wesen sind Phantasiegebilde, Wahngebilde, Wiederbelebungen der platonischen Ideen oder der Universalien, mit denen sich die Mönche des Mittelalters herumschlugen.[10] Wie merkwürdig, daß nach den großartigen Ergebnissen, die das wissenschaftliche Denken gerade in der zweiten Hälfte des 19. Jahrhunderts gebracht hatte, die Philosophie zu uralten Begriffskonstruktionen zurückkehrte! Merkwürdig — aber nicht unerklärlich. Durch welche individuellen Umstände immer die Denkarbeit Brentanos, Husserls, Meinongs ausgelöst wurde — die enorme Verbreitung, die die Phänomenologie fand, war nicht Zufall, sondern die Folge davon, daß sie einem Zeitbedürfnis entsprach. Vor allem die Wesensschau kam bestimmten deutschen Intelligenzschichten gelegen. Von der Erkenntnistheorie, der Psychologie auf die Sozialwissenschaften übertragen, lieferte die Wesensschau die Mög-

---

* Auf diese Seite der Sache wird überzeugend hingewiesen von Moritz Schlick in dem Aufsatz: ,,Gibt es ein materiales Apriori?``, ,,Gesammelte Aufsätze``, 1938, S. 19—30.

lichkeit, die empirische, d. h. die wissenschaftliche Untersuchung überall dort auszuschalten, wo sie unbequeme Resultate ergab, nämlich fortschrittliche Gedankengänge stützte. Nun mußte über Demokratie, Menschenrechte, internationales Recht nicht mehr auf Grund von Tatsachen abgehandelt werden. Die Bewertung sozialer Institutionen konnte außerempirisch, sie konnte nach Gutdünken erfolgen. So bahnte die Wesensschau, die Husserl selbst öfters auch Intuition nennt, den Weg für den Irrationalismus, der ein Hauptbestandteil der faschistischen Ideologie ist, für die Intuition Hitlers und seiner Unterführer. Husserl hat neben verhängnisvollen Irrtümern auch feine, kluge Betrachtungen vorgetragen;[11] unter seinen nächsten Schülern sind ein paar seriöse Gelehrte, ein paar Schematiker des politischen Konservativismus, ein paar Scharlatane; unter seinen entfernteren Schülern sind viele waschechte Nationalsozialisten.

Es bleibt noch übrig, der Gestalt Franz Brentanos dieselbe Gerechtigkeit widerfahren zu lassen, die wir einem Husserl, einem Mach und zuvor manchem anderen Forscher schuldig zu sein glaubten. Brentano und die Wirkungen, die Spätwirkungen seiner Philosophie — das ist zweierlei. Keineswegs hätte er für die faschistische Ideologie, die erst nach seinem Tod entstand, Sympathien empfunden. Aus der österreichischen liberalen Oberschicht, der er seit seiner Berufung nach Wien angehörte, ragte er nicht durch radikale Anschauungen, aber durch Unabhängigkeit und Unbeugsamkeit der Gesinnung hervor. Als akademischer Lehrer machte er auf die Zuhörerschaft einen starken, ja faszinierenden Eindruck. Seine Vorlesungen waren lange die bestbesuchten der Wiener Universität, auch nachdem man ihn zum Privatdozenten degradiert hatte. (Ein Hörer, der hier noch nicht erwähnt wurde und der ihm nachmals in Freundschaft verbunden blieb, war T. G. Masaryk.) Brentanos Werke sind heute, nach zwei Menschenaltern, noch höchst lesenswert. Sie bringen einzelne treffliche Beiträge zur Logik, zur Systematik der Psychologie, zur Deskription der psychischen Akte. Und sie haben noch andere Vorzüge. Das Studium der Philosophie ist großenteils Studium von Problemstellungen.

Aufklärungen über Problemstellungen zu geben, sind vielfach auch solchen Autoren geeignet, die die richtigen Lösungen nicht oder nur selten gefunden haben. Keiner ist dazu besser geeignet als Brentano, der didaktisch und stilistisch den größten Künstlern der Darstellung, von denen die neuere philosophische Literatur bereichert wurde, die Waage hält. Eine Anzahl kleiner Essays und Vorträge*, ein reizvolles Rätselbuch** vervollständigen ein Lebenswerk, das durch Geist und Aufrichtigkeit für manche Defekte entschädigt.

---

* Z. B. ,,Über die Gründe der Entmutigung auf philosophischem Gebiet'', 1874; ,,Das Genie'', 1892; ,,Das Schlechte als Gegenstand dichterischer Darstellung'', 1892; ,,Über die Zukunft der Philosophie'', 1893.
** ,,Neue Rätsel'' von Aenigmatias, 1879.

PSYCHOANALYSE

Die Psychoanalyse hat, im großen und ganzen gesehen, zweierlei vollbracht: sie hat die wissenschaftliche Psychologie reformiert, und sie hat von der Psychologie aus das moderne Weltbild reformiert. Dank diesen Leistungen nimmt sie — trotz den Irrtümern, an denen sie es nicht fehlen ließ — eine hervorragende Stellung in der Geistesgeschichte ein. Nicht nur in der österreichischen Geistesgeschichte, sondern in der gesamteuropäischen.

Die Psychologie befand sich zu der Zeit, als Sigmund Freud zu arbeiten begann (Achtziger-, Neunzigerjahre), in einem Zustand der Erstarrung. Sie beschäftigte sich mit der Klassifikation der psychischen Phänomene, mit den Gesetzen, nach denen Vorstellungen assoziiert werden, mit Experimenten, welche in die Nähe der Sinnesphysiologie führten. Manche Forscher verloren sich in spekulative Gedankengänge, andere wandten ihre Kräfte an die Feststellung konkreter, aber wenig bemerkenswerter Fakten. Dezennien lang wurden keine wirklichen Fortschritte erzielt. Die Fortschritte kamen auf einmal durch Freud. Von dem Wunsch geleitet, eine Therapie gegen gewisse nervöse Erkrankungen zu finden, untersuchte er das menschliche Triebleben, dem die Wissenschaft niemals ernste Aufmerksamkeit geschenkt hatte. Damit gelangte er an den Eingang zur Tiefendimension der Seele. So weit hätte leicht auch ein anderer vordringen können. Aber er besaß den Mut, in die Tiefe hinunterzusteigen. Durch die Tatsachen, die er zutage förderte, wurde die Wissenschaft bis zur Unerkennbarkeit umgestaltet.

Die Armseligkeit der vor-Freudschen Psychologie war kein Zufall. Durch ihre Armseligkeit harmonierte sie wunderbar mit bestimmten Grundanschauungen der herrschenden Schichten. Die Oberklasse des vorigen Jahrhunderts hatte sich eine ebenso

falsche wie banale Vorstellung vom Menschen zurechtgelegt:
der Mensch war ein farbloses Normalwesen, von Natur zu einer
bürgerlichen Laufbahn prädestiniert. In allen Handlungen ließ
er sich vom Intellekt leiten. Seine Gedanken strömten über
von Wohlanständigkeit. Gewalttaten oder obszöne Dinge kamen
in ihnen nicht vor. Wohl kannte er Emotionen, aber
nur bei den Gelegenheiten und in den Intensitäten, die zulässig
waren. Kurz, er war die Sorte von Berufsträger, Gatte und
Vater, die dem Bourgeois das Geldverdienen, der Obrigkeit
das Regieren leicht werden ließ. Es war der Psychoanalyse,
wenn auch keineswegs ihr allein, vorbehalten, die Fiktionen
und Abstraktionen des liberalen Spießertums zu zerstören.
Freud enthüllte die Menschenseele in ihrer wahren Gestalt,
und es war keine schöne Gestalt. Er zeigte, wie mühsam der
schmale Landstrich des sozialen Daseins der Flut der Triebe
abgewonnen wird. Er zeigte, wie mit jedem Menschen das
Chaos neu geboren wird, die Zivilisation neu geschaffen werden
muß. War er ein Rebell, ein Aufrührer? Keineswegs. Er war
ein bürgerlicher Gelehrter und gab nie vor, etwas anderes zu
sein. Doch hat seine Denkarbeit durch ihre Richtung auf ein
zentrales Thema, durch ihre Furchtlosigkeit und Unbeirrbarkeit
gewaltig dazu beigetragen, die liberale Sozialphilosophie aufzulösen. In einem Entwicklungsprozeß, dessen gesellschaftliche
und persönliche Bedingungen näheren Studiums sehr wert
wären, wuchs er über den Liberalismus, in dem er wurzelte,
hoch hinaus. Seine eigenen sozialphilosophischen Versuche
mißglückten. Seine Lehren von den verborgenen Kräften der
Seele hingegen, die Lehren, die man unter dem Namen *Tiefen-
psychologie* zusammenzufassen pflegt, sind ein integrierender
Bestandteil des heutigen wissenschaftlichen Weltbildes. Selbstverständlich müssen sie auch im Gedankensystem des Proletariats ihren Platz finden. In diesem Sinn kann und muß von
Freud als einem Reformator der modernen Weltanschauung
gesprochen werden. Befragt, in welchem Denker der Gegenwart
die Geisteskraft des österreichischen Volkes sich am sichtbarsten
manifestiert, wüßten wir keinen besseren Namen als den seinen
zu nennen.

Die Herkunft Sigmund Freuds (1856—1939) war die vieler ausgezeichneter Männer des alten Österreich: er war der Sohn unbemittelter mährischer Juden. Als kleines Kind kam er nach Wien. Hier besuchte er das Gymnasium, studierte er Medizin — mehr auf Wunsch seines Vaters als auf seinen eigenen Wunsch. Das Doktorat erwarb er relativ spät, doch konnte er sich schon bald danach für Neurologie habilitieren (1885). Grundlage der Habilitation waren Arbeiten, die er unter Anleitung des Physiologen Brücke und des Gehirnanatomen Meynert durchgeführt hatte. Der Zustand seines Spezialfaches bedrückte ihn. Die Wiener Ärzte standen gerade derjenigen Erscheinung, um derentwillen sie von den meisten Patienten konsultiert wurden, der Neurose, hilflos gegenüber. Sie wußten in der Regel nichts anderes zu tun, als nach knapper Untersuchung eine Kur in einer Wasserheilanstalt zu verordnen. Er empfand es als Glück, daß er durch Vermittlung Brückes ein Stipendium erhielt, welches ihm eine längere Studienreise gestattete. Bei Charcot in Paris erlernte er die hypnotische Behandlung der Hysteriker; heimgekehrt, begann er sie selbst zu praktizieren. Damals kam er zum erstenmal mit der offiziellen Wissenschaft in Konflikt. In der ,,Gesellschaft der Ärzte" wurde sein Bericht über die in Paris gemachten Erfahrungen kühl aufgenommen, worauf er sich von dieser Körperschaft abwandte und sich nie wieder um sie kümmerte. Die nächsten Jahre vergingen mit Arbeiten, die ihn vom Problem der Neurose einigermaßen ablenkten. Erst eine Entdeckung, die einem Freund, dem vielbeschäftigten Familienarzt (,,Hausarzt") Doktor Josef Breuer, gelungen war, brachte ihn auf den Punkt seines wissenschaftlichen Hauptinteresses zurück. Breuer hatte eine Hysterikerin in hypnotischen Schlaf versetzt, hatte ihr aber dann nicht, wie gebräuchlich, Aufträge gegeben, sondern sie über den Ursprung ihrer Symptome befragt und zu seinem Staunen vernünftige Antworten bekommen. Die Patientin konnte in der Hypnose bestimmte unerfreuliche Episoden aus ihrer Vergangenheit reproduzieren, von denen sie im Wachen nichts zu wissen schien. Die Möglichkeit der Aussprache, die ihr gegeben war, die Möglichkeit, das Erlebte gewissermaßen

abermals zu erleben, damit verbundene Affekte „abzureagieren",
führte zu einer sichtbaren Besserung in ihrem Befinden.
Freud und Breuer erprobten nun die neue Methode, die sie
die „kathartische" nannten, an einer Reihe von Fällen und
veröffentlichten 1891 gemeinsam ein Buch: „Studien über
Hysterie". Dann verzichtete Breuer auf die weitere Beschäftigung mit der Neurosenlehre. Die Ursache: Freud stellte fest,
daß die Vorgänge, welche durch die kathartische Methode dem
Patienten ins Bewußtsein zurückgerufen wurden und der Neurose zugrunde lagen, regelmäßig in die sexuelle Sphäre fielen.
Breuer konnte diese Behauptung nicht widerlegen. Er war aber
auch nicht imstande, sie sich anzueignen. Sie kontrastierte zu
scharf mit den Denkgewohnheiten, an die er sich sein Lebtag
gehalten hatte. So überließ er fortan die Auswertung seiner
bedeutsamen Entdeckung dem weniger konventionsgebundenen
Kollegen.

Freud blieb nicht lange bei der „Katharsis" stehen. Er ließ
die Hypnose im Hinblick auf ihre begrenzte Verläßlichkeit und
auf schädliche Nebenwirkungen fallen und fragte den wachenden
Patienten eindringlich nach den Erlebnissen, von denen die
Krankheitserscheinungen herkamen. Alsbald stellte sich die
Unzweckmäßigkeit auch solcher Befragung heraus, und Freud
ersetzte sie durch die Aufforderung, der Patient möge vorbehaltlos alles und jedes, was ihm durch den Sinn gehe, erzählen.
Der Strom des Bewußtseins führt dauernd so viel aufschluß-
reiches Material mit sich, daß der Arzt, dem es zugänglich
gemacht wird, die Lebensgeschichte des Kranken bis ins Detail
hinein zu rekonstruieren vermag. Das Arbeiten mit der freien
Assoziation ist denn auch bis heute die Grundregel der psychoanalytischen Behandlung geblieben. Aus der Behandlung der
Neurotiker, aus den Erfahrungen, die in der ärztlichen Sprech-
stunde gesammelt wurden, erwuchsen organisch die späteren
Entdeckungen Sigmund Freuds — Entdeckungen, die alsbald
die Neurosenlehre hinter sich ließen und die Psychologie in
ihrem Gesamtumfang erfaßten. Die Beobachtung von Erscheinungen wie Traum, Fehlleistung, Witz gab das Material
zur Erkenntnis ganz eigenartiger Mechanismen des Seelen-

geschehens, des gesunden wie des pathologischen. Die ungeheure
Stellung des Geschlechtstriebs im Menschendasein, vormals von
Dichtern und Metaphysikern geahnt, seit der „Katharsis"
hypothetisch angenommen, wurde in tausend Einzelfällen nach-
gewiesen. Die Zone des Unbewußten wurde der Forschung
erschlossen — eine Neuerung etwa von der Größenordnung,
wie wenn ein Geograph nahe der afrikanischen Südspitze einen
massiven Kontinent mit hundert Millionen hochzivilisierten
Einwohnern auffände. * Es zeigte sich, daß die Analyse Wissens-
zweige bereichern konnte, die von der Psychologie weit ablagen,
z. B. die Mythengeschichte und die Linguistik. Eine ethnologi-
sche Studie ** lieferte zwar keine überzeugenden Resultate,
damit war aber gegen die Fruchtbarkeit der analytischen
Methode als solcher nichts gesagt. Die ersten zehn Jahre,
nachdem er sich von Breuer getrennt hatte, mußte Freud seinen
Weg allein gehen. Die Fachkreise behandelten ihn mit aus-
gesuchter Nichtachtung. Das große Publikum nahm von ihm
keine Notiz. Um sein fünfzigstes Lebensjahr geschah es aber,
daß seine Ideen zu wirken anfingen. Man darf nicht etwa glauben,
daß die Wiener Universität oder die Akademie der Wissenschaften
seine Bedeutung erkannt hätten. Davon konnte keine Rede sein.[1]
Aber die junge Ärzteschaft wurde auf ihn aufmerksam; das
Ausland wurde aufmerksam. Zuerst sammelten sich in Wien
ein paar Schüler um ihn. 1906 kam die Nachricht, daß der
Züricher Psychiater Egon Bleuler und sein Assistent Carl
Gustav Jung sich für die Analyse interessierten. Ab 1908 gab
Jung das „Jahrbuch für psychopathologische und psychoana-
lytische Forschungen" heraus. 1909 wurde Freud nach Amerika
eingeladen, um an der Clark University in Worcester (Massa-
chusetts) Vorträge zu halten. 1910 tagte in Nürnberg ein Kongreß, der die Bildung der *Internationalen Psychoanalytischen
Vereinigung* beschloß. Neben Jungs Jahrbücher trat nun noch
das „Zentralblatt für Psychoanalyse", redigiert von Alfred

---

  * Vgl. S. Freuds Bücher: „Die Traumdeutung", 1900; „Zur Psychopathologie des Alltagslebens", 1901; „Der Witz und seine Beziehung zum Unbewußten", 1905; „Drei Abhandlungen zur Sexualtheorie", 1905.
  ** „Totem und Tabu", 1913.

Adler und Wilhelm Stekel. Etwas später wurde die Revue
,,Imago" geschaffen (Redakteure Hanns Sachs und Otto Rank);
Aufgabe des Blattes sollte es vor allem sein, die Verbindung
zwischen der Analyse und den Geisteswissenschaften zu fördern.
Jung, Adler und Stekel erklärten nach ein paar Jahren ihre
Nicht-Übereinstimmung mit fundamentalen Thesen Freuds und
entwickelten ihre eigenen Theorien; auch Bleuler schied aus
der Psychoanalytischen Vereinigung aus. Die analytische Bewegung war aber damals schon so gefestigt, daß sie die Abspaltung überwand. Auch die Hetze von seiten reaktionärer
Zeitungen, die früh einsetzte und nie wieder aufhörte, konnte
der Bewegung nichts anhaben. Ein besonderer Aufschwung
kam in der Zeit nach dem ersten Weltkrieg. In aller Herren
Ländern entstanden literarische Beiträge zur Analyse.[2] Die
Organisation wurde ebenfalls weiter ausgebaut.[3] Freud selbst
veröffentlichte um 1920 folgende Werke: ,,Jenseits des Lustprinzips"; ,,Massenpsychologie und Ich-Analyse"; ,,Das Ich und
das Es". Damals glaubte er, daß ein Krebsgeschwür seinem
Leben bald ein Ende bereiten würde; doch eine glänzende
Operation rettete ihn und er ,,konnte Leben und Werk fortsetzen, wenn auch nicht mehr frei von Schmerzen", wie er in
seiner ,,Selbstdarstellung" sagt. In seinem letzten Jahrzehnt
oder Jahrzwölft schrieb er eine Reihe kulturphilosophischer
Essays: ,,Die Zukunft einer Illusion", 1927; ,,Das Unbehagen
in der Kultur", 1930; ,,Der Mann Moses", 1939. Von Hitlers
Horden bedroht, emigrierte er 1938 nach England, wo er,
dreiundachtzigjährig, zur Zeit des deutschen Einmarsches in
Polen starb.

Freud hat seine Zeit nicht nur durch sein Werk, sondern
in einem kaum geringeren Grad durch seine Persönlichkeit
beeindruckt. Er war eine der stärksten Persönlichkeiten, die
Europa im zwanzigsten Jahrhundert besessen hat. Eine prachtvolle Schilderung seines Wesens findet sich in Stefan Zweigs
Buch ,,Die Heilung durch den Geist". Wir wollen es uns nicht versagen, wenigstens einen Abschnitt hierher zu setzen. Zweig konnte
aus jahrelanger, intimer Bekanntschaft schöpfen. Des großen
Altersunterschieds ungeachtet, war er mit Freud eng befreundet.

„Die strenge Tür eines Wiener Mietshauses verschließt seit einem halben Jahrhundert Sigmund Freuds Privatleben: beinahe wäre man versucht zu sagen, er habe überhaupt keines gehabt, so bescheiden hintergründig verläuft seine persönliche Existenz. Siebzig Jahre in der gleichen Stadt, mehr als vierzig Jahre in dem gleichen Haus. Dort wieder die Ordination in demselben Raum, die Lektüre auf demselben Sessel, die literarische Arbeit vor demselben Schreibtisch. Pater familias von sechs Kindern, persönlich völlig bedürfnislos, ohne andere Passionen als die des Berufs und der Berufung. Kein Gran seiner zugleich sparsam und auch verschwenderisch ausgewerteten Zeit jemals vertan an eitles Sichzeigen, an Ämter und Würden, niemals ein agitatorisches Vortreten des schöpferischen Menschen vor das geschaffene Werk: bei diesem Mann unterwirft sich der Lebensrhythmus völlig und einzig dem pausenlosen, gleichmäßig und geduldig strömenden Rhythmus der Arbeit. Jede Woche der tausend und abertausend seiner fünfundsiebzig Jahre umschreibt den gleichen runden Kreis geschlossener Tätigkeit, jeder Tag verläuft zwillingshaft ähnlich dem anderen: in seiner akademischen Zeit einmal in der Woche Vorlesung an der Universität, immer einmal am Mittwoch abends nach sokratischer Methode ein geistiges Symposion in der Runde der Schüler, einmal am Samstag nachmittag eine Kartenpartie — sonst nur von morgens bis abends, oder vielmehr bis spät in die Mitternacht, jede Minute bis zur letzten Sekunde ausgenützt für Analyse, Behandlung, Studium, Lektüre und gelehrte Gestaltung. Dieser unerbittliche Arbeitskalender kennt kein leeres Blatt, der weitgespannte Tag Freuds innerhalb eines halben Jahrhunderts keine ungeistig verbrachte Stunde. Ständiges Tätigsein ist diesem immer motorischen Hirn so selbstverständlich wie dem Herzen der blutumschaltende Schlag; Arbeit erscheint bei Freud nicht als willensunterworfenes Tun, sondern durchaus als natürliche, als ständige und strömende Funktion. Eben aber diese Pausenlosigkeit der Wachheit und Wachsamkeit ist zugleich das Erstaunlichste seiner geistigen Erscheinung: hier wird Normalität zum Phänomen. Seit vierzig Jahren nimmt Freud täglich acht, neun, zehn, manchmal sogar elf Analysen vor, das will sagen,: neun-, zehn-, elfmal konzentriert er je eine ganze Stunde lang sich mit äußerster, mit einer beinahe bebenden Spannung in einen Fremden hinein, behorcht und wägt jedes Wort, während gleichzeitig sein nie versagendes Gedächtnis die Aussagen dieser Psychoanalyse mit jenen aller früheren Sitzungen vergleicht. Er lebt also ganz innen in dieser fremden Persönlichkeit, während er sie gleichzeitig von außen seelendiagnostisch betrachtet. Und mit einem Ruck muß er sich sofort am Ende der Stunde aus diesem einen in einen andern Menschen, den nächsten Patienten, umstellen, achtmal, neunmal an einem Tage — hundert und aberhundert Schicksale also ohne Notizen und Erinnerungshilfen in sich gesondert bewahrend und bis in die feinsten Verästelungen überschauend. Eine so ständig sich umschaltende Arbeitsumformung erfordert eine geistige Wachheit, eine seelische Bereitschaft und Nervenspannung, der ein anderer nach zwei oder drei Stunden nicht mehr gewachsen wäre. Aber die erstaunliche Vitalität Freuds, diese seine Überkraft innerhalb der geistigen Kraft, kennt kein Erschlaffen und Ermüden. Ist spätabends die analytische Tätigkeit, der Neun- oder Zehnstundendienst am Menschen beendet, dann erst beginnt die denkerische Ausgestaltung der Resultate, jene Arbeit, welche die Welt für seine einzige hält. Und all diese riesenhafte, diese pausenlose, an Tausenden von Menschen praktisch wirkende und zu Millionen von Menschen fortwirkende Leistung geschieht ein halbes Jahrhundert lang ohne Helfer, ohne Sekretär, ohne Assistenten; jeder Brief ist mit der eigenen Hand geschrieben, jede Untersuchung allein zu Ende geführt, jedes Werk allein zur Form gestaltet. Nur diese grandiose Gleichmäßigkeit der schöpferischen Kraft verrät hinter der banalen Außenfläche seines Daseins die wahrhafte Dämonie. Erst aus der Sphäre des Geschaffenen enthüllt dies anscheinend normale Leben seine Einmaligkeit und Unvergleichlichkeit."[4]

Wir wollen Freuds wichtigste Ideen kennenlernen, indem wir ihm auf dem Gedankenwege folgen, den er in den „Vorlesungen zur Einführung in die Psychoanalyse" zurücklegt. Der erste Band dieses Werkes formuliert die Ergebnisse, zu denen er und seine Schule bis 1917 gelangt waren; der zweite, weit schmälere Band bringt Ergänzungen und Korrekturen, die ihm bis 1932 nötig erschienen. Die Vorträge des ersten Bandes wurden wirklich gehalten, die des zweiten sind fiktiv. Freud war nach seiner Kieferoperation nicht mehr imstande, öffentlich zu sprechen. Die Lebendigkeit der Darstellung ist aber in dem ganzen Werk dieselbe. Ebenso das Geschick, womit die schwierigste Materie in eine leicht faßliche verwandelt wird.

Die Psychologie kann unter Umständen gerade dadurch zu fundamentalen Erkenntnissen gelangen, daß sie von unscheinbaren Dingen ihren Ausgang nimmt. Solche Dinge sind z. B. die Fehlleistungen: Versprechen, Verlesen, Namen-Vergessen etc. Die Fehlleistungen wurden früher von der Wissenschaft wenig beachtet, es wurde über sie nur Oberflächliches gesagt: daß sie Ermüdungserscheinungen sind, daß am Versprechen außerdem der Gleichklang zweier Worte beteiligt ist, und ähnliches mehr. Nun zeigt aber die Untersuchung einzelner Fälle, daß die Fehlleistungen doch auch wesentlich interessantere Feststellungen zulassen. Studieren wir ein paar Fälle des Versprechens. Ein junger Mann, der auf der Straße einer Unbekannten gefolgt ist, fragt sie, ob er sie ein Stück „begleit-digen" dürfe. Eine Frau rühmt den Hut einer Freundin, indem sie erklärt, er sei wunderbar „aufgepatzt". Ein Festredner bringt einen Toast aus mit den Worten: „Ich fordere Sie auf, mit mir auf das Wohl des Jubilars aufzustoßen". Alle diese Personen haben offenbar außer dem Gedanken, den sie aussprechen wollten, noch einen zweiten gedacht. Der junge Mann war sicherlich ein Schüchterner. Die Frau wollte den Aufputz des Hutes rühmen, fand den Hut aber eigentlich verpatzt. Der Festredner hielt im Grunde seines Herzens recht wenig von dem Jubilar. Die zweite Tendenz war jedesmal eine bedenkliche, ungehörige. Deshalb sollte sie verborgen bleiben. Die Sachlage ist dieselbe, wenn wir ein paarmal hintereinander eine triviale Verrichtung, die wir uns vorgenommen haben (etwa die Absendung eines Briefes), vergessen. Die Absicht wird von einer Gegenabsicht durchkreuzt. Antipathie gegen den Adressaten, Furcht vor der zu erwartenden Antwort od. dgl. schiebt sich als Hindernis ein. Stets ist es die „zweite Tendenz", in der wir die Ursache der Fehlleistung erblicken müssen. Ermüdung, Nervosität, überhaupt die physiologische Disposition schafft bloß die Bedingungen, dank welchen jene sichtbar wird. Das Verhältnis zwischen Ursache und auslösenden Bedingungen kann durch einen Vergleich anschaulich gemacht werden. „Nehmen Sie an, ich ginge in dunkler Nachtstunde an einem einsamen Orte, würde dort von einem Strolch überfallen, der mir Uhr und Börse wegnimmt, und trüge dann, weil ich das Gesicht des Räubers nicht deutlich gesehen habe, meine Klage auf der nächsten Polizeistation mit den Worten vor: Einsamkeit und Dunkelheit haben mich soeben meiner Kostbarkeiten beraubt. Der Polizeikommissär kann mir darauf sagen: Sie scheinen da mit Unrecht einer extrem mechanistischen Auffassung zu huldigen. Stellen wir den Sachverhalt lieber so dar: Unter dem Schutz der Dunkelheit, von der Einsamkeit begünstigt, hat Ihnen ein unbekannter Räuber Ihre Wertsachen entrissen. Die wesentliche Aufgabe an Ihrem Falle scheint mir zu sein, daß wir den Räuber ausfindig machen. Vielleicht können wir ihm dann den Raub wieder abnehmen."*

Können schon der Fehlleistung merkwürdige Einsichten abgewonnen werden, so gilt das in noch höherem Grad vom Traum. Auch der Traum wird von der traditionellen Wissenschaft kurzerhand erledigt. Es wird gesagt, daß er auf äußere sinnliche Reize (Läuten eines Weckers od. dgl.) oder auf Leibreize (Hunger, Durst) zurückzuführen ist, dann etwa noch, daß Ereignisse des Vortages in ihn hineinzuspielen pflegen. Das ist alles. In Wahrheit bleiben so die meisten und wichtigsten Träume, bzw. Trauminhalte unerklärt und unbeachtet. Wir machen einen großen Schritt vorwärts, wenn wir den Traum als psychisches Phänomen auffassen, wenn wir verstehen, daß die überwiegende Mehrzahl der Träume seelische Regungen aus tieferen Regionen zum Ausdruck bringt. Fehlleistung und Traum haben gemeinsam, daß da und dort Unbewußtes nach der Sphäre des Bewußtseins vorstößt. Dies vorausgesetzt, gelangen wir relativ leicht zur Deutung einzelner Traumelemente. Derjenige, der den Traum gehabt hat, kann die Deutung wesentlich fördern, indem er dem Analytiker die Einfälle erzählt, die sich bei ihm an die betreffenden Elemente anreihen. Beispiel: Ein Mann sieht im Traum seinen Bruder in einem Kasten. Nach seinen Einfällen befragt, assoziiert er zunächst zu dem Kasten das gleichbedeutende Wort Schrank und interpretiert dann selbst das Geschehene als seinen Wunsch, „daß der Bruder sich einschränken möge". Der Traum hat den zugrunde liegenden Gedanken entstellt, aber nicht ganz unerkennbar gemacht. Die „Traumentstellung" ist das Resultat einer spezifischen „Traumarbeit". Die Traumarbeit bedient sich verschiedener Methoden: der „Verdichtung" lang hingezoge-

---

* „Vorlesungen etc.", 1. Bd., 1917, S. 13—80. Die im Wortlaut angeführte Stelle findet sich auf S. 38.

ner Gedanken in einen einzigen kurzen Vorgang, der „Verschiebung des Akzents" von der Hauptsache auf ein Detail, der Ersetzung unsinnlicher Ideen durch sinnliche („sich einschränken" — „Schrank"). Der Analytiker hat die Aufgabe, den Weg der Traumarbeit in entgegengesetzter Richtung zu durchmessen, vom „manifesten Trauminhalt" her die „latenten Traumgedanken" ausfindig zu machen. *

Mit dem Versuch, isolierte Traumelemente zu erklären, kommen wir manchmal vom Fleck, aber nicht immer. Hingegen gelangen wir zu einer allgemeinen Vorstellung vom Wesen des Phänomens, wenn wir die unentstellten Träume betrachten, die im Kindesalter häufig sind. Diese sind unverkennbar reine Wunscherfüllungen. Ein Kind träumt etwa, daß es alle Kirschen aus einem Korb, den es tags zuvor gesehen, aufgegessen hat; oder es träumt seinen Namen und dazu einen Speisezettel aus Lieblingsgerichten. In den Träumen der Erwachsenen müssen wir ebenfalls, trotz den Entstellungen, halluzinierte Wuncherfüllungen erblicken. Wir dürfen uns nicht dadurch beirren lassen, daß die Wünsche, um die es sich handelt, regelmäßig einen extrem egoistischen und obszönen Charakter haben. Die menschlichen Urtriebe, die durch die Erziehung, die soziale Gewöhnung, überhaupt die Zivilisation aus dem wachen Bewußtsein verbannt sind, brechen im Traum aus dem Unbewußten hervor. Der Träumende wünscht Personen, die ihm im Leben nahestehen, gewaltsam zu beseitigen, er wünscht mit der Frau seines Freundes zu schlafen, wünscht andere Frauen zu vergewaltigen u. dgl. Bei den meisten Menschen besteht der schroffste Widerspruch zwischen dem bewußten Teil ihrer Persönlichkeit und den Trieben, die sie unbewußt in sich tragen. In ihrer ganzen Wildheit können sich die zurückgestauten Triebe aber selbst während des Schlafes nicht an die Oberfläche wagen. Ein eigenartiger psychischer Mechanismus (die „Traumzensur") macht sie dem Träumenden erträglich, indem er sie abschwächt und umgestaltet. Daher die Traumentstellung, die von dem interpretierenden Analytiker rückgängig gemacht wird. Übrigens wäre die Arbeit der Interpretation teilweise selbst dann nötig, wenn es keine Traumentstellung gäbe. Oft tritt nämlich ein Gedanke im Traum nicht unmittelbar auf, sondern ist durch ein Symbol ersetzt. Konvexe, längliche, der Verlängerung fähige Gegenstände erscheinen für das männliche Genital, konkave Gegenstände, Taschen, Schachteln, Koffer für das weibliche, Wasser für Geburt, Stoff, Holz für Frau, Stiegensteigen für Geschlechtsverkehr. Der Analytiker hat die Symbolsprache in die normale Sprache zu übertragen. Dabei können ihm philologische Untersuchungen von großem Nutzen sein. Die Ausbildung von Symbolen ist ein Urtrieb der menschlichen Psyche. Die Traumsymbolik hat vielfach sprachliche Parallelen.[5] Schließlich ist eine experimentelle Kontrolle der gewonnenen Deutungen möglich. Wenn ein Hypnotisierter, dem der Arzt einen Traum mit sexuellem Inhalt suggeriert, etwa Traumbilder von Taschen sieht, so ist die analytische Deutung dieses Symbols als richtig erwiesen.**

---

* Ebenda, S. 81—131, 186—210.
** Ebenda, S. 132—85. (Der Hinweis auf den hypnotischen Versuch im 2. Bd., S. 31.)

Das Verständnis des Traums ist eine gute Grundlage zum Verständnis der neurotischen Symptome. Die Analyse beschäftigt sich vor allem mit drei Arten der Neurose: der Zwangs-, hysterischen und Angstneurose. Die erste Art ist diejenige, in der sich die entscheidenden Merkmale der Neurotik am schärfsten ausprägen. Das Leiden des Zwangsneurotikers besteht darin, daß er fortwährend einen ganz bestimmten seltsamen Gedanken denken, eine bestimmte seltsame Handlung ausführen muß. Der Zwang ist für ihn qualvoll; er versteht das Symptom nicht, er kann sich davon nicht befreien. Der Analytiker erklärt das Symptom nach derselben Methode, nach der er Träume deutet. Ebenso wie beim Traum stößt er alsbald auf ein sexuelles Motiv. Beispiel: Ein junges Mädchen hat ein extrem kompliziertes, scheinbar sinnloses „Schlafzeremoniell". Zu den Vorbereitungen, die sie machen muß, um einschlafen zu können, gehört es u. a., daß der Kopfpolster die Bettwand nicht berühren darf. Die Analyse findet, und sie bestätigt es, daß ihr der Polster die Mutter, die aufrecht stehende Bettwand den Vater vorstellt. Der Sinn des Zeremoniells ist: die gegenseitige Berührung der Eltern, der Geschlechtsverkehr der Eltern soll verhindert werden; die geschlechtlichen Wünsche, die die Patientin in der Kinderzeit empfand, sollen erfüllt werden.*

Nicht nur in diesem, in jedem Fall wird der Analytiker, der dem Ursprung der Neurose nachforscht, auf das Faktum der Kindersexualität geführt. Das Assoziationsmaterial, das die Neurotiker liefern, umfaßt unweigerlich sexuelle Strebungen, die in die früheste Lebenszeit zurückweisen. Direkte Beobachtungen entrückt es jedem Zweifel, daß der Geschlechtstrieb schon im Säugling lebendig ist. Ein-, zweijährigen Kindern dienen Stellen des eigenen Körpers dazu, der Libido Befriedigung zu verschaffen. In einem etwas fortgeschritteneren Alter richtet sich die Libido vom eigenen Körper weg auf andere Personen. Sie nimmt die Form des Inzestwunsches an, des Wunsches nach Geschlechtsverkehr mit den nächsten Blutsverwandten. Von dem kleinen Mädchen wird der Vater begehrt, von dem kleinen Knaben die Mutter. Die Vorstellungen und Tendenzen, die nach dieser Richtung gehen, werden von der Psychoanalyse Ödipuskomplex genannt, in Anlehnung an die Tragödie des Sophokles, die die Schicksale des unseligen Königssohnes gestaltet, der seinen Vater erschlägt und seine eigene Mutter heiratet.**

Hat man von der Frühgeschichte des Sexualtriebs eine Vorstellung, so enthüllt sich auch der Entstehungsprozeß der Neurose. Der Prozeß ist folgender. Die Libido des Heranwachsenden oder des schon Erwachsenen richtet sich früher oder später einmal auf ein Objekt, das sie nicht erlangen kann, das sich ihr versagt. Nun sind mehrere Entwicklungen denkbar. Die simpelste ist die, daß ein Zustand der Trauer, der Niedergeschlagenheit eintritt, der nach einiger Zeit überwunden wird. Eine andere Möglichkeit: die Libido sucht und findet Entschädigung in einer scheinbar nicht-sexuellen Tätigkeit, in sozialer oder künstlerischer Arbeit („Sublimierung"). In all diesen Fällen entsteht keine

---

* Ebenda, S. 271—308.
** Ebenda, S. 345—89.

Psychoanalyse

Neurose. Doch gibt es noch eine weitere Möglichkeit: die Libido wendet sich nach einem Objekt zurück, das ihr vormals, in der Kindheit, Befriedigung gewährt hat, und wäre es auch bloß eine vorgestellte, phantasierte Befriedigung gewesen. Man spricht von „Regression der Libido". Das gesamte übrige Ich erhebt gegen diese Wendung Einspruch. Ein halbwegs reifer Mensch kann nicht, ohne mit sich selbst in Widerspruch zu geraten, zur infantilen Sexualität zurückkehren. In dem Konflikt, der zwischen der Libido und dem Ich ausgefochten wird, siegt entweder die Libido: dann bildet sich eine Perversion heraus (die nichts anderes ist als das Fortschleppen infantiler Züge in die Periode der Erwachsenheit); oder das Ich siegt: dann wird die Libido ins Unbewußte gestoßen, „verdrängt". Doch bleibt ihr Kraft genug, ein neurotisches Symptom zu erzeugen. Das neurotische Symptom verhält sich zur verdrängten Libido wie der manifeste Trauminhalt zum latenten Traumgedanken. Es ist die infantile Befriedigung, aber so maskiert, daß das Bewußtsein sie passieren läßt. Es ist eine Ersatzhandlung für die infantile Befriedigung, vermischt mit Reminiszenzen an die Situation, von der die Erkrankung ausging.*

Wie sieht die Therapie aus, die der Analytiker gegen die Neurose zur Anwendung bringt? Das Prinzip ist einfach: es handelt sich darum, die unbewußten Inhalte der Libido ins Bewußtsein zu heben, damit der Patient in die Lage kommt, sie geistig so zu verarbeiten, daß sie sein Wohlbefinden nicht mehr stören. Die Durchführung ist allerdings schwierig. Gewöhnlich erhebt sich beim Patienten ein heftiger „Widerstand" gegen das Bewußtwerden der verdrängten Inhalte. Dieselben Kräfte, die seinerzeit die Verdrängung bewirkt haben, wehren sich dagegen, daß sie annulliert wird. Eine zweite Schwierigkeit ist das Auftauchen der „Übertragung". Der Patient überträgt im Laufe der Behandlung Liebes- oder Haßgefühle, die vormals anderen Personen gegolten haben, auf den Arzt. In den Anfängen der Analyse schien es, als flöße hieraus eine Quelle unendlicher neuer Verwirrung, durch die aller Heilerfolg in Frage gestellt sein würde. Doch zeigte es sich, daß die Übertragung zum Instrument der Heilung gemacht werden kann. Die triebhaften Strebungen des Kranken trennen sich allmählich von dem Objekt, an das sie früher fixiert waren, und wenden sich dem Arzt zu. Die ursprüngliche Neurose wird durch eine Übertragungsneurose ersetzt. Mit ihrer neuen Zielrichtung sind die Strebungen so offenbar realitätswidrig, daß der Arzt das dem Patienten leicht zu beweisen, die Übertragungsneurose vor seinen Augen aufzulösen vermag. Dabei kommt der verdrängte Komplex an die Oberfläche, die ursprüngliche Neurose wird mit aufgelöst. In der Ausnützung der Übertragung liegt der entscheidende therapeutische Fortschritt der Analyse gegenüber der Breuerschen Katharsis. Erst durch die analytische Methode wird die dauernde Genesung des Neurotikers zur Regel.**

Bis hierher reicht der Gedankengang des ersten Bandes der „Vorlesungen". Die Modifikationen der analytischen Theorie,

---

* Ebenda, S. 390—437.
** Ebenda, S. 503 bis Schluß.

die sich in der Zeit nach dem Weltkrieg ergaben, sollen gewiß
nicht unterschätzt werden. An grundlegend neuen Auffassungen
ist der zweite Band aber doch viel ärmer als der erste. Wir haben
nur mehr eine verhältnismäßig kurze Strecke zu durchmessen.

Die Einteilung der psychischen Phänomene ist eine ungenaue, besser gesagt
eine rein statische. Seit je anerkennt die Analyse, wenn sie vom dynamischen
Gesichtspunkt urteilt, eine dritte Kategorie von Erscheinungen: die vorbe-
wußten. Deren Eigenart ist es, daß sie, obschon unbewußt, relativ leicht ins
Bewußtsein gerufen werden können, während die im engeren Sinne unbewußten
Inhalte sich nur durch einen mühsamen Prozeß ans Tageslicht bringen lassen.
Neben der Gliederung des Psychischen in Bewußtes, Vorbewußtes, Unbewußtes
ist nun aber noch eine andere möglich, die sich mit der ersten überschneidet: der
Analytiker findet es zweckmäßig, vom „Ich" das „Über-Ich" und das „Es"
abzusondern. Das Über-Ich tritt in extremer Form bei gewissen Geisteskranken
hervor, die dauernd das quälende Gefühl des Beobachtet- und Kontrolliert-
werdens haben. Dasselbe Gefühl kennt in milder Form auch der normale
Mensch. Wie kommt es, daß sich vom Ich eine Kontroll-Instanz lostrennt?
Die Entstehung des Über-Ich hängt mit dem Ödipuskomplex zusammen. Häufig
bewirken libidinöse Strebungen, daß wir uns mit dem Objekt der Libido (dem
geliebten Menschen, in populärer Sprache) identifizieren. Die kindliche Libido,
die mit der Zielrichtung auf die Eltern nicht durchdringt, schafft sich Ersatz
in einer solchen Identifizierung. Beim Auflassen des Ödipuskomplexes setzt
sich ein Teil des kindlichen Ich an Stelle der Eltern, übernimmt die Aufsichts-
funktion, die vorher die Eltern ausgeübt haben. Allmählich geht in das Über-Ich
auch noch die Funktion der Personen ein, die im späteren Leben an Stelle der
Eltern treten: Erzieher, Lehrer usf. Das Über-Ich repräsentiert als „Gewissen"
die Forderungen der Gesellschaft. Zugleich stellt es dem Ich das Ideal gegenüber,
das in der Zeit des Ödipuskomplexes Vater oder Mutter geheißen hat. Man könnte
denken, das Ich und das Über-Ich seien durchaus der bewußten Sphäre zuzurechnen. Das ist aber ein Irrtum. Der Widerstand gegen das Bewußtwerden ver-
drängter Inhalte, den die analytische Behandlung zu überwinden hat, rührt vom
Ich und Über-Ich her. Die Motive des Widerstands sind natürlich unbewußt.
Somit gibt es unbewußte Teile des Ich und Über-Ich. Sie unterscheiden sich
vom Es, das zur Gänze unbewußt ist, dadurch, daß sie doch nicht in die
letzten Tiefen hinunterreichen. Das Es ist die dunkle Unterschicht des Psychischen, die wichtigste Sphäre und doch die, von der wir am wenigsten aussagen können. Gewiß ist, daß für die Triebe, die im Es beschlossen sind, das
Gesetz des Widerspruches nicht gilt, daß sie vom Zeitablauf nicht berührt werden.
Die Inhalte, die aus dem Bewußtsein verdrängt worden sind, werden ununter-
scheidbare Bestandteile des Es. Somatische Einflüsse sind die letzten Faktoren,
von denen wir uns das Es beherrscht denken müssen.*

---

* „Vorlesungen etc.", 2. Bd., 1933, S. 80—111.

Die Analyse wird seit je beschuldigt, daß sie alles und jedes auf einen einzigen Trieb, den sexuellen, zurückführe. Der Vorwurf ist nicht begründet. Ursprünglich nahm die Analyse an, daß außer den sexuellen sogenannte „Ich-Triebe" bestehen; sie konstruierte die Psyche so ähnlich, wie das Schillersche Gedicht es tut, demzufolge die Welt „durch Hunger und durch Liebe" zusammengehalten wird. Die Entdeckung des „Narzißmus", der merkwürdigen Tatsache, daß sich die Libido auf das eigene Ich richten kann, zwingt, diese Hypothese aufzugeben. Was zuerst als Ich-Trieb angesehen wurde, ist bloß eine spezielle Äußerung des Geschlechtstriebs. Damit ist aber nicht gesagt, daß neben diesem nicht noch eine zweite Kategorie von Trieben existiert. Im Gegenteil: die Erscheinungen des Sadismus und Masochismus lassen sich von keiner anderen Voraussetzung aus erklären. Der Masochismus (geschlechtliche Lust am Schmerz) enthält in sich sowohl das Sexuelle als auch eine Komponente, die ihm entgegenläuft. Das Sexuelle (Eros) zielt auf Fortbestand, Fortpflanzung. Das Ziel des zweiten, im Masochismus sichtbaren Triebes ist Selbstvernichtung, Tod. Gleich jedem anderen ist auch der Todestrieb vielfacher Verwandlung fähig. Nach außen gekehrt, wird er Lust an Aggression und Destruktion. Mit dem Geschlechtlichen vermischt, wird die Aggressionslust zum Sadismus. Das Über-Ich vermag die Aggression von der Außenwelt abzuziehen. Auf das Ich zurückgekehrt, erzeugt sie das Schuldgefühl oder Strafbedürfnis, das, scheinbar ohne vernünftigen Grund, bei unzähligen Menschen auftritt. Es ist einer der wichtigsten psychischen Komplexe; auch die Pädagogik, die Kriminalistik muß sich mit ihm auseinandersetzen. Sexualtrieb und Todestrieb können auf ein gemeinsames biologisches Prinzip zurückgeführt werden: den Wiederholungszwang. Nicht nur das seelische, auch das vegetative Leben ist von Trieben beherrscht. Stets ist das Ziel des Triebes Wiederholung von Früherem. So wie Eros das Leben zu erneuern strebt, so will der andere Trieb durch Selbstvernichtung den Zustand wiederherstellen, aus dem das Leben allererst hervorgegangen ist.*

Nicht nur in ihren Anfängen wurde die Analyse heftig kritisiert; die Kritik ist zum großen Teil bis heute lebendig geblieben. Man hat viele unsinnige Einwendungen geltend gemacht, anderseits aber doch auch manche, die den und jenen richtigen Gesichtspunkt enthalten. Wir wollen uns mit einigen Argumenten der Analysegegner auseinandersetzen. Das ist eine gute Methode, zu einem eigenen Urteil über die Sache zu gelangen.

I. Das wahrscheinlich älteste aller gegen Freud erhobenen Bedenken ist philosophischer Natur. Freud geht davon aus, daß es unbewußte Vorstellungen, Triebe usw. gibt, und daß sie in unserem Leben eine entscheidende Rolle spielen. Gewisse

---

* Ebenda, S. 132—53.

Erkenntnistheoretiker sehen nun hier einen Widerspruch. Das Psychische und das Bewußte, meinen sie, ist identisch; einen unbewußten Seelenvorgang anzunehmen, ist ebenso sinnvoll, wie von einem viereckigen Kreis zu reden. Mit vollem Recht hat Freud dieses Bedenken kurzerhand zurückgewiesen. Seine Beobachtungen zwingen einfach dazu, das Unbewußte als existent zu begreifen. Die Wirkungen des Unbewußten sind den Wahrnehmungen zugänglich. Von den Wirkungen darf die Analyse auf die Ursache schließen, genau so wie es alle Naturwissenschaften in tausend analogen Fällen tun. Stimmt eine durch Erfahrung fundierte Hypothese mit philosophischen Denkgewohnheiten nicht überein — um so schlimmer für die Denkgewohnheiten. *Sie* müssen revidiert werden, nicht etwa die Hypothese.

2. Der Einwand gegen den Begriff des Unbewußten wird sicher öfters von ganz ehrlichen Leuten vorgebracht. Oft aber ist er nur die Maske eines anderen, der sich auch unverhüllt hervortraut: des Einwandes gegen den von Freud behaupteten Inhalt des Unbewußten. Nach Freud trägt jeder von uns, ohne es zu ahnen, einen brodelnden Kessel von Scheußlichkeiten mit sich herum. Die gemeinsten Wünsche, besonders geschlechtlicher Natur, sind unablässig in uns am Werk. „Das *kann*", wird zuweilen gesagt, „nicht wahr sein, weil es nicht wahr sein *darf*. Es nimmt uns alle Achtung vor uns selbst. Es reduziert den Menschen auf die Stufe des Tieres." Man muß wohl nicht viel Worte machen, um zu erklären, daß ein solcher Gedankengang nicht wissenschaftlich ist. Die Psychologie hat die Aufgabe, uns die Seele des Menschen zu zeigen, wie sie ist, nicht, wie wir sie gern haben möchten. Ist sie voll von Häßlichkeiten, so werden wir vielleicht abermals genötigt sein, Denkgewohnheiten, und vielleicht sogar höher gewertete als jene erkenntnistheoretischen, fallen zu lassen. Aber wir setzen uns selbst herab, wenn wir uns weigern, der Wahrheit ins Gesicht zu schauen.

3. „Die analytische Lehre ist nicht richtig, weil sie nicht erfreulich ist" — so wird nur ein naiver Mensch argumentieren, und regelmäßig wohl auch nur einer, der der konservativen Weltanschauung zuneigt. Ein ähnliches Argument wird aber auch

von fortschrittlich Denkenden gebraucht. Es lautet ungefähr:
,,Für die Analyse sind die höchsten menschlichen Tätigkeiten,
wie soziale und künstlerische Tätigkeiten, bloße Äußerungen des
sublimierten Geschlechtstriebes. Das Edle ist demzufolge aus
demselben Stoff wie das Gemeine. Dadurch wird das Edle
entwertet. Der Ansporn zur Höherentwicklung der Gesellschaft
geht verloren." Wieder haben wir es mit einem unstichhältigen
Bedenken zu tun. Der Maßstab für den Wert einer wissenschaftlichen Lehre ist ihr Wahrheitsgehalt. Eine richtige wissenschaftliche Doktrin kann ,,an sich" nie sozialschädlich sein. Bloß ihr
Mißbrauch kann es unter Umständen sein. Im übrigen ist die
Theorie von der Sublimierung nicht um eine Spur gefährlicher
als alle Theorien, die uns über die Entstehung des Höheren aus
dem Niedrigeren unterrichten, z. B. der Darwinismus. Daß
der Mensch vom Affen und letztlich von einzelligen Lebewesen
abstammt, hindert uns nicht, ihn über das Tier zu stellen. Daß
die künstlerische Produktion letztlich dem Sexualtrieb entstammt, hindert uns, selbst wenn wir es vollinhaltlich akzeptieren, in keiner Weise, sie wertmäßig vom unvergeistigten geschlechtlichen Verlangen scharf abzusondern. Freud selbst
vollzieht diese Sonderung, er betont nachdrücklich, daß er uner-
achtet seiner genetischen Auffassung die Höherwertigkeit der
sublimierten Triebe gegenüber den unsublimierten anerkennt.
Allerdings hätte das in Rede stehende analysefeindliche Argument keinerlei Verbreitung gefunden, träte nicht bei den Lesern
psychoanalytischer Schriften manchmal die Tendenz hervor, den
genetischen und den Wertgesichtspunkt zu vermengen. Auch
durchgebildete Analytiker bekunden oft die erstaunlichste
Geringschätzung sozialer, speziell politischer Leistungen, deren
Motiv sie durchschaut haben — oder durchschaut zu haben
glauben.

    4. Ungleich schwerer als die bisher erwähnten Einwände
wiegt ein anderer. * Die Analyse gibt vielen ihrer Behauptungen
eine zu allgemeine Fassung. Thesen, die an sich richtig und durch

---

    * Vgl. zum folgenden: F. H. Bartlett, ,,Sigmund Freud. A Marxian
Essay." 1938.

Erfahrung überprüfbar sind, werden so sehr erweitert, daß sie schließlich Richtiges und Falsches in sich begreifen. Dieser Fehler stammt daher, daß Freud von gewissen mechanistischen Ideen, die in seiner Jugendzeit das bürgerliche Denken beherrschten, zeitlebens nicht losgekommen ist.* Seine Psychologie behandelt „den Menschen an sich." Er sieht nicht die Dialektik der historischen Entwicklung. Er sieht nicht, daß „der Mensch" im Urkommunismus, „der Mensch" im Kapitalismus, „der Mensch" in der sozialistischen Gesellschaft ganz verschiedene Wesen sind. Deshalb schreibt er z. B. der Lehre vom Ödipuskomplex die generellst mögliche Geltung zu, während anthropologische Forschungen zeigen konnten, daß die Angehörigen eines primitiven Stammes in Melanesien von diesem Komplex frei sind und auch keinen ähnlichen kennen.** Die Latenzperiode der Sexualität, die sich nach Freud zwischen das vierte Lebensjahr und die Pubertät einschiebt, fehlt bei manchen Stämmen in Melanesien, Samoa, Mittelaustralien.*** Der Todestrieb, wenn er überhaupt als existent angenommen werden soll, ist sicher zeit- und klassenbedingt; an Wichtigkeit ist er sicher mit dem Sexualtrieb nicht vergleichbar.† In der analytischen Lehre werden noch viele ähnliche Willkürlichkeiten vorgetragen.

5. Ein weiterer ernster Fehler der Analyse besteht darin, daß sie die Bedeutung gesellschaftlicher Umstände für die psychische Entwicklung des Individuums übersieht, anderseits zu ungebührlicher Expansion in das Feld der Gesellschaftswissenschaften neigt. Sie möchte geradezu all diese Wissenschaften einbeziehen und in ihrem Sinn umgestalten. Das Auftreten einer solchen Tendenz ist sozusagen etwas Natürliches. Für eine erfolgreiche psychologische Doktrin lag es nahe, sie zu entwickeln. Die Sozialwissenschaften handeln durchwegs vom menschlichen Verhalten. Menschliches Verhalten ist der Gegenstand der

---

* Ebenda, S. 28, 121.
** Ebenda, S. 52 ff. Bartlett stützt sich auf B. Malinowski, „Sex and Repression in a Savage Society", 1927.
*** Ebenda, S. 100. Hier kann Bartlett außer Malinowski auch Margaret Mead und den Analytiker Geza Roheim als Gewährsleute anführen.
† Ebenda, S. 137.

Psychologie. Sollte es nicht möglich sein, Geschichte, Literaturgeschichte, Nationalökonomie als Einzeldisziplinen der ange-
wandten Psychoanalyse aufzufassen? Selbstverständlich ist das
ein krasser Fehlschluß. Die menschlichen Akte, um die es in den
Sozialwissenschaften geht, sind nur teilweise psychisch und sind
zugleich hundertfältig außerpsychisch determiniert: durch Fülle
oder Mangel an materiellen Ressourcen, durch den Stand der
Produktivkräfte, durch die gesamte soziale Organisation, in die
der einzelne hineingeboren wird, die er, was immer seine Triebe ihm
diktieren mögen, zur Kenntnis nehmen, mit der er rechnen muß.
Die Psychoanalyse ist vielfach in die Falle gegangen, die dem
soziologisch ungeübten Denken hier gestellt ist. Freud selbst hat
den Anfang gemacht. Zum Beispiel ist seine psychologische
Darstellung der Urgeschichte genau so haltlos wie andere idealistische Geschichtskonstruktionen.[6] Haltlos ist seine Meinung,
daß in der Geschichte Phasen der Aggression mit solchen ab-
wechseln, in denen Eros herrscht;[7] daß der Kampf gegen den
Krieg hauptsächlich gegen das psychische Phänomen des Aggres-
sionstriebs gerichtet werden muß.[8] Seine Irrtümer kehren in
vergröberter Form bei seinen Schülern wieder. Ein Analytiker
legt dar, daß zur Friedenssicherung die Ausschaltung der offenen
Aggressionslust nicht genügt, und fordert Beseitigung des unbewußten Sadismus, der in vielen Friedensfreunden am Werk ist.[*]
Ein anderer erklärt die Währungspolitik, die England um 1920
betrieb, aus gewissen unbewußten (wohl sadistischen?) Motiven
der Regierenden.[9] Ein dritter glaubt, daß der politische Konservativismus (wann und wo immer er in der Weltgeschichte auftritt) durch Identifizierung mit dem Vater, die demokratische
oder radikale Gesinnung (wann und wo immer sie auftritt) durch
den Ödipuskomplex erzeugt ist.[**] Es ist ein ganz primitiver
Fehler, dessen sich diese Schriftsteller schuldig machen: Verwechslung von Möglichkeiten und Wirklichkeit. Die analytischen Lehren vom Mechanismus der Triebe sind so allgemeiner

* E. Glover, „War, Sadism and Pacifism", 1933, S. 41 ff.
** Vgl. M. D. Eder, „Psychoanalysis in Relation to Politics", in dem
von Jones herausgegebenen Band „Social Aspects of Psychoanalysis", 1924,
S. 128—68.

Art, daß sie günstigstenfalls die Möglichkeit sozialer Erscheinungen begründen, niemals aber zeigen können, warum das und das zu bestimmter Zeit an bestimmtem Ort wirklich geschehen ist. Warum berichtet die Geschichte, trotz Aggressionstrieb, von langen Friedensperioden? Warum blieben, selbst in den größten Kriegen der Gegenwart, viele Länder neutral? Warum hat die russische proletarische Revolution nicht unter den Ruriks stattgefunden? All das sind beantwortbare Fragen, die Beantwortung ist gar nicht besonders schwer, nur muß man ökonomisches und politisches Material zur Verfügung haben. Die Analyse kann Lücken ausfüllen, Episoden verständlich machen, Eigenarten im Charakter historischer Gestalten oder in der Haltung kleiner sozialer Gruppen aufhellen. Aber mehr kann sie nicht tun. Das Dilettieren auf sozialwissenschaftlichem Gebiet ist eine Gefahr für die Freudsche Schule. Gar zu leicht fällt von da ein Schatten auch auf ihre positiven Leistungen. Sie sollte es begrüßen, wenn ein analytisch *und* soziologisch geschulter Autor wie Walter Hollitscher es unternimmt, die Grenzen zwischen Psychologie und Soziologie abzustecken. *

Das Lebenswerk Freuds ist ein großes Werk. Wahrscheinlich wird sich einmal zeigen, daß ihm außer den eben erwähnten sozialwissenschaftlichen auch rein psychologische Irrtümer unterlaufen sind. Wahrscheinlich werden auch seine Grundanschauungen durch spätere Forschungen Korrekturen erfahren. Sein Verdienst wird sich dadurch nicht verringern. Die Entdeckung der unbewußten Seelenvorgänge, des Verdrängungsapparates, der Allgegenwart des Sexuellen sichert ihm jedenfalls Unsterblichkeit. Die Fruchtbarkeit seiner Ideen ist außerordentlich. Sie dokumentiert sich nicht nur in der internationalen analytischen Bewegung (die, soweit sie Probleme behandelt, welche zur psy-

---

* Vgl. W. Hollitscher, „Sigmund Freud. An Introduction", 1947. — Versuche der Grenzziehung sind schon öfters gemacht worden, so von R. Waelder („Lettre sur l'Étiologie et l'Évolution des Psychoses collectives. La Situation historique actuelle", in dem Band „L'Esprit, l'Ethique et la Guerre", herausgegeben vom Internationalen Institut für geistige Zusammenarbeit, 1934) und von R. Osborn („Freud and Marx", 1937).

chologischen Erfassung taugen, nützliche Arbeit tut). Freud
hat weit über die Fachkreise hinaus das zeitgenössische Denken
befruchtet. Es sei nur an die Fülle von Anregungen erinnert, die
er der Dichtung gegeben hat. Die Schriften der österreichischen
Moderne und des Expressionismus wären ohne ihn ungleich ärmer;
eine Menge der interessantesten Figuren und Motive würde fehlen.
Seine Wirkung auf die deutsche, französische, englische, ameri-
kanische Dichtung ist ebenfalls beträchtlich. Viele von ihm
geprägte Begriffe — Verdrängung, Sublimierung, Fehlleistung,
Ödipuskomplex — sind Gemeingut der Gebildeten geworden. In
seinem Werk stecken auch hohe ästhetische und ethische Werte.
Ästhetische: er ist ein Prosakünstler ersten Ranges; die Klarheit und Freiheit seiner Sprache hat oft etwas Hinreißendes.
Ethische: die Welt von Haß, die gegen ihn aufstand, hat ihn
nicht dazu gebracht, auf ein Jota seiner Wahrheit zu verzichten.
Wenn irgendeiner, so konnte *er* sagen: ,,Hätt' Wahrheit ich
geschwiegen, mir wären Hulder viel." Ein Österreicher, und doch
ein Antipode des Opportunismus: welch ein Schauspiel! Welch
ein Beispiel!

Hundertmal hat man versucht, ihn in einen bestimmten
geistesgeschichtlichen Zusammenhang einzureihen. Man hat
ihn neben Nietzsche, Knut Hamsun, Ludwig Klages, Oswald
Spengler gestellt als einen der Denker, die am Beginn des 20. Jahrhunderts die Weltanschauung des 19. überwanden; die die
Intellektsherrschaft, durch welche jene gekennzeichnet war,
stürzten und die nicht-rationalen Kräfte der Psyche in ihre ange-
stammten Rechte einsetzten. Daran ist etwas Richtiges und sehr
viel Falsches. Richtig ist, daß Freud den Kampf gegen die psychologischen Fiktionen der liberalen Bourgeoisie nicht allein zu
führen brauchte. Sein Schaffen fällt in die Epoche des Imperialismus. Die Zersetzung des kapitalistischen Systems, die in dieser
Epoche vor sich geht, war von allem Anfang an und mit besonderer Heftigkeit Zersetzung der liberalen Ideologie. Nietzsche,
Hamsun und die Legion anderer, die ihnen folgten, wiesen unermüdlich auf die Unterschätzung des Triebhaften hin, deren man
sich früher schuldig gemacht hatte. Trotzdem sind sie durch
einen Abgrund von Freud getrennt. Sie beseitigten den ober-

flächlichen Rationalismus des 19. Jahrhunderts, aber nur, um einen noch oberflächlicheren, einen höchst gefährlichen Irrationalismus an seine Stelle zu bringen. In dem Wertkonflikt zwischen Vernunft und Unvernunft optierten sie für die zweite. So wirkten sie als Mauerbrecher für die abscheuliche Mystik der Faschisten. Damit hat Freud nicht das geringste zu tun. Er ist überhaupt nicht Irrationalist in dem Sinn wie die Dichter und Philosophen, mit denen man ihn zu vergleichen pflegt. Von den dunklen Elementen der Menschenseele wußte er so viel wie sie, und noch einiges mehr; sich der Dunkelheit zu unterwerfen oder sie gar zu lieben, kam ihm nicht in den Sinn. Seine Eigenart, sein Format zeigen sich gerade darin, daß er, der Zermalmer bürgerlicher Vorurteile, den besten Ideen des Bürgertums, den Ideen von 1789 die Treue hielt. Er erkannte die bedrohte Lage der heutigen Zivilisation (wenn sich auch der Ursprung der Drohung vor seinem Blick verzerrte). Er glaubte, daß die Welt der Zivilisation, die Welt, in der Vernunft, Freiheit, Gesittung regieren, in Kampf und Kleinarbeit gegen die Barbarei gesichert werden könne, und daß hier die Aufgabe der modernen Menschheit zu suchen sei. Diese Gedankenrichtung tritt in seinen Altersschriften unmißverständlich hervor. Sie verbindet ihn nicht nur mit dem bürgerlichen, sondern auch mit dem proletarischen Emanzipationskampf. Er ist ein fortschrittlicher Philosoph — fortschrittlich nach dem Motiv seines Schaffens genau so wie nach der immanenten Tendenz seiner Lehre. Der weiseste seiner Schüler, Thomas Mann, war berechtigt, ihn den großen Aufklärern zuzuzählen. Er war berechtigt, von ihm zu rühmen, daß er einen wichtigen Baustein beigetragen habe „zum Fundament der Zukunft, zur Wohnung einer befreiten und wissenden Menschheit". *

---

* Th. Mann, „Die Stellung Freuds in der modernen Geistesgeschichte" in: „Die Forderung des Tages", 1930, S. 224.

PAZIFISMUS

Die österreichische Friedensbewegung ist ein Teil der internationalen, hat sich in Verbindung mit dieser entwickelt und ausgebreitet. Die internationale Bewegung selbst ist — wenngleich der Wunsch der Menschheit nach dauerndem Frieden in die fernsten Vergangenheiten zurückverfolgt werden kann — verhältnismäßig jungen Datums. Sie entstand in den Achtziger- und Neunzigerjahren des 19. Jahrhunderts als Reaktion auf den Übergang des Kapitalismus zu imperialistischen Formen. Welch tiefe ökonomische, soziale, ideologische Wandlungen damals einsetzten, wurde nur von wenigen erkannt. Daß das Wettrüsten der Großmächte, das gleichzeitig einsetzte, die Gefahr eines gewaltigen Krieges involvierte, sahen viele Freunde des liberalen Gedankens in seiner ursprünglichen Gestalt, Freunde des sozialreformerischen Gedankens, endlich religiös eingestellte Menschen fingen an, sich intensiv mit dem Problem der Friedenssicherung zu beschäftigen. Sie schufen in den meisten europäischen Ländern und in Amerika Organisationen, welche Mittel der Friedenssicherung ausfindig zu machen, die Völker auf die Zuspitzung der internationalen Lage hinzuweisen trachteten. Ein charakteristischer Zug in der Geschichte dieser Organisationen war es, daß sie von etlichen Großkapitalisten finanzielle, von etlichen Regierungen politische Unterstützung bekamen, und daß sie trotzdem ihr eigentliches Ziel nicht wesentlich zu fördern vermochten. Nicht nur war die Friedensbewegung in den kritischen Jahren um 1910 ohne jeden Vergleich schwächer als die zum Krieg treibenden Kräfte; sie konnte auch nicht verhindern, daß im August 1914 Millionenmassen die hereinbrechende Katastrophe mit Jubel begrüßten. Trotzdem leistete die Friedensbewegung Nützliches. War sie außerstande, die chauvinistische Hetze zu paralysieren, so wußte sie sie doch ein wenig zu erschweren. Trug sie in ihren Büchern und Revuen manche irrige Auffassung vor, so verbreitete sie doch auch manche wertvolle sozialwissenschaftliche Einsichten. Verschaffte sie dem Völkerrecht nicht die überragende Autorität, die sie ihm gerne verschafft hätte, so gab sie doch zahlreiche Anregungen zu seiner weiteren Ausgestaltung. Vor allem erzielte sie einen sittlichen Effekt: sie brachte Tausenden und Tausenden das Humanitätsideal nahe. Österreich partizipierte von Anbeginn in reichem Maß an den Leistungen des internationalen Pazifismus. Auf organisatorischem, publizistischem, wissenschaftlichem Gebiet wurde von unseren Landsleuten schon in der Vorkriegszeit gute Arbeit getan. 1914—18 gaben ein paar österreichische Pazifisten ein prächtiges Beispiel der Standhaftigkeit im antiimperialistischen Kampf. Das Werk dieser Männer — das Werk eines Kraus, Lammasch, Zweig — ist eines der Ruhmesblätter in der österreichischen Geschichte.

Zunächst einige Angaben zur Chronologie der internationalen Bewegung.* Der erste Anstoß kam aus den demokratischen Ländern des Westens. Als 1882 die Vereinigten Staaten von Amerika erklärten, mit anderen Staaten Schiedsverträge abschließen zu wollen, starteten englische und französische Abgeordnete, voran Sir Randal Cremer und Frédéric Passy, eine Kampagne, um ihre Regierungen zur Annahme des amerikanischen Vorschlags zu bewegen. 1888 brachten Cremer und Passy in Paris eine Konferenz von Abgeordneten verschiedener Parlamente zustande, aus der die *Interparlamentarische Union* hervorging. Im folgenden Jahr (23.—27. Juni 1889) tagten in Paris Delegierte von Friedensvereinen verschiedener Länder: der *Erste Weltfriedenskongreß;* einige Tage darauf (29.—30. Juni 1889) wurde in der selben Stadt die erste Tagung der Interparlamentarischen Union, die *Erste Interparlamentarische Konferenz,* abgehalten. Beide Versammlungen diskutierten die Frage, auf welche

---

* Vgl. hiezu: Ludwig Quidde, ,,Die Geschichte des Pazifismus" in dem von K. Lenz und W. Fabian herausgegebenen Sammelband ,,Die Friedensbewegung", 1922, S. 6—36. Reiches Material finden wir in den ,,Memoiren" von B. v. Suttner, (1909), und im ,,Handbuch der Friedensbewegung" von A. H. Fried (1. Aufl. 1904, 2 Aufl., 2. Bde., 1911—13).

Art das Schiedswesen zu einer beherrschenden Institution des Völkerlebens gemacht werden könne. Der Unterschied der Versammlungen lag hauptsächlich in der Zusammensetzung: die Interparlamentarische Union rekrutierte sich aus mehr oder weniger prominenten Politikern, der Weltkongreß wurde von Massenorganisationen beschickt. Die Pariser Tagungen weckten in der Welt lebhaften Widerhall. In Österreich, Ungarn, Deutschland, Norwegen, Holland usw. wurden neue Vereine gebildet, die sich der internationalen Bewegung angliederten. Der Weltkongreß richtete 1892 ein ständiges Büro in Bern ein. Als Sekretär fungierte Elie Ducommun. Auch die Interparlamentarische Union schuf sich eine ständige Zentralstelle. Der Pazifismus genoß die Hilfe zweier rechtswissenschaftlicher Korporationen, des Institut de Droit International in Genf und der International Law Association in London. Große Hilfe bedeutete es, daß der schwedische Multimillionär Alfred Nobel, der Erfinder des Dynamits, in seinem Testament die Friedensbewegung bedachte (1896). Er bestimmte, daß die Zinsen seines Vermögens von 35 Millionen Schweden-Kronen alljährlich als Preise für bedeutende kulturelle Leistungen verteilt werden sollen. Einer der Preise sollte einem hervorragenden Förderer des Weltfriedens zufallen. Dem Beispiel Nobels folgend, errichtete ein amerikanischer Industrieller, Andrew Carnegie, ebenfalls eine Stiftung. Er stellte den Betrag von 10 Millionen Dollar für Arbeiten im Interesse des Friedens zur Verfügung (1910). Ein merkwürdiges politisches Ereignis, das die Entwicklung der Friedensbewegung beeinflußte, trat 1898 ein. Der absolute Herrscher des reaktionärsten Großstaates, der russische Zar, veröffentlichte ein Manifest, in dem er sich einige Hauptideen des Pazifismus (Schiedsgerichte, Rüstungsbeschränkung) zueigen machte. Die leitenden Staatsmänner Englands und Frankreichs fanden es nun auch richtig, Interesse für die Friedensbewegung zu zeigen. 1899 trat im Haag eine Mächtekonferenz zu Beratungen zusammen, deren Grundlage das Zarenmanifest war. Die meisten Delegierten trachteten ihre Regierung im Licht reinster Friedensliebe erscheinen zu lassen. Nur die deutsche Delegation demonstrierte Abneigung gegen den Pazifismus. Das Resultat der Konferenz

war bescheiden: ein ,,fakultatives"[1] Schiedsgericht wurde geschaffen, genaues Studium der Rüstungsfrage den Regierungen
empfohlen. Das Schiedsgericht hatte in den nächsten Jahren
wiederholt Gelegenheit, kleinere Streitfälle zu entscheiden, und
erwies sich als recht brauchbar. 1907 trat eine zweite Konferenz
im Haag zusammen. Sie beschloß Regeln zur Humanisierung des
Landkrieges, des Seekrieges, kam aber, was Friedenssicherung
betrifft, nicht vorwärts. Abermals war die Haltung der deutschen
Delegation eine negative. Inzwischen war die Tätigkeit der
pazifistischen Organisationen inhaltlich und umfänglich weit
über die Anfänge hinausgewachsen. Von der Erkenntnis ausgehend, daß die Frage der Friedenssicherung aufs engste mit
zahlreichen anderen Problemen der modernen Gesellschaft,
insbesondere mit kulturellen Problemen zusammenhing, nahmen
die Friedensvereine Stellung gegen den Mißbrauch der Schule
zu chauvinistischen Zwecken, gegen die Todesstrafe, gegen das
Duellwesen, für Einführung der Weltsprache Esperanto, für die
kulturellen Rechte nationaler Minderheiten etc. Mit Ausbruch des
Weltkrieges trat im pazifistischen Lager eine scharfe Differen-
zierung ein. Nur ein Teil der Pazifisten begriff, daß jetzt der
Augenblick der Bewährung gekommen war, daß gerade jetzt
mit der größten Tatkraft auf Frieden hingearbeitet werden mußte.
Die übrigen vertagten die Friedenspropaganda auf bessere
Zeiten und akzeptierten den Standpunkt der ,,Vaterlandsver-
teidigung", d. h. den Standpunkt, den die Imperialisten der
einzelnen Vaterländer einnahmen. Das letzte Kriegsjahr brachte
mit der allgemeinen Friedenssehnsucht ein neues Anschwellen der
pazifistischen Bewegung. Die Gründung des Völkerbundes im
Jahr 1919 entsprang unter anderem dem Wunsch der Sieger-
mächte, dieser Tatsache Rechnung zu tragen. Manche Pazifisten erblickten im Völkerbund die Erfüllung ihrer Träume. Die
konsequenten Friedensfreunde freilich erkannten sogleich die
Konstruktionsfehler, die ihm anhafteten und die sich zwischen
1919 und 1939 so katastrophal auswirken sollten.

Fragen wir nach der Ideologie der Friedensbewegung,* so

---

* Vgl. zu den folgenden Bemerkungen: L. Groß, ,,Pazifismus und
Imperialismus", 1931, S. 67—306.

finden wir, daß — wie nur begreiflich — eine völlig einheitliche Ideologie nicht existiert. In gewissen Punkten sind alle Pazifisten derselben Auffassung. In anderen differieren sie sehr kräftig. Wir wollen etliche Punkte der einen und der anderen Kategorie anführen.

1. Es herrscht selbstverständlich Übereinstimmung, was das Ziel anlangt.

2. Manche Mittel der Friedenssicherung, wie obligatorische Schiedsgerichte, werden von den weitaus meisten gutgeheißen.

3. Der Kampf des Pazifismus richtet sich vor allem gegen den Chauvinismus. Die Friedensfreunde sehen in ihm den gefährlichsten Friedensfeind. Sie gelangen dabei regelmäßig zu einem lebhaften Mißtrauen gegen die nationalen Bewegungen als solche. Sie unterscheiden nicht genügend zwischen diesen beiden Bewegungen und ihren reaktionären Ausartungen, sondern möchten am liebsten das nationale Empfinden ausmerzen oder doch sehr abschwächen. Die Position, zu der sie tendieren, ist die der nationalen Indifferenz, mögen sie sie Internationalismus, Kosmopolitismus oder wie immer nennen.

4. Die Pazifisten glauben, daß das Friedensproblem isoliert lösbar ist; d. h. sie glauben, daß der Friede dauernd gesichert werden kann, ohne daß wesentliche Verschiebungen im Kräfteverhältnis der bestehenden sozialen Welt vorauszugehen brauchen. Zwar sind sie nicht so blind, zu verkennen, daß zwischen der Kriegsgefahr und manchen anderen Defekten unserer Zivilisation ein Konnex vorhanden ist. (Daher z. B. ihre Bemühungen um bessere Schulerziehung.) Hingegen verschließen sie die Augen vor dem Konnex, auf den es eigentlich ankommt. Sie verschließen ihre Augen vor der Tatsache, daß die Kriege des 20. Jahrhunderts den Interessen des Monopolkapitalismus entspringen; daß die Monopolisten eine unbeschränkte Diktatur über alle staatlichen und gesellschaftlichen Einrichtungen ausüben; daß daher eine Beseitigung der Kriegsgefahr nur in dem Maß möglich ist, in dem die Monopolisten entmachtet werden.

Strittig sind unter den Pazifisten folgende Dinge:

1. Die Begründung, die dem (gemeinsamen) Friedensziel zu geben ist. Man kann hier drei Meinungen unterscheiden:

die *utilitarische*, die *ethische*, die *religiöse*. Die Utilitaristen
weisen darauf hin, daß die Rüstungsausgaben wirtschaftlicher
Unsinn sind, daß der Krieg ein schlechtes Geschäft ist. Die
Ethiker berufen sich mit Vorliebe auf den Kantschen kategori-
schen Imperativ, der die höchste Achtung vor jedem Menschenleben gebietet. Für die religiösen Pazifisten ist die Unvereinbar-
keit des Militarismus mit der Lehre Christi der entscheidende
Gesichtspunkt. Natürlich ist die Grenze zwischen den drei Richtungen nicht scharf. Von den Utilitaristen werden auch ethische,
von den Ethikern auch Nützlichkeitserwägungen angeführt etc.
    2. Die Stellung zur Militärdienstpflicht. Die Mehrzahl der
Pazifisten meint, daß die Dienstpflicht, die im Zuge der Verbesserung der internationalen Organisation überflüssig werden
und wegfallen wird, im heutigen Stadium dort, wo sie besteht, als
nun einmal vorhandene Institution anzuerkennen ist. Eine
Minderzahl von Pazifisten, hauptsächlich religiös gesinnte umfassend, erklärt, daß der einzelne der Aufforderung zu kriegeri-
schen Diensten keinesfalls Folge leisten darf.
    3. Das „Recht der staatlichen Notwehr". Die Mehrzahl aner-
kennt, daß ein Krieg unter Umständen ein gerechter Verteidigungskrieg, also unterstützungswürdig sein kann. Eine Minderheit, aus den Quäkern, Tolstoianern, also abermals aus den
religiösen Pazifisten sich rekrutierend, will von Unterstützung
eines Krieges, welches immer sein Ursprung oder Inhalt sein mag,
nichts wissen.
    Die Prinzipien, die der Pazifismus aufstellt, sind unterein-
ander von sehr ungleichem Wert. Seine Ansicht über das Schiedswesen ist z. B. vernünftig. Sein Nichtverstehen des nationalen
Gedankens fordert zur Kritik heraus. Seine schlimmste Schwäche
ist das Nichtverstehen des Zusammenhangs von Kriegsgefahr
und Monopolkapitalismus. Durch die Oberflächlichkeit, mit der
er diese Sache behandelt, unterscheidet sich der (bürgerliche)
Pazifismus zu seinem Nachteil von den Friedensbestrebungen
der Arbeiterschaft, die sich während der hier erörterten Periode
im Rahmen der Zweiten Internationale entfalten — und ihrerseits auch wieder hinter den Möglichkeiten und Aufgaben zurück-
bleiben.

Dringt man ein wenig in. die Ideologie des Pazifismus ein, so verlieren gewisse historische Episoden, die früher erwähnt wurden, jene Unbegreiflichkeit, die ihnen zuerst anzuhaften scheint. Aus seinen Unklarheiten heraus richtete der Pazifismus den Kampf nicht gegen das kapitalistische System als solches, sondern bloß gegen etliche von dessen Ausdrucksformen (Wettrüsten, militärische Propaganda usw.). Eine Bewegung, die so fundamentale Irrtümer beging, war nicht sehr furchterregend. Imperialistische Staatsmänner von einiger Geschmeidigkeit konnten leicht auf den Gedanken kommen, den Pazifismus zu ihren Zwecken oder doch zur Verschleierung ihrer Zwecke zu mißbrauchen. Die Erfahrung bewies, daß es ein „guter" Gedanke war. Der Zar Nikolaus II. erntete mit seinem Manifest, das ihn nicht mehr als den Entschluß zur Abfassung kostete, begeistertes Lob in den liberalen Zeitungen der ganzen Welt, die ihn noch nie gelobt hatten. Entente-Politiker, wie z. B. Léon Bourgeois oder Balfour, schufen sich durch ihr Eintreten für den Pazifismus in ihren Ländern einen Kredit als Friedensfreunde, der ihnen 1914 ihre unfriedliche Rolle erleichterte. Wenn sogar solche Leute, sagte sich der kleine Mann, plötzlich für den Krieg waren, dann war es offenbar ein echter Verteidigungskrieg. Der organisierte Pazifismus in Westeuropa strebte vielfach, den kleinen Mann in seinem Gedankengang zu bestärken, warf also sozusagen noch eine Extra-Dividende ab. Daß eine allen radikalen Bestrebungen so abholde Bewegung wie der Pazifismus Multimillionäre mit karitativen Neigungen als „die" große Chance der Weltrettung zu beeindrucken vermochte, ist nur natürlich. Bleibt höchstens noch zu erklären, warum just der deutsche Imperialismus den Pazifismus ablehnte. Der Grund ist einfach: die deutsche Herrenklasse war eben ungeschickt darin, demokratische Bewegungen für ihre Absichten zu verwerten.

Wir wenden uns nun speziell der österreichischen Bewegung zu. Deren Geschichte und Ideologie wird in den wesentlichen Zügen erkennbar werden, wenn wir die Friedensarbeit von vier bedeutenden Menschen darstellen, die Friedensarbeit von Suttner, Fried, Lammasch und Karl Kraus. Für jene Phase der Be-

wegung, die durch die Jahre 1914—18 bezeichnet ist, wird eine
Reihe von Ergänzungen notwendig sein.

Bertha v. Suttner (1843—1914)* ist unbestrittenermaßen die Schöpferin des österreichischen Pazifismus. Sie hat
auch zum Aufstieg des Pazifismus in anderen Ländern wesentlich beigetragen. Mit ihrem Mädchennamen hieß sie Gräfin
Bertha Kinsky, d. h. sie stammte aus einer der angesehensten
Familien des österreichischen Adels. Allerdings war die Linie
der Kinsky, zu der sie gehörte, verarmt. Die kluge und gebildete
Komtesse mußte sich als Erzieherin ihren Unterhalt verdienen.
In dieser Eigenschaft kam sie in das Haus des Baron Suttner
in Wien. Der jüngste Sohn ihres Dienstgebers, Arthur Gundaccar
(1850—1902), wurde ihr Gatte. Da die Vermählung ohne Wissen
und gegen den Willen der Familie Suttner erfolgte, begaben
sich die jungen Leute auf längere Zeit ins Ausland. Eine freundschaftliche Beziehung zur Fürstin von Mingrelien (Georgien)
bewog sie, sich im Lande des Kaukasus niederzulassen. Während
der neun Jahre, die sie dort verbrachten, wurden sie beide zu
Schriftstellern. A. G. Suttner veröffentlichte Erzählungen aus
dem kaukasischen Milieu. Bertha Suttner begann mit Feuilletons,
dann folgten Romane (,,Ein schlechter Mensch", ,,Hanna"),
dann ein Buch mit philosophischen Betrachtungen (,,Inven-
tarium einer Seele", 1879). Ein ähnliches Buch von ihr, das
anonym herauskam, nachdem sie in die Heimat zurückgekehrt
war (,,Das Maschinenzeitalter", 1889), erregte Aufsehen. Der
liberale Abgeordnete Bartholomäus von Carneri erwähnte es in
einer Reichsratsrede, ohne zu ahnen, wer der Autor war. Carneri
war später ein Freund der Friedensbewegung. Bertha Suttner
wußte bis zu ihrem vierundvierzigsten Jahr nicht, daß eine
solche Bewegung existierte, obwohl sie, wie ein Kapitel im
,,Inventarium" zeigt, mit den Zielen der Bewegung überein-
stimmte. Sie empfing einen starken Eindruck, als sie 1887 durch
einen Bekannten über Bestand und Tätigkeit der International

---

* Vgl. Bertha v. Suttner, ,,Memoiren", 1909; L. Katscher, ,,Bertha v.
Suttner, die ‚Schwärmerin‘ für Güte", 1903; Caroline E. Playne, ,,Bertha v.
Suttner and the Struggle to avert the World-War", 1936; Nagl-Zeidler-Castle,
a. a. O., 3. Bd., S. 770ff., 4. Bd., S. 1334f.

Arbitration and Peace Association informiert wurde. Aus diesem Erlebnis heraus schrieb sie den Roman ,,Die Waffen nieder!'', der durch ein — übrigens frei erfundenes — Einzelschicksal die Abscheulichkeit des Krieges zu illustrieren suchte. Der Roman wurde zunächst von einigen Verlegern aus politischen Gründen zurückgewiesen. Als er dann doch erschien (1890), war er augenblicklich ein Best-Seller. Binnen vier Jahren wurde er zwölfmal neu aufgelegt, in acht fremde Sprachen übersetzt. Bertha Suttner war mit einem Schlag weltberühmt, ihr Name einer der glänzendsten, über die der Pazifismus verfügte. 1891 rief sie die *Österreichische Friedensgesellschaft* ins Leben, die sich als Sektion der internationalen Friedensbewegung konstituierte. Sie erwirkte ferner den Anschluß österreichischer Parlamentarier an die Interparlamentarische Union, begründete die Revue ,,Die Waffen nieder!'' (zusammen mit A. H. Fried), ergriff die Initiative zur Bildung von Friedensgesellschaften in Berlin und Budapest. Es war nur natürlich, daß das Nobel-Komitee in Christiania ihr den Preis zusprach (1905).[2] Bis ins hohe Alter beteiligte sie sich an der Leitung der großen pazifistischen Kongresse, unternahm Vortragsreisen durch die halbe Welt, usw. Von ihren späten Werken sind die ,,Memoiren'' (1909) und ein utopischer Roman (,,Der Menschheit Hochgedanken'', 1911) hervorhebenswert. Der Tod — sie starb eine Woche vor den Schüssen von Sarajewo — ersparte es ihr, mitansehen zu müssen, wie das zivilisierte Europa, um das sie ein Vierteljahrhundert lang gebangt hatte, in Flammen aufging.

Herkunft und Lebensgang Bertha Suttners sind so geartet, daß niemand erwarten kann, in ihren Werken auf revolutionäre Züge zu stoßen. Extreme Tendenzen lagen ihr fern. Ein wenig einsichtsvoller als die mit Scheuklappen behafteten österreichischen Liberalen, war sie doch die typische Liberale im westeuropäischen Sinn. Jedem ernsten Problem gegenüber suchte sie nach einer Kompromißlösung. Sie war nicht strenggläubig, aber auch nicht ungläubig, sondern freireligiös.* Die bestehende Gesellschaftsordnung schien ihr im wesentlichen unabänderlich,

---

* ,,Inventarium einer Seele'', 1879, S. 330 ff.

doch meinte sie, daß gewisse soziale Reformen Platz greifen
mußten, damit es nicht eines Tages zu einem furchtbaren Ausbruch der Volkswut komme.* In der Begründung des Pazifismus operierte sie vornehmlich mit dem ethischen Argument,
ging aber nicht so weit, Kriegsdienstverweigerung als ethische
Pflicht zu statuieren. Schiedsgerichte, ein überstaatlicher Verband etwa der Art, wie er nach ihrem Tod im Völkerbund entstand, das sollten die Garantien des Friedens sein. Daß zwischen
den Mächtigen der Erde und den Völkern Interessengegensätze
walten, sah sie nicht. Sie hielt es für durchaus möglich und für
in erster Linie wichtig, den Adel und die Besitzenden für den
Friedensgedanken zu gewinnen. Dies Bestreben gab ihrer Bewegung das Gesicht. Hervorragende Figuren der Bewegung
waren: Ernst v. Plener, Graf Karl Coronini, Graf Rudolf Hoyos,
Fürst Camillo Starhemberg, Fürst Adolf Wrede — also liberale
Abgeordnete, Hocharistokraten etc.[3] Sie glaubte schon halb
gesiegt zu haben, als die „Neue Freie Presse" ihren Aufruf zur
Gründung der Friedensgesellschaft veröffentlichte. Sie war begeistert, als ein Minister im Parlament ihres Hauptwerks mit
Anerkennung gedachte.** Sie scheint sogar die Audienz, die
Kaiser Franz Josef ihr gewährte, als Erfolg aufgefaßt zu haben,
obwohl der Kaiser nur sagte, es sei schwer, Schiedsgerichte zu
schaffen, und sie sogleich wieder entließ.*** Selbstverständlich
lief die österreichische Politik und besonders auch die des
Liberalismus nach einer ganz anderen Richtung als nach der
pazifistischen. Die Freundlichkeiten, die man dem Pazifismus
dann und wann erwies, drückten im besten Fall die frommen
Wünsche einzelner Ehrenmänner aus, zumeist waren es einfach
Ablenkungsmanöver. Daß Bertha Suttner das nicht verstand,
beweist, wie wenig politischen Instinkt sie besaß. Doch wäre
es höchst ungerecht, ihre weltanschaulichen Begrenztheiten zum
Maßstab für die Bewertung ihrer Lebensarbeit zu machen.
Mochte es zuweilen scheinen, daß sie nichts war als eine über-
dimensionale Komiteedame, in Wirklichkeit gehörte sie doch in

---

* „Memoiren", 1909, S. 295.
** Vgl. Ebenda, S. 183.
*** Ebenda, S. 380.

eine andere Kategorie. Schon allein, daß sie in einer für die gesamte Öffentlichkeit unüberhörbaren Weise von der Kriegsgefahr sprach, war dankenswert. Mit ihrer Selbstlosigkeit und Unermüdlichkeit durchbrach sie die Tradition der Indolenz, die von vielen Wohlsituierten in Österreich gepflegt wurde. Ihre Bücher sind getragen von einem schönen Elan der Menschlichkeit. Der Roman „Die Waffen nieder!" war kein Kunstwerk, aber eine gute Propagandaschrift für eine gute Sache.

So gewiß Bertha Suttner der erste österreichische Organisator des Pazifismus war, so gewiß war Alfred Hermann Fried (1864—1921)* der zweite. Gebürtiger Wiener, ließ Fried sich in jungen Jahren als Verleger und Journalist in Berlin nieder. Als er von der Entstehung der Wiener Friedensgesellschaft hörte, schrieb er an die Gründerin, die er persönlich nicht kannte, einen enthusiastischen Brief mit dem Vorschlag, eine pazifistische Revue zu schaffen. Bertha Suttner war einverstanden, und beide redigierten ab 1892 die Zeitschrift „Die Waffen nieder!", die in Berlin herauskam. 1899 wurde der Titel der Zeitschrift in „Friedens-Warte" geändert und Fried übernahm die Alleinredaktion. An der Gründung der Berliner pazifistischen Vereinigung, die von Bertha Suttner angeregt wurde, war er führend beteiligt. Literarisch war er ungemein fruchtbar. Seine Bücher und Broschüren zählen nach Dutzenden. Es seien genannt:

„Elsaß-Lothringen und der Krieg. Ein Friedenswort" (1895); „Dschinghis-Khan mit Telegraphen" (1896); „Die (I.) Haager Konferenz, ihre Bedeutung und ihre Ergebnisse" (1900); „Unter der weißen Fahne! Aus der Mappe eines Friedensjournalisten" (1901); „Die Lasten des bewaffneten Friedens und der Zukunftskrieg" (1902); „Handbuch der Friedensbewegung" (1904, 2. Aufl., 2 Bde., 1911—13); „Die moderne Friedensbewegung" (1907); „Die Grundlagen des revolutionären Pazifismus" (1908); „Der Kaiser und der Weltfriede" (1910); „Vom Weltkrieg zum Weltfrieden" (1916); „Mein Kriegstagebuch" (4 Bde., 1918—20).

* Vgl. A. H. Fried, „Handbuch der Friedensbewegung", 2. Aufl., 2. Bd., S. 351; B. Suttner, „Memoiren", S. 231, 240f, 273 usw.; K. Lenz und W. Fabian, „Die Friedensbewegung", S. 13, 200, 267, 271; L. Gross, „Pazifismus und Imperialismus", 1931, S. 87ff.

Neben der Schriftstellerei größeren Stils lief die journalistische Tätigkeit einher, die beträchtliche Ausdehnung hatte.
Schon 1908 konnte er ein Verzeichnis von tausend seiner Feder
entstammenden Artikeln zusammenstellen. Der internationale
Pazifismus ließ ihm viele Ehrungen zuteil werden. So wurde
er zum Mitglied des Berner Büros und zum Korrespondenten
einer Abteilung der Carnegie-Stiftung ernannt. Er enthielt auch
als einziger Österreicher nach Bertha Suttner den Nobelschen
Friedenspreis (1911). Vor dem Krieg war er nach Österreich
zurückübersiedelt, während des Krieges verlegte er seine Tätigkeit in die Schweiz, die der ,,Friedens-Warte" Asyl gewährte.
Die Arbeit seiner letzten Jahre galt vornehmlich der Propaganda
für die Ideen Wilsons und gegen den Diktatfrieden. (Sammel-
bücher: ,,Der Völkerbund" 1919; ,,Der Weltprotest gegen den
Versailler Frieden" 1920.)

Die Schriften Frieds sind durch ein doppeltes Bemühen ge-
kennzeichnet: er möchte den Pazifismus aus der Zone des
Gefühlsmäßigen heraus auf den sicheren Boden wissenschaft-
licher Erkenntnis führen; und er möchte ihn durch maßvolles
Auftreten, durch kaufmännisch-rechenhaftes Gebaren gegen
Einwendungen abdichten, ihn sozusagen respektabel machen.
Die zwei Tendenzen fließen oft unerkennbar ineinander.

Studieren wir die allgemeineren Darlegungen, die das ,,Handbuch der
Friedensbewegung" bringt — Frieds Hauptwerk und zugleich eines der reprä-
sentativen Bücher des gesamten Pazifismus! Wissenschaftliches Denken, meint
er da, beginnt mit einer klaren Terminologie. Der Pazifismus ist u. a. auch
deshalb Anfeindungen ausgesetzt, weil die Mehrdeutigkeit des Wortes ,,Friede"
Mißverständnisse erzeugt. Im biologischen Sinn gebraucht, bedeutet das Wort
so viel wie Aufhören jeglichen Kampfes, absolute Ruhe, Tod. Der biologische
Friedensbegriff war es, von dem ausgehend Moltke sagen konnte: ,,Der ewige
Friede ist ein Traum, und nicht einmal ein schöner." Die Pazifisten sind nicht
so verrückt, solchen Frieden zu fordern. Anderseits können sie sich nicht
mit dem Zustand begnügen, der in militärischen Kreisen Friede genannt
wird: mit dem Schwebezustand nach Beendigung des einen, vor Beginn des
nächsten Krieges. Ihr Ziel ist der Friede in einem dritten Sinn, der Friede
als zwischenstaatliche Ordnung, die den Gegensatz bildet zu der heute herrschenden, in extremen Fällen durch Krieg sich äußernden zwischenstaatlichen
Anarchie.*

---

* ,,Handbuch etc.", 2. Aufl., 1. Bd., S. 7—10, 15—22.

Die Pazifisten, soweit sie nicht utopistisch angehaucht sind, wollen nicht den „ewigen" Frieden. Sie nehmen sich ein Beispiel an den Ingenieuren, die auch nicht fragen, ob die von ihnen gebauten Tunnels oder Eisenbahnbrücken unendliche Lebensdauer haben werden. Die Vernünftigen unter den Pazifisten sind praktische Leute. Spekulationen über die Ewigkeit irgendwelcher menschlicher Schöpfungen erscheinen ihnen sinnlos.* Der Ingenieur, der Erfinder: er ist die überragende Figur unserer Epoche. Die Technik hat die Erde neu gestaltet, ihre entlegensten Teile miteinander verbunden, fünf Kontinente zu einem gemacht. Grundtatsachen des 20. Jahrhunderts sind der Weltverkehr, der Weltmarkt, der Welthandel, das allmähliche Wachstum einer Weltkultur. Die zwischenstaatliche Organisation ist hinter dieser Entwicklung zurückgeblieben, sie steht heute noch auf einer Stufe, die einem früheren zivilisatorischen Stadium entspricht.** Immer noch denken die Staatenlenker daran, die wichtigeren Differenzen mit ihren Kollegen durch Krieg auszutragen. Die Kriegsrüstungen haben gerade in jüngster Zeit unerhörte Dimensionen angenommen, sie sind zu einer furchtbaren Bürde für die meisten Völker geworden. Das Rüsten ist wirtschaftlicher Widersinn. Die Kriegsgeräte sind nicht Werte, die selber wieder neue Werte erzeugen. Die Rüstungsausgaben müssen als unproduktive Ausgaben bezeichnet werden.*** Sollte wirklich ein Krieg zwischen großen Staaten ausbrechen, so steht schon jetzt fest, daß es ein überaus grausamer Krieg sein wird. Er wird erst recht wirtschaftlichen Schaden mit sich bringen. Die unmittelbaren Kosten der Durchführung militärischer Operationen sind unter modernen Verhältnissen enorm. Dabei sind sie nur ein Teil, und zwar der geringere Teil der Gesamtkosten. „Jeder Krieg ist ... in seinen wirtschaftlichen Folgen als ein gleichzeitiges Zusammenwirken verschiedener Krisen, einer Produktionskrisis, einer Geldkrisis, einer Konsumentenkrisis und einer Absatzkrisis zu betrachten. Die Bedrohung der Seezufuhr wird den Handel und die Industrie unterbinden. Der Mangel an Rohstoffen, an Arbeitskräften und vor allen Dingen die Unsicherheit kaufmännischer Unternehmungen wird die Wirtschaft hemmen. Der Kredit wird auf das ärgste erschüttert sein."† Auch der Verlust an Menschenleben ist vom ökonomischen Standpunkt aus zu veranschlagen. Geht man von den Kosten aus, die die Gesellschaft aufwenden muß, um Handwerker, Ärzte, Gelehrte etc. hervorzubringen, so ergibt sich, daß die Vernichtung dieser Berufsträger in großer Zahl die Vernichtung riesiger ökonomischer Werte bedeutet. „Danach würde der materielle Verlust der im russisch-japanischen Krieg zugrunde gegangenen 500.000 Menschen bei einer im Hinblick auf den niedrigen Kulturstand der russisch-japanischen Volksmassen mit nur 5000 Mark pro Individuum anzunehmenden Summe die Höhe von 2½ Milliarden erreichen. Im Kriege hochentwickelter europäischer

---

* Ebenda, S. 11 ff.
** Ebenda, S. 25—42.
*** Ebenda, S. 47—64.
† Ebenda, S. 85.

Kulturvölker würde sich der Verlust bedeutend höher stellen."* Außer den
wirtschaftlichen Schäden, die mit Bestimmtheit zu erwarten sind, könnte
der nächste Krieg ernste soziale Unruhen herbeiführen. Es wäre denkbar,
daß die Soldaten nachher die Waffen nicht mehr hergeben, daß aus dem Krieg
die soziale Revolution wächst.** Die zahlreichen und verschiedenartigen Gefahren, die der Krieg in sich schließt, müßten die verantwortlichen Politiker
bestimmen, unermüdlich am Abbau der zwischenstaatlichen Anarchie zu
arbeiten. In der Tat geht die Entwicklung sichtbar nach dieser Richtung.
In den letzten Jahrzehnten hat sich eine umfängliche internationale Verwaltung
etabliert (Weltpostunion, Meterkonvention, Union für Schutz des industriellen
Eigentums, etc. etc.), viele Streitigkeiten, die in früheren Jahrhunderten in
Krieg gemündet hätten (der deutsch-französische Marokko-Konflikt, 1905, der
japanisch-amerikanische Pazifik-Konflikt etc.) wurden friedlich-schiedlich bei-
gelegt. Der Pazifismus schöpft Hoffnungen aus den mannigfachen Ansätzen
zur Überwindung der Anarchie, die heute schon vorhanden sind. Der Pazifismus
ist eine realistische, keine utopische Bewegung, weil er nicht ein System aus
der Luft konstruiert, sondern einen durch die Naturgesetze bedingten Organi-
sationsvorgang der Gesellschaft vorwärts treibt, indem er ihn bewußt macht
und die Energie der Menschheit in seinen Dienst stellt.***

Die Gedankengänge Frieds sind vielfach anfechtbar.

Sein utilitarischer Pazifismus ist lange nicht so wissenschaftlich, wie er sich dünkt. Fried sagt mit keinem Wort, daß der
Kampf gegen den Krieg ein Kampf gegen den Monopolkapitalismus als solchen sein muß. Bei so geringem Verständnis der
sozialen Zusammenhänge kann der Pazifismus den (von den
Marxisten entlehnten) Plan, bestehende soziale Entwicklungstendenzen zu fördern, nur in äußerst schwächlicher Weise aus-
führen. Die von Fried beliebte Hintansetzung ethischer zu-
gunsten ökonomischer Betrachtungen macht den Eindruck der
Zaghaftigkeit. Oder welch trauriger Einfall, selbst vernichtete
Menschenleben (die Leben „minderwertiger" Russen und
Japaner) noch auf Mark umzurechnen! Besonders zaghaft ist
Fried dort, wo es darauf ankommt, zum deutschen Militarismus
Stellung zu nehmen. Wir haben den kuriosen Versuch kennen-
gelernt, dem widerwärtigen Ausspruch Moltkes über den ewigen
Frieden einen akzeptablen Sinn zu unterlegen. Frieds Vorein-

---

* Ebenda, S. 88.
** Ebenda, S. 90 ff.
*** Ebenda, S. 4, 95 ff, 117 ff.

genommenheit für Deutschland ist in anderen Schriften noch klarer ausgeprägt als im „Handbuch". So setzte er sich in der Schrift „Der Kaiser und der Weltfriede" (1910) die nicht leichte Aufgabe, Wilhelm II. als Hort des Pazifismus zu zeigen. Die an sich verdienstlichen Antikriegsaufsätze, die er in der Kriegszeit schrieb, sind gegenüber den mannigfachen Völkerrechtsbrüchen der Deutschen sehr zurückhaltend.* Wenn wir trotz allem Fried als demokratischen Denker einschätzen und schätzen, so deshalb, weil eine vernünftige Beurteilung das allgemeine Niveau seiner Zeit, seiner Gesellschaftsschicht mit berücksichtigen muß. Die Ehrlichkeit seiner Absichten ist unbezweifelbar. Seine Broschüren und Artikel machten viele für den Imperialismus kompromittierende Tatsachen weithin bekannt. So hat er, obschon selbst in mancherlei Illusionen befangen, doch aufklärend gewirkt. Unter den politischen Schriftstellern der francisco-josephinischen Ära steht er nicht an führender, aber doch an ehrenvoller Stelle.

Bertha Suttner und A. H. Fried waren zeitlebens Privatleute, freie Schriftsteller. Anders Heinrich Lammasch, der als „offizielle" Persönlichkeit, als Träger hoher Staatsämter sich für den Friedensgedanken einsetzen konnte.** Lammasch (1853—1920) war in Seitenstetten (Niederösterreich) geboren, besuchte verschiedene Gymnasien, darunter das Schottengymnasium, studierte Jus an der Wiener Universität und ergänzte sodann seine Studien durch Aufenthalte in Deutschland, Frankreich, England. 1879 bekam er auf Grund seiner strafrechtlichen Abhandlung („Über das Moment der objektiven Gefährlichkeit im Begriffe des Verbrechensversuches") die Venia legendi in Wien. 1885 bekam er eine Professur in Innsbruck, 1889 in Wien (Professor des Straf- und Völkerrechts). In den

---

* Vgl. z. B. den Aufsatz über die Versenkung der „Lusitania" in: „Vom Weltkrieg zum Weltfrieden", 1916, S. 28 ff.

** Vgl. über Lammasch: Aufsatz von Hans Sperl in: „Neue Österr. Biogr.", 1. Abt., 1. Bd., 1923, S. 44—54; F. Hertz bei Lenz-Fabian, S. 200 f.; Karl Kraus in der „Fackel", Nr. 474—83/1918, Nr. 521—30/1920, Nr. 657—67/1924; J. Redlich, „Österreichische Regierung und Verwaltung im Weltkriege", 1925, S. 284 f.

Achtzigerjahren publizierte er zwei Arbeiten aus dem Gebiet des internationalen Strafrechts: ,,Die Auslieferung wegen politischer Verbrechen" und ,,Auslieferungspflicht und Asylrecht". Das Jahr 1899 brachte mehrere für seine Laufbahn wichtige Ereignisse. Sein ,,Grundriß des österreichischen Strafrechts" erschien. Der Kaiser machte ihn zum Mitglied des Herrenhauses. Die Regierung entsandte ihn als juristischen Berater der österreichischen Delegation auf die Haager Friedenskonferenz. Seine Bemühungen im Haag zielten vor allem auf die Durchführung der Schiedsgerichts-Idee. In den folgenden anderthalb Jahrzehnten hatte er Gelegenheit, die Anwendbarkeit dieser Idee in der Praxis darzutun. Er wurde viermal zum Richter des Haager Schiedshofes bestellt und wirkte an der Entscheidung folgender Rechtssachen mit: einer Schadenersatzsache zwischen Deutschland und England einer-, Venezuela anderseits; des sog. Maskat-Streites zwischen England und Frankreich; des Streites zwischen den Vereinigten Staaten und Venezuela betreffend die Orinoco-Schiffahrtsgesellschaft; des Streites zwischen England und den Vereinigten Staaten um die Fischereirechte an den nordatlantischen Küsten. In dem zuletzt genannten Prozeß — es handelte sich um eine überaus verwickelte, seit hundert Jahren zweifelhafte Angelegenheit, große materielle Interessen standen auf dem Spiel — lieferte er eine ganz besondere juristische Leistung. Sie hat seinen Namen in anglo-amerikanischen Fachkreisen bis heute lebendig erhalten Er wirkte auch als Vizepräsident der Kommission für das Schieds wesen auf der zweiten Haager Konferenz und verfaßte ein grundlegendes Werk über diese Materie (,,Die Lehre von der Schiedsgerichtsbarkeit in ihrem ganzen Umfang", 1913/14). Durch die Tätigkeit des Völkerrechtlers wurde diejenige des Strafrechtlers nicht ausgeschaltet. Eine Kommission, der Lammasch präsidierte, legte 1912 als Resultat langwieriger Studien den Entwurf eines neuen Strafgesetzes vor. Der Entwurf wurde vom Herrenhaus debattiert und angenommen, gelangte aber nicht ins Abgeordnetenhaus, wurde also nicht Gesetz. Natürlich war Lammasch durch seine Arbeit im Haag und für den Haag mit der pazifistischen Bewegung in engsten Kontakt gekommen.

Die Militärclique, die in Österreich um 1910 von Tag zu Tag mächtiger wurde, fand ihn höchst verdächtig. Bei Kriegsausbruch beantragte der Generalstab, ihn, der tatsächlich von Anfang an Defaitist war, in Haft zu nehmen, was jedoch nicht geschah, da Kaiser Franz Josef ein Veto einlegte. Lammasch konnte in der Kriegszeit literarisch weiterarbeiten; 1917 veröffentlichte er die Schrift „Das Völkerrecht nach dem Kriege", seiner eigenen Meinung nach sein Hauptwerk. Er konnte weiters den Versuch machen, seine internationalen Beziehungen auszuwerten, um für Österreich einen Separatfrieden zu erlangen. Es war in erster Linie die Person des Präsidenten Wilson, die ihm Hoffnungen einflößte. Durch den amerikanischen Schriftsteller G. D. Herron setzte er sich mit Wilson in Verbindung. Aber die Charakterschwäche Kaiser Karls und der Starrsinn des Grafen Czernin vereitelten seine Pläne. 1917/18 hielt er im Herrenhaus drei sensationelle Reden, worin er seine Stellung zur Friedensfrage umschrieb. (Gedruckt in dem Band „Europas elfte Stunde", 1918.) Der Sturm, der sich gegen ihn erhob, veranlaßte ihn, aus der Mittelpartei des Herrenhauses, der er durch 18 Jahre angehört hatte, auszuscheiden. Ende Oktober 1918 berief ihn Kaiser Karl zum Ministerpräsidenten des berstenden Reiches. Mitglieder der Regierung Lammasch waren u. a. Ignaz Seipel und Josef Redlich. Die Regierung konnte in den etwa zwei Wochen ihrer Amtszeit nichts anderes tun, als die Abdankung des Kaisers vorzubereiten. Lammasch reiste danach noch als Sachverständiger mit der Friedensdelegation nach St. Germain, verfaßte den Entwurf eines Völkerbund-Vertrages sowie ein Buch „Völkermord und Völkerbund", das nach seinem Tode herauskam. Seit langem kränklich, überlebte er das alte Österreich nur um ein knappes Jahr. Er ist in Salzburg, wo er seit 1914 seinen Wohnsitz hatte, begraben.

Das geistige Bild Lammaschs ist merkwürdig; es verquickt so widersprechende Züge, daß es nicht leicht unter einen bekannten ideologischen Typus subsumiert werden kann. In vielen Dingen hielt Lammasch treu am Hergebrachten fest. Er war ein religiöser Mensch, ein strenger Katholik. Kirche und Papst standen ihm höher als alles in der Welt. Seine philoso-

phischen Anschauungen waren antiquiert. Das zeigte sich in der
Art, wie er die Grundprobleme seines ersten Fachgebiets, des
Strafrechts, behandelte. Zwangsläufig geriet er in einen Gegensatz zur ,,soziologischen'' Schule, die das Strafrecht an die
Doktrinen der zeitgenössischen bürgerlichen Natur- und Sozial-
forscher anpassen wollte.[4] Die Monarchie galt ihm im allgemeinen als ehrwürdige Institution. Die österreichische Monarchie
im besonderen war Gegenstand seiner herzlichen Zuneigung.
Noch während des Krieges, als er ihre Politik energisch anfocht,
hielt er es für richtig, sie gegen ,,Masaryk und Konsorten'', wie
er sich ausdrückte, in Schutz zu nehmen.[*] Zwar erkannte er
die Notwendigkeit, den Völkern des Habsburgerreiches ein
höheres Maß an Freiheit zu gewähren. Aber gegen den Gedanken,
daß die Bewegungen, die dies forderten, progressiver Natur seien,
sträubte sich der Altösterreicher in ihm. Der Pazifist mit seiner
a-nationalen Denkart bestärkte den Altösterreicher in seiner
Meinung. Vom Jahr 1917 an betrachtete Lammasch den ,,Bol-
schewikismus'' als eine furchtbare Gefahr. Er glaubte, daß in
der Volksseele dunkle Kräfte verborgen seien, die eines Tages
verheerend hervorbrechen könnten. ,,Nicht Skythen und
Chazaren bedrohen unsere Zeit, nicht fremde Völker; aus eigenem
Schoß ringt los sich der Barbar!'' sagte er im Anschluß an
Grillparzer.[**] Alles in allem: ein konservativer Denker und
Staatsmann. Und zugleich ein ganz und gar nicht konservativer!
Lammaschs religiöses Empfinden war die Quelle eines ungemein
starken sozialen Pflichtbewußtseins. Diesem wieder entsprang
sein eifervolles Bemühen um den Ausbau der pazifistischen
Bewegung, den Ausbau des Völkerrechts — zwei Dinge, die ihm,
dem Juristen, mehr oder weniger identisch zu sein schienen.
Er war in den Jahren vor dem Krieg als einer der bedeutendsten
Völkerrechtslehrer international anerkannt. Was ihm seine
Stellung gab, war außer seinem Scharfsinn, seiner Gelehrsamkeit, der Eleganz seiner Argumentation auch in erster Reihe
die hohe Idee, die sichtbar sein gesamtes literarisches Werk

---

[*] Vgl. ,,Europas elfte Stunde'', 1918, S. 137 (Herrenhausrede vom
28. 6. 1917).
[**] Ebenda, S. 172 (Herrenhausrede vom 28. 2. 1918).

beherrschte: der Wille, das Völkerrecht zum Instrument der
sozialen Höherentwicklung zu machen. Der Kampf um den
Frieden, den er 1914 – 18 führte, war eine großartige Sache
— bei aller Unklarheit über den einzuschlagenden Weg, bei
aller professoralen und herrenhausmäßigen Zurückhaltung, die
er sich in der Form seiner Äußerungen auferlegte. Im Gegensatz
zu anderen Pazifisten begriff er sehr genau, welch ein Verhängnis
für Österreich das Bündnis mit Deutschland darstellte. Gegen
den ,,Mitteleuropa" genannten Plan zur weiteren Festigung des
Bündnisses (einen, wie wir wissen, von zahlreichen und selbst
sozialistischen Politikern gebilligten Plan), trat er in einer
Denkschrift auf.* Als Deutschland im Zenith der Macht stand,
wandte er sich — Herrenhausrede vom 27. 10. 1917 — mit
Schärfe gegen den unheilvollen ,,Geist von Potsdam".** Zwar
versicherte er in derselben Rede Deutschland der unverbrüch-
lichen österreichischen Bündnistreue, das hinderte aber nicht,
daß er durch Heron dem Präsidenten Wilson sagen ließ, Österreich sei bereit, Frieden zu machen und so auch Deutschland
zum Frieden zu zwingen.*** In dem Buch ,,Das Völkerrecht
nach dem Krieg" erklärte er mit trockenen juristischen Worten,
daß militärische Bündnisse grundsätzlich ungültig seien und daß
jeder Bündnispartner jederzeit berechtigt sei, einen Separatfrieden zu schließen.† Gewiß, sein Zutrauen zu Wilson war
naiv, seine Absicht, das österreichisch-deutsche Bündnis durch
ein österreichisch-italienisch-amerikanisches zu ersetzen,†† war
,,ein Traum, und nicht einmal ein schöner". Die Grundlage
scheint eine vage Vorstellung von einem permanent friedlichen,
restlos demokratischen und anti-imperialistischen Amerika gewesen zu sein — eine ganz verfehlte Vorstellung. Doch ist es
selbstverständlich, daß ein bürgerlicher Gelehrter nur an einen
bürgerlichen Ausweg aus der Kriegskatastrophe zu denken ver-

---

* Vgl. ebenda, S. 174.
** Ebenda, S. 153.
*** H. Sperl, a. a. O., S. 53.
† ,,Das Völkerrecht nach dem Krieg" in ,,Publications de l'Institut
Nobel Norvégien", 3. Bd., 1917, S. 159—71.
†† Darüber H. Sperl, a. a. O., S. 54.

mochte. Erstaunlich genug die Kühnheit, mit der Lammasch
sich der herrschenden Klasse in Österreich, *seiner* Klasse entgegenstellte. Erstaunlich die Entschiedenheit, mit der er über
die Kriegspolitik der katholischen Partei in Österreich, der
ihm weltanschaulich nächsten Partei, den Stab brach.[5] Die
Milde seines Wesens war sprichwörtlich; doch als Verteidiger
des Humanitätsgedankens konnte er Unerbittlichkeit zeigen.
Nicht umsonst haben die Historiker der Epoche, soweit sie
nicht absolut verblendet sind, für ihn den stereotypen Ausdruck
„der edle Lammasch". „So waren die Element' in ihm gemischt,
daß die Natur aufstehen durfte und der Welt verkünden: Dies
war ein Mann!"

Die Lebensbeschreibungen Frieds und Lammaschs haben uns
schon bis mitten in die Kriegszeit hineingeführt. In den Sommermonaten 1914 begann eine Überschwemmung des österreichischen Volkes mit chauvinistischer Propaganda. Alle politischen
Parteien, einschließlich der Arbeiterpartei, waren an dieser Propaganda beteiligt. Sie hatten durch Jahre und Jahrzehnte das
Gift der deutsch-imperialistischen Ideologie in sich aufgenommen,
nun brach es wie eine ekelerregende Krankheit aus ihnen heraus.
Wir haben der Stellung der politischen Gruppen zum Krieg in
den Kapiteln „Liberalismus", „Katholizismus" usw. Erwähnung
getan. Höchst interessant war die Haltung der nicht, oder doch
nicht unmittelbar, parteigebundenen Intelligenz. Es war absolut
keine einheitliche Haltung. Wesentliche Teile der Intelligenz
wurden, durch die Kundgebungen der Regierung, durch den
Taumel der Massen beeindruckt, mitgerissen. Ärzte und Musiker,
Nationalökonomen und Philosophen wetteiferten in Zeitungs-
artikeln und Deklarationen, ihre Unfähigkeit zu selbständigem
Denken zu erweisen. Besonders schlimme Verheerungen gab es
im Felde der Literatur. Autoren von großem und begründetem
Ruf, wie Peter Rosegger, Hugo v. Hofmannsthal, Richard
Schaukal, Hermann Bahr, verfaßten Verse und Feuilletons,
welche die Raubtaten und -pläne der Mittelmächte glorifizierten.
Was Schriftsteller geringeren Ranges (Ottokar Kernstock,
Bruder Willram, Hans Müller) an Beschränktheit und Herz-
losigkeit vollbrachten, spottet der Beschreibung. Doch war die

Intelligenz von Anfang an gespalten. Im Zuge der Ereignisse vertiefte sich die Spaltung. Als Hunger und Niederlagen kamen, wuchs, wie im gesamten Volk, so auch in den gebildeten Schichten, die Zahl der Kriegsgegner. Um Friedrich Adler sammelte sich schon zur Zeit der Marneschlacht eine Schar jüngerer Sozialisten mit pazifistischen Anschauungen. In Fried und Lammasch haben wir zwei bürgerliche Denker kennengelernt, die sich durch die plötzlich so weit verbreitete Begeisterung für den Massenmord in ihren Überzeugungen nicht erschüttern ließen. Gesinnungsverwandte des liberalen Reformers Fried waren Rudolf Goldscheid und Friedrich Hertz*, die bereits 1914/15 für einen Verständigungsfrieden plädierten.** Auf dem Gebiet der Literatur war es vor allem Karl Kraus, der für die ,,einrückend gemachte" Menschheit das Wort ergriff. Er und Rainer Maria Rilke — auch ein Kriegsgegner, doch einer, der, seiner milden Natur gemäß, durch Schweigen protestierte — hatten um 1910 der expressionistischen Dichterschule entscheidende Anregung und Förderung gegeben. Die jungen Expressionisten: Georg Trakl, Albert Ehrenstein, Franz Werfel, sprachen sehr offen ihren Abscheu gegen den Militarismus aus. Wie dem Morden ein Ende gesetzt werden könnte, machten sie jedoch nicht deutlich, wahrscheinlich hatten sie davon keine deutlichen Vorstellungen. Die Eigenart ihrer Ausdrucksweise verhinderte, daß ihre Ideen in die Massen drangen. Ein wenig abseits von den Expressionisten stand Stefan Zweig, der eng mit Romain Rolland befreundet war und 1915 in Salzburg auch mit Lammasch in Berührung kam. Sein pazifistisches Drama ,,Jeremias" erregte bei der Aufführung in der Schweiz Sensation. Hier kann aber nur auf die Antikriegs-Kampagne, die K a r l K r a u s führte, näher eingegangen werden.

Kraus ist uns auf unserem Weg durch das Geistesleben der francisco-josephinischen Ära mehrere Male begegnet. Wir wissen, daß er sich in den ersten anderthalb Jahrzehnten

---

* Historiker und Soziologe, der Verfasser des hier oft zitierten Buches ,,Nationalgeist und Politik".
** F. Hertz bei Lenz-Fabian, a. a. O., S. 201.

der „Fackel" große Verdienste als Antikorruptionist, Kritiker
des Justizwesens, Kulturkritiker erwarb, daß er lange vor seinem
vierzigsten Jahr einen exzeptionellen Rang als Meister deutscher
Prosa erreicht hatte. Wir wissen aber auch, daß sein Haß gegen
die liberale Presse ihn zum Antiliberalismus, sodann um 1910 zur
Verneinung der demokratischen Fundamente, zur konservativen
Weltanschauung führte, d. h. zu einem Standpunkt, von dem aus
die Vorstellung „Krieg" als eine mögliche, wenn nicht gar als
eine notwendige Sache erschien. Nach der Ermordung des
Thronfolgers brachte die „Fackel" den mit keinem Ton auf
Frieden gestimmten, im Gegenteil rechtsradikalen Artikel
„Franz Ferdinand und die Talente". („Die Fackel", Juli 1914.)
Nach Ausbruch der Feindseligkeiten schwieg Kraus einige Zeit
still. Im November 1914 erschien die „Fackel" mit dem Aufsatz
„In dieser großen Zeit", der schärfsten denkbaren Kriegsansage
an den Krieg. Es war ein völlig unerwarteter Umschwung,
doppelt auffallend in einem Moment, da so viele Leute den ent-
gegengesetzten Standpunktwechsel vollzogen. Wie kam dieser
Umschwung zustande? Und was bedeutete er?

Die erste Frage läßt sich nicht mit Sicherheit beantworten.
Wahrscheinlich verhielt es sich so: Kraus hatte die konservativen
Anschauungen nicht bis in die letzte Konsequenz durchdacht.
Seine Tiraden gegen das Wahlrecht, die Menschenrechte etc. waren
nicht Ausdruck einer soliden Überzeugung, sondern entsprangen,
zum Teil wenigstens, einem stilistischen Bedürfnis, dem Wunsch,
den Liberalismus bis in seine letzte Konsequenz zu negieren.
Manche Anschauungen der Vorkriegs-„Fackel" wollten sicherlich nicht buchstäblich genommen sein. Als nun die Reaktion
mit all der Buchstäblichkeit, die der Wirklichkeit innewohnt, in
Erscheinung trat, als ihr Wesen sich in der Anwendung brutaler
Gewalt für eine nicht noble Sache enthüllte, erkannte Kraus mit
einem Schlag die Gefahren, die in der eigenen reaktionären
Phraseologie verborgen lagen. Der Individualist Kraus wurde
wieder lebendig, der Individualist, der lange vor dem konservativen Philosophen dagewesen, von dem letzteren mit Zwang
verdrängt und vernichtet worden war. Die Zusammenballung
kolossaler Macht in den Händen unfähiger Generale rief den

Erzfeind des Machtgedankens auf den Plan; die Hinopferung der edelsten jungen Menschen den Erzfeind des Barbarentums, das gegen den Geist sündigte; die Zerstörung von Millionen Privatexistenzen den zornigen Verteidiger auch der kleinsten und armseligsten Privatexistenz. Kraus war alles mögliche gewesen, nur eines nicht: Opportunist. Sich als Einzelner der ganzen Öffentlichkeit entgegenzustellen, wenn seine Überzeugung es verlangte, das war für ihn eine Selbstverständlichkeit, ja es war fast sein Lebensberuf. So brachte er es über sich, den Konservativen in dem Augenblick die Freundschaft zu kündigen, als sie obenauf kamen.

Die zweite Frage wird beantwortet durch das Gesamtwerk von Kraus, das während des Krieges entstand. Kraus' Wesensart schloß es aus, daß er sich an den Bestrebungen irgendeiner pazifistischen Organisation beteiligte. Mit den politischen Zirkeln, in denen Lammasch sich bewegte, hatte er nichts zu tun. Sein Kampf gegen den Krieg konnte nur Kampf mit schriftstellerischen Mitteln sein. Genauer: mit künstlerischen Mitteln. Er war nie ein politischer Schriftsteller des durchschnittlichen Typus gewesen, auch nicht zwischen 1914—18. Er führte keine Chronik der wichtigen Tagesereignisse, er studierte nicht die durch den Krieg aufgeworfenen Probleme des Verfassungs- und Völkerrechtes, er prüfte nicht die wirtschaftlichen Kriegsfolgen. Was er tat, war: er destillierte aus tausend winzigen Beobachtungen den Geist des Krieges, dieses besonderen Krieges, und gab ihn dem Spott preis. Das *Material* seiner Beobachtungen entnahm er nur selten der Wirklichkeit, sondern zumeist der Presse, die ja stets die Anregerin seiner satirischen Produktion gewesen war. Die Presse verkündete mit Triumphgeheul, daß soundso viele feindliche Soldaten tot vor der Frontlinie lagen; sie sprach von feindlichen Truppen als dem „Menschenmaterial", sie „bewies", daß die Engländer und Franzosen aller Zivilisation bar waren; sie verzeichnete in ihren Spalten Geschehnisse des Hinterlandes: das Auftauchen eines neuen Ersatznahrungsmittels, die Verhaftung eines Schleichhändlers, eine Judenmißhandlung. Das waren die Dinge, die Kraus verwertete. Er druckte wörtlich ab, was in der Zeitung stand.

Oft enthielt er sich jedes Kommentars, setzte nur ein paar besonders dumme oder rohe Worte in Sperrdruck. Oft fügte er eine
knappe Anmerkung bei, die die zitierte Stelle vom moralischen,
logischen, sprachlichen Gesichtspunkt beleuchtete. Zuweilen
legte er in einem Aufsatz dar, welche kulturell-symptomatische
Bedeutung einer Reihe von Zeitungsaufrufen oder -artikeln
zukam. Schwerlich hätte ein anderer mit dieser Methode wirksam agitieren können. Die Methode war kompliziert, umwegig,
abwegig. Kraus, ihr Erfinder, entfaltete mit ihrer Hilfe eine
blendende Agitation und schuf zugleich ein Meisterwerk. Vor den
Augen des Lesers erwuchs aus tausend Einzelheiten ein Gemälde
des Krieges, wild, häßlich, grotesk. Die Zensur war hilflos
gegen einen Autor, der beinahe ausschließlich Kulturkritik
betrieb. Ganz selten fand sie eine Handhabe gegen ihn. Und
wie viele Handhaben fand er gegen den Staat, die Minister, die
Generale! Die hohen Herren, die in Österreich unbeschränkt
regierten — beschränkt nur in ihrer intellektuellen Kapazität —,
er zeigte sie, indem er ihre Phrasen zergliederte, ihre Metaphern
korrigierte, in ihrer ganzen Jämmerlichkeit und Lächerlichkeit.
Noch um ein paar Grade schlimmer ging es den Journalisten, den
Schriftstellern. Moritz Benedikt, Alice Schalek, Hans Müller wurden durch seinen Witz in weiten Kreisen einfach unmöglich. Der
Hohn, mit dem er Bahr, Hofmannsthal, Auernheimer überschüt-
tete, konnte diese Männer nicht aus der Literaturgeschichte
löschen, war aber eine verdiente Rache für den Unsinn, den sie
zusammenschrieben. Man kann nicht sagen, daß Kraus die
Ursachen und die bewegenden Kräfte des Krieges richtig ein-
schätzte. Er neigte unverkennbar zu einer idealistischen Ge-
schichtsphilosophie. Die Kriegsereignisse waren ihm der Aus-
fluß einer geistigen Entartung. Er nahm an, daß der Verfall
der Sprachkultur, herbeigeführt von der Presse, die Phantasie der
Menschheit geschwächt und so die Katastrophe ermöglicht habe. *
Diese Theorien hinderten ihn aber nicht, die Tricks des österrei-

---

* Das ist am deutlichsten gesagt in dem kurz nach dem Krieg entstandenen
Aufsatz ,,Gespenster'', ,,Die Fackel'', Jahrgang XXI, 1919, Nr. 514—18,
S. 21—86.

chischen Imperialismus zu durchschauen, die Eigenart der untergehenden Monarchie, die Mischung aus Hofzeremoniell und Pallawatsch, Blut und Gemütlichkeit meisterhaft zu schildern. Der deutsche Imperialismus hatte keinen grimmigeren Hasser als ihn. Der Industrielle Thyssen, der Admiral Tirpitz, der Jagdflieger Richthofen, der Dichter Paul Ernst wuchsen in seinen Schriften zu düsteren Symbolen des neudeutschen Ungeistes empor. Das Bündnis mit Deutschland begriff er als den Fluch, der es war. Sein Eintreten für Lammasch, seine satirischen Betrachtungen über Czernin machten deutlich, wie er über die Bündnistreue dachte. Während des Krieges entwickelte sich Kraus, der zuvor nur wenige Gedichte veröffentlicht hatte, zu einem sprachgewaltigen Lyriker. Seine ,,Worte in Versen" gestalteten viele Themen, aber selbstverständlich war der Krieg ein Hauptthema. Kraus kleidete dann die Aufsätze und Glossen der ,,Fackel" in dramatische Form. Mit ihrem Witz und Pathos, ihrer strömenden Fülle an Motiven, Ideen, Figuren, ihrem erbarmungslosen sittlichen Ernst sind ,,Die letzten Tage der Menschheit" eine der stärksten Schöpfungen der modernen Weltliteratur. Österreich besaß in Karl Kraus einen großen Geist, der, mochte er sich zeitweilig in bloßem sprachlichem Artistentum gefallen, an einem historischen Wendepunkt sich zu seiner vollen Höhe aufrichtete. Hätten wir von ihm gelernt, so wären uns andere, harte Lektionen erspart geblieben.

ANHANG

Anmerkungen — Namenregister — Bibliographie

LIBERALISMUS

[1] Es handelt sich hier um einen Mangel, den man nicht den besten Männern von 1848 zum Vorwurf machen kann, nicht einem Fischhof oder Kudlich, wohl aber den meisten späteren Führern. In den Sechziger- und Siebzigerjahren standen Herbst, Giskra, Ignaz v. Plener, Kaiserfeld, Kuranda, J. N. Berger an der Spitze der Bewegung. Mit Ausnahme Bergers, der jung starb, war keiner den Problemen des Tages gewachsen. Die nächste Generation (Ernst v. Plener, Johann v. Chlumecky) war es genau so wenig. Das ist bei vielen Historikern der Epoche nachzulesen. Josef Redlich charakterisiert die Führer der Sechzigerjahre mit Worten, die auch auf die späteren gemünzt sein könnten: „. . . Solche Äußerungen in den Debatten und Ausschüssen beleuchten scharf den Mangel an politischem Scharfblick, der die österreichischen Liberalen in ihrer klassischen Epoche ebenso charakterisiert wie ihre völlige Unkenntnis der Sinnesart, der politischen Ideale, Empfindungen und Gedankengänge, die den nicht-deutschen Völkern innerhalb der Gesamtmonarchie zu eigen waren, mit welchen sie doch ihre gemeinschaftlichen parlamentarischen Institutionen, den österreichischen Staats- und Reichsgedanken teilten, gemeinsame Staats- und Reichspolitik zu betreiben hatten . . . Man sah die anderen Völker und Parteien immer nur so, wie sie einmal durch das Programm der Partei gewissermaßen ex cathedra festgesetzt waren: als erbitterte Feinde des Deutschtums, weil sie selbst doch ihre nationale Eigenheit erhalten und entwickeln wollten, als Feinde des österreichischen Staatsgedankens . . . Von Anbeginn vergaß man, daß eine große herrschende Partei in der Politik doch immer einer mittleren Linie zustreben muß, auf der sie sich mit den übrigen, an der Staatsgemeinschaft grundsätzlich festhaltenden Parteien in einer die Dauer verbürgenden Form schrittweise verständigen kann. Diese eigentümliche Schwerfälligkeit des politischen Denkens der Führer des österreichischen Liberalismus ist seit der Eröffnung des neuen konstitutionellen Lebens in Österreich ein hervorstechender Charakterzug in dem Gesamtbild der jungen parlamentarischen Politik Österreichs." (J. Redlich, „Das österreichische Staats- und Reichsproblem", 2. Bd., 1926, S. 642.)

[2] Sein Wesen „verkörperte eine Mischung von Autorität und liberaler Gesinnung und war der Denkweise des großen Bürgertums deutscher Zunge sympathisch und verwandt." (R. Sieghart, „Die letzten Jahrzehnte einer Großmacht", 1932, S. 66.)

³ Sieghart gibt in dem Werk „Die letzten Jahrzehnte einer Großmacht" eine Schilderung seiner Stellung, die klingt, als wäre mit der Großmacht er selbst gemeint; in Wirklichkeit handelt es sich um die Monarchie. Die Schilderung klingt unwahrscheinlich, wird aber im Wesentlichen von Historikern des Zeitabschnitts bestätigt (vgl. J. Redlich, „Österreichische Regierung und Verwaltung im Weltkriege", 1925, S. 66 ff.).

In Troppau als Sohn armer Leute geboren, kam Sieghart 1883 nach Wien, studierte Jus und habilitierte sich an der Wiener Universität für Nationalökonomie. 1884—94 arbeitete er im Politischen und Preßbüro der Liberalen, zuletzt als Leiter des Büros, dann übersiedelte er in den Staatsdienst (Finanzministerium). Einer Zufallsbekanntschaft mit Ernest v. Koerber verdankte er eine phantastische Laufbahn. Als Koerber Ministerpräsident wurde, ernannte er den noch nicht vierzigjährigen Sieghart zum Chef des „Ministerratspräsidiums", d. h., nach seinem eigentümlichen Verwaltungssystem, zu seinem Stellvertreter in den wichtigsten Angelegenheiten. Daß Sieghart binnen kurzer Zeit Sektionschef und Geheimer Rat wurde (mit welchem Titel sich die Anrede Exzellenz verband), war nur ein unzureichender Ausdruck seiner wirklichen Position: er konnte in jedes Regierungsressort diktatorisch eingreifen, und er griff häufig ein, 1907 leitete er die Ausgleichsverhandlungen mit Ungarn. Dann machte man ihn — gegen den Willen des Thronfolgers Franz Ferdinand, der in längerem Kampf unterlag — zum Gouverneur der Bodencreditanstalt. Kaiser Karl ließ Sieghart entfernen, die Republik gab ihm die Möglichkeit, seine Position wieder zu erlangen. Sieghart revanchierte sich, indem er alle möglichen reaktionären Bestrebungen unterstützte. Von der Bodencreditanstalt her und durch privaten Aktienbesitz kontrollierte er die Steyrermühl A. G. und damit das „Neue Wiener Tagblatt". Den Einfluß auf die Steyrermühl behielt er auch, als 1929 die Bodencreditanstalt zusammenbrach und von der Creditanstalt übernommen werden mußte.

⁴ Hermann Bahr, der 1863 in Linz geboren war, bezog 1882 die Wiener Universität. Als er zum erstenmal seine Eltern daheim besuchte, brachte er die Nachricht mit: „ ‚Der Liberalismus ist aus, eine neue Zeit bricht an, Platz für uns!' Und ich sehe noch den ratlosen Blick meines alten Herrn und höre seine Stimme noch beklommen fragen: ‚Was hat man in Wien aus dir gemacht?' Dann stand er auf, ging zwischen den kleinen Beeten durch den engen Garten hin und sagte von Zeit zu Zeit bloß immer wieder: ‚Was ist denn mit dir geschehen, was ist denn geschehen?' Ich aber, fröhlich hinter ihm her und meine bunte Mütze schwenkend, rief immer wieder: ‚Ja, jetzt sind wir da, und alles muß jetzt anders werden!' Und dann begab es sich noch, daß seine Freunde kamen, alte Liberale wie er und auch Väter von Söhnen, und alle diese Söhne hatten es aus Wien mitgebracht, daß der Liberalismus vorüber sei. Und nun saßen die Väter beisammen und konnten es nicht fassen, die ganze Jugend abtrünnig zu sehen, und verstanden die Welt nicht mehr. Einer sagte mit der Ergebenheit der Erfahrung: ‚Ja, das ist der Wandel der Zeiten, die Jugend will stets anders glücklich sein!' Das erzürnte meinen Vater und er sprach:

‚Der liberale Gedanke kann nicht altern, denn immer wieder die Menschheit zu verjüngen ist allein sein Sinn, und wenn sich diese Jugend von ihm lossagt, sagt sie sich von sich selbst los; das ist das Unbegreifliche!' Und dann saßen die Väter noch lange stumm und sannen nach und fragten bloß immer wieder: ‚Was hat man aus unseren Söhnen in Wien gemacht, was kann denn nur geschehen sein, was ist denn nur mit ihnen geschehen?' " (H. Bahr, „Austriaca", 1911, S. 115f.)

⁵ Dieser Sinn des Begriffes „Österreichertum" kommt z. B. in den folgenden Worten Ernst v. Pleners zum Vorschein: „In den Jahren des Kampfes verdichtete sich meine Zugehörigkeit zur Partei, die deutsch-böhmische Sache nahm ich mit besonderem Schwung auf und ihr verdanke ich meine besten Leistungen, dadurch wurde ich nationaler als früher, obwohl mein starkes Österreichertum mir immer ganz bestimmte Grenzlinien zog." („Erinnerungen", 3. Bd., S. 286f.) Dieselben Begriffe bei Sieghart, wenn er (a. a. O., S. 298) über die Vereinigte Deutsche Linke sagt: „Als Staatspartei gut österreichisch und die Ratio über die Natio stellend, vermochte sie der steigenden Flut des (deutsch)nationalen Radikalismus keinen Damm entgegenzusetzen."

⁶ Czernin war formell bloß Außenminister, faktisch aber der Leiter der Gesamtpolitik Österreich-Ungarns (J. Redlich, „Österr. Regierung und Verwaltung im Weltkriege", S. 259, 267). Für die Fortsetzung des Krieges ab 1917 und damit auch für alles, was dem österreichischen Volk von damals an zustieß, trifft diesen Liberalen ein guter Teil der Verantwortung. In seinen Memoiren versucht er darzulegen, warum er die Loslösung von den deutschen Imperialisten, an der insgeheim viele Kräfte arbeiteten, vereitelt hat. Er behauptet, daß eine andere Politik nicht möglich war: Separatfriedensbestrebungen von österreichischer Seite hätte Deutschland mit dem sofortigen Einmarsch von Truppen nach Österreich beantwortet (O. Czernin, „Im Weltkriege", 1919, S. 25ff. und S. 183—252). Wenn das wirklich eine für die Monarchie gefährliche Eventualität war, so ist es der stärkste Beweis für den hilflosen Zustand, in den sie durch das Bündnis geraten war. In Wahrheit hat Czernin die Separatfriedensidee wohl deshalb zurückgewiesen, weil er an den Sieg glaubte oder doch eine Niederlage von der Schwere, wie sie dann eintrat, nicht voraussah.

⁷ Plener wird auch von Schriftstellern, die sonst den Liberalen gar nicht wohlgesinnt sind, respektiert, so von A. J. P. Taylor („The Habsburg Monarchy", 1941), der ihn ein großes Talent nennt (S. 199).

⁸ Artikel von Eduard Sueß, Franz Klein, Eugen Böhm-Bawerk und anderen international bekannten Gelehrten waren in der „Presse" keine Seltenheit. Unter ihren Feuilletonisten waren die hervorragendsten Hugo Wittmann, Ludwig Speidel, Daniel Spitzer, Eduard Hanslick, später Theodor Herzl, Alfred Berger, sodann Felix Salten, Julius Korngold, Raoul Auernheimer, Stefan Zweig. Der literarische Teil der „Presse" war seit etwa 1900 ein Zentrum

der ,,Moderne'', der Bahr, Schnitzler, Hofmannsthal, Beer-Hofmann angehörten.

[9] In Österreich kam als liberale Konkurrenz wohl nur das ,,Neue Wiener
Tagblatt'' in Betracht. Julius Szeps, der das ,,Tagblatt'' von 1867—86
leitete, genoß eine außerordentliche Reputation. Er stand dem Kronprinzen
Rudolf persönlich nahe und erhielt von ihm auch Beiträge für die Zeitung.
(Vgl. das Buch ,,Kronprinz Rudolf: Politische Briefe an einen Freund
1882—89'', herausgeg. und eingeleitet von Julius Szeps, 1922.)

[10] Die ,,Times'', gewöhnlich ein sehr höfliches Blatt, und doppelt höflich
in Nachrufen, schrieben aus Anlaß von Benedikts Tod: ,,Benedikt verkörperte ... jene Tendenzen, welche man am besten mit ,jüdischem Pangermanismus' bezeichnen kann. Er war skrupellos, fanatisch, unermüdlich und ein
Schädling ... Seinen Einfluß verwendete er fast ausnahmslos gegen jene Leute
und Bewegungen, welche Österreich vor der Katastrophe retten wollten, die
als Folge der Unterordnung unter die deutsche Politik unausbleiblich war ...
Sein Andenken und sein Beispiel werden lange die Länder deutscher Zunge
daran erinnern, was ein Journalist nicht sein sollte.'' (,,Times'', 20. März 1920.)

[11] Die Berechtigung, den Geldlohn, den der Unternehmer auszahlt, Gegenwartsgut zu nennen, nimmt Böhm-Bawerk daher, daß der Arbeiter für das
Geld sogleich Konsummittel (Gegenwartsgüter) eintauschen kann.

[12] Von österreichischen Marxisten hat, soweit ich sehen kann, eine nähere
Kritik der Menger-Schule nur Hilferding geliefert, und zwar in der auf S. 31,
Note * angeführten Studie ,,Böhm-Bawerks Marx-Kritik''.

[13] Das Wort ,,radikal'' ist hier nicht im Sinne einer besonders energischen
Denkweise zu verstehen und hat auch nichts mit der Denkweise der ,,Radi-
kalen'' in der österreichischen Arbeiterbewegung zu tun; es ist dem politischen
Vokabular Englands entnommen, worin es ziemlich genau einen ,,linken
Liberalen'' bezeichnet.

[14] Unbedankt und unbelohnt ist eigentlich ein zu milder Ausdruck. Beide
waren den heftigsten Anfeindungen ausgesetzt. Als Fischhofs 70. Geburtstag
bevorstand, wurde im Wiener Gemeinderat eine Ehrung vorgeschlagen. Lueger,
damals noch nicht Antisemit, sprach sich in den wärmsten Worten für den
Antrag aus. Die liberale Mehrheit des Gemeinderates brachte den Antrag zu
Fall. (R. Charmatz, ,,Adolf Fischhof'', 1910, S. 296.)

KATHOLIZISMUS

[1] Glück und Ende des Ministeriums Hohenwart ist in der Literatur oft erörtert worden. Es handelt sich um eine interessante Episode der österreichischen Verfassungsgeschichte; die von Hohenwart und seinem Ministerkollegen Schäffle mit dem böhmischen Landtag vereinbarten ,,Fundamentalartikel'' waren noch lange Jahre später Gegenstand erregter Auseinandersetzungen. Eine ausführliche Darstellung der Sache findet sich in Schäffles ,,Aus meinem Leben''. (Vgl. ferner: R. Kralik, ,,Österreichische Geschichte'', 1913, S. 580ff., K. Tschuppik, ,,Franz Josef I.'', S. 289ff., R. Sieghart, ,,Die letzten Jahrzehnte etc.'', S. 388ff., F. Hertz, ,,Nationalgeist und Politik'', 1937, S. 378ff.)

[2] 1883 wurde im Parlament ,,zur Feststellung des Normalarbeitstages eine Expertise abgehalten, welcher der Obmann des Gewerbeausschusses, der klerikale Abgeordnete Zallinger, präsidierte. Es waren 103 Experten, Abgeordnete, Arbeitgeber und Arbeiter geladen, die alle Fragen der Sozialpolitik in den Kreis der Erörterungen zogen, so daß zum erstenmal in Österreich eine Art Arbeiterparlament versammelt war. Beide Fraktionen der organisierten Arbeiterschaft (d. h. ,,Gemäßigte'' und ,,Radikale'', siehe unten S. 86f.) waren auf der Expertise vertreten. Die ,Radikalen' hatten zwar vor der Beratung erklärt, sie würden an der Beratung nicht teilnehmen, weil sie es mit ihrer grundsätzlichen Stellung nicht vereinbaren könnten, doch erschienen auch sie schließlich im Beratungssaal . . . Die Expertise hatte übrigens ein negatives Ergebnis, denn die Arbeiter werteten die von den feudal-klerikalen Gesetzgebern gemachten Vorschläge . . . als völlig unzureichende Maßnahmen für eine Besserstellung der Arbeiterschaft. Die Wortführer beider Fraktionen stimmten hierin völlig überein.'' (L. Brügel, ,,Geschichte der österreichischen Sozialdemokratie'', 3. Bd., S. 291.)

[3] Franz Josef war ein Meister der ,,bonapartistischen'' Taktik, d. h. er verstand es, durch Ausspielen der sozialen Gegensätze sich zeitweise von den kämpfenden Klassen unabhängig zu machen und eine Schiedsrichterstellung zu gewinnen. Sozialpolitische Schritte, die die Hohenwart-Partei unternahm, wurden auf Grund der besonderen Struktur dieser Partei von manchen Kreisen unmittelbar der Krone zugute gehalten.

[4] Dieser Anhänger ist Wiard Klopp; sein Buch, 1894 erschienen, heißt ,,Die sozialen Lehren des Freiherrn Karl von Vogelsang''. W. Klopp schrieb

284

auch: ,,Leben und Wirken des Sozialpolitikers Freiherrn Karl von Vogelsang",
1930. Die Herkunft W. Klopps verdient registriert zu werden. Sein Vater war
der aus Ostfriesland gebürtige, durch seine Sachkenntnis wie durch seine
antipreußische Einstellung bemerkenswerte Historiker Onno Klopp (1822 bis
1903). Onno Klopp erlebte insofern ein ähnliches Schicksal wie Vogelsang,
als auch er konvertierte und in Österreich eine dauernde Heimstätte fand.
Ein paar Jahre wirkte er als Lehrer des Erzherzogs Franz Ferdinand. Jahr-
zehntelang war er mit der politischen und kulturellen Bewegung der österreichischen Katholiken in lebhaftem Kontakt.

[5] Diese Enzyklika, eine Art Charter der katholischen Sozialpolitik, kam
1890 unter Leo XIII. heraus. Sie wurde 1930 durch das Rundschreiben ,,Quadra-
gesimo anno" ergänzt.

[6] Dies wurde auch von Viktor Adler festgestellt. Vgl. das Zitat aus einem
Adlerschen Artikel, das sich in Klopps ,,Leben und Wirken etc.", S. 345,
Note 12, findet.

[7] So wurden Diskussionsabende genannt, die 1889—98 regelmäßig im
Hotel ,,Zur Goldenen Ente" in der Riemergasse stattfanden. Vorsitzender
war Prälat Dr. Franz M. Schindler, Teilnehmer waren u. a.: Vogelsang, Lueger,
Geßmann, Prinz Alois Liechtenstein, Weiskirchner, Kunschak, Funder, Truxa.
(W, Klopp, a. a. O., S. 347 ff.)

[8] Der große Förderer der Christlichsozialen in Rom war Kardinal Rampolla.
Er verhinderte, daß die Denkschrift dem Papst überreicht wurde. (G. Kolmer,
,,Parlament und Verfassung in Österreich," 1902—14, 5. Bd., S. 413.)
Als der österreichische Botschafter beim Vatikan noch separat zugunsten
der Mission Schönborns intervenierte, sagte Rampolla, daß der päpstliche
Segen, den die Denkschrift erwähnt, ,,nur den Dank für eine dem Heiligen
Vater dargebrachte Huldigung und keineswegs eine Billigung der von Personen
oder Zeitungen verfolgten Tendenzen bedeute. Der Segen werde ohne Rücksicht auf die politische Parteistellung erteilt." (L. Brügel, a. a. O., 4. Bd., S. 263).
Plener urteilt später (,,Erinnerungen", 3. Bd., S. 220), daß die Vorstellungen
der Regierung zwar ,,gut gemeint, aber angesichts der Haltung des Wiener
Nuntius und der allgemeinen Richtung der römischen Kurie nicht zweckmäßig" gewesen seien. Nach dem Tod Leos XIII. sollte Rampolla zum Papst
gewählt werden. Kaiser Franz Josef machte von dem Vetorecht, das ihm zustand, Gebrauch und verhinderte die Wahl. Brügel (a. a. O., 4. Bd., S. 263)
bringt das damit in Zusammenhang, daß Rampolla die Christlichsozialen
unterstützt hatte.

[9] Auf dem Linzer Katholikentag von 1892 ,,definierte Prinz Alois Liechtenstein, der die Christlichsoziale Partei vertrat, das Verhältnis dieser Partei
zur klerikalen. Beide bilden Armeen der Kirche, die konservative Partei operiere

auf dem Lande, der christliche Sozialismus in den Städten." (G.Kolmer, a. a. O.,
5. Bd., S. 169.)

¹⁰ Vgl. R. Sieghart, S. 312: ,,Lueger selbst hatte keine Spur vom Antisemiten
in sich, wohl aber sah er in der Strömung einen willkommenen Mauerbrecher
gegen die großbürgerlich-liberale Partei." Ähnlich A. J. P. Taylor, ,,The Habsburg Monarchy", S. 219.

¹¹ Einiges spricht tatsächlich für sie: Luegers oft wiederholte Erklärung,
daß er gegen die anständigen Juden nichts einzuwenden habe; sein oft zitiertes
Wort: ,,Wer ein Jud ist, bestimm ich!"; die rein zufällige Art, wie seine erste
antisemitische Rede entstand (darüber W. Klopp, a. a. O., S. 306); u. a. m.

¹² Zu den von Lueger Disziplinierten gehörten u. a. Otto Glöckel und
Karl Seitz. (Vgl. L. Brügel, a. a. O., 5. Bd., S. 142; V. Adler, a. a. O., 11. Heft,
S. 86 f.)

¹³ In ihren Anfängen waren Lueger und Schönerer Freunde gewesen. Sie
hatten z. B. Wahlkämpfe gemeinsam durchgeführt. Aber in den Neunzigerjahren
zerschlugen sie sich gründlich, und von da an flogen die gröbsten Schimpf-
worte zwischen ihnen hin und her. Wesentlich besser waren die Beziehungen
zwischen den Christlichsozialen und den gemäßigten Deutschnationalen (Stein-
wender-Richtung). Zusammenarbeit dieser Gruppen war keine Seltenheit.

¹⁴ Dieser Plan sah vor, daß die südslawischen Gebiete von Österreich und
von Ungarn abgetrennt und zu einer Einheit zusammengefaßt werden sollten,
die dann dieselbe Stellung gehabt hätte wie ,,Zisleithanien" und ,,Translei-
thanien".

¹⁵ ,,Groß-Österreich" war ein Gedanke, der vor allem von Aurel Popovici,
einem Rumänen ungarischer Staatszugehörigkeit, vertreten wurde. Österreich sollte nach rein ethnographischen Gesichtspunkten, also ohne Rücksicht
auf die Kronlandsgrenzen, in eine Föderation umgebaut werden. Für größere
deutsche Enklaven, die im Siedlungsgebiet anderer Nationen bestanden, sah
Popovici Minderheitenschutz vor. Kleinere Enklaven wären durch Umsiedlung
oder Assimilation beseitigt worden. (Vgl. A. Popovici, ,,Die Vereinigten Staaten
von Groß-Österreich", 1906.)

¹⁶ Franz Ferdinand (1863—1914) war in seiner Eigenschaft als Thronfolger
ein maßgebender Mann in der politischen Welt. Seine Stellung wurde noch
durch seine ungewöhnliche Energie verstärkt. Zweifellos besaß er einige politische Einsicht. Das geht schon daraus hervor, daß er einen Umbau der Monarchie
im föderalistischen Sinn erwog. Aber die Methode, mit der er seine Absicht
durchzuführen, mit der er überhaupt zu regieren gedachte, war rein auto-
kratisch. Er gab offen seinen absolutistischen Neigungen Ausdruck. Seine

Redeweise hatte eine fatale Ähnlichkeit mit der Wilhelms II. Als eine der wichtigsten Pflichten der Staatsgewalt erschien ihm das ,,Ordnung machen''. ,,,Niederwerfen', ,Schießen' und ähnliche Drohungen führte er ... oft im Munde.'' So berichtet ein Biograph, der ihn schätzt: Edmund Glaise-Horstenau, der österreichische Quisling. (,,Neue österreichische Biographie'', 1. Abt., 3. Bd., S. 20.) Ottokar Czernin, dem Erzherzog gleichfalls zugetan, erwähnt befremdliche Charakterzüge. So war Franz Ferdinand ,,bis zu einem gewissen Grade geschmeichelt'', als eine Wahrsagerin ihm prophezeite, er werde einst einen Weltkrieg entfesseln (O. Czernin, ,,Im Weltkriege'', S. 57). Im ganzen Land gab es niemanden, der unpopulärer gewesen wäre als er, und das wußte er am auch selbst (Ebenda, S. 47 f.). In Aristokratenkreisen wurde davon gesprochen, er werde einmal, seiner Schroffheit wegen, einem Attentat zum Opfer fallen (J. M. Baernreither, ,,Fragmente etc.'', S. 193). Daß die Christlichsoziale Partei sich diesen Mann zum Schutzherrn wählte, war gründlich verfehlt. Scheicher ist zu milde, wenn er (,,Erlebnisse und Erinnerungen'', 6. Bd., S. 396) die ,,Hof- und Belvederegeherei'' der Parteiführer tadelt. Im Belvedere hatten sie noch viel weniger zu suchen als selbst bei Hof.

[17] Dieser populäre Raufbold sprach oft furchtbaren Unsinn. Er nannte z. B. Leo Tolstoi einen alten Teppen.

[18] Die Idee der kulturellen Autonomie wird von Seipel entwickelt in ,,Nation und Staat'', S. 138, und etwas genauer in ,,Gedanken zur österreichischen Verfassungsreform'', 1917, S. 31 ff. Seipel vertrat also in einer wichtigen Sache dieselbe Anschauung wie Otto Bauer, der Mann, mit dem er in der Republikzeit ein nie endendes Rededuell führen sollte.

[19] Der einzige streng katholische und dabei international bedeutende österreichische Künstler dieser Zeit dürfte Anton Bruckner gewesen sein.

[20] Von Organisationen wären außer den bereits erwähnten etwa noch zu nennen: der Katholische Schulverein, der Verein Volkslesehalle, der Piusverein zur Förderung der katholischen Presse, der Volksbund der Katholiken.

[21] ,,Was ist nun eigentlich der Gralbund ? So wird mancher fragen. Es gibt keinen Verein, keine Organisation dieses Namens, keinen Präsidenten, keine Statuten. Der Gralbund im weiteren Sinn ist ein ideales Band, das Gleichgesinnte vereinigt. Im engsten Sinn besteht der Gralbund aus jenen wenigen Namen, die mit dem Verlag zur Gründung des ,Gral' in Verhandlung getreten sind und die Redaktion bestellt haben. Ich gehöre nicht zur Redaktion, es gibt keine Redaktionssitzungen. Die Redaktion ist allein berechtigt und verantwortlich. Ich bin nur Mitarbeiter.'' (R. Kralik, ,,Die katholische Literaturbewegung der Gegenwart'', 1909, S. 91.) Als Herausgeber der Monatsschrift zeichnete damals Franz Eichert.

ARBEITERBEWEGUNG

[1] Die ,,Erste'' Internationale war 1864 von Marx gegründet worden und 1872, bzw. 1876 auseinandergefallen. Das wichtigste Ereignis, woran sie Anteil hatte, war die Pariser Commune von 1871. Die Ursache des Zerfalls der Internationale war der allenthalben auftretende Gegensatz zwischen Anarchisten und Marxisten, der in vieler Hinsicht dem Gegensatz glich, der in den Achtzigerjahren zwischen den österreichischen Radikalen und Gemäßigten bestand. Vgl. M. Beer, ,,Allgemeine Geschichte des Sozialismus und der sozialen Kämpfe'', 6. Aufl. 1929, S. 684 ff.)

[2] Engels, dessen Wohnsitz in England war, hielt sich im Herbst 1893, kurz vor Abfassung dieses Briefes, vorübergehend in Österreich auf.

[3] Der bekannteste Verfechter des Revisionismus war Eduard Bernstein (1850—1932), einer der Führer der deutschen Sozialdemokratie. Die Richtung wird Revisionismus genannt, weil sie die Lehren von Marx zu revidieren beabsichtigte. Gruppen, die Bernsteins Ansichten teilten, gab es in den meisten Ländern.

[4] Für die in Worten revolutionärere, in Taten reformistische Richtung der Sozialdemokratie ist der Name ,,Zentrismus'' gebräuchlich geworden.

[5] Vgl. V. Adlers ,,Aufsätze, Reden, Briefe'', 4. Heft, S. 92 ff. Adler hatte ganz recht, wenn er den Gedanken zurückwies, als ob nur ein mit Blut erkaufter Fortschritt revolutionär genannt werden dürfe. Aber er ging einen guten Schritt zu weit mit der Behauptung, er verstehe gar nicht den Unterschied zwischen revolutionär und reformatorisch, das seien ,,Worte, nichts als Worte''.

[6] Brügel gibt (4. Bd., S. 347) einen Polizeibericht wieder, der die Ergebnisse des Parteitags folgendermaßen zusammenfaßt: ,,Praktische Gegenwartspolitik war auch die eigentliche Veranlassung, daß die österreichische Sozialdemokratie daran gegangen ist, ihre revolutionäre Hainfelder Prinzipienerklärung umzumodeln. Die erbitterte Feindschaft gegen die bürgerliche Gesellschaft, der strenggläubige Marxismus kommen in dem neuen Programm nur mehr in sehr verblaßter Form zum Ausdruck ... Die österreichische Sozialdemokratie ist, so sehr es auch ihre Führer zu verschleiern bestrebt sind, bereits auf dem Wege,

sich mit der kapitalistischen Gesellschaftsordnung abzufinden und dieser nur mehr als eine sozialreformatorische Partei entgegenzutreten... Dr. Adler bestritt zwar mit großer Beharrlichkeit, daß der neue Entwurf eine Konzession an Eduard Bernstein bedeute (an den Revisionismus), und auch die Marxisten Bebel und Kautsky gaben in diesem Sinn Erklärungen auf dem Parteitag ab; aber in Wirklichkeit unterstanden alle drei — bewußt oder unbewußt — Bernsteinschen Einflüssen, ohne sich ihnen entziehen zu können. Dr. Adler hat es verstanden, in seinem Referat Bernsteinsche Theorien derart marxistisch darzustellen, daß es ihm leicht gelungen ist, das erwachte Mißtrauen der Versammelten zu beheben."

Es scheint, daß die Polizei einen marxistisch gut geschulten Mann in ihrem Sold hatte.

[7] Der Umstand, daß die Sozialdemokraten an den Machtkampf nicht dachten, hatte viele verhängnisvolle Wirkungen. Eine solche Wirkung war, daß sie die Grundfrage der proletarischen Revolution, die Frage der Verbündeten des Proletariats, ignorierten. So kam es, daß sie sich ohne ernsthafte Gegenwehr damit abfanden, daß die österreichische Bauernschaft den Altklerikalen und dann den Christlichsozialen Gefolgschaft leistete. Die Gleichgültigkeit gegenüber den katholischen Bauern ermöglichte wieder eine andere Verirrung, nämlich den oberflächlichen Antiklerikalismus gewisser Parteiredner und -schreiber. Mit Recht verlangte die Partei die Trennung von Kirche und Staat, Schule und Kirche; hingegen war die Form, in der zu religiösen Dingen Stellung genommen wurde, oft ein Muster der Taktlosigkeit.

[8] Es scheint, daß Viktor Adler vor dem Krieg bloß einmal zur Bündnispolitik Stellung genommen hat. 1909, in der Periode der bosnischen Krise, sagte er in einer Parteitagsrede: „... Und wie stehen wir heute politisch da? Ist unser Verhältnis zu den anderen Mächten, ist unsere Stellung in Europa eine sicherere, gefestigtere, als sie vor der Annexion war? Wir haben das feste Bündnis mit dem Deutschen Reich, und es wäre sehr zu wünschen, daß dieses Bündnis nicht nur dazu benützt würde, um auf Österreich einen Teil der Kosten zu überwälzen, die der deutsche Imperialismus für notwendig hält in seinem Wettkampf mit dem englischen Imperialismus. Der Vorteil, den wir davon haben, ist, daß wir die deutsche Reichspolitik unterstützen sollen, indem wir nun auch schwere Kriegsschiffe bauen." (Adler, „Aufsätze, Reden, Briefe", 9. Heft, S. 33.) Adler sah hier schärfer als die meisten seiner Zeitgenossen. Aber als ein zielbewußter Kampf gegen das Bündnis kann diese isolierte Bemerkung nicht gewertet werden.

[9] Der Stuttgarter Kongreß der Internationale hatte 1907 eine Resolution beschlossen, die für den Fall akuter Kriegsgefahr die Arbeiterklasse und deren parlamentarische Vertreter verpflichtete, „alles aufzubieten, um durch die Anwendung der ihnen am wirksamsten erscheinenden Mittel den Kriegsausbruch zu verhindern". „Falls der Krieg dennoch ausbrechen sollte", fuhr die

Resolution fort, ,,sind sie verpflichtet, für dessen rasche Beendigung einzutreten und mit allen Kräften dahin zu streben, die durch den Krieg herbeigeführte wirtschaftliche und politische Krise zur Aufrüttelung des Volkes auszunützen und dadurch die Beseitigung der kapitalistischen Klassenherrschaft zu beschleunigen." Die Beschlüsse der internationalen Kongresse von Kopenhagen (1910) und Basel (1912) wiederholten diese Erklärungen. Aber im Sommer 1914 gerieten sie ganz in Vergessenheit. Überall unterstützten die Sozialdemokraten die Regierungen und den Krieg. Es waren bloß kleine Gruppen, die da und dort opponierten. Es waren ausschließlich die russischen Bolschewiki, die sofort den rücksichtslosen Kampf gegen den Krieg begannen. (Vgl. M. Beer, a. a. O., S. 699ff.)

[10] Etliche sehr krasse Artikel (,,Der Tag der deutschen Nation", August 1914, ,,Nach Paris!", September 1914) stammten von Austerlitz, dem Chefredakteur. (Vgl. Max Ermers, ,,Viktor Adler", 1932, S. 317f.)

Friedrich Austerlitz (1862—1931) hatte sich um die Zeitung und um die Bewegung überhaupt sehr verdient gemacht. Viele Leser konnten 1914 gar nicht glauben, daß er der Autor der chauvinistischen Artikel war. In der späteren Phase des Krieges wurde er Pazifist und führte einen tapferen Kampf gegen den Terror der Militärgerichte.

[11] Diese Unterscheidung ist freilich eine mehr äußerliche, da Österreich der Vasall Deutschlands war, der Standpunkt österreichischer ,,Vaterlandsverteidigung" also auch dem deutschen Imperialismus zugute kam. Überdies wurde Renner durch sein Groß-Österreichertum nicht gehindert, den Naumannschen Mitteleuropa-Gedanken, d. h. die dauernde Unterordnung Österreichs unter das Deutsche Reich, in den Grundzügen zu akzeptieren. (Vgl. K. Renner, ,,Österreichs Erneuerung", 1916, 1. Bd., S. 119—60.)

[12] Friedrich Adler, geb. 1879, hatte als Privatdozent der Physik und Herausgeber des ,,Volksrechts" in Zürich gelebt und war sodann in Österreich Reichstagsabgeordneter, Redakteur der Zeitschrift ,,Kampf" etc. geworden.

[13] Friedrich Adlers Einstellung von 1914 geht aus dem Konzept eines Schreibens an den Parteivorstand hervor, das er damals verfaßte. Er schrieb: ,,Die Führer des Proletariats hätten die Pflicht gehabt, anstatt in die Reihen der Hurra-Kanaille einzuschwenken, die Kraft aufzubringen, diesen Krieg mit Zähneknirschen als ein Attentat auf die Internationale des Proletariats über sich ergehn zu lassen." (L. Brügel, a. a. O., 5. Bd., S. 179.)

[14] Unter dem monarchistischen Regime hatte Hartmann trotz einstimmigem Vorschlag des Professorenkollegiums nicht Professor werden können, da er konfessionslos war.

[15] Hartmann meint, intensive Vergesellschaftung bedeute zugleich Abschwächung der Klassengegensätze. (Ebenda, S. 61). Das kann sein, muß aber nicht

sein. Der Besitzer einer afrikanischen Plantage steht z. B. mit dem Neger, den er unter der Sklaverei ähnlichen Bedingungen als Arbeiter beschäftigt, in sehr enger wirtschaftlicher Beziehung und doch in stärkstem Klassengegensatz. Bei seinem Lob der extensiven Vergesellschaftung denkt Hartmann wahrscheinlich an eine Institution wie die Vereinten Nationen oder an die sozialistische Gesellschaft der Zukunft, die weltumspannend sein wird. Aber deshalb zu erklären, die staatlichen Expansionen, über die die Geschichte berichtet und die meistens (von der ältesten bis zur neuesten Zeit) aus Gewalt entsprangen, seien im ganzen und großen fortschrittlich, ist doch ein etwas summarisches Verfahren.

[16] ,,Theodor Mommsen", 1908, S. 127. Die Mommsen-Biographie gibt Hartmann Gelegenheit zu einer Äußerung über Badeni dadurch, daß Mommsen seinerzeit gegen die Sprachenverordnung Stellung genommen hatte.

[17] Zu dem Komplex, der unter dem Namen Hanusch-Gesetze bekannt ist, gehören: die Regelung des Achtstundentages, die Errichtung der Arbeitslosenfürsorge, das Gesetz über die Arbeiterurlaube, das Gesetz über die Kollektivverträge und Einigungsämter, die Regelung der Heimarbeit, der Frauen-, Kinder- und Nachtarbeit, der besondere Schutz der Bergarbeiter und der Bäckereiarbeiter, die Abschaffung des Arbeitsbuches, das Hausgehilfinnengesetz, Bestimmungen über Invalidenfürsorge, über Krankenversicherung für Bundesangestellte, über die Errichtung von Kammern für Arbeiter und Angestellte usw.

[18] Unter absoluter Rente versteht Marx den Betrag, den sich der Eigentümer auch noch des schlechtesten Bodens bei den jetzt herrschenden Eigentumsverhältnissen bezahlen läßt, wenn er gestatten soll, daß mit fremdem Kapital und fremder Arbeit sein Boden nutzbar gemacht wird. Differentialrente ist der entsprechend höhere Betrag, den die Eigentümer besserer, fruchtbarerer Böden einstreichen.

[19] Der Vollständigkeit halber sei erwähnt, daß Bauer zu einem viel späteren Zeitpunkt von dieser Annahme abging. Er war an dem sog. ,,Nationalitätenprogramm der Linken" beteiligt, das Anfang 1918 entstand und endlich das Selbstbestimmungsrecht der Nationen mit klaren Worten forderte. Unmittelbar vor dem Zusammenbruch der Monarchie hat dann auch noch die Parteimehrheit das Selbstbestimmungsrecht akzeptiert.

[20] Es gibt ein englisches Buch über Österreich, worin die nationale Politik der Sozialdemokratie einer scharfen Kritik unterworfen wird: A. J. P. Taylors ,,Habsburg Monarchy". Taylor zieht auch eine Parallele zu der so viel erfolgreicheren Politik der Bolschewiki. Die Stelle ist wert, im Wortlaut wiedergegeben zu werden. (S. 223): ,, ... Die deutsch-österreichische Sektion (der Sozialdemokratie) ... machte den sogar noch größeren Fehler, den Fortbestand des Kaiserreichs als wünschenswert anzunehmen. Ausgehend von dem

wundervollen Prinzip, daß der Sozialismus keine nationalen Schranken anerkennt, zogen die Sozialdemokraten den Schluß, daß Österreich-Ungarn sich zu
einer einzigen sozialistischen Gemeinschaft entwickeln könne — der theoretische
Ausdruck für die Ambitionen eines Gewerkschaftssekretärs, dem es lieber ist,
wenn er in Lemberg und Triest, von den Karpathen bis zu den Alpen, Mitglieder
zählen kann, als wenn er auf Wien und ein paar benachbarte Städte beschränkt
ist. So kam die Sozialdemokratie zu der absurden Konsequenz, die Fortdauer
der Habsburger-Monarchie zu befürworten, da sie, wie die Internationale der
Arbeiter, ‚über-national‘ sei, wobei aber die Sozialdemokratie selbst sich in
nationale Parteien teilte ... Ein paar Jahre später legte die russische Sozialdemokratie klügere Prinzipien fest. Sie bestand darauf, daß, da der revolutionäre
Sozialismus den Glauben an alles andere ausschließt, nur *eine* Partei, ohne
nationalen Unterschied, existieren dürfe, daß aber diese Partei den Völkern
vollkommene Selbstbestimmung, einschließlich des Rechts auf Abtrennung,
zusichern müsse. Vor allem aber meinten die Russen, daß eine revolutionäre
Partei auf den Sturz des bestehenden Regimes hinarbeiten muß. Ihr Feind war
der Zarismus, so wie der Feind der Österreicher die Habsburger hätten sein
sollen. Die russischen Sozialisten sprachen nie hochtrabenden Unsinn über das
russische Kaiserreich, welches ein großes, der Erhaltung durch den Sozialismus
würdiges Gebiet der Zusammenarbeit sei. Sie griffen das zaristische Regime
an, weil sie bereit waren, die Macht zu übernehmen; und als die Zeit gekommen war, übernahmen sie sie.‘‘

[21] Es sei abschließend daran errinnert, daß der Autor beabsichtigte, seine
Untersuchungen in einem 2. Band bis in die Gegenwart fortzusetzen. Darin
wollte er unter anderem zeigen, wie die Tendenzen des politischen O p p o r -
t u n i s m u s, der die oben analysierten Werke der Austromarxisten charakterisiert, die Theorie und Praxis der Sozialdemokratischen Partei, der
heutigen Sozialistischen Partei, vollends zersetzte.

SOZIALREFORM

[1] „Manchester-Doktrin"; streng individualistische Richtung in der Volkswirtschaftslehre, die jeden Staatseingriff in das Wirtschaftsgetriebe verwirft.

[2] Radikalismus: Doktrin der Sozialreform. Die Tatsache, daß die Anarchisten selbst in der österreichischen Arbeiterbewegung unter dem Namen der „Radikalen" bekannt waren, wird hoffentlich nicht zu Verwirrungen Anlaß geben.

[3] Viktor Adler schrieb 1898: „Die Sozialdemokratie will die Frau nicht zum Kampf gegen den Mann führen, sondern mit ihm zu einer gemeinsamen Phalanx zusammenschließen. Nicht *gegen* ihn, sondern *mit* ihm soll sie kämpfen, nicht das *Weibsbewußtsein*, sondern das *Klassenbewußtsein* zu wecken, ist in erster Linie ihr Ziel. Sie weiß, daß die Geschlechtssklaverei nicht, wie die Frauenrechtlerinnen meinen, allein zu brechen ist, sondern erst mit der Lohnsklaverei fallen wird." („Aufsätze, Reden, Briefe", 7. Heft, S. 139/40.)

[4] Es handelte sich um einen camouflierten Vorstoß. Die christlichsoziale Gemeinde stellte für den Volksbildungsverein eine Subvention in Aussicht, verband damit jedoch Bedingungen, die die Freiheit des Lehrbetriebes eingeschränkt hätten. Jodl führte die Verhandlungen mit Lueger und lehnte schließlich die Subvention ab.

[5] Vgl. oben S. 74 f. Jodl behandelte diesen Streit in der Broschüre „Gedanken über Reformkatholizismus", 1902.

[6] Ludwig Wahrmund, Professor des Kirchenrechts an der Innsbrucker Universität, hielt 1908 in einer Volksversammlung des Vereins „Freie Schule" einen Vortrag „Katholische Weltanschauung und freie Wissenschaft", worin er die Modernisten gegen den Papst verteidigte. Als der Vortrag in Broschürenform herauskam, setzten die Klerikalen durch, daß er wegen Beleidigung einer Religionsgenossenschaft konfisziert wurde. Außerdem verlangten sie eine Maßregelung Wahrmunds und seine Versetzung in den Anklagezustand. Die Regie-

rung schien bereit, dem Druck der Klerikalen nachzugeben. Daraufhin traten die Studenten aller österreichischen Hochschulen in Streik. Sie gaben eine Denkschrift heraus, in welcher sie ihre Stellungnahme begründeten. Jodl verfaßte die Einleitung zu der Denkschrift. Das Ende der Sache war, daß Wahrmund Innsbruck verlassen mußte, aber zum Professor in Prag ernannt wurde.

[7] Margarete Jodl erzählt (a. a. O., S. 231), daß in einer Sitzung der theologischen Fakultät Prälat C. (offenbar Commer) ausrief: ,,Maledictus iste Jodl, diabolicus atheista.''

DEUTSCHNATIONALISMUS

[1] Th. v. Sosnosky, Liberaler ohne parteipolitische Bindung, schrieb 1911: „So wenig wahrscheinlich eine Änderung des gegenwärtigen Zustandes für absehbare Zeit auch ist, so darf man darüber doch nicht außer acht lassen, daß dieses Bündnis dem Wandel der Zeiten ebenso unterworfen ist wie jedes andere." („Die Politik im Habsburgerreiche", 1. Bd., S. 92.)

[2] „Kleindeutsch" nannte man in den Sechzigerjahren die politische Richtung, die die preußische Hegemonie über die zahlreichen deutschen Königreiche und Fürstentümer erstrebte. Die Bezeichnung stammt daher, daß die Hohenzollern Österreich aus dem Deutschen Bund eliminieren wollten. Umgekehrt hieß „großdeutsch" die Richtung, welche das Verbleiben Österreichs im Deutschen Bund erstrebte. Das Wort großdeutsch hatte also damals teilweise einen anderen Sinn als heute, insofern nämlich, als es eine unfreundliche Stellung gegen Preußen ausdrückte. (Vgl. P. Molisch, „Geschichte der deutschnationalen Bewegung in Österreich", 1926, S. 64f.)

[3] Julius Krickl (1829—93), der „Nestor der Deutschnationalen", war der Begründer des Ersten Wiener Turnvereins. Von Beruf war er Sekretär der Wiener Baugesellschaft. Um 1870 schuf er sich eine Tischrunde, genannt „Die letzten sieben Germanen". Diese sieben, „die sich allein noch als die echten Hüter des Deutschtums betrachteten, kamen im Kaffee Walch (später ‚Fenstergucker') zusammen und besprachen dort die politischen Ereignisse." (Eduard Pichl, „Georg Schönerer und die Entwicklung des Alldeutschtums in der Ostmark", 1. Bd., 1912, S. 14 ff.)

[4] Die Schillerfeier von 1859, bei der auch und vor allem das Ende des Bachschen Regimes gefeiert wurde, brachte die Studentenbewegung in Fluß. Bei der Heimkehr der Wiener Studenten vom Fackelzug wurde die Gründung der ersten Verbindungen beschlossen. In den meisten Verbindungen überwog schon damals die deutschnationale Tendenz die demokratische, die sich bloß in sporadischen Erklärungen einzelner Mitglieder zeigte. Der Deutschnationalismus der Universitätshörer wurde von manchen Universitätslehrern gefördert, so von dem Germanisten Wilhelm Scherer und dem Historiker Ottokar Lorenz. Scherer ging 1872 nach Deutschland und wurde der führende Literarhistoriker der Bismarckschen Ära.

⁵ Dieser Verein wurde 1891 von dem Schriftsteller A. G. v. Suttner, dem hervorragenden Internisten Hermann Nothnagel und anderen gegründet. (Vgl. Bertha v. Suttner, ,,Memoiren", 1909, S. 214—19.) Obwohl dem Verein viele Träger glänzender Namen beitraten, war er außerstande, Massenwirkung zu erzielen.

⁶ 1878 erklärte er im Parlament, daß die Wirtschaftspolitik der Regierung in den ,,deutschen" Ländern Österreichs bereits den Ruf gezeitigt habe: ,,Wenn wir nur schon zum Deutschen Reich gehören würden!" Hierüber Molisch (,,Gesch. d. dtschnat. Bewegung etc." S. 97), der, obwohl selbst deutschnational, zugesteht, daß der ,,Anschluß"-Gedanke damals in Österreich keineswegs populär war: Schönerers Worte ,,lösten geradezu eine Flut von Verwahrungskundgebungen aus", die aus den verschiedensten Volkskreisen kamen.

⁷ Dieses ,,Reichsgesetz von 21. Oktober 1878 gegen die gemeingefährlichen Bestrebungen der Sozialisten" verbot bei Strafe sozialistische Versammlungen, Vereine und Druckschriften, sah die Landesverweisung sozialistischer Agitatoren, die Verhängung des sogenannten kleinen Belagerungszustandes über Bezirke und Orte, ,,in denen durch sozialdemokratische Bestrebungen die öffentliche Sicherheit gefährdet schien", und andere ähnliche Maßnahmen zur Unterdrückung der wachsenden sozialistischen Bewegung vor.

⁸ Die Wendung ,,Befestigung des Bündnisses durch Staatsvertrag", die in dem Programm gebraucht wird, ist offenbar einem Irrtum entsprungen. Das Bündnis war ja in einem Staatsvertrag niedergelegt. Die Deutschnationalen pflegten in späterer Zeit Aufnahme des Bündnisses in die Konstitution beider Reiche zu verlangen, und das mag schon 1882 gemeint gewesen sein.

⁹ Die Gruppe Schönerers nahm erst 1901 offiziell den Namen der ,,Alldeutschen" an, doch wurde sie schon vorher oft so bezeichnet. Das Wort ,,alldeutsch" war ein Bestandteil des politischen Vokabulars, seit sich in Deutschland 1894 unter Vorsitz des Leipziger Professors Hasse der ,,Alldeutsche Verband" gebildet hatte. Es war das eine Organisation, welche den extrem rechten Flügel des deutschen Imperialismus repräsentierte. Ihre Gesamttätigkeit zielte auf Kriegsvorbereitung. Selbstverständlich suchte sie Österreich in ihren Wirkungsbereich einzubeziehen. Während der Badeni-Krise gab es ein enges Zusammenwirken zwischen Hasse und Schönerer. Übrigens bekam Schönerer damals auch von angeblich gemäßigten Politikern des ,,Reichs" publizistische Hilfe. So richtete Theodor Mommsen, der sich als Liberaler betrachtete, eine Kundgebung an die Deutschösterreicher, in der er sie zum rücksichtslosen Kampf aneiferte. Er bedauerte, daß die ,,alte deutsche Kaiserstadt Wien sich im nationalen Kampf so lendenlahm, so volklos und ehrlos zeige, und rief den Deutschösterreichern zu: ,,Seid hart! Vernunft nimmt der Schädel der Tschechen nicht an, aber für Schläge ist auch er zugänglich." (Vgl. F. Hertz, ,,Nationalgeist und Politik", S. 402.)

¹⁰ 1887 veröffentlichte die ,,Sonn- und Montagszeitung" einen Stammbaum, der außer allen Zweifel stellte, daß der Urgroßvater der Gattin Schönerers, der Frau Philippine von Schönerer, Schmul Leeb Kohn geheißen hatte. Er war 1762 in der Judengemeinde Pohrlitz in Mähren geboren, in späteren Jahren zum Christentum übergetreten und hatte bei der Taufe den Namen Leopold Provander erhalten. Nach der Taufe bekam er den Tabak-Großverschleiß für Pohrlitz. Er starb daselbst 1832. Die ,,Sonn- und Montagszeitung" druckte 1892 noch einen von Heinrich Blechner verfaßten Roman ,,Schmul-Leeb-Kohn", der jene Enthüllung neu in Erinnerung brachte.

¹¹ Dem Konflikt lagen sicher auch politische Meinungsverschiedenheiten zugrunde — wir kommen auf Wolfs politischen Gegensatz zu Schönerer unten S. 189f. zurück —, aber in erster Linie war es doch ein persönlicher Kampf um die Führung der Bewegung. Der Schönerianer Anton Schalk publizierte 1902 die Broschüre: ,,Warum ich K. H. Wolf für persönlich ehrlos halte." Wolf brachte beim Kreisgericht Brüx die Ehrenbeleidigungsklage ein. Im Prozeß wurden allerlei schmutzige Geldangelegenheiten Wolfs erörtert, hingegen unterblieb im Hinblick auf eine Bestimmung des österreichischen Strafgesetzes die Erörterung der Liebesaffären Wolfs, auf die Schalk den Vorwurf der Ehrlosigkeit hauptsächlich stützte. Schalk wurde zu einer hohen Geldstrafe verurteilt. Der Alldeutsche Verband gab daraufhin folgende Erklärungen ab: ,,Die Brüxer Geschworenen haben gegen uns entschieden. Die Korruption erhebt nunmehr kühner denn je ihr Haupt. Der Verurteilte, unser bekannter Mitkämpfer Abg. Dr. Schalk, dem in der wichtigsten Prozeßangelegenheit der Wahrheitsbeweis verwehrt wurde, mag unseres steten, aufrichtigen Dankes versichert sein. Es mußte sich uns die Frage aufdrängen, ob wir den Kampf für den alldeutschen Einheits- und Reinheitsgedanken fortführen oder denselben als vergeblich einstellen sollen. Wir haben uns für das erstere entschieden und werden somit im Glauben an den endlichen Sieg unserer gerechten Sache auch künftighin im Kampfe für des Volkes höchste Güter ausharren und die falschen Freunde unseres Volkes unschädlich zu machen trachten. Wir sind daher vollauf berechtigt und verpflichtet, den Kampf gegen Wolf fortzusetzen, dessen Gesinnung und Charakter genügend dadurch gekennzeichnet erscheint, daß er den Erwecker und Festiger des alldeutschen Gedankens in der Ostmark, den Abg. Schönerer, auch im Gerichtssaal einen ,grauhaarigen Schurken' genannt hat." (Vgl. Th. Sosnosky, a. a. O., 1. Bd., S. 197 ff., R. Vrba, ,,Österreichs Bedränger", 1903, S. 314—36.)

¹² Eine in München herausgegebene Schrift der österreichischen Alldeutschen stellte als Ziel die Eroberung Österreichs durch Deutschland hin; der deutsche Kaiser müsse Wolf und Schönerer zu Statthaltern ernennen; alle wichtigen Führerstellen der Armee müßten mit reichsdeutschen Offizieren besetzt werden, etc. 1902 schloß Schönerer eine Rede im Parlament mit dem Ruf: ,,Ein Hoch und Heil den Hohenzollern!"

¹³ Eine solche Gelegenheit ergab sich 1885, als durch Hermann Bahr, der damals Vertrauensmann der deutschnationalen Burschenschaften Wiens war,

eine Glückwunschadresse zu Bismarcks siebzigstem Geburtstag überreicht wurde. Bismarck weigerte sich, Bahr zu empfangen, und ließ ihm durch einen Beamten (v. Rottenburg) eine Lektion erteilen. Bahr erzählte dreißig Jahre später (,,Schwarzgelb", 1917, S. 36f.), daß Rottenburg ihm folgendes gesagt habe: ,,Bismarck freue sich, uns so gut deutsch gesinnt zu wissen, was wir aber nun nicht besser beweisen könnten, als wenn wir unsre ganze Kraft einsetzten, Österreich stark zu machen. Deutschland rechne auf uns, es brauche uns, aber in Österreich. Ein mächtiges Österreich sei Deutschland unentbehrlich." Zu Bismarcks achtzigstem Geburtstag erfolgten abermals Kundgebungen von seiten deutschnationaler Organisationen in Österreich, abermals riet Bismarck zu Mäßigung. Schließlich erklärte er noch 1897 durch sein Organ, die ,,Hamburger Nachrichten", die Deutschösterreicher sollten daran denken, daß sie politisch Österreicher und nichts anderes seien.

[14] Das Habsburger-Regime war mit dem jüdischen Finanzkapital viel zu eng verfilzt, als daß ihm heftiger Antisemitismus hätte willkommen sein können. Wäre das Verhältnis zu Ungarn in eine Personalunion verwandelt worden, so wäre damit eine militärische Schwächung der Monarchie Hand in Hand gegangen. Zwei separate Armeen, eine österreichische und eine ungarische, konnten nie die Schlagkraft der einheitlichen k. u. k. Armee erreichen.

[15] Houston Stewart Chamberlain (1855—1927), gebürtiger Engländer, später naturalisierter Deutscher, war einer der Begründer der ,,rassischen" Geschichtsauffassung. Seine Lehre wurde oben S. 73 kurz charakterisiert. Nach dem Bräuhausputsch von 1923 bekam Hitler eine Einladung nach Bayreuth. Chamberlain erteilte ihm dort Privatunterricht in Rassentheorie.

[16] Julius Langbehn (1851—1907) war der Autor des Buches ,,Rembrandt als Erzieher" (1890), das die konservativen Schriftsteller der vorigen und die faschistischen Schriftsteller unserer Generation stark beeindruckte. Er lebte 1892—94 in Wien.

IDEALISTISCHE PHILOSOPHIE

[1] In einer Broschüre „Wissenschaftliche Weltauffassung" (1929) sind die Stellung des Wiener Kreises zum Verein Ernst Mach sowie die Aufgabe des Vereines folgendermaßen umschrieben (S. 14): „Der Wiener Kreis begnügt sich nicht damit, als geschlossener Zirkel Kollektivarbeit zu leisten. Er bemüht sich auch, mit den lebendigen Bewegungen der Gegenwart Fühlung zu nehmen, soweit sie wissenschaftlicher Weltauffassung freundlich gegenüberstehen und sich von Metaphysik und Theologie abkehren. Der Verein Ernst Mach ist heute die Stelle, von der aus der Kreis zu einer weiteren Öffentlichkeit spricht. Dieser Verein will, wie es in seinem Programm heißt, ‚wissenschaftliche Weltauffassung fördern und verbreiten. Er wird Vorträge und Veröffentlichungen über den augenblicklichen Stand wissenschaftlicher Weltauffassung veranlassen, damit die Bedeutung exakter Forschung für Sozialwissenschaften und Naturwissenschaften gezeigt wird. So sollen gedankliche Werkzeuge des modernen Empirismus geformt werden, deren auch die öffentliche und private Lebensgestaltung bedarf.' Durch die Wahl seines Namens will der Verein seine Grundrichtung kennzeichnen: metaphysikfreie Wissenschaft. Damit erklärt der Verein aber nicht etwa ein programmatisches Einverständnis mit den einzelnen Lehren von Mach."

[2] Allerdings hat Mach gelegentlich auch eine andere Deutung seiner Lehre gegeben. So heißt es in „Erkenntnis und Irrtum", 1905, S. 287: „Wollte man kurz und allgemein zutreffend das Streben des Naturforschers, seine Tätigkeit in jedem einzelnen Fall, das Ziel, dessen Erreichung ihn befriedigt, bezeichnen, so müßte man sagen: Er will seine Gedanken mit den Tatsachen und erstere untereinander in möglichst gute Übereinstimmung bringen. Die ‚vollständige und einfachste Beschreibung' (Kirchhoff 1874), ‚die ökonomische Darstellung des Tatsächlichen' (Mach 1872), ‚Übereinstimmung des Denkens mit dem Sinn und Übereinstimmung der Denkprozesse unter sich' (Graßmann 1844) geben mit geringen Variationen demselben Gedanken Ausdruck." Hier ist Mach also wieder, ähnlich wie in manchen Wendungen der Elementenlehre, Materialist. Solche Schwankungen sind nun einmal bei ihm eine typische Erscheinung.

[3] Daß von der idealistischen Lehre eine Suggestion dieser Art ausgeht, wird durch eine schöne Stelle bei Anatole France illustriert. France wurde als älterer Mann Sozialist und endlich sogar Kommunist, in seiner Jugend

aber war seine Einstellung zum sozialen Elend der Zeit die des bedauernden Zuschauers. Hieran war nicht zuletzt der idealistische Gedanke schuld, der ihn mit seltsamer Macht überkam. In der autobiographischen Schrift ,,Le livre de mon ami" lesen wir (1885, S. 163f.): ,,Alte schmutzige Juden von der Rue du Cherche-Midi, einfältige Bouquinisten vom Seine-Ufer, ihr seid meine Lehrer gewesen. So gut wie die Professoren der Universität, und besser sogar, habt ihr meine intellektuelle Erziehung besorgt. Brave Leute, ihr habt vor meine entzückten Augen alle geheimnisvollen Formen vergangenen Lebens hingestellt und alle Arten wertvoller Denkmäler des Menschengeistes. Als ich in euren Läden herumstöberte, als ich eure verstaubten Gestelle betrachtete, auf denen die armen Überbleibsel unserer Vorfahren und ihrer schönen Gedanken sich häuften, da ist mir unmerklich die einzig sinnvolle Weltbetrachtung aufgegangen. Ja, Freunde, als ich wurmzerfressene Bücher in Händen hielt..., da packte mich, so sehr ich noch Kind war, ein tiefes Gefühl von der Vergänglichkeit der Dinge und der Nichtigkeit des Daseins. Ich begriff, daß die Lebewesen nichts sind als wechselnde Bilder in dem allumfassenden Traum, und ich neigte von damals an zur Traurigkeit, zur Sanftmut und zum Mitleid."

[4] Er nahm gewöhnlich seines Gesundheitszustandes wegen an den Verhandlungen des Hauses nicht teil. Doch ließ er sich 1901 in einem Krankenwagen zur Sitzung bringen, als das Gesetz über den Neunstundentag für Bergarbeiter am Fehlen einiger Stimmen zu scheitern drohte. Derselben Strapaz unterzog er sich ein paar Jahre später abermals, als über das Schicksal der Wahlreform entschieden wurde.

[5] Beer war Dozent der Physiologie in Wien. Später übersiedelte er in die Schweiz.

[6] Die Geschichte der rückläufigen Karriere Brentanos ist der Erzählung wert, da sie ein Licht auf die Zeitverhältnisse wirft. Der frühere Priester Brentano genoß natürlich nicht eben die Sympathie der katholischen Kreise in Österreich. Als er 1880 den Entschluß faßte, zu heiraten, war ihm klar, daß er alle möglichen Schikanen zu gewärtigen hatte. Von Freunden, nämlich von den hervorragenden Juristen Glaser und Unger, wurde ihm eröffnet, daß die Praxis der Gerichte entgegen dem Wortlaut und Geist des Gesetzes Ehen früherer Geistlicher für ungiltig erkläre. So verfiel er darauf, die sächsische Staatsbürgerschaft, die er ursprünglich besessen hatte, wieder zu erwerben; das involvierte Auswanderung und Aufgeben der Wiener Professur. Die Regierung wollte ihn im Hinblick auf seine ausgezeichnete Lehrtätigkeit nicht scheiden lassen, wollte ihm aber auch die Garantien, die er verlangte, nicht geben. Nach einigem Hin und Her wählte man einen österreichischen Ausweg: er sollte zunächst nach Sachsen gehen, dann zurückkommen und sich abermals um Habilitation bewerben; man würde ihn rasch wieder zum Professor vorrücken lassen. Wirklich erreichte er auch mit dreiundvierzig Jahren eine

neue Dozentur. Dann aber blieb er stecken. Während der ganzen Dauer der Ära Taaffe bemühte er sich, die Regierung zur Einlösung ihres Versprechens zu bewegen; vergeblich, man speiste ihn mit weiteren Versprechungen ab. Er hatte in seinem vierzehnjährigen Kampf alle fortschrittlich denkenden Akademiker, auch die, welche seine Philosophie grundfalsch fanden, auf seiner Seite. Endlich wandte er sich an die Öffentlichkeit, legte seine Sache in der ,,Neuen Freien Presse" dar, in Artikeln, an welche sich eine erbitterte Polemik mit dem klerikalen ,,Vaterland" und dem Prager Juristen Krasnopolski anschloß, und ging aus Österreich fort. (Vgl. F. Brentano, ,,Meine letzten Wünsche für Österreich", 1895, Buchausgabe einiger Artikel und Gegenartikel.) Sein Abgang hatte das eine Gute, daß die Aufmerksamkeit auf die Zustände an der philosophischen Fakultät gelenkt wurde. Viele Jahre lang hatte außer seiner Dozentur nur *eine* gehörig besetzte philosophische Lehrkanzel (die von Zimmermann) bestanden. Das war für eine große Universität ein grotesker Zustand. Man schuf nun Abhilfe, indem man Mach und Jodl nach Wien holte, was jedoch, da die beiden Freidenker waren, wieder einen Ausgleich nötig machte. Daher ernannte man den Theologen Laurenz Müllner ebenfalls zum Philosophieprofessor.

[7] Was Husserl mit ,,Phänomenologie" meint, kommt, obwohl er selbst Unterschiede behauptet, sehr nahe dem, was bei Franz Brentano ,,Psychognosie" heißt.

[8] Kant unterscheidet zwei Arten der apriorischen Urteile. Analytisch nennt er jene, in denen bloß ausgesprochen wird, was in den verwendeten Begriffen mitgedacht ist. Analytisch ist z. B. der Satz: ,,Alle Kreise sind rund", oder: ,,Alle Rappen sind schwarz". Synthetisch heißt ein apriorisches Urteil, wenn es mehr sagt, als in den Begriffen drin steckt. Nach Kant wäre etwa der Satz: ,,Jede Veränderung muß eine Ursache haben" von synthetischem Charakter. In Wahrheit ist der Glaube, daß es synthetische Urteile a priori gibt, ein Aberglaube. Die Beispiele, die Kant anführt, sind durchwegs Auseinanderlegungen vorgegebener Denkinhalte oder sie sind keine Urteile a priori.

[9] Vgl. über die ,,Altersphilosophie": F. Brentano, ,,Psychologie etc.", 2. Bd., S. 158 ff.; ,,Wahrheit und Evidenz", S. 87 ff.; O. Kraus, ,,Franz Brentano", S. 31 ff.; derselbe: Einleitung zur ,,Psychologie", 1. Bd., S. XLI ff. Das Bekanntwerden der Brentanoschen Richtigstellungen ist in erster Linie ein Verdienst von Oscar Kraus. Überhaupt hat Kraus viel dazu getan, die Erinnerung an den merkwürdigen Philosophen wachzuhalten. Dank den von ihm und Alfred Kastil veranstalteten, bei Felix Meiner erschienenen Ausgaben sind viele sonst kaum erreichbare Arbeiten Brentanos zugänglich. Durch Kraus kam auch die Brentano-Gesellschaft zustande, die sich in Prag konstituierte.

[10] In der scholastischen Philosophie spielte der sog. Realismus-Streit eine große Rolle. Die ,,Realisten" aus dem Dominikaner-Orden kamen mit

der Annahme allgemeiner Gegenstände (Farbe, Klugheit, Tiere etc.) der Auffassung der Phänomenologen nahe. Die „Nominalisten" aus dem Franziskanerorden vertraten modernere Anschauungen, indem sie die allgemeinen Ausdrücke als bloße Namen erklärten, die keine Entsprechungen in der Wirklichkeit haben. Um den Streit zu illustrieren, können wir zufällig wieder Anatole France zitieren. Der „Aufruhr der Engel" (1913) entwickelte in einer zugleich mythischen und parodistischen Form die Sozialphilosophie des Dichters. Die Engel haben sich unter Luzifers Führung gegen Gott erhoben, sind besiegt und auf die Erde verbannt worden. Der gefallene Engel Nectaire gibt vom Standpunkt Luzifers aus einen kurzen Überblick über das, was sich von damals bis auf unsere Zeit ereignet hat, also einen Überblick über die Weltgeschichte. Er stellt alles dar als einer, der es selber miterlebt hat. Aus dem Mittelalter weiß er zu berichten: „Während unter den Mauern des Klosters die kleinen Kinder Marelle spielten, befaßten sich die Mönche mit einem ebenso nichtigen Spiel, an dem ich mich aber mit ihnen erfreute; denn man muß die Zeit totschlagen, und das ist sogar, wenn man es richtig bedenkt, die einzig mögliche Verwendung des Lebens. Unser Spiel war ein Spiel mit Worten, welches die zugleich feinen und groben Geister der Mönche reizte, die Schulen gegeneinander erbitterte und die ganze Christenheit in Aufregung versetzte. Wir teilten uns in zwei Parteien. Die eine Partei behauptete, daß es schon vor den Äpfeln ‚den' Apfel gab; daß es vor den Papageien ‚den' Papagei gab; daß vor den geilen und gefräßigen Mönchen ‚der' Mönch, ‚die' Geilheit und ‚die' Gefräßigkeit vorhanden war; daß, bevor es Füße und Hinterteile in der Welt gab, ‚der' Tritt in den Hintern von aller Ewigkeit her im Schoß Gottes ruhte. Die andere Partei erwiderte, daß im Gegenteil die Äpfel dem Menschen die Idee des Apfels eingaben, die Papageien die Idee des Papageis, die Mönche die Ideen des Mönchs, der Gefräßigkeit und der Geilheit, und daß der Tritt in den Hintern nicht existierte, bevor er nicht in gehöriger Weise gegeben und empfangen war. Die Spieler ereiferten sich und wurden handgemein. Ich gehörte zur zweiten Partei, die mir der Vernunft eher gerecht zu werden schien, allerdings auf dem Konzil von Soissons verdammt wurde."

[11] Solche sind hauptsächlich in den früheren Schriften bis einschließlich der „Logischen Untersuchungen" zu finden.

PSYCHOANALYSE

[1] Nur durch einen Zufall erhielt Freud den Titel eines Universitätsprofessors. Hätte nicht eine Patientin mit großen ,,Konnexionen" für ihn interveniert, so wäre er lebenslänglich Privatdozent geblieben. Für eine Lehrkanzel oder die Mitgliedschaft der Akademie wurde er nie in Betracht gezogen.

[2] Von den Schülern Freuds wurden am bekanntesten: die bereits erwähnten Herausgeber der Imago; Theodor Reik, Karl Abraham, Ernst Kris, Paul Schilder, Robert Waelder (Gelehrte, die in Wien, bzw. Berlin arbeiteten; Kris, Schilder, Waelder gingen später nach den USA.); Sandor Ferenczi (Budapest); der Pfarrer Josef Pfister (Zürich); Ernest Jones, Prinzessin Maria Bonaparte (London); Freuds Tochter Anna. Seit dem Tod ihres Vaters ist Anna Freud die führende Figur der Bewegung. Ihr Spezialgebiet ist die Kinderanalyse und die Anwendung analytischer Methoden auf die Erziehung.

[3] 1925 existierten Gruppen der ,,Psychoanalytischen Vereinigung" in Österreich, Deutschland, Ungarn, der Schweiz, Großbritannien, Holland, der Sowjetunion, Indien, den USA. 1935 waren die Gruppen in Deutschland aufgelöst, jedoch waren solche in Frankreich, Skandinavien und Japan dazugekommen.

[4] ,,Die Heilung durch den Geist", 1931, S. 339ff. Kurz vor Ausbruch des zweiten Weltkrieges, als Freud in London Zuflucht gefunden hatte, war Zweig noch mehrmals bei ihm zu Gast. In ,,Die Welt von gestern" erzählt er von diesen seinen letzten Besuchen bei dem Dreiundachtzigjährigen. Trotz dem Exil, trotz der Todeskrankheit, die ihn schon in ihrem Griff hatte, war Freud ungebrochen. Ein Hauch der mächtigen Wirkung, die er auf seine Umgebung ausübte, weht uns an, wenn wir den Satz lesen: ,,Im Augenblick, da man in sein Zimmer trat, war der Wahnsinn der äußeren Welt gleichsam abgetan." (,,Die Welt von gestern", Bermann-Fischer, Wien, 1948, S. 561.)

[5] Z. B. hängt das lateinische Wort ,,materia" (Stoff) mit ,,mater"(Mutter) zusammen; im Wiener Dialekt wird eine alte Frau eine Schachtel genannt.

[6] Urgeschichte ist eines seiner Lieblingsthemen. Er handelt von ihr z. B. in ,,Totem und Tabu", ,,Massenpsychologie und Ich-Analyse", ,,Das Unbehagen in der Kultur", ,,Der Mann Moses".

[7] „Die Menschen haben es jetzt in der Beherrschung der Naturkräfte so weit gebracht, daß sie es mit deren Hilfe leicht haben, einander bis auf den letzten Mann auszurotten. Sie wissen das, daher ein gut Stück ihrer gegenwärtigen Unruhe, ihres Unglücks, ihrer Angststimmung. Und nun ist zu erwarten, daß die andre der beiden ‚himmlischen Mächte‘, der ewige Eros, eine Anstrengung machen wird, um sich im Kampf mit seinem ebenso unsterblichen Gegner zu behaupten." (S. Freud, „Das Unbehagen in der Kultur", S. 136.)

[8] Der Völkerbund bzw. dessen Internationales Institut für geistige Zusammenarbeit, forderte 1932 Albert Einstein auf, mit einer Person seiner Wahl in Meinungsaustausch über eine beliebige wichtige Frage zu treten. Einstein wandte sich an Freud und diskutierte mit ihm die Frage: „Gibt es Methoden, die Menschheit von der Drohung des Krieges zu befreien?" Die Korrespondenz zwischen den beiden Gelehrten wurde auf englisch unter dem Titel „Why War?" 1935 veröffentlicht, sodann 1939 von der Peace Pledge Union wieder aufgelegt. Freuds im Text erwähnte These ist auf S. 21 der 2. englischen Ausgabe ausgesprochen.

[9] „1915, als die Lebenskosten zu steigen begannen, hatte ich die Kühnheit, auf Grund rein psychoanalytischer Erwägungen die Ansicht auszusprechen, daß rationalisierte Motive, hervorgehend aus ganz unbewußten Wurzeln, die Behörden dieses Landes veranlassen würden, nach dem Krieg eine Deflationspolitik durchzuführen, deren Schnelligkeit große Leiden verursachen würde, und zwar durch hohe Steuern und weit um sich greifende Arbeitslosigkeit." Ernest Jones, „Social Aspects of Psycho-Analysis", 1924, S. 40. Naiverweise setzt Jones noch hinzu: „Dieses Beispiel allein mag zeigen, daß die Psychoanalyse unmittelbare Anwendung auf Tagesereignisse finden kann."

PAZIFISMUS

[1] „Fakultativ" heißt die Schiedsgerichtsbarkeit dann, wenn es den Streitteilen überlassen ist, ob sie das Schiedsgericht anrufen oder den Konflikt auf andere Art lösen wollen. Ein „obligatorisches" Schiedsgericht ist eines, das anzurufen die Streitteile verpflichtet sind.

[2] Nobel hatte die Anregung, einen Friedenspreis zu stiften, ursprünglich von Bertha Suttner erhalten. (Vgl. A. H. Fried, „Handbuch etc.", 2. Aufl., 2. Bd., S. 411.) Sie hatte ihn in den Siebzigerjahren durch Zufall kennengelernt, dadurch nämlich, daß sie, auf Ausschau nach einem Posten, eine Zeitungsannonce beantwortete, worin ein „sehr reicher, hochgebildeter älterer Herr" eine Sekretärin suchte. Sie blieb danach mit ihm ständig in brieflicher Verbindung. Als sie für die Friedensbewegung zu arbeiten begann, wußte sie den von ihr zwar idealisierten, aber in vieler Hinsicht wirklich ungewöhnlichen Mann ebenfalls für die Sache zu interessieren. („Memoiren", S. 131ff., 236ff, usw.)

[3] Es ist allerdings richtig, daß sie auch berühmte Gelehrte und Künstler in die Bewegung einbezog, so Eduard Sueß, Richard Krafft-Ebing, Peter Rosegger.

[4] Die soziologische Schule war von dem aus Österreich stammenden Professor Franz v. Liszt (1851—1919), der in Berlin lehrte, begründet. Viele heute allgemein akzeptierte Anschauungen über den Erziehungszweck der Strafe, humanen Strafvollzug etc. wurden zuerst von Liszt vertreten. Gewiß gab es bei Liszt auch Schematismus und Übertreibungen, und es soll nicht behauptet werden, daß Lammasch mit seiner Polemik gegen die „Soziologen" in allen Punkten unrecht hatte. Im ganzen drückte sich in seinen Darlegungen aber doch die Tatsache aus, daß er sich von ein paar überlieferten Vorstellungen nicht freimachen konnte.

[5] Karl Kraus sprach in Salzburg einmal mit Lammasch von der Mitschuld der Presse am Krieg. Er meinte, daß Millionen Menschen am Leben geblieben wären, „wenn man rechtzeitig die hervorragendsten Zeitungsherausgeber gehenkt hätte, vor allem den Benedikt". Lammasch, mit seinem ganzen lebendigen Temperament, das keine Ungerechtigkeit zuließ, rief aus: „Aber den Funder auch!" („Fackel" Nr. 657—67/1924, S. 42f.)

NAMENREGISTER

BIBLIOGRAPHIE

Werke allgemeiner Natur

Czedik, Alois v.: ,,Zur Geschichte der k. k. österreichischen Ministerien 1861 bis 1916", 4 Bde., 1917—20.
Eisenmann, L.: ,,Le Compromis Austro-Hongrois de 1867", 1904.
Fischer, Ernst: ,,Die Entstehung des österreichischen Volkscharakters", 1945. ,,Österreich 1848", 1946.
Fuchs, Albert: ,,Moderne österreichische Dichter", Essays, 1946.
Hertz, Friedrich: ,,Nationalgeist und Politik", 1937.
Klahr, Alfred (Rudolf) : ,,Zur nationalen Frage in Österreich", in ,,Weg und Ziel", 1937, Heft 3.
Marek, Franz: ,,Irrwege der österreichischen Geschichte", 1946.
Nagl, Johann W. — Zeidler, Jacob — Castle, Eduard: ,,Deutsch-österreichische Literaturgeschichte", 4 Bde., 1899—1937.
Naumann, Friedrich: ,,Mitteleuropa", 1915.
,,Neue österreichische Biographie", begr. von *Anton Bettelheim,* 1. Abteilung: Biographien, 8 Bde., 1923—35.
Priester, Eva: ,,Kurze Geschichte Österreichs", 1949.
Reiter, Ludwig: ,,Österreichische Staats- und Kulturgeschichte", 1947.
Sosnosky, Theodor v.: ,,Die Politik im Habsburgerreiche", 2 Bde., 1911—13.
Wertheimer, Eduard v.: ,,Graf Julius Andrassy, sein Leben und seine Zeit", 3 Bde., 1910—13.
Zweig, Stefan: ,,Die Welt von gestern", 1948.

Liberalismus

Baernreither, Josef Maria: ,,Fragmente eines politischen Tagebuches", herausgeg. und eingeleitet von *Josef Redlich,* 1928.
Bahr, Hermann: ,,Austriaca", 1911.
Berger, Alfred und Wilhelm: ,,Im Vaterhaus", Reminiszenzen, 1901.
Böhm-Bawerk, Eugen v.: ,,Kapital und Kapitalzins", 2 Bde. :
  1. Bd.: ,,Geschichte und Kritik der Kapitalzinstheorien", 1884.
  2. Bd.: ,,Positive Theorie des Kapitals", 1889.
  3. erw. Auflage 1909—14.
Charmatz, Richard: ,,Adolf Fischhof", 1910.
Czernin, Ottokar: ,,Im Weltkriege", 1919.

312

Friedjung, Heinrich: ,,Der Kampf um die Vorherrschaft in Deutschland 1859—1866'', 2 Bde., 1897/98.
,,Der Krimkrieg und die österreichische Politik'', 1907.
,,Österreich von 1848 bis 1866'', 2 Bde., 1908—12.
,,Historische Aufsätze'', 1919.
,,Das Zeitalter des Imperialismus 1884—1914'', 3 Bde., 1919—23.
Gide, Charles und Rist, Charles: ,,Histoire des Doctrines Economiques'', 1908. Deutsche Ausg.: ,,Geschichte der volkswirtschaftlichen Lehrmeinungen'', 1913.
Gratz, Gustav und Schüller, Richard: ,,Die äußere Wirtschaftspolitik Österreich-Ungarns'', 1925.
Hilferding, Rudolf: ,,Böhm-Bawerks Marx-Kritik'' in ,,Marx-Studien'', 1. Bd., 1904.
Kraus, Karl: ,,Die Fackel'', Jahrgänge 1899—1918.
Marx, Karl: ,,Zur Kritik der politischen Ökonomie'', 1859, 1. Neuausgabe von Karl Kautsky, 1897, 2. Neuausg. 1907.
,,Das Kapital. Kritik der politischen Ökonomie'', 3 Bde., 1867—94.
Menger, Carl: ,,Grundsätze der Volkswirtschaftslehre'', 1871, 2. erw. Ausg. 1923.
Philippovich, Eugen v.: ,,Grundriß der politischen Ökonomie'', 2 Bde.:
    1. Bd.: ,,Allgemeine Volkswirtschaftslehre'', 1893.
    2. Bd.: ,,Volkswirtschaftspolitik'', 1899, 14. Aufl. 1919.
Plener, Ernst v.: ,,Erinnerungen'', 3 Bde., 1911—21.
Redlich, Josef: ,,Das österreichische Staats- und Reichsproblem'', 2 Bde., 1920—26.
,,Österreichische Regierung und Verwaltung im Weltkriege'', 1925.
Ricardo, David: ,,Principles of Political Economy and Taxation'', 1817.
Seton-Watson, Robert W.: ,,The Southern Slav Question and the Habsburg Monarchy'', 1911.
,,Masaryk in England'', 1943.
Sieghart, Rudolf: ,,Die letzten Jahrzehnte einer Großmacht'', 1932.
Smith, Adam: ,,Inquiry into the Nature and the Causes of the Wealth of Nations'', 1776.
Taylor, Alan J. P.: ,,The Habsburg Monarchy 1815—1918'', 1941.
Wieser, Friedrich v.: ,,Über den Ursprung und die Hauptgesetze des wirtschaftlichen Wertes'', 1884.

Katholizismus

Beskiba, Marianne: ,,Aus meinen Erinnerungen an Dr. Karl Lueger'', 1911.
Commer, Ernst: ,,Hermann Schell und der fortschrittliche Katholizismus'', 1907.
Ehrhard, Albert: ,,Der Katholizismus und das 20. Jahrhundert im Lichte der kirchlichen Entwicklung der Neuzeit'', 1901.
Haecker, Theodor: ,,Sören Kierkegaard und die Philosophie der Sinnlichkeit'', 1913.
Jodl, Friedrich: ,,Gedanken über Reformkatholizismus'', 1902.

Klopp, Wiard: ,,Die sozialen Lehren des Freiherrn Karl v. Vogelsang", 1894.
,,Leben und Wirken des Sozialpolitikers Karl Freiherrn v. Vogelsang", 1930.
Kolmer, G.: ,,Parlament und Verfassung in Österreich", 8 Bde., 1902—14.
Kralik, Richard v.: ,,Die katholische Literaturbewegung der Gegenwart", 1909.
,,Ein Jahr katholischer Literaturbewegung", 1910.
,,Wien. Geschichte der Kaiserstadt und ihrer Kultur" (mit *Hans Schlitter*), 1912.
,,Österreichische Geschichte", 1913.
,,Die Entscheidung im Weltkrieg", 3 Reden, 1914.
,,Das Buch von unserem Kaiser Karl", 1917.
,,Die neue Staatenordnung", 1918.
,,Weltanschauung", 1921.
Molisch, Paul: ,,Politische Geschichte der deutschen Hochschulen in Österreich", 1939.
Popovici, Aurel: ,,Die Vereinigten Staaten von Groß-Österreich", 1906.
Schäffle, Albert: ,,Aus meinem Leben", 2 Bde., 1905.
Scheicher, Josef: ,,Der Klerus und die soziale Frage", 1884.
,,Aus dem Jahre 1920", 1900.
,,Erlebnisse und Erinnerungen", 6 Bde., 1907—12.
Schell, Hermann: ,,Der Katholizismus als Prinzip des Fortschritts", 1897.
,,Die neue Zeit und der alte Glaube", 1898.
Seipel, Ignaz: ,,Nation und Staat", 1916.
,,Gedanken zur österreichischen Verfassungsreform. Soziale Frage und soziale Arbeit", 1917.
Seton-Watson, Robert W.: ,,A History of the Czechs and Slovaks", 1943.
Stauracz, Franz: ,,Dr. Karl Lueger. Zehn Jahre Bürgermeister", 1907.
Truxa, Hanns M.: ,,Richard v. Kralik. Ein Lebensbild", 1903.
Tschuppik, Karl: ,,Kaiser Franz Joseph", 1928.
Vogelsang, Karl v.: ,,Gesammelte Aufsätze über sozialpolitische und verwandte Themata", 1880.
,,*Wiederbegegnung von Kirche und Kultur in Deutschland. Eine Gabe für Karl Muth*", herausgeg. von *Ettlinger, Funk* und *Fuchs*, 1927.

Arbeiterbewegung

Adler, Viktor: ,,Aufsätze, Reden, Briefe", 11 Hefte (5 Bde.), 1922—29.
Bauer, Otto: ,,Die österreichische Nationalitätenfrage und die Sozialdemokratie" in ,,Marx-Studien", 2. Bd., 1907.
,,Die österreichische Revolution", 1923.
Beer, Max: ,,Allgemeine Geschichte des Sozialismus und der sozialen Kämpfe", 1922, 6. Aufl. 1929.
Brügel, Ludwig: ,,Geschichte der österreichischen Sozialdemokratie", 5 Bde., 1922—25.
Deutsch, Julius: ,,Geschichte der österreichischen Gewerkschaftsbewegung", 1. Bd., 1929.

Ermers, Max: ,,Viktor Adler", 1932.

Hartmann, Ludo Moritz: ,,Über historische Entwickelung", 1905.

Hilferding, Rudolf: ,,Das Finanzkapital. Eine Studie über die jüngste Ent-wicklung des Kapitalismus" in ,,Marx-Studien", 3. Bd., 1910.

Kautsky, Karl: ,,Die Agrarfrage", 1899.

,,Bernstein und das sozialdemokratische Programm", 1899.

,,Der Weg zur Macht", 1909.

,,Kriegs-Marxismus" in ,,Marx-Studien", 4. Bd., 1. Halbbd., 1918.

Lenin, Wladimir I.: ,,Sozialismus und Krieg", 1915.

,,Bürgerlicher und sozialistischer Pazifismus" (mit *G. Sinowjew*), 1917.

,,Der Imperialismus als höchstes Stadium des Kapitalismus", 1917, deutsche erw. Ausgabe 1920.

,,Staat und Revolution", 1917, erw. Ausgabe 1918.

,,Die proletarische Revolution und der Renegat Kautsky", 1918.

Renner, Karl (Rudolf Springer): ,,Der Kampf der österreichischen Nationen um den Staat", 1902.

(Josef Karner): ,,Die soziale Funktion der Rechtsinstitute, besonders des Eigentums" in ,,Marx-Studien", 1. Bd., 1904.

,,Österreichs Erneuerung", Aufsätze, 3 Bde., 1916/17.

,,Das Selbstbestimmungsrecht der Nationen", 1918.

Stalin, Josef W.: ,,Marxismus und nationale Frage", 1913.

Sozialreform

Börner, Wilhelm: ,,Friedrich Jodl", 1914.

Charmatz, Richard: ,,Deutsch-österreichische Politik", 1907.

,,*The Ethical Movement, its Principles and Aims*", Sammelband herausgeg. von *H. Bridges,* 1911.

Görgen, Hermann M.: ,,Beiträge zur Geschichte der Ethischen Bewegung", 1933.

Hainisch, Michael: ,,Die Zukunft der deutschen Österreicher", 1892.

,,Der Kampf ums Dasein in der Volkswirtschaft", 1899.

,,*Handbuch der Frauenbewegung*", herausgeg. von *Helene Lange* und *Gertrud Bäumer,* 1. Teil, 1901.

Jodl, Friedrich: ,,Wesen und Ziele der ethischen Bewegung in Deutschland", 1893.

,,Geschichte der Ethik als philosophischer Wissenschaft", 2 Bde., 1882—89, 2. sehr erw. Aufl. 1906—12.

,,Über das Wesen und die Aufgaben der Ethischen Gesellschaft", 3. Aufl. 1909.

,,Allgemeine Ethik", 1918.

Jodl, Margarete: ,,Friedrich Jodl", 1920.

Menger, Anton: ,,Das Recht auf den vollen Arbeitsertrag", 1886.

,,Das bürgerliche Recht und die besitzlosen Volksklassen", 1890.

Pease, Edward R.: ,,The History of the Fabian Society", 1916.

Popper, Josef (Lynkeus): ,,Das Recht zu leben und die Pflicht zu sterben", 1878.

,,Phantasien eines Realisten", 1899.

Popper, Josef (Lynkeus): ,,Voltaire", 1905.
,,Das Individuum und die Bewertung menschlicher Existenzen", 1910.
,,Die allgemeine Nährpflicht als Lösung der sozialen Frage", 1912.
,,Selbstbiographie", 1917.
,,Krieg, Wehrpflicht und Staatsverfassung", 1921.
Schiff, Walter: ,,Österreichs Agrarpolitik seit der Grundentlastung", 1898.

Deutschnationalismus

Bahr, Hermann: ,,Schwarzgelb", 1917.
Bismarck, Fürst Otto v.: ,,Gedanken und Erinnerungen", 1. und 2. Bd. 1898,
    3. Bd. 1921.
Chamberlain, Houston Stewart: ,,Die Grundlagen des 19. Jahrhunderts", 1899.
Hitler, Adolf: ,,Mein Kampf", 1925.
Langbehn, Julius: ,,Rembrandt als Erzieher", 1890.
Molisch, Paul: ,,Geschichte der deutschnationalen Bewegung
    in Österreich", 1926.
Pichl, Eduard (Herwig): ,,Georg Schönerer und die Entwicklung des Alldeutsch-
    tums in der Ostmark", 4 Bde., 1912—23.
Rudolf, Elmar v.: ,,Georg Ritter von Schönerer", 1936.
Schönerer, Georg v.: ,,Zwölf Reden", 1886.
    ,,Fünf Reden", 1891.
Vrba, Rudolf: ,,Österreichs Bedränger", 1903.
Weil, Georges: ,,Le Pangermanisme en Autriche", 1904.
Wotawa, A. R. v.: ,,Der Deutsche Schulverein 1880—1905", 1905.

Idealistische Philosophie

Adler, Friedrich: ,,Ernst Machs Überwindung des mechanischen
    Materialismus", 1918.
Avenarius, Richard: ,,Philosophie als Denken der Welt gemäß dem Prinzip
    des kleinsten Kraftmaßes", 1876.
Beer, Theodor: ,,Die Weltanschauung eines Naturforschers", 1903.
Boltzmann, Ludwig: ,,Populäre Schriften", 1905.
Brentano, Franz: ,,Vom Ursprung sittlicher Erkenntnis", 1889, neu herausgeg.
    von O. Kraus, 1922.
    ,,Meine letzten Wünsche für Österrreich", 1895.
    ,,Psychologie vom empirischen Standpunkt", 2 Bde., 1924/25, heraus-
    geg. von O. Kraus (1. Ausgabe des 1. Bds. 1874.)
    ,,Vom Dasein Gottes", aus dem Nachlaß herausgeg. von A. Kastil, 1929.
    ,,Wahrheit und Evidenz", herausgeg. von O. Kraus, 1930.
Brück, Maria: ,,Über das Verhältnis Edmund Husserls zu Franz Brentano vor-
    nehmlich mit Rücksicht auf Brentanos Psychologie", 1933.
Buzello, H.: ,,Kritische Untersuchung von Ernst Machs Erkenntnistheorie", 1911.
Ehrlich, Walter: ,,Kant und Husserl", 1923.
Hartmann, Nicolai: ,,Ethik", 1926.

Hauber, Volkmar: ,,Wahrheit und Evidenz bei Franz Brentano", 1936.
Henning, Hans: ,,Ernst Mach als Philosoph, Physiker und Psycholog", 1915.
Husserl, Edmund: ,,Logische Untersuchungen", 2 Bde., 1900/01.
  ,,Ideen zu einer reinen Phänomenologie und phänomenologischen Philo-
  sophie", 1913.
Jerusalem, Wilhelm: ,,Der kritische Idealismus und die reine Logik", 1905.
Jodl, Friedrich: ,,Kritik des Idealismus", 1920.
Kant, Immanuel: ,,Kritik der reinen Vernunft", 1781.
Kraus, Oscar: ,,Franz Brentano. Zur Kenntnis seines Lebens und seiner Lehre",
  mit Beiträgen von *C. Stumpf* und *E. Husserl*, 1919.
Lampa, Anton: ,,Ernst Mach", 1918.
Lenin, Wladimir I.: ,,Materialismus und Empirio-Kritizismus", 1908.
Mach, Ernst: ,,Die Geschichte und die Wurzel des Satzes von der Erhaltung der
  Arbeit", 1872.
  ,,Die Mechanik in ihrer Entwicklung", 1883.
  ,,Die Analyse der Empfindungen und das Verhältnis des Physischen zum
  Psychischen", 1885, 5. erw. Aufl. 1923.
  ,,Populärwissenschaftliche Vorlesungen", 1896.
  ,,Erkenntnis und Irrtum", 1905, 3. erw. Aufl. 1917.
Meinong, Alexius: ,,Über Möglichkeit und Wahrscheinlichkeit", 1915.
,,Naturwissenschaft und Metaphysik" (Sammelband zum Gedächtnis des
  100. Geburtstages Franz Brentanos), 1938.
,,Wissenschaftliche Weltauffassung", Broschüre herausgeg. vom *Wiener
  Kreis*, 1929.
Wlassak, Rudolf: ,,Ernst Mach", Gedächtnisrede, 1917.

Psychoanalyse

Bartlett, Francis H.: ,,Sigmund Freud; a Marxian Essay", 1938.
Breuer, Josef und Freud, Sigmund: ,,Studien über Hysterie", 1891.
Freud, Sigmund: ,,Die Traumdeutung", 1900.
  ,,Zur Psychopathologie des Alltagslebens", 1901.
  ,,Der Witz und seine Beziehungen zum Unbewußten", 1905.
  ,,Drei Abhandlungen der Sexualtheorie", 1905.
  ,,Totem und Tabu", 1913.
  ,,Vorlesungen zur Einführung in die Psychoanalyse", 2 Bde., 1917—33.
  ,,Jenseits des Lustprinzips", 2. Aufl. 1921.
  ,,Massenpsychologie und Ich-Analyse", 1921.
  ,,Das Ich und das Es", 1923.
  ,,Die Zukunft einer Illusion", 1927.
  ,,Das Unbehagen in der Kultur", 1930.
  ,,Selbstdarstellung", 1936.
  ,,Der Mann Moses", 1939.
Freud, Sigmund—Einstein, Albert: ,,Why War?" Internat. Institut f. geistige
  Zusammenarbeit, Genf, 1933; 2. engl. Ausg. veranst. von ,,Peace Pledge
  Union", 1939.

Glover, Edward: ,,War, Sadism and Pacifism", 1933.
Hollitscher, Walter: ,,Sigmund Freud. An Introduction", 1947.
Malinowsky, B.: ,,Sex and Repression in a Savage Society", 1927.
Mann, Thomas: ,,Die Stellung Freuds in der modernen Geistesgeschichte"
in ,,Die Forderung des Tages", 1930.
,,Freud und die Zukunft", 1936.
Osborn, R.: ,,Freud and Marx", 1937.
,,Social Aspects of Psychoanalysis", Sammelband herausgegeben
von Ernest Jones, 1924.

Pazifismus

Fried, Alfred H.: ,,Der Kaiser und der Weltfriede", 1910.
,,Handbuch der Friedensbewegung", 1. Ausg. 1904, 2. erw. Ausg. (2 Bde.)
1911—13.
,,Vom Weltkrieg zum Weltfrieden", 1916.
,,Mein Kriegstagebuch", 4 Bde., 1918—20.
,,Die Friedensbewegung", Sammelband herausgegeben von Kurt Lenz und
Walter Fabian, 1922.
Groß, Leo: ,,Pazifismus und Imperialismus", 1931.
Katscher, L.: ,,Bertha v. Suttner, die ,Schwärmerin' für Güte", 1903.
Kraus, Karl: ,,Die letzten Tage der Menschheit", 1919.
,,Worte in Versen", 9 Bde., 1916—23.
Lammasch, Heinrich: ,,Die Lehre von der Schiedsgerichtbarkeit in ihrem ganzen
Umfang", 2 Bde., 1913/14, in ,,Handbuch des Völkerrechts", herausgegeben
von Stier-Somlos.
,,Das Völkerrecht nach dem Krieg", Verlag des Nobel-Institutes, Oslo, 1917.
,,Europas elfte Stunde", 1918.
,,Der Friedensverband der Staaten", 1919.
,,Der Völkerbund zur Bewahrung des Friedens", 1919.
,,Völkermord und Völkerbund", 1920.
Suttner, Bertha v.: ,,Inventarium einer Seele", 1879.
,,Das Maschinenzeitalter", 1889.
,,Die Waffen nieder!" 2 Bde., 1890.
,,Memoiren", 1909.
,,Der Menschheit Hochgedanken", 1911.
,,Der Völkerbund", Sammelband herausgeg. von Alfred H. Fried, 1919.
,,Der Weltprotest gegen den Versailler Frieden", Sammelband herausgeg. von
Alfred H. Fried, 1920.

INHALT

320